ADAC
Reiseführer

Istanbul

von Elisabeth Schnurrer

Intro

Unterwegs

Leserforum

Die Meinung unserer Leserinnen und Leser ist wichtig, daher freuen wir uns von Ihnen zu hören. Wenn Ihnen dieser Reiseführer gefällt, wenn Sie Hinweise zu den Inhalten haben – Ergänzungs- und Verbesserungsvorschläge, Tipps und Korrekturen – dann kontaktieren Sie uns bitte:

Redaktion ADAC Reiseführer
ADAC Verlag GmbH
Am Westpark 8, 81365 München
Tel. 089/76 76 41 59
reisefuehrer@adac.de
www.adac.de/reisefuehrer

Service

Istanbul Impressionen

Schillernde Weltstadt am Bosporus

Romantiker haben Istanbul mit der alttestamentarischen *Salome* verglichen, jener geheimnisvollen Schönen, die mit ihrem Tanz der Sieben Schleier das Publikum bezirzte. Auch Istanbul, die Perle am Bosporus, ist voller Magie und offenbart erst nach und nach alle Facetten ihres faszinierenden städtischen Kosmos. Besucher aus aller Welt bewundern die Kirchen, Moscheen und Paläste, bestaunen jene großartige Monumentalarchitektur, die Kaiser und Sultane zum Ruhm Gottes und ihrer selbst schufen.

Neben den Baudenkmälern entzücken vor allem die Alltagsgesichter der Stadt, die lebhaften **Märkte**, die lauschigen **Cafés**, die kopfsteingepflasterten **Gassen** und die trubeligen **Flaniermeilen**. Ganz zu schweigen vom Zauber des Wassers, das in Gestalt des **Goldenen Horns** und des **Bosporus** auftritt. Die erstere Wasserstraße trug als idealer Naturhafen maßgeblich dazu bei, dass die kleine griechische Handelsniederlassung zur Weltstadt aufstieg. Auf der zweiten fuhren der Sage nach in grauer Vorzeit schon Jason und seine Argonauten auf der Suche nach dem Goldenen Vlies vom Mittelmeer zum Schwarzen Meer. Für Istanbul hat der Bosporus von jeher als Handelsroute große Bedeutung gehabt, doch dieser praktische Aspekt wird von seiner geographisch-kulturellen Schlüsselrolle weit überstrahlt: Er markiert die Nahtstelle zwischen **Europa** und **Asien**, zwischen Orient und Okzident. Und tatsächlich verleiht die Tatsache, dass Istanbul als einzige Stadt der Welt auf zwei Kontinenten liegt, der Metropole zusätzliche Faszination.

Kundschafter glorreicher Zeiten

Schon seit fast 3000 Jahren zieht Istanbul die Menschen an. Gegründet wurde die heutige **17-Millionen-Metropole** um 700 v. Chr. unter dem Namen **Byzantion** als griechische Kolonie, und dank ihrer verkehrsgünstigen Lage entwickelte sie

sich schnell zum wohlhabenden Handelsplatz. Im Jahr 330 stieg sie gar zur **Hauptstadt** des Römischen Imperiums auf, eine Ehre, die sie *Kaiser Konstantin dem Großen* verdankte. Kein Wunder also, dass sie nach seinem Tod **Konstantinopel** getauft wurde. Wie die Schwesterstadt im Westen war auch dieses ›Neue Rom‹ auf sieben Hügeln erbaut, die heute den Kern der **Altstadt** bilden. Hier erzählen uralte majestätische Monumente die Geschichte der Stadt. Den Anfang macht die im 6. Jh. erbaute **Hagia Sophia**, einer der beeindruckendsten *Kuppelbauten* weltweit und einst größte Kirche der

Oben: *Sternstunde der byzantinischen Kunst und Inbegriff der Mutterliebe – Maria mit Christuskind in der Chora-Kirche*
Mitte: *Savoir Vivre und Antiken-Reminiszenzen im Çırağan Palace Kempinski, Passanten in tuchbunter Passage an der Istiklal Caddesi*
Links: *Die Blaue Moschee, oder ewig währt die schöne Form – stilvolle Szene mit Fez und Minaretten, Samowar und Kuppelkaskaden*

Christenheit. Nach der muslimischen *Eroberung* Istanbuls 1453 fungierte die Hagia Sophia als Moschee. Heute ist sie Museum und hält Besucher mit ihrer fulminanten Raumwirkung und altehrwürdigen Ausstattung in Bann, zu der auch ergreifende byzantinische *Mosaiken* gehören. Ein weiteres Istanbuler Glanzlicht ist der nahe **Topkapı Sarayı**, Residenz der Sultane, welche die Stadt unter dem Namen **Stanbul** zur Kapitale des *Osmanischen Reiches* ausbauten. Der riesige Palast begeistert mit seinen prunkvollen Gemächern und Pavillons, den Gärten und Höfen, den wohlgefüllten Schatzkammern und dem geheimnisumwitterten Harem. Weltberühmt ist die **Blaue Moschee**, die dritte im Bunde der großen Sehenswürdigkeiten im historischen Zentrum. *Sultan Ahmet I.* hatte die gewaltige Kuppelmoschee mit sechs Minaretten 1609–16 als Gegenstück zur Hagia Sophia bauen und generös mit üppig ornamentierten *Kacheln* auskleiden lassen. Gut 300 Jahre später bestimmte ein weiterer Staatsführer, der als Gründer der Türkei verehrte *Mustafa Kemal Atatürk*, die Geschicke der Stadt. Zwar beraubte er sie 1923 zugunsten des zentraler gelegenen Ankara ihrer Hauptstadtwürde, verlieh ihr aber 1930 als Ausdruck der

Oben: *Gebautes Gotteslob – die lichtdurchtränkte Blaue Moschee mit porzellanzarten Kacheln und himmlischen Kuppelmelodien*
Rechts oben: *Tanzende Derwische wie bunte Kreisel, zinnenreiche Rumeli-Festung und buntdynamische Kunst im Istanbul Modern*
Rechts: *Asien und der Bosporus – Galaabend auf der Terrasse des Cihangir Restaurants*

neuen Zeit offiziell den Namen **Istanbul**, was entsprechend dem griechischen Wurzeln ›die Stadt‹ schlechthin bedeutet.

Von uralt bis jugendlich

Istanbul ist stolz auf sein Alter und seine Geschichte. In der Altstadt stehen dafür die **Yerebatan-Zisterne**, die unter *Kaiser Justinian I.* im 6. Jh. ausgebaut wurde, oder die **Theodosianische Landmauer**, deren trutzige Festungsanlagen die Stadt seit der Zeit *Kaiser Theodosius' II.* im frühen 5. Jh. bis zur Eroberung im Jahr 1453 schützten. Das älteste Monument Istanbuls ist jedoch ein 1490 v. Chr. in Ägypten geweihter, hieroglyphengeschmückter **Obelisk**, der im 4. Jh. hier auf dem **Hippodrom** aufgerichtet wurde. Die Pferderennbahn ist heute als **At Meydanı** zentraler Platz des Altstadtviertels **Sultanahmet**. Dessen oft steile Gassen säumen vielfach traditionelle osmanische Holzhäuser, dazwischen ragen immer wieder Gebetshäuser auf, z. B. die **Sokullu-Mehmed-Paşa-Moschee** oder die auf eine byzantinische Kirche zurückgehende Kleine Hagia Sophia, **Küçük Ayasofya Camii**.

Größere Moscheenkomplexe wie die **Prinzenmoschee** und die **Süleymaniye**, Meisterwerke des genialen Baumeisters **Sinan**, erheben sich weithin sichtbar auf den Altstadthügeln Neben ihrer architektonischen Prägnanz und Eleganz sind sie für ihre Innenausstattung berühmt. Augenweiden sind vor allem die erlesen ornamentierten, häufig flächendeckend als Wandverkleidung eingesetzten **Iznik-Fliesen**. Sie gelten als Höhepunkte islamischer Dekorationskunst.

Orientalische Händlertradition ist in den Basaren der Stadt lebendig. Hauptanziehungspunkte sind der labyrinthartige **Große Basar** mit seinem kunterbunten Warenangebot und der von Gewürzen, Kräutern und Parfümen duftende **Ägyptische Markt** am Ufer des Goldenen

Horns. Mit Schick und Trends locken Einkaufsstraßen und Flaniermeilen, darunter die **Bağdat Caddesi** auf der asiatischen Seite und die attraktive und stets belebte **Istiklal Caddesi** im europäischen Neustadtviertel **Beyoğlu**. Letzteres bildet das zweite touristische Zentrum Istanbuls, sein Wahrzeichen ist der gewaltige, aussichtsreiche **Galataturm** aus der Mitte des 14. Jh. Das Straßenbild prangt mit gediegenen Hotelbauten und vornehmen Stadtpalästen im **Jugendstil** der 1920er-Jahre, am verkehrsreichen **Taksim-Platz** wiederum herrschen Ästhetik und Monumentalarchitektur der Moderne. In der Tat entzückt Beyoğlu mit jungem und lebensfrohem Flair. Tagsüber sieht man hier Studenten, Musiker, Künstler und Bohemiens, nach Sonnenuntergang tummeln sich meist jugendliche Nachtschwärmer in den Bars und Diskotheken. Sie bekräftigen den Ruf Istanbuls als eine der aufregendsten **Partymetropolen** Europas.

Freuden, Genüsse und Lockungen

Ein weiterer ›Hotspot‹ des Istanbuler Nachtlebens ist das Studentenviertel **Ortaköy** am Bosporus. An seinen Ufern tanzen im Sommer in riesigen Freiluftdiskos jede Nacht Tausende von Feierlustigen bis zum Morgengrauen. Auch untertags geht es am bzw. auf dem Bosporus lebhaft zu, dann bevölkern neben zahlreichen Frachtern viele Fähren und Ausflugsdampfer die Wasserstraße. Eine Fahrt auf dem Bosporus zum **Schwarzen Meer** gehört zu den großen Istanbul-Erlebnissen, bereichert durch bilderbuchschöne Stadt- und Landschaftspanoramen. Dazu gehören die Residenzen der letzten Sultane: der **Dolmabahçe-Palast** mit seinem pompösen neobarocken Design und die gleichfalls prächtig dekorierten **Beylerbeyı Sarayı** und **Küçüksü Kasrı**. Weitere Augenweiden sind der mondäne Jachthafen von **Bebek** und die beiden osmanischen Festungen, **Rumeli Hisarı** auf der europäischen und **Anadolu Hisarı** auf der asiatischen Seite. In Kanlıca oder Sariyer bewundert man schmucke hölzerne Sommerhäuser, *Yalıs* genannt, und immer wieder kommen tiefgrüne Wäldchen, blumenbunte Parks und traditionelle Dörfer am Bosporus ins Visier. Das nördlichste auf der Ausflugsroute ist *Anadolu Kavaği*. Hier kann man im Schatten einer byzantinischen Burgruine ausgezeichnet Fisch essen.

Oben: *Kaffeepause (18. Jh.) im Pera-Museum, Blumenbouquet in der Rüstem Paşa Camii, Chefkreationen des Çırağan Palace Kempinski, geschraubte Kunst im Santral Istanbul*
Oben rechts: *Schaufensterglanz und Ornamentgeglitzer in der Istiklal Caddesi*
Rechts: *Mal ganz in Orange getaucht – märchenhafter Schattenriss der Blauen Moschee*

Vielfältige kulinarische Genüsse findet man selbstverständlich auch im Herzen Istanbuls, in **Kumkapı** etwa oder an der Uferpromenade im asiatischen Stadtteil **Üsküdar**. Die Küche Istanbuls ist mediterran geprägt und bietet Gaumenfreuden von Auberginenauflauf bis zu süßsauren Zucchini. Unwiderstehlich sind auch die Verlockungen von honigsüßem Baklava, pistazienverziertem Lokum und karamellisierter Vanillecreme.

Nicht zuletzt kulturell ist Istanbul ein Hochgenuss, immerhin wurde die Bosporusmetropole zur **Europäischen Kulturhauptstadt 2010** ernannt. Dafür hat sich Istanbul schick gemacht und manche Sehenswürdigkeit frisch restauriert. Seit den Zeiten des **Orient Express** ist die Stadt der zwei Kontinente Sehnsuchtsziel für Reisende aller Länder. Heute überzeugt sie zudem mit hochkarätigen Sammlungen der Gegenwartskunst, darunter das **Istanbul Modern** am Bosporus und das **Santral Istanbul** am Goldenen Horn. Wer einen Blick zurück in die Antike werfen möchte, wird sich für die Skulpturen des **Archäologischen Museums** begeistern. In die Welt des romantischen Orientalismus entführt das hochrangige **Pera-Museum** mit Exponaten wie dem bezaubernden Gemälde des ›Schildkrötenerziehers‹ von 1906. Glanzpunkten der byzantinischen Kunst begegnet man noch einmal in der **Chora-Kirche**, welche unübertrefflich schöne und erzählfreudige Mosaiken und Fresken bewahrt.

Geschichte, Kunst, Kultur im Überblick

Byzantion, Konstantinopel, Istanbul – Stadt der Kaiser, Sultane und Reformer

um 700 v. Chr. Griechen aus Megara gründen im Bereich des heutigen Istanbuler Stadtteils Kadıköy die Siedlung Chalcedon. Sie liegt am asiatischen Ostufer des Bosporus, der Meerenge zwischen Schwarzem Meer und Marmarameer, welches wiederum Verbindung zum Mittelmeer hat.

um 660 v. Chr. Byzas aus Megara besiedelt die Halbinsel auf der europäischen Seite des Bosporus. Mit dem nördlichen Zufluss des Bosporus, dem sog. Goldenen Horn, besitzt die nach ihrem Gründer Byzantion genannte Siedlung einen gut geschützten Naturhafen und überflügelt daher bald das gegenüberliegende Chalcedon.

2. Jh. v. Chr. Im Zweiten Makedonisch-Römischen Krieg steht die wohlhabende Handelsstadt Byzantion auf der Seite Roms.

69–79 n. Chr. Kaiser Vespasian verleibt das zwischen den römischen Provinzen Thrakien (Balkan) und Bithynien (Kleinasien) gelegene Byzantion dem Römischen Reich als Byzantium ein.

193–196 Machtkämpfe erschüttern das Römische Reich. Kaiser Septimius Severus (146–211) belagert Byzantion, weil es den Gegenkaiser Pescennius Niger unterstützt hatte. Septimius Severus erobert und verwüstet die Stadt, lässt sie aber anschließend wieder aufbauen und erweitern.

284–305 Nach Krisen im Römischen Reich reformiert Kaiser Diokletian das Regierungssystem. Er teilt das wegen seiner Größe unregierbar gewordene Imperium in eine West- und Osthälfte, die von je einem Kaiser regiert werden.

313 Die Konstantinische Wende: Konstantin der Große (ca. 272/285–337), Kaiser der weströmischen Provinzen, und sein Mitregent im Osten, Licianus Licinius, verabschieden das Toleranzedikt von Mailand, welches die rechtliche Gleichstellung des Christentums mit den übrigen Religionen des Reiches zusichert.

Täufling Konstantin der Große, 1246, Rom, SS. Q. Coronati

324 Rivalitäten zwischen den beiden Kaisern führen zur Schlacht bei Chrysopolis (nahe dem heutigen asiatischen Stadtteil Üsküdar). Der siegreiche Konstantin ist fortan Alleinherrscher über das Römische Reich.

325 Konstantin beruft das Erste Ökumenische Konzil von Nicäa (heute Iznik) ein, um einen Glaubensstreit zu schlichten, welcher die christliche Kirche zu spalten droht und auch die Einheit des Römischen Reiches gefährdet.

330 Wegen der zunehmenden Bedeutung der östlichen Reichshälfte verlegt Konstantin seine Residenz nach Byzantium, das er als Nova Roma (Neues Rom) zur Hauptstadt des Imperium Romanum erklärt.

337 Kurz vor seinem Tod lässt sich Konstantin christlich taufen. Die Hauptstadt wird nach seinem Ableben zu seinen Ehren in Konstantinopel umbenannt.

381 Kaiser Theodosius I. (347–395) erhebt das Christentum zur Staatsreligion. Zur Beilegung des wieder aufflammenden Glaubensstreits beruft er das Erste Konzil von Konstantinopel ein.

395 Die beiden Söhne Theodosius' I. teilen das Römische Reich unter sich auf: Während Honorius im Westen regiert, herrscht Arcadius über das Oströmische Reich.

412 Kaiser Theodosius II. (401–450) lässt Konstantinopel mit der mächtigen Theodosianischen Landmauer im Westen befestigen, die den zahlreichen Angriffen der folgenden Jahrhunderte, so durch Goten und Hunnen, standhält.

451 Beim Konzil von Chalcedon sagen sich die altorientalischen Kirchen Palästinas, Syriens und Ägyptens von der römisch-byzantinischen Reichskirche los.

476 In Rom setzt der germanische Heerführer Odoaker den letzten weströmischen Kaiser Romulus Augustulus ab und besiegelt damit das Ende des Weströmischen Reiches.

ab 527 Kaiser Justinian I. (ca. 482–565) führt mit Unterstützung seiner Gemahlin Theodora I. (ca. 500–548) das Byzantinische (Oströmische) Reich zur bislang größten Blüte. Konstantinopel ist mittlerweile eine Stadt mit 600 000 Einwohnern. Justinian initiiert ehrgeizige Bauprojekte, fördert Wissenschaften und Künste.

532 Der Volkszorn über Justinians rigide Machtpoli-

tik mündet im Nika-Aufstand von Konstantinopel. Als die im Hippodrom (Pferderennbahn) versammelten Rebellen einen Gegenkaiser ausrufen, gibt Justinian seinen Truppen den Befehl den Aufstand niederzuschlagen. 30 000 Aufrührer sterben, das Zentrum Konstantinopels fällt einem Brand zum Opfer. Auf den Trümmern lässt Justinian glanzvolle Neubauten errichten, die Macht und Größe des Byzantinischen Reiches und der Staatskirche demonstieren sollen. Allen voran steht hier die neue Hagia Sophia, die bereits 537 eingeweihte damals größte Kirche der Christenheit.

ab 533 Justinian erobert Nordafrika, Italien und Teile Spaniens. Das Byzantinische Reich erreicht damit wieder eine Ausdehnung, die dem des Römischen Reiches weitgehend entspricht.

ab 622 Kaiser Herakleios (reg. 610–641) erwirkt die Rückbesinnung auf die griechischen Wurzeln des Reiches. Griechisch wird offizielle Landessprache, der Kaiser trägt den Titel Basileos und Konstantinopel verliert sein römisches Gepräge. – Islamische Araber dringen in das kriegsgeschwächte Perserreich ein und erobern auch zum Byzantinischen Reich gehörige Gebiete wie Syrien, Mesopotamien und Ägypten.

674–678 Arabische Truppen belagern Konstantinopel, doch Kaiser Konstantin IV. Pogonatos (reg. 668–685) schlägt sie zurück.

717/718 Unter Kalif Suleiman erfolgt ein weiterer Angriff muslimischer Truppen auf Konstantinopel. Kaiser Leo III. (reg. 717–741) lässt im Hafen des Goldenen Horns eine Schiffsblockade einrichten. Die Araber werden vernichtend geschlagen.

726–787 Der erste Byzantinische Bilderstreit (Ikonoklasmus) um Fragen christlicher Bildverehrung entbrennt in Kirche und Kaiserhaus. Kaiser Leo III. proklamiert als erster ein Bildverbot und lässt als wundertätig verehrte Heiligenikonen aus den Kirchen entfernen und vernichten. In der Folgezeit führen Machtkämpfe von Bilderfeinden (Ikonoklasten) und Bilderfreunden (Ikonodulen) zu bürgerkriegsähnlichen Zuständen.

797 Kaiser Konstantin VI. (* 771) wird auf Befehl seiner Mutter Irene von Athen (753–803) geblendet und stirbt. Nun besteigt sie als erste Kaiserin des Byzantinischen Reichs den Thron.

843 Kaiserin Theodora II. (810–867) regiert in Konstantinopel für ihren minderjährigen Sohn Michael III. (839–867). Sie beendet die zweite Phase des Bilderstreits (ab 813), indem sie das Bilderverbot aufhebt und die Wiederherstellung von Ikonen veranlasst.

867–886 Kaiser Basileios I. (ca. 812–886), der Makedonier, erobert weite Gebiete von den Arabern zurück. Er begründet die Makedonische Dynastie (bis Mitte des 11. Jh.), die mit einer kulturellen Blüte einhergeht (Makedonische Renaissance).

1014 Basileios II., der Bulgarentöter (ca. 956–1025), siegt in der Schlacht von Kleidion über die Bulgaren und macht etwa 14 000 Gefangene, die er blenden lässt. In den Folgejahren verleibt er Bulgarien und Armenien dem Reich ein.

1054 Nach jahrhundertelangem Machtkampf der Kirchen kommt es zum Morgenländischen Schisma, der endgültigen Spaltung von römisch-katholischer und byzantinisch-orthodoxer Kirche.

1057–59 Isaak II. Komnenos (1005–1061) reformiert Verwaltung und Finanzen des Byzantinischen Reiches und begründet die Komnenen-Dynastie.

1071 In der Schlacht von Mantzikert besiegen muslimische Seldschuken aus Zentralasien das byzantinische Heer unter Roma-

Bildauslöscher Johannes VII., Chludow-Psalter, 850, Moskau

nos IV. Bis auf wenige Küstengebiete ist Kleinasien (Anatolien) von nun an für das Byzantinische Reich verloren.

ab 1081 Der in Süditalien ansässige Normannenherzog Robert Guiscard dringt ins Byzantinische Reich ein. Der just inthronisierte Kaiser Alexios I. Komnenos (1048–1118) ruft die mächtige Seerepublik Venedig zu Hilfe. Die Venezianer erhalten für ihre Unterstützung Handelsplätze in Konstantinopel und dürfen im ganzen Reich steuerfrei Handel treiben.

1143 Manuel I. Komnenos (1118–1180) besteigt den Kaiserthron. Seine Regentschaft gilt als letzte Glanzzeit des Byzantinischen Reiches. Innenpoltisch treten die Venezianer als dominierende Handelsmacht hervor, zahllose Kaufleute aus der Lagunenstadt sind nun in Konstantinopel ansässig. Da inzwischen auch die konkurrierenden Seerepubliken Genua und Pisa hier Handel treiben, kommt es immer wieder zu italienischen Machtkämpfen am Bosporus, was die sog. Lateiner bei der griechischen Bevölkerung verhasst macht.

1171 Ausschreitungen im Genueser-Viertel Pera in Konstantinopel werden den Venezianern zur Last gelegt. Manuel I. lässt ihren Besitz konfiszieren und viele von ihnen inhaftieren. Hunderte verlieren ihr Leben. Das Verhältnis der einstigen Bündnispartner ist damit zerrüttet, auch der Friedensschluss von 1177 bringt keine Versöhnung.

1176 In der Schlacht von Myriokephalon wird Manuel I. von den Seldschuken besiegt, die von nun an immer tiefer ins Byzantinische Reich drängen.

1182 Erneut flammt der Hass der Bevölkerung Konstantinopels gegen italienische Kaufleute auf. Beim Lateinerprogrom werden die am Bosporus verbliebenen Genuesen und Pisaner ermordet.

1195 Alexios III. Angelos (um 1150–1211) verdrängt seinen Bruder Isaak II. (1155–1204) vom Kaiserthron.

1202–04 Isaaks Sohn Alexios ersucht zu Beginn des Vierten Kreuzzuges, der maßgeblich von Venedig finanziert wird und eigentlich Jerusalem zum Ziel hat, die Kreuzfahrer um Hilfe. Daraufhin führt der 95-jährige venezianische Doge Enrico Dandolo das Heer gegen Konstantinopel. Nach der Eroberung flieht Kaiser Alexios III. mit dem Staatsschatz und Isaak II. wird wieder eingesetzt. Doch er kann die Kreuzfahrer nicht wie versprochen bezahlen. Das nehmen diese 1204 zum Anlass, die Stadt zu plündern und zu brandschatzen. Sie töten viele Einwohner und erbeuten zahllose Kunstschätze, Ikonen und Reliquien.

ab 1204 Unter der Federführung Venedigs teilen die siegreichen Kreuzritter das Byzantinische Reich als Lateinisches Kaiserreich in mehrere Kleinstaaten auf. Das Kerngebiet befindet sich um Konstantinopel, das nur noch etwa 50 000 Einwohner zählt.

1261 Die Rückeroberung Konstantinopels durch Michael VIII. Palaiologos (ca. 1224/25–1282) hat die Wiederherstellung des Byzantinischen Reiches zu Folge. Mit Michael VIII. beginnt die Dynastie der Palaiologen (bis 1453).

1299 Osman I. (um 1258–1326) erklärt sich unabhängig vom Seldschucken Reich und gründet im Nordwesten Kleinasiens das muslimische Osmanische Reich.

1315–21 Kanzler Theodoros Metochites (1270–1332) lässt die Chora-Kirche nahe der Stadtmauer von Konstantinopel restaurieren und komplett mit Bilderzyklen ausschmücken.

1326–65 Die Osmanen unter Sultan Orhan I. (1281–1359) erobern Bursa und machen es zur Hauptstadt. Anschließend drängen sie weiter nach Westen, wo sie 1331 Nicäa einnehmen. Die Expansion nach Europa beginnt mit der Einnahme von Gallipoli 1354. Unter Orhans Sohn Murad I. (reg. 1359–89) wird das noch weiter westlich gelegene 1361 Adrianopel (Edirne) erobert und 1365 zur Hauptstadt erklärt.

Eroberung Konstantinopels 1204, Venedig, Dogenpalast

Süleyman I. der Prächtige, 1558/59, London, Br. Library

29. Mai 1453 Nach 54 Tagen Belagerung nimmt der osmanische Sultan Mehmed II. (1432–1481) Konstantinopel ein. Mehmed nennt sich von nun an ›Fatih‹, der Eroberer, und macht Konstantinopel unter dem Namen Stanbul zur Hauptstadt seines Reiches. Die meisten Kirchen werden nun in Moscheen umgewandelt.

1465 Mehmed II. lässt in der Metropole den Palast Topkapı Sarayı errichten. Nachfolgende Sultane wie Süleyman I. bauen die Anlage zu einer Palaststadt aus.

1520–66 Regierungszeit von Sultan Süleyman I., dem Prächtigen (um 1494–1566), auch ›Kanuni‹, der Gesetzgeber, genannt. Das Osmanische Reich steigt zur Weltmacht auf. Es reicht von Ungarn über den Balkan und die Krim bis nach Bagdad und Nordafrika. 1529 stehen osmanische Truppen erstmals vor Wien, doch die Belagerung wird abgebrochen.

1550 Süleyman beauftragt seinen Hofarchitekten Sinan, den größten Moscheekomplex der Welt zu errichten. In nur fünf Jahren konstruiert der ›osmanische Michelangelo‹ die Süleymaniye-Moschee.

1566 Nach dem Tod Süleymans beginnt das sog. Sultanat der Frauen, eine etwa 300 Jahre andauernde Epoche, in der die Gemahlinnen der Sultane starken Einfluss auf die Politik nehmen.

1609 Sultan Ahmet I. gibt den Bau der Blauen Moschee (Sultan Ahmet Camii) in Auftrag. Das Gotteshaus mit sechs Minaretten wird 1616 vollendet.

1683 Die Osmanen stehen erneut vor Wien, werden aber vernichtend geschlagen. Auch in den Folgejahren bescheren europäische Mächte wie Österreich und Venedig dem Osmanischen Reich an mehreren Fronten schwere Niederlagen. Im Norden kommt Russland als neuer Gegner hinzu.

1718 Der Friede von Passarowitz legt den Balkan als osmanische Westgrenze fest. Vor allem aufgrund des technischen Fortschritts im Westen und der Erstarrung des Osmanischen Reiches fällt dieses immer weiter zurück. Ein Krieg folgt dem anderen und die Osmanen verlieren stetig an Boden. – Die internationale Diplomatie verwendet in dieser Periode erstmals den Ausdruck ›Hohe Pforte‹ für den Sitz des Großwesirs, des Regierungschefs des Osmanischen Reiches.

1718–30 Während seiner Regentsschaft lässt Sultan Ahmet III. (1673–1736) in Konstantinopel Paläste und Gärten anlegen und begeistert sich für teure Importtulpen aus Holland, was der Epoche den Namen Tulpenzeit einträgt. Nach großen Gebietsverlusten wird Ahmet III. von den Janitscharen, einer privilegierte Kerntruppe der Armee, abgesetzt.

1774 Der Friede von Kücük Kaynarca beendet einen verlustreichen Krieg mit Russland (ab 1768). Im Friedensvertrag wird das Osmanische Reich in seiner Ausdehnung und Machtausübung stark beschnitten. Im Lande werden alle Reformbemühungen von den Janitscharen im Keim erstickt, weil sie um ihre Privilegien fürchten.

1790 Das Bündnis Preußens mit dem Osmanischen Reich verhindert die im Russisch-Österreichischen Türkenkrieg (1787–92) angestrebte Zerschlagung des Reiches.

1. Hälfte 19. Jh. In diesen Zeitraum fällt das Erstarken des Nationalismus im osmanischen Herrschaftsbereich: Es gibt Aufstände in Serbien (1813), Griechenland (ab 1821) und Rumänien (ab 1848). Nun beschleunigt sich der Zerfall des Osmanischen Reiches. Vermehrt mischen sich Frankreich, England und Russland in innenpolitischen Belange ein.

Graf von Moltke, Ausbilder der osmanischen Armee

1826 Sultan Mahmud II. lässt 30 000 Janitscharen in ihren Kasernen und auf den Platz vor der Sultan-Ahmet-Moschee von loyalen Truppen töten (›Wohltätiges Ereignis‹). Jetzt ist der Weg frei für Reformen, die vor allem auf die Trennung von geistlicher und weltlicher Macht zielen.

1836–39 Der Deutsche Helmuth Karl Bernhard Graf von Moltke wird Ausbilder der osmanischen Armee. Die deutsche Rüstungsindustrie liefert Waffen.

1843 Als neue Residenz lässt Sultan Abdülmecid I. (1823–1861) am nördlichen Bosporusufer den bombastischen Dolmabahçe Palast im Stil westeuropäischen Neobarocks errichten.

Jungtürkische Siegesfeier in Jerusalem 1909 nach Einsetzung Sultan Mehmeds V.

1845 Bezmiâlem Valide Sultan (1807–1853), die Mutter von Sultan Abdülmecid I., lässt die Mündung des Goldenen Horns mit einer Holzbrücke, der ersten Galatabrücke, überspannen.

1852 Der russische Zar Nikolaus prägt die Metapher vom ›Kranken Mann am Bosporus‹ in Bezug auf das geschwächte Osmanische Reich.

1875/81 Zweimal muss der Osmanische Staat Bankrott erklären. 80 % der Staatseinnahmen werden zur Schuldentilgung an europäische Großmächte abgeführt.

1876–1909 Regierungszeit von Sultan Abdülhamid II. (1842–1918). Bei Amtsantritt lässt er eine liberale Verfassung mit Parlamentarischem System ausarbeiten, die er aber schon 1878 wieder aufhebt.

1889/98 Der deutsche Kaiser Wilhelm II. besucht Sultan Abdülhamid II. in Konstantinopel. Als Gastgeschenk stiftet der Kaiser am Hippodrom den Deutschen Brunnen (1898).

1903 Das Deutsche Reich erhält von den Osmanen die Genehmigung zum Bau der Bagdadbahn. 1906 beginnt die Firma Philipp Holzmann in Konstantinopel mit der Errichtung des Startbahnhofs, des Haydarpaşa Garı am asiatischen Ufer des Bosporus.

1909 Die oppositionellen Jungtürken, nationalistisch orientierte Militärs und Intellektuelle, zwingen Sultan Abdülhamid II. zur Abdankung zugunsten seines Bruders Mehmed V. Sie fordern die Wiederherstellung der Verfassung von 1876, die Souveränität des Parlaments und die Einschränkung der Sultansmacht. Gleichzeitig lehnen sie die Pressefreiheit ab und proklamieren die generelle Überlegenheit von Türken gegenüber anderen Volksgruppen.

1912 Neubau der Galatabrücke als Eisenzugbrücke durch die Firma MAN.

1912/13 In den Balkankriegen verliert das Osmanische Reich bis auf Konstantinopel und Adrianopel alle europäischen Gebiete an die Balkanstaaten.

1914–18 Teilnahme am Ersten Weltkrieg an der Seite Deutschlands.

April 1915–Jan. 1916 In der Schlacht von Gallipoli (auch Dardanellensschlacht) greifen die Alliierten (GB, F, AUS, NZ) türkische Stellungen auf der Halbinsel Gallipoli an. Ziel ist die Eroberung Istanbuls. Obgleich zahlenmäßig unterlegen, gelingt es den Türken unter ihren Befehlshabern Mustafa Kemal (1881–1938) und Otto Liman von Sanders (1855–1929), die Stellung zu halten. Die Zahl der Toten und Verletzten auf beiden Seiten wird auf insgesamt 500 000 beziffert.

1918 Alliierte Truppen besetzen den Westen des Osmanischen Reiches und seine Hauptstadt. Die Armee kapituliert, die Jungtürken werden von den Siegermächten abgesetzt. Auch der neue Sultan Mehmed VI. (1861–1926), Bruder des jüngst verstorbenen Mehmed V., ist fortan politisch entmachtet.

1919–22 Gegen den Verlust der nationalen Souveränität erhebt sich Widerstand in Bevölkerung und Militär. Unter Mustafa Kemal beginnt am 19. Mai 1919 (heute Nationalfeiertag) der Türkische Befreiungskrieg. Er endet mit der Eroberung Smyrnas (Izmir) im September 1922. Nach der Aufhebung des Sultanats durch die türkische Nationalversammlung im November geht Mehmed VI. ins Exil. Er stirbt 1926 im italienischen San Remo.

29. Oktober 1923 Mustafa Kemal ruft die Türkische Republik aus, die im Frieden von Lausanne ihr heutiges Staatsgebiet erhält. Hauptstadt wird das zentral gelegene Ankara.

ab 1924 Kemal setzt die Trennung von Staat und Religion durch, etabliert die lateinische Schrift anstelle der arabischen und sorgt für die Gleichstellung von Mann und Frau. Zudem führt er erstmals Nachnamen ein. Für ihn wählt die Nationalversammlung 1934 den Namen ›Atatürk‹, Vater der Türken. Der sog. Kemalismus, der sich an der Politik Atatürks orientiert, avanciert zur Staatsräson der Türkei.

1930 Die Bosporusmetropole wird offiziell in Istanbul umbenannt.

1938 Mustafa Kemal Atatürk stirbt in seinem Amts- und Wohnsitz, der alten Istanbuler Sultansresidenz Dolmabahçe Sarayı.

ab 1950 Adnan Menderes und seine Demokratische Partei (DP) gehen aus den ersten freien Wahlen in der Türkei als Sieger hervor. Menderes wendet sich teilweise vom Kemalismus ab, will die Trennung von Staat und Islam abschwächen und beginnt schließlich, gegen die Opposition vorzugehen.

1955 Der seit Jahrzehnten schwelende Konflikt zwischen Griechen und Türken flammt wieder auf und eskaliert im Pogrom von Istanbul, bei dem fast die gesamte christliche (meist griechische) Bevölkerung vertrieben wird.

1960/61 Mit einem Putsch setzt das Militär den zunehmend autokratisch regierenden Menderes ab, 1961 wird er zum Tode verurteilt. Im gleichen Jahr übergibt das Militär die Regierung wieder an zivile Parteien. Künftig versteht es sich jedoch als eigentlicher Schützer des Kemalismus.

1973 Die Bosporusbrücke Boğaziçi Köprüsü, die erste Verbindung zwischen Europa und Asien, wird eröffnet.

1985 Die UNESCO ernennt die Altstadt Istanbuls zum Weltkulturerbe.

ab 1987 Die Türkei stellt einen offiziellen Antrag auf Vollmitgliedschaft in der EG. Die Staats- und Regierungschefs der EU nehmen die Türkei 1999 in die Riege der Beitrittskandidaten auf. Allerdings machen sie eine Entscheidung für den Verhandlungsbeginn von der strikten Einhaltung der sog. Kopenhagen-Kriterien abhängig, die den Schutz von Minderheiten und eine demokratische und rechtsstaatliche Ordnung fordern.

2002 Die konservativ-islamische Partei AKP unter Recep Tayyip Erdoğan erringt bei den Parlamentswahlen die absolute Mehrheit. Ihr vorrangiges Ziel ist der Beitritt der Türkei zur EU. Um ihn zu ermöglichen, stärkt sie u. a. die Menschenrechte, weitet die Pressefreiheit aus und drängt den Einfluss des mächtigen Militärs zurück. Konterkariert werden diese Maßnahmen durch einen Paragraphen des Strafgesetzbuches, der die Herabwürdigung des Türkentums und der türkischen Republik unter Strafe stellt. Rechtsgerichtete Staatsanwälte und Gerichte wenden ihn aggressiv an. Zu den auf seiner Grundlage Angeklagten gehört auch der aus Istanbul stammende Literaturnobelpreisträger von 2006, Orhan Pamuk, dessen Verfahren jedoch eingestellt wird. Erst 2008 erfährt das Gesetz eine Abmilderung.

Orhan Pamuk, Nobelpreisträger 2006, und sein Istanbul

2006 EU und Türkei beginnen die erste Verhandlungsrunde über den Beitritt. Der Ausgang ist ungewiss, die Gespräche werden mindestens bis 2020 dauern. – Papst Benedikt XVI. bereist die Türkei. In Istanbul besucht er als erstes Oberhaupt der römisch-katholischen Kirche die Sultan-Ahmet-Moschee oder Blaue Moschee.

2007 Im Rahmen des Marmaray-Projektes zur Stadtentwicklung beginnt die Konstruktion des in 56 m Tiefe unter dem Bosporus verlaufenden Schienenverkehrstunnels zwischen Sultanahmet und Kadıköy.

2010 Als Europäische Kulturhauptstadt lockt Istanbul mit jüngst restaurierten Sehenswürdigkeiten und attraktiven Kunstprojekten.

Marmaray-Projekt – Tunnel von Asien nach Europa

Unterwegs

Purpurne Stunde in Istanbul – Sultanahmet Meydanı mit Blauer Moschee

Die Altstadt – Sarayburnu und Sultanahmet, am Nabel zweier Weltreiche

Jedes Fleckchen Erde in der Istanbuler Altstadt auf der **Halbinsel** zwischen Goldenem Horn, Bosporus und Marmarameer zeugt von der ruhmreichen Vergangenheit der Metropole. Zu Recht zählt das Viertel zwischen dem Bosporusufer mit der ›Serailspitze‹ *Sarayburnu* und dem Platz *Sultanahmet*, benannt nach der gleichnamigen Moschee, dank seiner bedeutenden Monumente aus Antike, Christentum und Islam seit 1985 zum **UNESCO Weltkulturerbe**. Die Erfolgsgeschichte begann im 7. Jh. v. Chr., als der sagenhafte *Byzas* aus dem griechischen *Megara* auf den **sieben Hügeln** der heutigen Altstadt eine neue Siedlung namens Byzantion gründete. Kaiser Konstantin machte die Byzantium genannte Kolonie im Jahr 330 n. Chr. zur Hauptstadt des **Römischen Imperiums**. Nach seinem Tod wurde sie ihm zu Ehren in Konstantinopel umbenannt. Mit der Eroberung durch *Sultan Mehmed II. Fatih* 1453 avancierte die Stadt am Bosporus zur Kapitale des **Osmanischen Reiches**. Spuren dieser fast 3000-jährigen Geschichte finden sich an jeder Straßenecke und mit Bauten wie der im 6. Jh. unter Kaiser Justinian I. erweiterten **Yerebatan-Zisterne** sogar im Untergrund. Ein wahres Schatzhaus mit Zeugnissen der klassischen und orientalischen Antike ist das **Archäologische Museum**, aus dessen zahlreichen Prunkstücken der *Alexandersarkophag* herausragt.

Es sind aber vor allem drei Bauwerke, die den Weltruhm dieses ältesten Teils von Istanbul begründet haben und bis heute nähren. Der **Topkapı-Palast**, die Sultansresidenz mit Prunk- und Verwaltungsbauten, dem sagenumwobenen Harem und der Schatzkammer, kündet heute als größtes Museum der Stadt von ihrer einzigartigen Politik- und Kulturgeschichte. Ein weiterer Besuchermagnet ist die nahe **Hagia Sophia**. Im 6. Jh. als größte Kirche der Christenheit erbaut und bis heute Wahrzeichen der Stadt, birgt sie unter ihrer gewaltigen *Zentralkuppel* kostbare *Mosaiken* mit Szenen aus der Bibel. Dieses Wunderwerk byzantini-

Topkapı-Palast mit Küchentrakt, Schatzkammer (v.l.r.), Kubbealtı und Harem (h.l.r.)

scher Kunst und Architektur, 1453 in eine Moschee umgewandelt, schlug auch die Baumeister der Sultane in ihren Bann und avancierte zum allein gültigen Vorbild für die osmanische Sakralarchitektur, den vielfach überkuppelten Zentralbau. Wiederum in Sichtweite steht die dritte Berühmtheit und würdige Zeugin dieser Stilgeschichte, die kuppelreiche **Sultan-Ahmet-Moschee** mit ihren sechs weithin sichtbaren *Minaretten*. Der verschwenderischen Ausstattung mit blaugrundigen Iznik-Fliesen verdankt sie die in Europa weit verbreitete Bezeichnung als *Blaue Moschee*.

Nahebei zeugt das **Mosaikmuseum** mit seinen herrlichen Fußbodenmosaiken – den einzigen Relikten des Großen Palastes der byzantinischen Kaiser – von der glanzvollen frühchristlichen Epoche Istanbuls. Der benachbarte, lang gestreckte Platz **At Meydanı** markiert das Gelände des antiken **Hippodroms**, in dem einst bis zu 100 000 begeisterte Zuschauer Wagenrennen verfolgen konnten. Zwei *Obelisken* und eine bronzene *Schlangensäule*, die die Mittelachse der römischen Rennbahn schmückten, erheben sich noch immer im Zentrum des At Meydanı. An dessen Längsseite beherbergt der *Ibrahim-Paşa-Palast* heute das **Museum für Türkische und Islamische Kunst** mit einer herrlichen Teppichsammlung. Ein Spaziergang durch das Viertel **Sultanahmet**, das sich vom ersten Hügel bis zu den Ufern des Bosporus und des Marmarameeres hinabzieht, rundet die Besichtigung der Altstadt ab. Die kopfsteingepflasterten Gassen, die größtenteils von malerischen Holzhäusern gesäumt werden, führen zu weiteren Sehenswürdigkeiten wie der **Sokullu-Mehmed-Paşa-Moschee** vom berühmten Baumeister *Sinan* oder der byzantinischen Sergios-und-Bacchos-Kirche, die nach ihrer Umwandlung zur **Küçük-Ayasofya-Moschee** wegen ihrer Kuppellandschaft ›Kleine Hagia Sophia‹ genannt wurde.

1 Topkapı Sarayı
Topkapı-Palast

TOP TIPP *Die einstige Residenz der osmanischen Sultane ist ein prächtiger Palastkomplex mit Schatzkammer, Harem und Prinzenpavillons.*

Babıhümayun Caddesi, Sultanahmet
Tel. 0212/5120480
www.topkapisarayi.gov.tr
Palast: Mi–Mo 9–17 Uhr
Harem: Mi–Mo 10–12 und 13–16 Uhr
Für Palast und Harem müssen jeweils separate Tickets gelöst werden
Straßenbahn: Gülhane oder Sultanahmet

Der Topkapı Sarayı erstreckt sich an der Spitze der von *Goldenem Horn, Bosporus* und *Marmarameer* umspülten Halbinsel der Istanbuler Altstadt. Rund 400 Jahre lang war der Palast Regierungssitz und Residenz der osmanischen Sultane. Seit 1924 ist er als *Museum* öffentlich zugänglich. Besonders sehenswert sind der Harem mit prachtvoll ausgestatteten Privatgemächern und Salons sowie die Schatzkammer mit bedeutenden Exponaten vom Topkapı-Dolch bis zu den Barthaaren des Propheten.

Die Palastanlage hatte ihren Ursprung im **Verwaltungssitz** *Sultan Mehmeds II. Fatih* (1432–1481). Der Eroberer Konstantinopels wählte 1468 die antike Akropolis als Standort für den Neubau. Das namengebende *Kanonentor* (Topkapı) nahe einer Kanonengießerei wurde in die Anlage integriert, ist aber nicht erhalten. Seinen Wohnpalast ließ Mehmed II. übrigens nicht hier, sondern auf dem Gelände der heutigen Universität weiter westlich errichten. Erst *Sultan Süleyman I. der Prächtige* (um 1494–1566) baute den Topkapı Sarayı ab 1520 zur **Residenz** aus. 1541 wurde auch der Harem von dem nun *Eski Sarayı* genannten alten Wohnpalast hierher verlegt. Von da ab wohnten alle Sultane im Topkapı Sarayı und ließen das Areal immer wieder umbauen und erweitern. So entstand ein verschachtelter, vielgestaltiger Komplex mit *vier Innenhöfen*. Anfänglich waren alle Gebäude aus Holz. Erst nach zwei Großbränden in den Jahren 1574 und 1665 begann man mit der Errichtung von Steinbauten. Mitte des 19. Jh. schließlich schien die Residenz nicht mehr zeitgemäß: *Sultan Abdülmecid I.* (1823–1861) siedelte 1855 in den brandneuen Dolmabahçe-Palast [s. S. 104] am Westufer des Bosporus über. Nun wurde der Topkapı Sarayı selbst zum Eski Sarayı, zum Alten Palast.

Das etwa 70 ha umfassende Palastareal reicht von der Anhöhe des ersten

An der Schwelle zum Reich des Sultans – das Tor Bab-üs Selam des Topkapı-Palastes

Altstadt-Hügels bis hinunter zum Ufer des Bosporus, das hier **Sarayburnu**, Serailspitze, genannt wird. Der Sultanspalast (*Serail*) umfasste einem äußeren, öffentlich zugänglichen Bereich (*Birun*) mit Wirtschaftsgebäuden um einen ersten Hof sowie den inneren, abgeschirmten und durch Mauern gesicherten Regierungs- und Wohnbezirk (*Enderun*) mit drei Höfen. Den ersten Hof des Palastes erreicht man auf zwei Wegen: Entweder vom nordwestlich gelegenen Gülhane-Park über einen leicht ansteigenden *Fußweg*, der am Archäologischen Museum vorbeiführt. Oder von Süden her, vorbei am eleganten **Brunnen Sultan Ahmets III.**, ein 1728 errichtetes und nach seinem Stifter benanntes Brunnenhaus mit graziös geschwungenem Dach aus der Stilepoche des *Osmanischen Barock*.

Erster Hof

Nur wenige Meter hinter dem Brunnen gewährt das marmorne Haupttor **Bab-ı Hümayun** Einlass in den Ersten Hof. Das ›Reichstor‹ mit seinem gewiss 6 m hohen Portal wurde 1478/79 unter Mehmed II. erbaut. Im Hof, heute ein Park mit hohen Bäumen, befanden sich einst Hospital, Münze und Bäckerei sowie Werkstätten, Lagerräume und Unterkünfte für Bedienstete. Die Gebäude waren größtenteils aus Holz und fielen im Laufe der Zeit Bränden zum Opfer. Der Hof selbst diente auch als Übungs- und Paradeplatz der im Palast stationierten **Janitscharen**, der Eliteeinheit des osmanischen Heeres, aus der auch die Leibwache des Sultans rekrutiert wurde.

In der südwestlichen Hofecke steht die frühchristliche **Aya Irini** (griech. Hagia Eirene, meist geschl.). Die ›Kirche des himmlischen Friedens‹ entstand im 4. Jh. unter Kaiser Konstantin dem Großen und war vor der Weihe der ersten Hagia Sophia im Jahre 360 die **Kathedrale** von Konstantinopel. Zweimal musste der Bau nach Zerstörungen erneuert werden, nach dem Nika-Aufstand 532 und nach dem Erdbeben von 740. Bei Errichtung des Topkapı Sarayı wurde die Hagia Eirene in das Palastareal integriert und diente den Janitscharen als Waffenlager. Die Kuppelbasilika, eine Kombination aus überkuppeltem Zentralbau und dreischiffigem Langhaus, präsentiert sich heute außen wie innen mit unverputztem Ziegelmauerwerk. Als einziger Schmuck im etwas düsteren *Inneren* blieb in der Apsis ein mosaiziertes Kreuz aus dem 8. Jh. erhalten. Wer die Gelegenheit dazu hat, sollte unbedingt eines der hier hin und wieder stattfindenden Konzerte besuchen. Im Juni und Juli ist die Aya Irini zudem einer der Austragungsorte des *International Istanbul Music Festival* (www.iksv.org/muzik).

Der altehrwürdige Chor der Kirche Aya Irini ist heute Bühne für klassische Konzerte

Zweiter Hof

Einziger Zugang zum inneren Bezirk des Topkapı-Palastes ist das 1524 unter Sultan Süleyman I. dem Prächtigen errichtete **Bab-üs Selam** [**1**], das zinnengekrönte und von zwei achteckigen Wachtürmen flankierte *Tor des Friedens* (auch Tor der Begrüßung). Dahinter öffnet sich der von Zypressen und Platanen beschattete Zweite Hof, der mit 160 x 130 m größte der Anlage. Links geht es leicht abwärts zu den Unterkünften der Palastgarde und dem noch etwas tiefer gelegenen *Marstall*, der heute Raum für Wechselausstellungen bietet. Die rechte Hofseite wird vom **Mutfaklar** [**2**] (zur Zeit wg. Restaurierungsarbeiten geschl.) eingenommen, dem 1574 von Sinan erbauten Küchentrakt mit seiner Phalanx adretter Kuppeln und Schornsteine. In Spitzenzeiten waren in den Sälen über 1000 Köche mit der

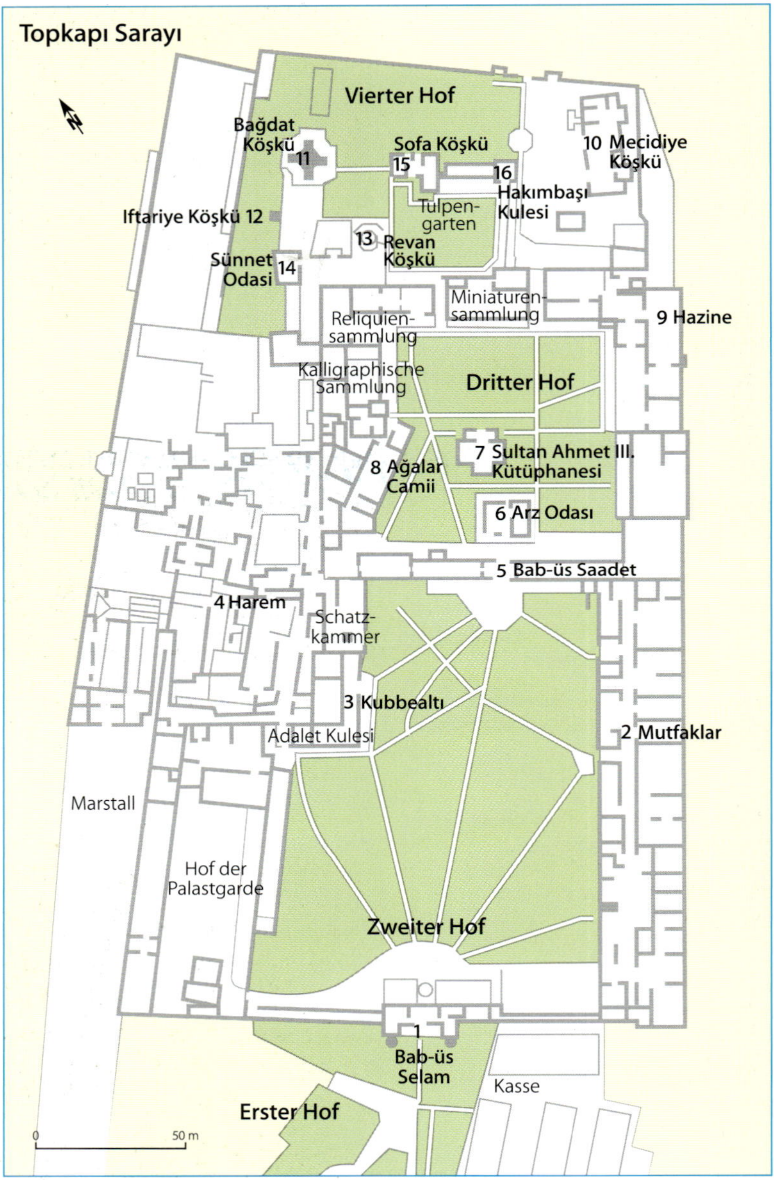

Zubereitung der erlesensten Speisen für den Hofstaat beschäftigt. Heute kann man hier die umfangreiche *Porzellansammlung* der Sultane bewundern, darunter zauberhafte altchinesische Keramik.

Gegenüber erhebt sich der 41,5 m hohe *Adalet Kulesi*, der Turm der Gerechtigkeit aus dem 16. Jh., mit seiner spitzen Turmhaube. Zu seinen Füßen erstreckt sich der unter Süleyman I. dem Prächtigen errichtete **Kubbealtı** [**3**] (*Unter der Kuppel*). Dieser dreikuppelige, etwas in den Hof ragende Pavillon ist außen wie innen aufwendig mit vergoldeten Ziergittern, ornamentalen Malereien und Kalligraphien geschmückt. Hier tagte der *Divan*, der unter der Leitung des Großwesirs abgehaltene Oberste Rat des Osmanischen Reiches. Über dem Thron des

Regieren hinter goldenen Gittern – Großwesir und Oberster Rat tagten einst im Kubbealtı

Großwesirs sieht man ein Wandgitter. Dahinter liegt eine *Loge* des Harems, von der aus der Sultan unbemerkt den Beratungen beiwohnen konnte. Die ›Lauschangriffe‹ waren wohl Symptom herrscherlichen Misstrauens, aber auch Teil jener Aura der Unsichtbarkeit und des Schweigens, welche sich die Sultane späterer Zeiten zur Überhöhung ihrer Würde zugelegt hatten.

Rechts neben dem Sitzungssaal geht es durch den *Audienzsaal* für ausländische Gesandte und Würdenträger in die *Schatzkammer*, in der heute historische Waffen ausgestellt sind.

Harem [4]

Links vom Kubbealtı liegt der Eingang zum Harem. Er wurde 1541 eingerichtet und im Laufe der Zeit zu einem labyrinthartig verwinkelten Komplex von 6720 m² ausgebaut. Auf zwei Stockwerken sind 259 Räume und acht Hamams um mehrere Innenhöfe gruppiert. 1855 zog der Harem zusammen mit dem Hofstaat in den neuen Dolmabahçe-Palast. Nachdem die Jungtürken *Sultan Abdülhamid II.* (reg. 1876–1909) zugunsten seines Bruders Mehmed V. (reg. 1909–18) zur Abdankung gezwungen hatten, wurde der Harem als Institution aufgelöst.

Der Rundgang durch die Privatgemächer führt zunächst vorbei an den winzigen Wohnräumen der aus Afrika stammenden *schwarzen Eunuchen*. Seit Ende des 16. Jh. bildeten sie die oberste Garde der Palastdiener und aus ihren Reihen wurde auch der oberste Eunuch des Harems, **Kislar Ağa** (Hauptmann der Mädchen), ausgewählt, einer der wichtigsten Höflinge und Bürokraten des Sultans.

Durch labyrinthartige Gänge gelangt man nun zu den Gemächern der *Valide Sultan*, der Sultansmutter und einflussreichsten Frau des Osmanischen Reiches. Ihre Wohn- und Empfangsräume sind prächtig mit Fayencen geschmückt. Ne-

Kacheln als Fenster zum Garten Eden – Sultan Ahmets III. Früchtezimmer im Harem

benan liegt das marmorverkleidete und vergoldete *Hamam* des **Sultans**. Der Herrscher badete aus Sicherheitsgründen hinter einem massiven Eisengitter. Die angrenzenden *Privatgemächer*, darunter das goldverzierte Schlafgemach *Sultan Abdülhamids I.* (reg. 1774–89), gehören zu den prächtigsten Räumen des Topkapı-Palastes. Von imposanter Größe ist der vermutlich unter *Sultan Mehmed IV.* (reg. 1648–87) entstandene **Hünkar Sofası**. In dem mit edlen Fliesen ausgekleideten und von einer Holzkuppel überwölbten *Thron- und Festsaal* lagerte der Herrscher im Schatten eines Baldachins und ließ sich mit Musik und Tanz unterhalten.

Anschließend gilt es den *Salon Murads III.* (reg. 1574–95) zu bewundern, seine bezaubernden Fliesen und intarsiengeschmückten Türen, überfangen von einer Kuppel nach Plänen Sinans. Von unvergleichlichem Liebreiz ist das **Yemiş Odası**, das Früchtezimmer *Ahmets III.* (reg. 1703–30). Es ist bis zur kassettierten Holzdecke hinauf mit Kacheln voller Früchte- und Blumenstillleben verziert.

Schließlich erreicht man den gegen Ende des 16. Jh. entstandenen Doppelpavillon **Çifte Köşk**. Seine beiden Räume sind überkuppelt und mit blau-weißen Kacheln ausgekleidet. Die Wandschränke tragen zierliche Einlegearbeiten aus Perlmutt. Durch die in Blumenform gestalteten Buntglasfenster dringt gedämpftes Licht und in der Mitte plätschert Wasser in zierliche Brunnenbecken. Aufgrund seiner opulenten Ausstattung wurde der Çifte Köşk lange für jenen *Prinzentrakt* gehalten, in dem die Söhne des Sultans unter strenger Aufsicht wie in einem ›Goldenen Käfig‹ aufwuchsen. Heute ist die Zuweisung umstritten, der Prinzentrakt wird nun eher im ersten Geschoss über den Räumen der Valide Sultan vermutet. Gleichviel, wie aber kam es dazu, dass der Harem den Prinzen zu einem Gefägnis geriet? Ihr Leben war durch *Thronstreitigkeiten* ständig gefährdet und daher mussten sie bis ins Erwachsenenalter in dieser Abgeschiedenheit verharren. Manche von ihnen blieben sogar ihr Leben lang eingesperrt.

Dritter Hof

Am Ende des Rundgangs durch den Harem gelangt man automatisch in den dritten Hof. Der eigentliche Zugang vom Zweiten in den Dritten Hof aber ist das **Bab-üs Saadet** [5], das *Tor der Glückselig-*

Harem – von Sinnlichkeit und strenger Ordnung

Als der Harem des osmanischen Herrschers 1909 von den Jungtürken im Rahmen der Entmachtung des Sultanats aufgelöst wurde, stand sein *Mythos* in Europa noch immer in Blüte. Dieser wurzelte in der *Orientbegeisterung* des Westens, einer Modeerscheinung des 18./19. Jh. Den Harem stellte man sich als Ort der Sinnlichkeit und Dekadenz vor, wo der mächtige Herrscher sich von verführerisch entschleierten Sklavinnen verwöhnen ließ. Für zusätzliche Spannung sorgte der Umstand, dass unter den Liebesdienerinnen schon mal eine verschleppte Edeldame war, die ein gleichfalls blaublütiger Held zu befreien suchte, so geschildert in der Oper ›Die Entführung aus dem Serail‹ (1782) von *Wolfgang Amadeus Mozart*. So manchem Maler bot der **Orientalismus** eine willkommene Gelegenheit, weibliche Schönheit und Erotik unverhüllt zu feiern. Kaum ein Künstler tat dies mit mehr Raffinesse als *Jean Auguste Dominique Ingres*. Insbesondere sein berühmtes Akt-Tableau ›Das Türkische Bad‹ (1863, Louvre, Paris) fasziniert als geheimnisvoll-antikisches Getümmel sich räkelnder Haremsdamen.

Blickt man aus dieser romantisierenden Gegenwelt auf die wahre Geschichte des **Harems** (arab. haram – verboten, tabu), so gewahrt man eine streng bewachte und von strenger Etikette beherrschte Lebenswelt, die in ihrer Abgeschiedenheit mehr einem Kloster zu ähneln schien als einem Liebesnest (Leslie Pierce, 1996). Er war in erster Linie der Schutzbereich für die Frauen, das öffentliche Leben spielte sich im Männerbereich ab, dem Wirkungskreis von Sultan Großwesir und Beamtenstab. Übrigens gab es die Trennung in *Haremlık* und *Selamlık* (Frauen- und Männerbereich) in jedem osmanischen Haus, wenn auch nicht in solcher Größenordnung wie hier: Seit der Zeit *Süleymans I. des Prächtigen* (reg. 1520–66) war der Harem Wohnsitz für etwa 500 Frauen, deren Kinder und für den **Sultan**. Außer ihm hatte kein erwachsener Mann hier Zutritt.

Dass sich der Herrscher im Harem verbarg, war nicht nur in der Angst vor Attentaten begründet. Ihn umgab eine Aura der Unzugänglichkeit und des Schweigens, Inbegriff seiner Macht und sakralen Würde. Auch sein Verhältnis zu Frauen war streng geregelt. Laut *Koran* (Sure 4, Vers 3) stand es ihm zu, vier **Hauptfrauen** (*Kadın*) zu heiraten. Außereheliche Beziehungen waren nur zu Sklavinnen aus eigenem Besitz erlaubt. Ehefrauen und Konkubinen wählte ihm seine Mutter aus, die **Valide Sultan**. Sie stand an der Spitze der Haremshierarchie und war sogar in Regierungsfragen weisungsbefugt.

Die **Sklavinnen** des Harems kamen häufig aus eroberten Gebieten und waren andersgläubig, die Versklavung von Musliminnen war verboten. Die meisten arbeiteten als *Dienerinnen*, doch ausgewählte Damen erlernten das Hofzeremoniell und übten sich zur Erbauung des Monarchen im Tanzen, Singen und Musizieren. Wer zur **Lieblingskonkubine** (*Ikbal, Odaliske*) avancierte, erhielt eigene Gemächer und eigene Dienerschaft.

Mehrehe und Konkubinat dienten jedoch nicht der Liebessehnsucht oder dem Lustgewinn, sondern der Sicherung der **Nachkommenschaft**. Gebar eine Konkubine einen Sohn, stieg sie zur **Haseki Sultan** auf. Die sexuelle Beziehung zum Sultan war damit allerdings beendet, und sie verließ den Harem, um ihren Sohn im Alten Palast oder in der Provinz aufzuziehen. Kam eine Tochter zur Welt, konnte die Odaliske bleiben, bis ihr ›Stammhalter‹ geboren wurde.

Die **Kinder** der Konkubinen waren denen aus ehelichen Verbindungen gleichgestellt, und alle Söhne des Sultans galten als mögliche Thronerben. Das Leben der Prinzen war aufgrund von **Thronstreitigkeiten** vielfach bedroht. So ließ *Nurbanu* (1525–1583) von den fünf Söhnen ihres Gatten Selim II. vier töten, um ihren Sohn *Murad III.* (1546–1595) zum Sultan zu machen. *Sultan Selim I.* (1470–1520) ebnete seinem Lieblingssohn *Süleyman I. dem Prächtigen* (um 1494–1566) den Weg, indem er seine anderen vier Söhne, aber auch seine eigenen Brüder und deren Söhne umbringen ließ.

Das Ermorden der Konkurrenz hatte mit *Sultan Ahmet I.* (1590–1617) ein Ende. Er sperrte seinen Bruder Mustafa 14 Jahre im Harem ein. Fortan führten unzählige junge Prinzen ein **Käfig-Leben** (*Kafes Hayatı*) hinter den Palastmauern. Als Sultane waren sie meist untauglich und überließen die Staatsgeschäfte der Valide Sultan oder dem Großwesir. Die damit einhergehende Erstarrung des Osmanischen Reiches war geradezu Nährboden für jene westeuropäischen Märchenfantasien der Folgezeit, in denen Sultan und Harem glanzvolle Rollen spielten.

Im Hünkar Sofası musizierten und tanzten Haremsdamen einst zur Erbauung des Sultans

Schöner Sitzen – Blümchen-Bank und putziger Sonnen-Hocker in der Schatzkammer

keit. Es entstand im 16. Jh. unter Süleyman I., wurde jedoch im 18. Jh. im Stil des europäischen Rokoko umgearbeitet, sodass es heute mit seinen vier schlanken Säulen und zwei Halbsäulen, dem hohen Vordach und den Ornamenten in Weiß, Gelb und Gold geradezu heiter wirkt. Unter dem Vordach fand die Thronbesteigung des Sultans statt. Sie war Teil der Inthronisationsfeierlichkeiten, zu denen auch das Schwertgürten in Eyüp [s. S. 85] gehörte. Zuseiten des Tores war einst die Palastschule ansässig, in der die *weißen Eunuchen*, die zweite Hofgarde, junge Männer, die mittels *Devşirme* (Knabenlese) aus allen Teilen des Reiches selektiert worden waren, zu Ingenieuren, Beamten und Bediensteten ausbildeten.

Mächtig und prächtig: Sultan Ahmet III. (reg. 1703–30) auf seinem kunstvollen Thron

Nach Durchschreiten des Bab-üs Saadet steht man vor dem **Arz Odası** [**6**], dem unter *Sultan Selim I.* (reg. 1512–20) errichteten *Thron- und Audienzsaal*. In dem frei stehenden Pavillon mit geschwungenem Dach und Säulenumgang empfing der Sultan ausländische Gesandte. Direkt dahinter erhebt sich die 1719 errichtete **Sultan Ahmet III. Kütüphanesi** [**7**], die Bibliothek Ahmet III.

Auf der linken Seite begrenzt die **Ağalar Camii** [**8**] den Hof. Die einstige *Moschee der Eunuchen*, die aufgrund ihrer Ausrichtung nach Mekka schräg auf dem Areal steht, besitzt einen Durchgang zu einem Flügel der Palastschule. Die beiden Bauten präsentieren heute eine wertvolle Koran- und Kalligraphiesammlung. Bedeutende Reliquien beherbergt der **Hazine** [**9**], die unter Beyazıt II. (reg. 1481–1512) entstandene *Schatzkammer* auf der rechten Seite des Hofes. Hier werden zwei Schwerter Mohammeds, eine Bronzeplatte mit seinem Fußabdruck sowie einige Haare vom Barte des Propheten gezeigt, die Sultan Selim I. nach Istanbul bringen ließ. Weitere Exponate mit religiösem Bezug sind ein Stück der Dachrinne der Kaaba in Mekka, der Stab des Moses sowie eine Knochenreliquie Johannes' des Täufers. Zu den Preziosen gehören der mit Elfenbein und Perlmutt verzierte *Thron Murads IV.* (reg. 1623-40) und der vor Juwelen funkelnde *Topkapı-Dolch*, den *Sultan Mahmud I.* im 18. Jh. für Schah Nadir von Persien anfertigen ließ. Glanzstück der Sammlung ist zweifellos der *Kaşıkçi Elması*, der 86-karätige herzförmige *Löffelmacher-Diamant*, der von 49 kleineren Brillianten umkränzt wird.

Vierter Hof

Zwei Durchgänge zwischen den *Quartieren des Schatzmeisters*, dem *Silahtar-Schatzhaus* mit weiteren Juwelen, Münzen und Manuskripten sowie dem *Verwaltungsgebäude des Palastmuseums* führen in den etwas tiefer gelegenen Vierten Hof, einen auf mehreren Terrassen angelegten Park. Er wird auch Tulpengarten genannt, denn während der *Lâle Devri,* der Tulpenzeit im frühen 18. Jh., befanden sich hier die berühmten Tulpenbeete *Sultan Ahmets III.* Das mit Pavillons und Kiosken versehene Areal war allein dem Sultan und seinen engsten Vertrauten vorbehalten. Zunächst geht es rechts zum **Mecidiye Köşkü** [**10**] aus dem 18. Jh., der heute das *Konyalı-Restaurant* beherbergt. Von der kleinen *Aussichtsterrasse*

Sultans Idylle – Terrassen und Goldpavillons im Vierten Hof des Topkapı-Palastes

bietet sich ein schöner Blick über den Bosporus. Eine zweite, wesentlich größere Terrasse befindet sich auf der Westseite des Gartens. Von hier blickt man über das Goldene Horn auf den Galatahügel. Hier steht auch der oktogonale **Bağdat Köşkü** [11] mit Kuppeldach, den Sultan Murad IV. 1638 nach der Eroberung von Bagdad in Auftrag gab. An ihn schließt sich der kleine luftige **Iftariye Köşkü** [12] an, den Murads Bruder und Nachfolger *Sultan Ibrahim I. der Wahnsinnige* (reg. 1640–48) errichten ließ. Nach der Eroberung von Eriwan gab Murad IV. den mit monochromen Iznik-Fliesen geschmückten **Revan Köşkü** [13] in Auftrag. Noch prächtigere Fayencen zieren den **Sünnet Odasi** [14], den *Beschneidungspavillon der Prinzen* in der Südwestecke. Das Kachelbild rechts vom Eingang zeigt zwei Hirschkühe, ein seltenes Motiv angesichts der sonst üblichen ornamentalen und floralen Muster.

In der Mitte des Hofes schließlich erhebt sich der **Sofa Köşkü** [15] von 1704, der einzige erhaltene Holzbau des Topkapı-Palastes. Gleich daneben steht das älteste Gebäude der Anlage, der Chirurgenturm **Hakımbaşı Kulesi** [16] aus dem 15. Jh., in dem der Leibarzt des Sultans und der Hofapotheker residierten.

2 Arkeoloji Müzesi
Archäologisches Museum

TOP TIPP *Wertvolle Sarkophage aus den Nekropolen von Sidon und andere spannende Exponate zur Kulturgeschichte des Landes.*

Osman Hamdi Bey Yokuşu, Gülhane
Tel. 02 12/527 27 00
www.istanbularkeoloji.gov.tr
Di–So 9–17 Uhr
Straßenbahn: Gülhane

Das Arkeoloji Müzesi mit seinen hochkarätigen Kollektionen liegt etwas versteckt zwischen Topkapı-Palast und Gülhane-Park und ist entweder über die *Alemdar Caddesi* oder über den Ersten Hof des Topkapı Sarayı zu erreichen. Der Komplex beherbergt drei Sammlungen: das *Museum für Klassische Altertümer* im dreiflügeligen Hauptbau, das *Museum für Altorientalische Kulturen* im Gebäude links vom Eingang sowie die *Fayencen-Sammlung* im Çinili Köşk.

Die bedeutendste Kollektion präsentiert das **Museum für Klassische Altertümer**. Ende des 19. Jh. initiierte der damalige Direktor *Osman Hamdi Bey* (1842–1910) einen repräsentativen Neubau für die bis dahin in der Hagia Eirene und im Çinili Köşk gelagerten Altertümer aus den anatolischen Provinzen. *Alexandre Vallaury* (1850–1921) schuf das 1891 eröffnete neoklassizistische Gebäude mit zwei von

Als Istanbul noch römisch war – edle Damen und lässige Götter im Archäologischen Museum

Dreiecksgiebeln bekrönten Portiken. Die beiden Flügelbauten kamen 1902 und 1908 hinzu. In den 1990er-Jahren schließlich wurde ein sechsstöckiger Erweiterungsbau an die Rückseite des Hauptflügels angefügt. Die beiden Kellergeschosse des Neubaus dienen als Depot, die vier übrigen Etagen bieten zusätzliche Ausstellungsfläche.

Wer das Museum durch den hinteren Portikus betritt, kann den Rundgang gleich mit den Highlights beginnen. Linker Hand befinden sich die Räume mit den wertvollen Funden aus *Sidon*, einer alten phönizischen Hafenstadt im heutigen Libanon, die 332 v. Chr. von Alexander dem Großen erobert wurde. Glanzstück ist der sog. **Alexandersarkophag**, ein griechisches Meisterwerk aus dem letzten Viertel des 4. Jh. v. Chr. Der Name führt jedoch in die Irre, denn der prächtige Steinsarg in Form eines Tempels wurde nicht für Alexander den Großen, sondern vermutlich für den König von Sidon, *Abdalonymos*, gefertigt. Zur Namensgebung kam es aufgrund des Bildschmucks. Die Reliefplatten zeigen den großen Feldherrn Alexander bei der Jagd und in der Schlacht gegen die Perser bei Issos. Die im Hochrelief gestalteten Szenen bestechen durch ihre qualitätvolle und äußerst bewegte Darstellung. Aufgrund von Farbspuren konnte ihre ursprüngliche farbenfrohe Bemalung rekonstruiert werden, wie die beigestellten bemalten Abgüsse verdeutlichen. Ein weiteres interessantes Monument ist der **Klagefrauen-Sarkophag**, das Grabmal für den 360 v. Chr. getöteten König *Straton* von Sidon. Der Steinsarg vom Typus des Säulensarkophags zeigt trauernde Frauen in einer Tempelarchitektur. Ergreifend sind ihre melancholischen Posen, die verschiedene Phasen der Trauer vergegenwärtigen.

Die beiden Sarkophage wurden von Osman Hamdi Bey entdeckt, der im Jahr 1887 die ersten *Ausgrabungen* in Sidon leitete. Dem Museumsdirektor, Archäologen und Maler Bey [s. S. 92] ist eine kleine Ausstellung im Trakt zwischen den beiden Portiken gewidmet.

Den vorderen Portikus bewacht eine rund 4 m hohe Statue des altägyptischen Gottes *Bes*, der auch in die griechische und römische Mythologie übernommen wurde. Die römische Kopie nach einem griechischen Original aus archaischer Zeit hält ein Opfertier an den Hinterläufen, dessen separat gearbeiteter Kopf allerdings nicht erhalten ist.

Die Säle im anschließenden **rechten Flügel** beleuchten mittels Skulpturen, Reliefs und Grabstelen die Entwicklung der Bildhauerkunst von griechisch-archaischer Zeit bis zur römischen Kaiserzeit. Hervorzuheben sind die Statue *Alexander des Großen* aus dem 3. Jh. v. Chr., die, wie die Inschrift verrät, vom Bildhauer Menas aus Pergamon stammt, sowie der

Marsyas, eine römische Kopie nach hellenistischem Vorbild. Die Sammlung *römischer Kaiserporträts* präsentiert Bildnisse u. a. von Augustus und Marc Aurel.

Im rückwärtigen Erdgeschoss ist ein **Kindermuseum** ansässig, das als eines der Highlights einen Nachbau des Trojanischen Pferdes zeigt. Im ersten Stock schlägt die Ausstellung *Istanbul im Wandel der Zeit* einen Bogen von der Frühgeschichte der Stadt bis zum heute im Bau befindlichen Marmaray-Tunnel. Unter den Exponaten sind eindrucksvolle Architekturfragmente und Skulpturen, ein Kopffragment der *Schlangensäule* [s. S. 48] vom Hippodrom sowie einige Glieder der *Eisenkette*, die einst die Hafeneinfahrt am Goldenen Horn sicherte. Die Ausstellungen im zweiten und dritten Stock heißen *Anatolien und Troja im Wandel der Zeit* sowie *Nachbarkulturen in Zypern, Syrien und Palästina*.

Gleich am Eingang zum Museumsgarten, der mit antiken Spolien geschmückt ist, steht das Gebäude der 1883 von Osman Hamdi Bey initiierten *Kunstakademie des Osmanischen Reiches*. Seit 1935 ist hier das **Museum für Altorientalische Kulturen** ansässig. Zu Seiten der Freitreppe stimmen zwei übermannshohe hethitische *Basaltlöwen* (8. Jh. v. Chr.) auf den Besuch ein. Die Kollektion zeigt Kunst und Gebrauchsgegenstände der Hethiter (aus dem Gebiet der heutigen Türkei), der Sumerer, Babylonier und Assyrer (aus dem Gebiet des heutigen Irak) und der Ägypter aus der Zeit ab dem 4. Jt. v. Chr. Unter den Exponaten sind Werkzeuge, Waffen, Schmuck, Statuen und Sarkophage. Kulturgeschichtlich wertvoll sind vor allem die **Keilschrifttafeln** im Obergeschoss, unter ihnen die Inschriften des *Vertrages von Kadeş*. Hierbei handelt es sich um den ersten schriftlich niedergelegten Friedensvertrag der Menschheit, den der ägyptische Pharao *Ramses II.* und der hethitische Herrscher *Hattusilis III.* im Jahr 1269 v. Chr. miteinander schlossen. Nicht minder bedeutend ist die in Fragmenten erhaltene *Gesetzessammlung von Hammurabi* (18. Jh. v. Chr.), die älteste erhaltene ihrer Art auf der Welt. Sehenswert sind ferner die mit Tierreliefs geschmückten Kacheln vom babylonischen *Ishtar-Tor* (6. Jh. v. Chr.), das als Gesamtrekonstruktion heute eines der Glanzstücke im Berliner Pergamonmuseum ist.

Der nahe **Çinili Köşk**, ein zweistöckiger Kachelpavillon, den Sultan Mehmed II. Fatih hier 1472 als Sommerpalast errichten ließ, ist der älteste osmanische Profanbau Istanbuls. Die zweigeschossigen Arkaden allerdings, die das strenge Äußere des Palastes ein wenig auflockern, entstanden erst nach einem Brand 1737. In den sechs hohen Räumen des Pavillons wird heute die *Fayencen-Sammlung* aus dem Topkapı Sarayı präsentiert, darunter qualitätvolle Stücke aus Iznik und Kütahya, den beiden großen osmanischen Keramikzentren. Besonders schön ist der aus der mittelanatolischen Stadt Karaman stammende blaue *Mihrab* (13. Jh.).

Nach Abschluss der Besichtigung lockt das **Museumscafé** im Garten zur genüsslichen Pause.

Stars der Antikensammlung sind Alexandersarkophag (vo.) und Klagefrauensarkophag (hi.)

Tulpen mal echt – der Gülhane Parkı unweit der blumengekachelten Paläste und Moscheen

3 Gülhane Parkı
Gülhane-Park

Hübsche Grünanlage zu Füßen des Topkapı-Palastes.

Alemdar Caddesi, Gülhane
Straßenbahn: Gülhane

Vom Archäologischen Museum sind es nur wenige Schritte bis zum Haupteingang des Gülhane Parkı (*Rosengarten*) beim **Soğuk Çeşme Kapısı**, dem *Tor des Kalten Brunnens*. Die größte innerstädtische Grünanlage erstreckt sich westlich des Topkapı Sarayı. Sultan Mehmed II. Fatih ließ den Park als Teil des Palastareals anlegen. Erst unter Sultan Mehmed V. (reg. 1909–18) wurde die Grünanlage öffentlich zugänglich gemacht, heute ist sie ein beliebter Ort zum Spazieren gehen und Picknicken. Besonders schön sitzt man auf der Terrasse des *Setüstü-Teehauses* mit Blick auf den Bosporus. Am Nordende des Parks erhebt sich die **Gotlar Sütünü**, die Gotensäule. Das 15 m hohe monolithische Monument mit korinthischem Kapitell stammt vermutlich aus dem 4. Jh. Laut Inschrift erinnert es an den Sieg des Oströmischen Reiches über die Goten.

An die Westmauer der Grünanlage grenzen die **Has Ahırlar**, die einstigen Stallungen des Topkapı-Palastes. Im Jahr 2008 wurde hier unter Mitwirkung der Frankfurter Goethe-Universität das **Islâm Bilim ve Teknoloji Tarihi Müzesi** (Tel. 0212/528 80 65, www.ibttm.org, Mi–Mo 9–16.30 Uhr), das *Museum für die Geschichte der Wissenschaft und Technik im Islam*, eröffnet. Ansprechend aufbereitet stellt es auf 3500 m^2 rund 140 Erfindungen und Entdeckungen muslimischer Forscher des 8.–16. Jh. aus Bereichen wie Astronomie, Mechanik, Optik, Medizin, Physik und Chemie vor.

Sternentreiben im Technikmuseum – Himmelsglobus nach Erkenntnissen des 10. Jh.

Bab-ı Âli

Vom Haupteingang des Gülhane-Parks führt der **Soğukçeşme Sokak** in südöstlicher Richtung hügelan. Die malerische Gasse wird gesäumt von alten Holzhäusern, die heute unter dem Namen *Ayasofya Konakları* (www.ayasofyakonaklari.com) als Hotel fungieren. Wendet man sich stattdessen vom Parkeingang in nordwestlicher Richtung, gelangt man durch die *Alemdar Caddesi* zum **Bab-ı Âli**, der Hohen Pforte. Das Tor, im Zustand des 19. Jh. als Marmorbauwerk mit auffällig geschwungenem Dach erhalten, gehörte zum *Amtssitz des Großwesirs*, der seit Mitte des 17. Jh. von hier aus die Geschicke des Osmanischen Reiches lenkte. Der Name *Hohe Pforte* entwickelte sich in Folge zum Synonym für die osmanische Regierung. Heutzutage ist der Gebäudekomplex Sitz der Istanbuler Provinzverwaltung.

Gegenüber der Hohen Pforte, auf den Umfassungsmauern des Topkapı Sarayı, ließ *Sultan Mahmud II.* Anfang des 19. Jh. einen achteckigen Holzerker, den **Alay Köşkü**, errichten. Von diesem *Pavillon der Festumzüge* konnten die Sultane, ohne selbst gesehen zu werden, Paraden verfolgen und die Residenz des Großwesirs beobachten.

4 Yerebatan Sarnıcı
Yerebatan-Zisterne

Die größte antike Zisterne Istanbuls birgt zwei in Stein gemeißelte Medusenhäupter.

Yerebatan Caddesi 13, Sultanahmet
Tel. 02 12/522 12 59
www.yerebatan.com
tgl. 9–17.30 Uhr

Ein kleiner rot-weiß gebänderter Kiosk an der Yerebatan Caddesi markiert den Zugang zur Zisterne, die auch **Yerebatan Sarayı**, versunkener Palast, genannt wird. Der Abstieg in die Unterwelt erklärt schnell, warum. Vom Eingang führen 52 Stufen abwärts. Unten erschließen eingezogene Holzstege den wohl größten historischen **Wasserspeicher** der Stadt. Das rund 140 x 70 m große Gewölbe wurde im 4. Jh. unter Kaiser Konstantin dem Großen konstruiert und ab 532 unter Kaiser Justinian I. erweitert. Damals hieß die Zisterne noch *Cisterna Basilica*, denn über ihr erhob sich eine heute nicht mehr erhaltene Kirche. Sie war Teil eines Kanal- und Zisternensystems, das aus den Quellen des bosporusaufwärts gelegenen Belgrader Waldes gespeist wurde und den Wasserbedarf des Großen Palastes der byzantinischen Kaiser deckte.

Antiker Superlativ: Die tempelschöne Yerebatan Sarnıcı diente als riesiger Wasserspeicher

Stille Größe – die Hagia Sophia trägt die Würdezeichen von Christentum und Islam

Die Yerebatan-Zisterne war noch bis in osmanische Zeit in Betrieb. Ihr Kreuzgewölbe wird von **336 Marmorsäulen** getragen. Einige der bis zu 8 m hohen Stützen geben sich durch ihre schönen Akanthuskapitelle als römische Spolien zu erkennen. Um die unterschiedliche Höhe der wieder verwendeten Säulen auszugleichen, stellte man sie auf verschieden hohe Sockel. Beliebtestes Fotomotiv sind zwei riesige, in Stein gemeißelte **Medusenhäupter** in der Nordwestecke, eines auf dem Kopf stehend, eines auf der Seite liegend, die als Basen für zwei recht kurze Säulen dienen.

Maximal konnte die Zisterne 80 000 m³ Wasser fassen, doch heute beträgt der Pegelstand nur etwa 40 cm. Scheinwerfer tauchen den eleganten Säulenwald in sanftes orangefarbenes Licht, gedämpfte klassische Musik vom Band unterstreicht die surreale Stimmung und stellt die phänomenale Akustik unter Beweis. Sie macht auch die hier in unregelmäßigen Abständen stattfindenden *Konzerte* für klassische türkische Musik zu einem unvergesslichen Erlebnis.

Verkehrte Medusa – wiederverwendete Baudekorationen in der Yerebatan Sarnıcı

5 Ayasofya Müzesi
Hagia Sophia

TOP TIPP ***Die 1470 Jahre alte Grande Dame unter den Istanbuler Kuppelbauten birgt herrliche Mosaiken.***

Ayasofya Meydanı, Sultanahmet
Tel. 02 12/522 17 54
Di–So 9–17 Uhr
Wegen hohen Besucheraufkommens ist mit Wartezeiten beim Ticket-Kauf zu rechnen
Straßenbahn: Sultanahmet

Die rot getünchte Hagia Sophia mit ihrer mächtigen Kuppel ist das berühmteste *Wahrzeichen* Istanbuls. Einst war sie die größte **Kirche** der Christenheit und später als **Moschee** avancierte sie zum Symbol der islamischen Herrschaft am Bosporus. Seit dem Jahr 1934 öffnet sie als **Museum** ihre Pforten.

Geschichte Mit dem Bau eines ersten christlichen Gotteshauses an dieser Stelle

wurde wohl schon unter **Kaiser Konstantin dem Großen** begonnen. Die Weihe der *Megalo Ecclesia*, der Großen Kirche, erfolgte 360 unter Kaiser Constantius II. Nachdem der Holzbau 404 abgebrannt war, gab **Kaiser Theodosius II.** unverzüglich die Errichtung einer fünfschiffigen steinernen *Basilika* in Auftrag, die 416 geweiht wurde. Dieser Bau wiederum fiel dem großen Stadtbrand während des *Nika-Aufstandes* [s. S. 12] 532 zum Opfer. Nur wenige Wochen später legte **Kaiser Justinian I.** den Grundstein für den Neubau, die heutige Hagia Sophia, die *Kirche der Heiligen Weisheit*. In nur fünf Jahren (532–537) schufen die kleinasiatischen Baumeister *Anthemios von Tralles* und *Isidoros von Milet* ein gewaltiges Bauwerk, das 1000 Jahre lang, bis zum Neubau des Petersdomes in Rom, das größte Gotteshaus der Christenheit sein sollte.

Die Hagia Sophia folgt dem byzantinischen Typus der **Kuppelbasilika**, einer Verschmelzung von Zentralbau und Basilika, hier allerdings mit einer nur minimalen Betonung des Langhauses. Bahnbrechend und bis heute von einzigartiger Faszination ist vor allem die riesige, scheinbar schwerelos schwebende Kuppel. *Prokopios*, ein Historiker des 6. Jh., beschrieb das Phänomen so: »(Sie)… scheint gar nicht auf einem festen Unterbau aufzusitzen, sondern an goldener Kette herabhängend den Raum zu überdecken.« Doch mit der Statik gab es bald Probleme. Bereits 21 Jahre nach Fertigstellung brachen nach einem Erdbeben Teile der Kuppel ein. Daraufhin beauftragte Justinian *Isidoros d. J.*, den Neffen des Erbauers, mit der Wiederherstellung. Er verstärkte die äußeren Stützpfeiler und erhöhte die Kuppel um 6 m, um die horizontalen Schubkräfte zu verringern. Im Laufe der Zeit kamen weitere Stützpfeiler zur Absicherung hinzu.

Das *Innere* der Hagia Sophia wurde nach Ende des Bilderstreits [s. S. 13] in der 2. Hälfte des 9. Jh. großflächig mit goldgrundigen **Mosaikzyklen** ausgestattet. Doch nach der Eroberung Konstantinopels 1204 ließen die siegreichen Kreuzritter zahllose Mosaiken aus den Wänden brechen und als Beute heimführen. Auch Erdbeben fügten dem frühchristlichen Bau und seiner Ausstattung immer wieder Schäden zu. Ihre Erhaltung verdankt die Hagia Sophia letztlich dem osmanischen Eroberer der Stadt, *Sultan Mehmed II. Fatih*. Dieser hatte 1453 sein erstes *Freitagsgebet* in der Hagia Sophia gehalten und sie sogleich in eine **Moschee** umgewandelt. Er ließ den Sakralbau restaurieren, den Kuppelraum um eine Gebetsnische ergänzen und ein erstes Minarett errichten. Unter seinen Nachfolgern kamen bis ins 16. Jh. drei weitere *Minarette* hinzu. Die Mosaike aber wurden übertüncht und erst wieder freigelegt, als der Sakralbau 1934 zum Museum erklärt wurde.

Besichtigung Vorbei am 1740 errichteten *Reinigungsbrunnen* geht es zur Hagia Sophia. Zunächst betritt man den **Exonarthex [1]**, die schmucklose äußere Vorhalle.

Hoch wie das Himmelszelt – Blick in die Kuppel, Emporen und Arkaden der Hagia Sophia

Marmorne Kugelvasen aus dem antiken Pergamon schmücken den Westteil der Hagia Sophia

Von hier führen fünf Bronzetüren in den **Esonarthex** [2], die innere Vorhalle, deren neun Türen ins Gotteshaus geleiten. Im Bogenfeld über der zentralen **Kaiserpforte** [3], die dem byzantinischen Herrscher vorbehalten war, erblickt man das Mosaik des thronenden *Christus Pantokrator* (Weltenherrscher), vor dem *Kaiser Leo VI.* (886–912) in Anbetung kniet. Die Medaillons zu Seiten zeigen Maria und den Erzengel Gabriel. Unweit der Kaiserpforte fallen zwei gewaltige marmorne *Kugelvasen* aus dem antiken Pergamon ins Auge, die *Sultan Murad III.* Ende des 16. Jh. aufstellen ließ.

Der überwältigend hohe und weite **Naos** [4], das Hauptschiff der einstigen byzantinischen Kirche, misst 75 x 70 m und wird von der himmelstürmenden **Kuppel** überfangen, welche im Licht der 40 Fenstern an ihrer Basis erstrahlt. Auf vier mächtigen, 55 m hohen Pfeilern, die durch weite Bögen miteinander verbunden sind, ruht die 56 m hohe, leicht elliptische Kuppelschale (Durchmesser 32 m). Zwei Halbkuppeln auf Ost- und Westseite stützen das festliche Rund. *Arkaden* mit dunkelgrünen Säulen und die gleichfalls säulengeschmückten Emporen leiten zu den **Seitenschiffen** über.

In Kuppel und **Apsis** funkeln goldgrundige Mosaiken matt und doch verheißungsvoll. Die *Pendentifs*, die vier Kuppelzwickel, sind mit 11 m hohen *Seraphim*, jenen sechsflügeligen Engeln, geschmückt. Die beiden östlichen sind als Originalmosaiken erhalten, die beiden westlichen sind gemalte Rekonstruktionen des 19. Jh. Aus dieser Zeit stammen auch die auf Höhe der Emporen angebrachten, mit Kamelleder überzogenen acht **Holztondi** von je 7,5 m Durchmesser. Sie tragen schönlinige Kalligraphien in Gold auf grünem Grund, welche Allah, Mohammed, die vier Kalifen Abu Bakr, Omar, Othman und Ali sowie dessen Söhne Hasan und Hussein preisen.

Aus der Zeit *Sultan Mehmeds II.* datiert der prächtige goldverzierte **Mihrab** [5] in der Apsis. Die Gebetsnische steht etwas schief im Raum, da sie exakt die Gebetsrichtung nach Mekka anzeigt. Unterhalb der Fensterzone verläuft ein dunkelblaues *Kachelband* (1607/08) mit der Kalligraphie eines Koranverses. Hoch oben in der Apsiskalotte thront die *Muttergottes* mit dem segnenden Christuskind auf dem Schoß, flankiert von den Erzengeln Gabriel und Michael. Das anrührende Mosaik ist ein Meisterwerk des späten 9. Jh. Links von der Apsis wurde im 19. Jh. die von schlanken Säulen getragene **Sultansloge** [6] (*Hünkar Mahfili*) installiert. Hinter kunstvoll ornamentierten Gittern konnte der Herrscher hier dem Gebet beiwohnen. Rechts von der Apsis ragt seit dem 16. Jh. der mit feinen Reliefs verzierte **Minbar** [7] (türk. *Mimber*) auf. Von der *Sänger- oder Vortragsloge* (16. Jh.) gegenüber rezitierten Vorleser aus dem Koran. Unweit der Loge weist der Fußboden Intarsien aus schwarzem Marmor sowie rotem und grünem Porphyr auf, die den **Omphalos** [8], den Nabel der Welt, markieren. An dieser Stelle fand die Krönung der byzantinischen Kaiser statt. Er-

Die Kaiser bringen Kirche und Stadt als Geschenke – Justinian I. und Konstantin der Große

wähnenswert ist ferner die 1739 unter *Sultan Mahmud I.* im rechten Seitenschiff eingerichtete **Hazine-i Kütüb** [9], eine Bibliothek samt Lesezimmer hinter kunstvoll geschmiedeten Gittern.

In der Nordwestecke des linken Seitenschiffes steht die **Schwitzende Säule** [10], auch *Weinende Säule* oder *Säule des hl. Georg* genannt. Tatsächlich fühlt sich der Marmor oberhalb der schützenden Bronzeplatten feucht an. Eine Legende besagt, dass in der Säule ein Engel gefangen sei, der zwar ob seines erzwungenen Aufenthalts bittere Tränen vergieße, andererseits aber auch die Wünsche all jener Menschen erfülle, die ihren rechten Daumen in ein Loch in der Säule steckten. Die Wand dahinter ist mit Mosaiken der drei *Patriarchen* Ignatius von Konstantinopel, Johannes Chrysostomus und Ignatius Theophorus aus Antiochien geschmückt.

Nun geht es zurück durch den Esonarthex und hinauf auf die lichtdurchfluteten **Emporen**, deren Arkaden den Blick auf den majestätischen Kirchenraum freigeben. In byzantinischer Zeit waren die Emporen den Frauen bzw. im Westabschnitt der kaiserlichen Familie vorbehalten. Hier finden sich die schönsten Mosaiken der Hagia Sophia. Zunächst gewahrt man auf der **Südempore** [11] die im 13. Jh. entstandene *Deesis*, die Darstellung des Christus Pantokrator, begleitet von den Fürbittern Maria und Johannes dem Täufer. Obwohl nur fragmentarisch erhalten, begeistert das Werk durch die ausdrucks-

Südempore – die Muttergottes mit dem Kaiserpaar Johannes II. Komnenos und Irene (12. Jh.)

starke Mimik und Gestik seiner Protagonisten. Gegenüber markiert eine schlichte Marmorplatte das Grab des venezianischen *Dogen Enrico Dandolo* (1107–1205), der als 95-Jähriger die Eroberung Konstantinopels während des Vierten Kreuzzugs 1204 leitete.

Am Ostende der Empore begeistert ein Mosaik (11. Jh.), das *Kaiserin Zöe* mit ihrem dritten Gatten *Konstantin IX. Monomachos* neben dem thronenden Christus zeigt. Konstantin hält als Opfergabe einen prall gefüllten Geldbeutel in Händen. Das rechts anschließende Mosaik (12. Jh.) präsentiert die *Muttergottes* mit Jesuskind, flankiert von *Kaiser Johannes II. Komnenos,* seiner blonden Gattin *Irene* sowie, ums Eck, Kronprinz *Alexios*.

Die **Nordempore** [12] bewahrt ein Mosaik des 10. Jh. mit einem Bildnis *Kaiser Alexanders*. Vom Balkon am Ende der Empore hat man einen hervorragenden Blick auf das Marienmosaik der Apsis.

Und noch einmal geht es in den Esonarthex. Die hiesige *Porta Orea*, die Schöne Pforte, geleitet in den **Vorraum der Krieger** [13], wo einst die Wachen auf den Kaiser warteten. Nach dem Durchschreiten der Porta Orea wende man sich zurück, um das berühmte *Stiftermosaik* des 10. Jh. im Giebelfeld zu betrachten. Es zeigt die thronende Maria mit dem Christuskind. Rechts von ihr hält *Kaiser Konstantin der Große* ein Modell der Stadt, die er zur neuen Hauptstadt des Imperium Romanum kürte. Links präsentiert *Kaiser Justinian I.*, der den Neubau der Hagia Sophia initiierte, ein Modell seiner Kirche.

Südlich der Hagia Sophia stehen die Grabhäuser einiger Sultane: Das aus der Zeit Justinians stammende **Baptisterium** [14] links vom Ausgang, ein oktogonaler, überkuppelter Bau, wurde 1639 in ein Mausoleum umgewandelt und beherbergt die Sarkophage *Mustafas I.* (1592–1639) und *Ibrahims I.* (1615–1648). Im Garten erheben sich drei weitere Mausoleen: Die von Sinan entworfene und innen vollständig mit Iznik-Fliesen verkleidete *Türbe Selims II.* (1524–1574), die achteckige Grabstätte *Murads III.* (1546–1595), in der außer dem Sultan einige seiner 103 Kinder bestattet sind, und die ebenfalls oktogonale *Türbe Mehmeds III.* (1566–1603).

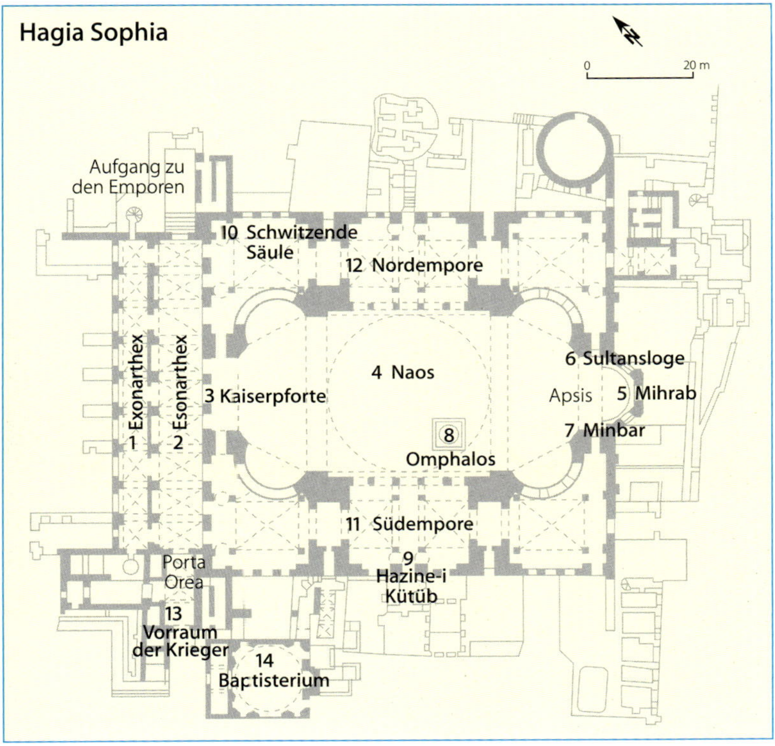

6 Haseki Hürrem Sultan Hamamı
Roxelane-Bad

Edle Teppiche in den Räumlichkeiten des einstigen Prunkbades.

Ayasofya Meydanı, Sultanahmet
Tel. 02 12/638 00 35
Mi–Mo 9–17 Uhr
Straßenbahn: Sultanahmet

Das im *Sultanahmet Parkı*, der Grünfläche zwischen Hagia Sophia und Sultan-Ahmet-Moschee, gelegene **Badehaus** konzipierte Hofbaumeister Sinan 1556/57 im Auftrag von *Roxelane*, der Hauptfrau Sultan Süleyman I. des Prächtigen. Sie hatte den eingeschossigen länglichen Bau für die muslimische Gemeinde der Hagia Sophia gestiftet. Das Bad, an seiner rotbeige gebänderten Fassade und den zahlreichen kleineren Kuppeln leicht zu erkennen, war bis 1910 in Benutzung.

Das Hamam besaß zwei gleichgroße Abteilungen, eine für Frauen und eine für Männer, die hintereinander und nicht wie

Ein Besuch in der Moschee

In der Moschee, türkisch **Cami**, treffen sich Muslime zum Gebet. Der gängige **Bautyp** aus Vorhof und Gebetshalle nimmt das Haus des Propheten Mohammed in Medina zum Vorbild.

Im Gebetssaal zeigt der prachtvolle **Mihrab** die Gebetsrichtung (*Qibla*) gen Mekka an. Zu den religiösen Pflichten der Gläubigen gehört es, **fünfmal am Tag** zu beten (*Namaz*): beim Morgengrauen (*Fecir*, *Sabah*), mittags (*Öğle*), nachmittags (*Ikindi*), bei Sonnenuntergang (*Akşam*) und vor dem Schlafengehen (*Yatsi*). Rechts vom Mihrab steht die Kanzel, **Minbar**, von der aus der *Hatib* (Prediger am Freitag) die **Freitagspredigt** (*Hutbe*) hält. Hinzu kommt die **Sänger-** oder **Vortragsloge** (*Kürsü*) für den *Vaiz* gennanten Prediger, der meist aus dem Koran rezitiert.

An Reinigungsbrunnen oder Wasserspeiern bereiten sich Gläubige für das Gebet vor

Die meisten Moscheen besitzen einen **Vorhof** (*Avlu*), in dem sich der **Reinigungsbrunnen** (*Sadirvan*, *Sebil*) befindet. Hier waschen sich die Gläubigen, bevor sie die Moschee betreten. Ein **Minarett** (*Minare*) mit mindestens einem **Umgang** (*Serefe*) komplettiert die Anlage. Von hier erschallt der **Aufruf zum Gebet** (*Ezan*), heute meist als Audioaufzeichnung über Lautsprecher.

Die Moschee ist nicht nur Gebetshaus, sondern auch Treffpunkt, Diskussionsforum, Handelsplatz und Schule. Zu den großen Gotteshäusern gehörte meist eine Moscheenstiftung, die **Külliye**. Sie umfasste Einrichtungen, die dem Wohl der Gemeinde und dem Unterhalt des Sakralbaus dienten. Dazu gehörten Schule (*Mekteb*), Religiöse Hochschule (*Medrese*), Bibliothek (*Kütüphane*), Badehaus (*Hamam*), Krankenhaus (*Darüşifa*), Armenküche (*Imaret*), Karawanserei (*Saray*), Gasthäuser (*Han*), Ladengassen (*Arasta*) und Raum des Zeitmessers (*Oda zamanı*).

Die Moscheen von Istanbul stehen auch Nicht-Muslimen offen, vorausgesetzt sie berücksichtigen einige **Regeln**: Man sollte dezent gekleidet sein, d. h. mit langer Hose bzw. kniebedeckendem Rock. Die Oberbekleidung sollte möglichst langärmlig sein und ohne Dekoltee. Vor Betreten des Gebetssaals zieht man die *Schuhe* aus und stellt sie entweder in eines der dafür vorgesehenen Regale, oder man erhält eine Plastiktüte und kann die Schuhe so mitnehmen. Frauen können sich hier auch ein *Tuch* ausleihen, um den Kopf zu bedecken. Außerdem sollte man das Handy ausschalten, dezent sprechen und agieren, nicht zwischen Betende und Mihrab treten und keine betenden Menschen fotografieren.

Kuppelkaskaden und Minarette als Architekturharmonie des 17. Jh. – die Sultan Ahmet Camii

sonst üblich nebeneinander angeordnet waren. Die beiden Eingänge befanden sich auf den Schmalseiten im Südosten und Nordwesten. Heute freilich ist nur die Pforte zur Hagia Sophia hin geöffnet, und statt Schwitzbäder und Massagen bietet in den edel mit grauem Marmor restaurierten Räumen das *Ministerium für Kultur und Tourismus* nicht minder edle Teppiche aus heimischer Fertigung an.

Ein Rundgang lohnt, denn hier kann man nicht nur einkaufen, sondern zugleich die formvollendete Architektur eines klassischen Hamams bewundern. Beide Abteilungen erschlossen sich jeweils vom überkuppelten Ruhesaal (*Camekan*) aus. Über einen Akklimatisationsraum (*Soğukluk*) betraten die Besucher das eigentliche Dampfbad (*Hararet*). Auf dem sechseckigen, beheizten Marmorpodest (*Göbek Taşı*) in seiner Mitte ließ man sich massieren. Wer es ruhiger mochte, konnte sich in eines der Nischenbäder zurückziehen, deren restaurierte Marmorbänke, Marmorabflussrinnen und Messingarmaturen noch heute durch edles Gepräge begeistern.

7 Sultan Ahmet Camii
Blaue Moschee

TOP TIPP

Tausende blau-grüne Kacheln schmücken die berühmteste Moschee Istanbuls.

Sultanahmet Meydanı, Sultanahmet
Tel. 02 12/518 13 19
tgl. 9–19 Uhr, Besichtigung außerhalb der Gebetszeiten
Straßenbahn: Sultanahmet

150 Jahre nach der osmanischen Eroberung diente die altehrwürdige Hagia Sophia noch immer als Hauptmoschee Istanbuls. Das sollte sich mit der Herrschaft des jungen *Sultans Ahmet I.* (1590–1617) ändern. Er wählte das in Sichtweite zur Hagia Sophia befindliche Gelände südöstlich des Hippodroms als Standort für die neue Hauptmoschee, die den fast 1100 Jahre alten byzantinischen Sakralbau an Pracht noch übertreffen sollte. In nur sieben Jahren, 1609–16, schuf Hofbaumeister *Mehmed Ağa* (um 1540–1617), ein Schüler Sinans, den Monumentalbau mit mächtiger Kuppel und sechs Mina-

retten. Der Legende nach forderte der Sultan die Errichtung von Minaretten aus Gold (türk. *altın*). Eingedenk des schmalen Budgets entschloss sich der Baumeister jedoch, seinen Auftraggeber misszuverstehen und konstruierte sechs (türk. *altı*) Steintürme. Dennoch soll Ahmet I. mit dem Ergebnis zufrieden gewesen sein. Schließlich machte seine Moschee, eine der größten Gotteshäuser der islamischen Welt, mit ihren sechs Minaretten sogar der *Al-Haram-Moschee* in *Mekka* Konkurrenz, welche die Kaaba, das Haus Abrahams, umschließt und daher als heiligste Moschee überhaupt gilt. Um diesen Affront wieder zu mildern, stiftete Ahmet I. nun der Moschee in Mekka ein siebtes Minarett. Übrigens verstarb der Sultan wenige Wochen nach der Weihe seiner Istanbuler Moschee im Alter von nur 27 Jahren.

Die Sultan Ahmet Camii reicht in ihren Ausmaßen nicht ganz an die Hagia Sophia heran. Durch ihre leicht wirkende **Dachlandschaft** aus Kuppeln und Halbkuppeln, die Reihung der Fenster in den Wänden und Kuppelbasen sowie die Eleganz der Strebepfeiler setzt die Moschee dennoch einen eigenständigen städtebaulichen Akzent als eines der *Wahrzeichen* Istanbuls.

Das von einer Mauer umkränzte Areal der Sultan Ahmet Camii umfasste einst auch eine *Külliye*, eine Moscheenstiftung, mit Einrichtungen wie Medrese, Hospital, Armenküche und Karawanserei. Erhalten blieben neben der Medrese und der Armenküche auch die **Türbe**. Hier sind Sultan Ahmet I., seine Gattin Kösem Mahpeyker (um 1589–1651), der gemeinsame Sohn Sultan Murat IV. sowie sein Halbbruder Sultan Osman II. bestattet.

Vom Garten aus führen im Süden, Westen und Norden Treppen hinauf zu den drei hohen **Portalen** des Vorhofs. Die Tore sind mit Stalaktitengewölben und goldenen Kalligraphien verziert. Die holzgeschnitzten *Türen* mit opulenten Einlegearbeiten aus Perlmutt und Schildpatt machen verständlich, warum der Baumeister Mehmed Ağa den Beinamen *Sedefkâr*, Perlmuttmeister, trug. Den **Vorhof** (53 x 51 m) rahmen luftige *Arkadengänge* auf 26 Granitsäulen, ihre Dächer zieren 30 kleine Kuppeln. In der Hofmitte erhebt sich der achteckige **Reinigungsbrunnen**, wo einst die rituellen Waschungen vor dem Gebet stattfanden. Heute benutzen Gläubige die Wasserhähne an der äußeren Hoffassade. Auch der **Besucherein-**

Oben: *Blaue Moschee – fließende Raumkörper, spitzendeckchenhaft durchleuchtet*
Unten: *Traum eines jeden Botanikers – Tausende von Tulpen zieren die blauen Kacheln*

gang liegt außerhalb des Vorhofs an der Südseite des Gebetssaals.

Der gleichfalls 53 x 51 m große **Gebetssaal** bietet einen überwältigenden Anblick. Alle Wände, Bögen und Gewölbe sind dicht mit porzellanzarten Ornamenten voll orientalischem Überschwang geschmückt. Kühn und von triumphaler Raumwirkung ist die **Kuppel** (Höhe 43 m, Durchmesser 23,5 m), welche auf vier gewaltigen kannelierten Rundpfeilern, den *Elefantenfüßen*, ruht. Begleitet wird sie von einer bewegten Gewölbelandschaft aus kaskadenartig abgestuften Halb- und Viertelkuppeln. Auch die heitere Lichtregie der zum Teil mit opulenten Glasmalereien verzierten 260 Fenster (17. Jh.) trägt zur musikalischen Beschwingtheit des Raums bei.

Wände und Rundpfeiler erstrahlen im Glanz von über **21000 Kacheln**. Aufgrund der riesigen Menge an Fliesen, die hier benötigt wurden, verbot der Sultan den Werkstätten von Iznik, bis zur Fertigstellung der Moschee andere Aufträge anzunehmen. Unter dem ungeheuren Termindruck entstanden Kacheln von ganz unterschiedlicher Qualität, und so findet man neben meisterhaften Stücken auch solche von geringerer Attraktivität. Die Kacheln in der unteren Zone sind übrigens original erhalten, die obere Zone musste im 18./19. Jh. neu gefliest werden.

Begeisterungswürdig ist vor allem das Dekor der Kacheln, ein paradiesisches Füllhorn floraler Ornamente aus üppig blühenden Rosen, Tulpen und Nelken. Im Farbspiel überwiegen leuchtende **Grün-** und **Blautöne**. Kein Wunder also, dass die Sultan Ahmet Camii in Europa unter dem Namen **Blaue Moschee** bekannt ist. Selbst die meisten Fenster schimmern in herrlichen Blautönen. Die oberen Wandpartien sind heute übrigens zart rosa.

Die aus weißem Marmor gefertigten *Mihrab* und *Minbar* kann man als Nicht-Muslim nur aus der Ferne betrachten, da der Ostteil des Gebetssaals den Gläubigen vorbehalten ist. In die Gebetsnische ist übrigens ein schwarzer Stein von der Kaaba in Mekka eingearbeitet. Am südöstlichen der vier Rundpfeiler befindet sich die *Loge* (Kürsü) für Lesungen aus dem Koran. Sie ist der Sängerloge der Al-Haram-Moschee in Mekka nachempfunden.

8 Mozaikleri Müzesi
Mosaikmuseum

Die Fußbodenmosaike des Kaiserpalastes sind schön wie am ersten Tag, als Justinian I. darüber schritt.

Arasta Çarşısı, Sultanahmet
Tel. 02 12/518 12 05
Di–So 9–16.30 Uhr
Straßenbahn: Sultanahmet

Unweit südlich schließt sich der kleine Kunsthandwerksmarkt **Arasta Çarşısı** an. Die Ladengasse bietet Teppiche und Ledertaschen, Glaslampen und Kacheln, Schachbretter und Bauchtanzkostüme.

Direkt im Basar öffnet sich ein Durchgang zum Mozaikleri Müzesi. Das kleine Mosaikmuseum birgt Reste des *Büyük Saray*, des **Großen Palastes** der byzantinischen Kaiser. Das im Laufe der Jahrhunderte mehrfach überbaute Areal liegt heute unterhalb des Straßenniveaus. Bis zur Entdeckung der Ruinen 1935 fehlte jede Spur von dem sagenumwobenen Kaiserpalast. In zwei Grabungskampagnen 1935–38 und 1952–54 legten Archäologen hier einige herrliche **Fußbodenmosaiken** frei. Für die Restaurierung mussten 70 Mio. Mosaiksteinchen abgenommen, gereinigt und später an Ort und Stelle neu verlegt werden.

Die auf das 5./6. Jh. datierten Mosaiken schmückten einst wohl einen Gang, der den Palast mit der Kaiserloge im Hippodrom [s. S. 47] verband. Inmitten von Landschaftsstaffagen entfalten sich viele spannende Szenen. Man sieht zwei Männer auf der Jagd nach Raubtieren, Ungeheuer, die über Wild herfallen, einen Adler im Kampf mit einer Schlange, einen Knaben mit Hündchen im Schoß, eine Traubenleserin und zwei auf einem Dromedar reitende Jungen. Erheiternd sind ein bockendes Maultier und ein Wasserbecken, in dem sich Fische tummeln.

Der Palast der byzantinischen Kaiser, ein Komplex aus verschiedenen, in Gärten gebetteten Palais und Pavillons, erstreckte sich historischen Quellen zufolge vom 31 m hohen Hügel beim Hippodrom über sechs Terrassen bis hinunter ans Marmarameer. *Theodosius II.* (reg. 408–450) hatte das Areal erstmals zur Residenz erkoren und bis ins 12. Jh. blieb der Große Palast Wohnung der Kaiser. Dann übernahm der Blachernen-Palast [s. S. 72] diese Funktion und die hiesige Anlage war alsbald dem Verfall preisgegeben.

Abenteuer nach Art der Römer – erzählfreudiges Raubtiermosaik aus dem Großen Palast

Holzhäuserzeile im Altstadtviertel Sultanahmet – Erkerfassaden mit Designcharakter

9 Sultanahmet

Historisches Ambiente mit schönen Holzhäusern und Moscheen.

Straßenbahn: Sultanahmet

Sultanahmet, das pittoreske Altstadtviertel hinter der Blauen Moschee, hat sich in den letzten Jahren zu einer beliebten Hoteladresse für Istanbul-Besucher entwickelt. Charmant sind die steilen kopfsteingepflasterten Gassen mit ihren attraktiv restaurierten **Holzhäusern** aus dem 19. Jh. Einige der zumeist drei- bis vierstöckigen Bauten mit hohen *Çikma* genannten Erkern dienen heute als stilvolle Unterkünfte oder bieten Restaurants mit herrlichen Ausblicken auf die Umgebung.

Auf dem Weg hinunter zum Marmarameer erreicht man die am Hang gelegene **Sokullu Mehmed Paşa Camii** (Şehit Çeşmesi Sokak). Hofbaumeister Sinan errichtete die kleine, mit nur einem Minarett ausgestattete Moschee 1571/72 im Auftrag des Großwesirs *Sokullu Mehmed Paşa* (1505–1579). Man kann ihren Vorhof von der Seite her betreten, doch lohnt es sich, die steile Straße vollends hinabzusteigen und von unten her durch den *Haupteingang* zu kommen. Dann erst erkennt man, wie genial Sinan die beengte Lage am Hang zur Inszenierung nutzte: Eine Treppe führt durch einen gedeckten Gang direkt in den auf hohen Substruktionen ruhenden Vorhof, und beim Hinaufgehen kommt langsam der marmorne Reinigungsbrunnen ins Blickfeld. Die Medrese integrierte der Baumeister wohl aus Platzgründen in den Vorhof. Direkt über dem Treppenaufgang befand sich der Unterrichtssaal. Auch das *Innere* der Moschee überrascht: Der Gebetsraum mit der von vier Halbkuppeln gestützten Zentralkuppel über einem Sechseck erscheint trotz geringer Ausmaße recht großzügig. Der weiße Sandstein und die zahlreichen Fenster unterstreichen die hell-heitere Raumwirkung. Die hohe Qiblawand mit dem reliefierten Mihrab, das Spitzdach des schlanken Minbar sowie die Kuppelzwickel sind mit erlesenen Iznik-Fliesen bedeckt. Über der Minbar-Tür und über dem Predigersitz sind zwei schwarze Steine von der Kaaba in Mekka eingearbeitet.

An der Bahnlinie erhebt sich die **Küçük Ayasofya Camii** (Küçük Ayasofya Caddesi/Kadırga Limani Caddesi). Die heutige Moschee wurde 526/527 als *Sergios- und-*

Oben: *Köstlichkeiten in Kumkapı – auf Fischfang an der Markt- und Restaurantmeile unweit des Marmarameeres*
Rechts unten: *Der Deutsche Brunnen am At Meydanı war ein Geschenk Kaiser Wilhelms anlässlich seines Staatsbesuchs 1898*

Bacchos-Kirche im Auftrag Kaiser Justinians I. errichtet. Das äußerlich schlichte Gotteshaus gehörte damals zum Großen Palast [s. S. 44] der byzantinischen Kaiser. Als oktogonaler Zentralbau, ummantelt von einem annähernd quadratischen Außenbau, avancierte die Kirche zum Vorbild für die wenig später errichtete Hagia Sophia. Dem trägt nicht zuletzt der türkische Name **Kleine Hagia Sophia** Rechnung. Unter *Beyazıt II.* (reg. 1481–1512) wurde die Kirche Anfang des 16. Jh. zur Moschee umfunktioniert und erhielt einen Vorhof mit Reinigungsbrunnen und ein Minarett. Die Richtung Mekka weisenden Mihrab und Minbar stehen schräg zur Bauachse des *Innenraums*. Dieser wird von der 20 m hohen Kuppel beherrscht, die auf acht Pfeilern ruht. Bemerkenswert sind auch die Wandnischen, welche von Säulen mit schönen Kapitellen gerahmt sind.

Wer nach dem Verlassen der Moschee nach weiteren Überbleibseln des Großen Palastes suchen möchte, unterquert die Bahngleise auf der Aksakal Sokak und nimmt die Uferstraße in östlicher Richtung. Wenige Hundert Meter weiter erhebt sich ein efeuüberwucherter Mauerrest mit drei Bogenfenstern, der wohl aus der Zeit *Kaiser Theophilos'* (reg. 829–842) stammt, einziges Relikt des **Bukoleon-Palastes**, der 1204 während des Vierten Kreuzzugs zerstört wurde.

Kumkapı

Auf der Uferstraße am Marmarameer gen Westen erreicht man nach etwa 15 Min. den kleinen Fischereihafen *Balikçilar Iskelesi* mit dem Fischmarkt **Balik Hali**. Je nach Tagesfang werden hier frische Meerbrasse, Thunfisch, Hecht, Butt, Wolfsbarsch oder Seeteufel angeboten. Wer mag, kann seinen Kauf gleich in einem der hiesigen Restaurants zubereiten lassen und mit Blick aufs Wasser verzehren. Schräg gegenüber vom Fischmarkt ge-

langt man durch eine Bahnunterführung ins **Restaurantviertel** Kumkapı. Auch hier steht vor allem frischer Fisch in ungezählten Variationen auf der Speisekarte.

10 At Meydanı
Hippodrom

Zwei Obelisken und eine Schlangensäule erinnern noch heute an die antike Pferderennbahn.

Straßenbahn: Sultanahmet

Der römische Kaiser *Septimius Severus*, der Byzantion nach der Eroberung im Jahre 196 n. Chr. dem Erdboden gleichgemacht hatte, ließ im Zuge des Wiederaufbaus ab 203 ein Hippodrom errichten, das *Kaiser Konstantin der Große* im 4. Jh. erweitern und prächtig schmücken ließ. Das gigantische Oval (480 m x 120 m) war Austragungsort für **Wagenrennen** und bot Platz für 100 000 Zuschauer. Die überdachte Kaiserloge (*Kathisma*) auf der Südostseite war durch einen Gang mit dem Großen Palast [s. S. 44] verbunden.

Auf der Pferderennbahn fanden auch immer wieder **Versammlungen** statt. So im Jahr 532, als das Volk gegen die Steuerpolitik *Kaiser Justinians I.* protestieren wollte. Als man die Aussichtslosigkeit der Lage realisierte, brach der sog. *Nika-Aufstand* los: Die erzürnten Massen riefen einen Gegenkaiser aus und zogen dann plündernd durch die Straßen. Konstantinopel ging in Rauch auf, und Justinians Truppen töteten 30 000 Aufständische.

Das Eingangstor des Hippodroms auf der Nordostseite schmückten einst vier *Bronzepferde*, herrliche griechische Meisterwerke mit bewegter Geschichte: Im 1. Jh. n. Chr. waren sie nach Rom gelangt

und schmückten dort die Triumphbögen von Nero und Trajan. Von dort nahm Kaiser Konstantin die Rosse dann mit in seine neue Hauptstadt und ließ sie am Hippodrom aufstellen. Heute kann man die edlen Tiere, Raubgut der Kreuzritter von 1204, in Venedigs Basilica di San Marco bewundern.

Das Hippodrom selbst war fortan dem Verfall preisgegeben und fungierte als Steinbruch. Versammlungen fanden auf dem Platz aber immer noch statt. Als die Elitetruppe der *Janitscharen* 1826 hier gegen die geplanten Heeresreformen *Sultan Mahmuds II.* und die damit verbundene Auflösung ihres Verbandes protestierte, ließ der Sultan hier und im ganzen Reich 30 000 Soldaten niedermetzeln.

Heute ist der *At Meydanı* (Rossplatz) eine friedliche, von Bäumen umkränzte **Grünanlage**. Die Umrisse des antiken Hippodroms zeichnet der äußere Straßenring nach. Auf der Mittelachse des Parcours, der **Spina**, stehen noch antike Monumente – etwa 2 m unter dem heutigen Bodenniveau. Im Süden ragt der spätantike **Gemauerte Obelisk** (*Ormetaş*) 32 m hoch auf. Kaiser *Konstantin VII. Porphyogennetos* ließ das Monument im 10. Jh. zu Ehren seines Großvaters Basileos I. mit Bronzereliefs verzieren, die jedoch der Plünderung von 1204 zum Opfer fielen. Die **Schlangensäule** (*Burma Sütun*) wenige Meter weiter, ein 479 v. Chr. nach Delphi gestiftetes Weihgeschenk griechischer Städte, ist ein weiterer Im-

Ägyptischer Obelisk und Gemauerter Obelisk zieren seit dem 4. bzw. 10. Jh. das Hippodrom

port Kaiser Konstantins. Fragmente der bekrönenden Schlangenköpfe sind heute im Archäologischen Museum [s. S. 31] von Istanbul und im Londoner British Museum zu sehen. Am besten erhalten ist der **Ägyptische Obelisk** (*Dikilitaş*, 1490 v. Chr.) in der Platzmitte. Die 20 m hohe Steinnadel aus rosafarbenem Granit stammt vom Amun-Tempel in Karnak und wurde 390 n. Chr. unter *Kaiser Theodosius I.* hierher gebracht, dem auch die schönen Sockelreliefs gewidmet sind.

Das Nordende des Platzes markiert der achteckige **Deutsche Brunnen** (*Alman Çeşmesi*), auch *Kaiser-Wilhelm-Brunnen*, im Stil osmanischer Pavillons des 15. Jh. Es handelt sich um ein Geschenk des deutschen Monarchen anlässlich seines Staatsbesuchs im Jahr 1898. Unter dem grünpatinierten Kuppeldach sieht man neben tiefgrünen Säulen und goldgrundigen Mosaiken schwungvolle Kalligraphien: die *Tuğra* (Signatur) des Sultans und ein kaiserliches Monogramm.

In Verlängerung des einstigen Hippodroms liegt der **Sultanahmet Meydanı**. Hier ließ Kaiser Konstantin im 4. Jh. ein Forum errichten, in dessen Mitte der **Meilenstein** aufragte, von dem aus alle Entfernungen im Byzantinischen Reich gemessen wurden. Heute markiert eine schlichte *Säule* die Stelle. Unweit steht ein Kiosk der *Touristeninformation*.

11 Türk ve Islam Eserleri Müzesi

Museum für Türkische und Islamische Kunst

Morgenländische Kunst im Spiegel der Epochen.

Atmeydanı Sokak, Sultanahmet
Tel. 02 12/518 18 05
Di–So 9.30–17 Uhr

An der Westseite des At Meydanı erhebt sich der **Ibrahim Paşa Sarayı**. *Sultan Süleyman I. der Prächtige* machte den zweistöckigen Palast 1524 seinem Großwesir *Pargalı Damat Ibrahim Paşa* (um 1493–1536) zum Hochzeitsgeschenk, denn der Großwesir ehelichte die Sultansschwester *Hatice*. Einige Jahre später jedoch, 1536, bezichtigte die Sultansgattin Roxelane den Regierungschef der Verschwörung und Süleyman ließ ihn erwürgen [s. S. 58]. Der verwaiste Palast diente in der Folgezeit als Verwaltungsgebäude, Militärakademie und Gefängnis.

Gabriel inspiriert Mohammed – Koran im Museum für Türkische und Islamische Kunst

Seit 1983 ist das 1914 gegründete Museum für Türkische und Islamische Kunst hier ansässig. Es präsentiert Exponate aus der Frühgeschichte der heutigen Türkei und vor allem aus der **islamischen Epoche**, also ab dem 7. Jh. Man begegnet Koranhandschriften und Keramik, Holzschnitzereien und Skulpturen, Schmuck und Gebrauchsgegenständen aus dem seldschukischen, mamelukischen, persischen und osmanischen Kulturkreis. Das Ganze ist bunt gemischt, und so findet man etwa ein *Goldarmband* aus Troja (2290–2190 v. Chr.) nicht weit von einer *Pergament-Miniatur* auf Goldgrund aus der iranischen Safavid-Periode des 16. Jh. Ein Muss für Teppichfreunde ist die umfangreiche Sammlung alter Knüpfteppiche und Kelims im 1. Stock. Zu den Glanzstücken gehören z. B. Fragmente eines *Gebetsteppichs* (13./14. Jh.) aus Konya und aus dem 15. Jh. prächtige *Ushak-Teppiche* von über 7 m Länge, welche die hohe Zeremonienhalle schmücken. Den Reigen beschließt im Erdgeschoss eine kleine *Ethnographische Ausstellung* zur Geschichte der Osmanen von ihren nomadischen Ursprüngen bis ins 20. Jh.

Von der *Galerie* über dem Haupteingang hat man einen schönen Blick auf den At Meydanı und die Türme und Kuppeln der Sultan-Ahmet-Moschee.

Westliche Altstadt – antike Monumente, edle Moscheen und kunterbunte Basare

Bereits in byzantinischer Zeit schlossen sich an das Machtzentrum der Altstadt westwärts weitere Wohn- und Geschäftsviertel an. Sie gruppierten sich um eine von den Römern angelegte Ausfallstraße gen Westen, die *Mese* genannt wurde und im Stadtgebiet über drei Foren führte – ausgehend vom *Augusteum*, dem heutigen **Sultanahmet Meydanı**, über das kleinere *Forum Constantini* mit der Konstantinssäule zum *Forum Tauri*, dem heutigen **Beyazıt Meydanı**. Auf dieser überwiegend schnurgerade verlaufenden Straße ritt *Sultan Mehmed II. Fatih* nach der Eroberung Konstantinopels 1453 zur Hagia Sophia, um das erste muslimische Freitagsgebet in der Stadt zu zelebrieren. In osmanischer Zeit wurde sie in **Divan Yolu** (Straße des Großen Rats) umbenannt. Die Regierungs-Avenue wird noch heute gesäumt von Moscheen und Mausoleen für Sultane und andere hohe Würdenträger. Unweit des marmornen Traditionsbadehauses **Çemberlitaş Hamamı** ragt die **Konstantinssäule** (Çemberlitaş genannt) auf, ein Memento an

das Jahr 330, als Kaiser Konstantin der Große *Byzantium* zur Hauptstadt des Römischen Reiches ernannte. Die Säule befindet sich wie die nahe Barock-Moschee **Nuruosmaniye Camii** (18. Jh.) am Rande des traditionellen Händlerviertels Beyazıt, dessen Geschäftigkeit am *Beyazıt Meydanı* im **Kapalı Çarşı**, dem *Großen* oder *Gedeckten Basar* mit seinen 4000 Geschäften, kulminiert. Nach den geistigen Verlockungen des nahen stimmungsvollen Bücherbasars **Sahafları Çarısı** führt die **Beyazıt Camii** (1501), der älteste original erhaltene Moscheenbau der Stadt, zurück zu den Anfängen des osmanischen Istanbul.

Im Norden öffnen sich der Campus der **Universität** und der Moscheenkomplex der **Süleymaniye** (1557), die größte Anlage ihrer Art in Istanbul und ein Meisterwerk Sinans, des bedeutendsten osmanischen Baumeisters aller Zeiten. Kleiner, aber heiter mit ihrem bunten Kachelkleid und faszinierend dank ihrer kaskadenartigen Kuppelsilhouette ist Sinans sakrales Erstlingswerk, die **Şehzade Camii** (1548), die *Prinzenmoschee*, weiter westlich. Ganz in der Nähe überspannt die imposante zweigeschossige Bogenreihe des **Bozdoğan Su Kemeri**, ein Teilstück des römischen *Valens-Aquädukts*, den breiten Atatürk Bulvari, der Richtung Goldenes Horn und Atatürk-Brücke führt. Unweit des Aquädukts erhebt sich die **Fatih Camii** (1470), die erste Sultansmoschee Konstantinopels, die allerdings im 18. Jh. erneuert werden musste. Im Vorhof birgt sie noch Säulen des berühmten Vorgängerbaus, der *Apostelkirche*. Sie war einst wichtigste Kirche der Stadt nach der Hagia Sophia.

Flaniermeile Divan Yolu – am Abend locken Romantik-Flair und lukullische Genüsse

12 Divan Yolu

Flaniermeile zwischen Restaurants und Sultans-Mausoleen.

Straßenbahn: Sultanahmet

Vom Sultanahmet-Platz aus führt der Divan Yolu (Straße des Großen Rats), heute lebhafteste Flaniermeile der Altstadt, geradewegs westwärts. Gleich zu Beginn setzt linker Hand die kleine *Firuz Ağa Camii* aus dem späten 15. Jh. einen religiösen Akzent, doch alsbald dominieren Geschäfte, Cafés und Restaurants das Bild. Hinter der Einmündung der *Babıali Caddesi* wechselt die Kulisse und man gewahrt kleine Friedhöfe mit Grabhäusern osmanischer Herrscher und Honoratioren. Besondere Aufmerksamkeit verdient die **Mahmud II. Türbesi** (tgl. 9–17 bzw. 19 Uhr), das Mausoleum für Sultan Mahmud II. (1785–1839). Die achteckige Türbe mit Kuppeldach ist innen im Stil des französischen Empire ausgestattet. Reliefierte und vergoldete Lorbeerkränze und Waffenbündel zieren die Wände. Die kunstvoll vergitterten Bogenfenster werden von Pilastern mit korinthischen Kapitellen flankiert. Von der mit marmornen Blumenreliefs kassettierten Kuppel hängt ein großer Kristallleuchter herab. Der Hauptaugenmerk liegt auf dem Sarkophag Sultan Mahmuds II. und den Grabmälern von einigen seiner Nachfolger

Blüten und Pflanzenornamente schmücken die ehrwürdigen Grabmäler am Divan Yolu

wie Abdülaziz (1830–1876) und Abdülhamid II. (1842–1918).

Gleich anderen Grabanlagen am Divan Yolu wird auch die Mahmud II. Türbesi von einer muslimischen Bruderschaft, in diesem Fall von der *Türk Ocağı*, betreut. Die Bruderschaften unterhalten auf dem Areal der Türben auch kleine *Kafeteryas*, wahre Oasen der Ruhe, in denen man bei einem Glas Tee neue Kraft für weitere Stadterkundungen schöpfen kann.

Schräg gegenüber, neben dem *Piyer Loti Hotel* (www.pierrelotihotel.com), führt die Piyerloti Caddesi leicht bergab. An ihrem Ende rechts birgt der Unterbau des *Belediye Binası*, des früheren Rathauses von Eminönü, die **Şerefiye Sarnıcı** (Theodosius-Zisterne, tgl. 8.30–16.30 Uhr), ein antiker Wasserspeicher wie die berühmte Yerebatan Sarnıcı [s. S. 33]. Die gewaltige Anlage mit ihren zahlreichen mächtigen Säulen wurde unter Kaiser Theodosius II. (reg. 408–450) erbaut. Da sie noch nicht restauriert ist, vermittelt sie einen authentischen Eindruck von der ›Unterwelt‹ der Altstadt.

13 Çemberlitaş

Von einer Säule für den Kaiser und einem edlen Marmorbad.

Straßenbahn: Çemberlitaş

Im weiteren Verlauf ändert die Straße ihren Namen in *Yeniçeriler Caddesi* und führt nun geradewegs auf den Platz zu, an dem sich in der Antike das **Forum Constantini** befand. Hier feierte Kaiser Konstantin der Große im Jahr 330 die Erhebung von Byzantium zur neuen **Hauptstadt** des Römischen Reiches und ließ aus diesem Anlass die 50 m hohe **Konstantinssäule** aus ägyptischem Porphyr aufstellen. Sie bestand aus zehn Säulentrommeln und im Inneren ihres glockenförmigen Sockels sollen auf Geheiß des Kaisers *Reliquien* eingebettet worden sein, darunter die *Axt*, mit der Noah seine Arche baute, der *Stab*, mit dem Moses beim Auszug aus Ägypten Wasser aus dem Fels schlug, *Brotreste* von Jesu' Speisung der Zehntausend, das *Salbgefäß* der Maria Magdalena und *Holzsplitter* vom Kreuz Christi. Ganz oben auf der von einem korinthischen Kapitell bekrönten Säule stand eine monumentale *Bronzestatue* Konstantins in Anmutung des griechischen Gottes Apoll. Im Jahr 1105 fielen Skulptur und Spitze der Säule einem Unwetter zum Opfer. Das fortan nur noch 37 m hohe Monument wurde ausgebessert und sein Schaft mit Metallringen umgürtet, was ihm den Namen **Çemberlitaş** (Gegürtete Säule) eintrug.

Östlich der Säule geht es durch einen Hufeisenbogen und einige ausgetretene Marmorstufen abwärts ins **Çemberlitaş Hamamı** (Vezirhan Caddesi 8, Çemberlitaş, Tel. 0212/5227974, tgl. 6–24 Uhr, www.cemberlitashamami.com.tr), eines der bekanntesten Dampfbäder der Stadt. Es bietet Männern und Frauen in getrennten Abteilungen Reinigung und Entspannung. *Nurbanu* (1525–1587), die Gattin Selims II., stiftete die Anlage 1584. Sinan, diesmal in seiner Funktion als Innenarchitekt, gestaltete sie in weißem Marmor. Die Räumlichkeiten sind weitgehend original erhalten und ungeachtet der 38 kubischen Separées um den zentralen Dampfraum unerwartet beengt. Das sollte jedoch niemanden daran hindern, nach dem ausgiebigen Bad auf den heißen Platten im achteckigen Ruheraum zu liegen und dabei die gelungene Architektur zu bewundern. Durch kleine Öffnungen in der konisch zulaufenden Decke fällt gedämpftes Licht ins Innere, auf die marmornen Wasserbecken und auf das ausgeklügelte System von Wasserrinnen im mit Steinintarsien ausgelegten Boden. Falls man sich für eine **Massage** angemeldet hat, ist es mit dem ruhigen Schauen allerdings bald vorbei. Denn die Masseure oder Masseurinnen – je nach Geschlecht der Kundschaft –

Geknüpfte Blumenpracht in alten Gewölben – freundlicher Teppichhändler in Çemberlitaş

kennen kein Pardon: Klopfen, Kneten, Walken, schnelle Schläge mit der Handkante oder wuchtige mit der Faust gehören zum Standardprogramm und lassen zumindest für Hamam-Neulinge die Prozedur zu einem schier unvergesslichen Erlebnis werden.

Auf dem Wegstück zwischen Çemberlitaş und Beyazıt-Platz laden rechter Hand weitere **Höfe** und **Durchgänge** zum Bummeln und Entdecken ein. Vorboten des nahen Großen Basars sind der malerische ›Markt für alte Teppiche, Kelims, Leder und Textilien‹ im offenen Gewölbegang der *Corlulu Ali Paşa Medresesi*, der zur gleichnamigen Moschee aus dem Jahr 1716 gehörenden Religionsschule, oder die schmale, gewundene *Iskender Boğazı Sokak* mit ihren zahlreichen, üppig bestückten Silbergeschäften.

Harte Männer, ganz entspannt – Massage im dampfumflorten Çemberlitaş Hamamı

14 Nuruosmaniye Camii
Moschee des Heiligen Lichts des Osman

Erste Anklänge von Barock im osmanischen Moscheenbau.

Vezirhan Caddesi, Beyazıt
Straßenbahn: Çemberlitaş

Nördlich der Konstantinssäule ragen die zwei schlanken Minarette und die mächtige Kuppel der Nuruosmaniye Camii auf, die 1748–55 in der Regierungszeit *Sultan Mahmuds I.* (reg. 1730–1754) und seines Bruders *Osman III.* (reg. 1754–57) entstand. Der bis dato unbekannte und auch später nicht weiter in Erscheinung getretene Baumeister *Simeon Kalfa* ließ hier erstmals Stilformen des **Osmanischen Barock** anklingen. Die Moschee erhebt sich auf einem Podium, zu dem Freitreppen hinaufführen. Am *Außenbau* fällt besonders der hohe, schräg abfallende Kuppeltambour auf, der durch Pfeiler und Rundbogenfenster rhythmisiert wird. Architektonische Neuerungen sind ferner der U-förmige *Vorhof*, der einzige ohne Reinigungsbrunnen, sowie sein Arkadengang mit Rundbögen statt der bisher üblichen Spitzbögen.

Das helle *Innere* der Moschee ist großzügig mit barocken Gesimsen, Profilen und Ornamenten dekoriert. Besonders schön gemaltes Blatt- und Rankenwerk schmückt den Mihrab und die mit 26 m Durchmesser sehr große *Kuppel*. In den ebenfalls mit floralen Motiven akzentuierten Pendentifs prangen die traditionellen Kalligraphiemedaillons mit den Namen Allahs, des Propheten und der ersten Kalifen. Im umlaufenden verkröpften Gesims weiter unten gewahrt man einen holzgeschnitzten *Fries* mit 64 Versen der 24. Koransure. Die Sure heißt Al-Nur, ›das Licht‹, und ist im Hinblick auf den Namen der Moschee mit Bedacht gewählt.

Im Südosten des Moscheenareals öffnet sich ein imposantes, neoklassizistisch gestaltetes Portal, das **Nuruosmaniyekapı**, auf den Großen Basar mit der breiten *Kalpakçilar Başi Caddesi*, der Straße der Gold- und Schmuckhändler.

Oben: *Schön wie Aladins Wunderlampe – orientalischer Lichterreigen im Großen Basar*
Links: *Marktgenüsse – pastellfarbenes Zuckerwerk und goldrandiges Mokka-Service*

15 Kapalı Çarşı
Großer oder Gedeckter Basar

TOP TIPP *Inbegriff eines orientalischen Marktes – Gold und Glitzer, Antiquitäten und Talmi, Gewürze und Souvenirs.*

Zwischen Yeniçeriler Caddesi und Mercan Caddesi, Beyazıt
www.kapalicarsi.org.tr
Mo–Sa 9–19 Uhr
Straßenbahn: Beyazıt; Bus: ab Taksim 61B (Haltestelle: Beyazıt Meydanı, beim Basareingang Çarşıkapı)

Wo sich heute *Beyazıt Meydanı* und Großer Basar befinden, lag zur Zeit Kaiser Theodosius' I. (347–395) der größte Platz der Stadt, das **Forum Tauri**. Damals allerdings boten die Händler ihre Waren noch unter freiem Himmel an. Erst Sultan Mehmed II. der Eroberer ließ nach der Einnahme von Konstantinopel 1453 an dieser Stelle ein überdachtes und abschließbares Marktgebäude für Juweliere und Antiquitätenhändler errichten. Dieser **Iç Bedesten** (Innere Markthalle) besteht noch heute und bildet das Zentrum des Kapalı Çarşı. Seine heutige Größe von 30,7 ha Grundfläche, rund 80 Verkaufsstraßen und 4000 Geschäften erreichte der Basar jedoch erst im Laufe der folgenden Jahrhunderte, als sich um den Iç Bedesten immer mehr Händler und Handwerker ansiedelten. Zunächst arbeiteten sie an mit Sonnensegeln überspannten Marktständen, aber nach Verwüstungen durch Brände und Erdbeben, zuletzt 1894 und 1954, bestimmen heute Dachkuppeln und gemauerte Gewölbe das Bild. Die originale Struktur der Marktquartiere mit ihren *Dolap* genannten Läden kann man am besten am zweitältesten Gebäudetrakt, dem **Sandal Bedesten** im Nordosten, studieren.

Von jeher sind einzelne Straßenzüge des Basars bestimmten **Waren** vorbehalten, die Teppichhändler etwa findet man in der Keseciler Caddesi und Takkeciler Caddesi, Gebetsketten in der Halicilak Caddesi usw. Bis Mitte des 19. Jh. wurde

Sinan – der osmanische Michelangelo

Man nannte ihn Michelangelo der Osmanen, Euklid seiner Epoche oder Dichter der Steine. Und tatsächlich, der ›ehrwürdige Baumeister‹ **Koca Mimar Sinan Ağa** (um 1489/97–1588), ein Zeitgenosse Michelangelos, gilt als der bedeutendste Vertreter osmanischer Architektur. Die ihm zugeschriebenen **477 Bauwerke** waren hinsichtlich Statik, Ästhetik und Anmut richtungsweisend. So schuf der einstige Zimmermann und Militäringenieur erstmals Moscheen mit vielgestaltigen, fein gestaffelten **Kuppellandschaften** von bezaubernder Leichtigkeit, die weite, lichtdurchflutete Innenräume ermöglichten. Neu war auch, dass Sinan seine Bauwerke mit Bezug auf ihre Umgebung als **städtebauliche Glanzpunkte** komponierte, wovon man sich in Istanbul angesichts des Moscheenkomplexes der *Süleymaniye* auf einer Anhöhe über dem Goldenen Horn oder der am Hang errichteten *Sokullu Mehmed Paşa Camii* überzeugen kann.

Die Anfänge des großen Sinan waren freilich bescheiden: Er wurde in Ağrınas, einem zentralanatolischen Dorf bei Kayseri, als Sohn christlicher Eltern geboren. Um 1513 kam er im Zuge der *Devişirme*, der Knabenlese, nach Istanbul, wo er Unterweisung im Islam und eine militärische Ausbildung erhielt. Als **Ingenieur** nahm er dann an zahlreichen Feldzügen der *Sultane Selim I.* und *Süleyman I.* teil, die ihn nach Persien, Ägypten, Rhodos und auf den Balkan führten. Zu jener Zeit baute er Festungen, Brücken und Wasserleitungen, Belagerungstürme und Katapulte. 1521 trat er der Elitetruppe der **Janitscharen** bei und wurde 1535 gar zum Oberst der Leibgarde des Sultans ernannt.

Sinans wahres **Talent** entfaltete sich aber erst, als er 1538 von Süleyman I. zum *Leiter des Hofbauamtes* ernannt wurde. In Istanbul war sein erster Großauftrag die *Şehzade Camii* (1543–48), die Prinzenmoschee. Sinan selbst bezeichnete sie später als sein ›**Lehrlingsstück**‹, obwohl sie mit ihrer auf vier Pfeilern ruhenden Zentralkuppel und den vier seitlichen Halbkuppeln Maßstäbe im Moscheenbau setzte, die bis ins 19. Jh. Gültigkeit haben sollten. Auch Sinans ›**Gesellenstück**‹, der nahebei errichtete, in den Außenbereichen zum Goldenen Horn hin terrassierte Moscheenkomplex der *Süleymaniye* (1550–57), ist in Wahrheit ein Meisterwerk in der Nachfolge der Hagia Sophia. Als **Krone seiner Schöpfungen** schließlich titulierte Sinan im Rückblick die *Selimiye* (1568–75) in Edirne mit ihrer atemberaubend schönen Kuppel, der spektakulären Lichtführung und der märchenhaft opulenten Ausstattung, darunter herrlichste Iznik-Fliesen.

In Istanbul sind weitere phänomenale **Bauwerke** Sinans die *Mihrimah-Moschee* (1543–48) in Üsküdar, das marmorne Zwillingsbad *Haseki Hürrem Sultan Hamamı* (1556/57) gegenüber der Hagia Sophia und die *Rüstem Paşa Camii* (1561–63) beim Ägyptischen Basar mit ihren bezaubernden Kacheln.

Für das **Mausoleum** (1566/67) seines Gönners Sultan Süleyman I. auf dem Gelände der Süleymaniye hatte sich Sinan vom Felsendom in Jerusalem inspirieren lassen. In Sichtweite erhebt sich das bedeutend kleinere und sehr schlichte Grabmal, das Sinan für sich selbst entwarf. Mehr Prunk war auch nicht nötig, denn die schönste Zier für den 1588 verstorbenen ›Baumeister der Sultane‹ sind seine ›Gedichte in Stein‹, jene weltberühmten Bauten von unvergänglicher Schönheit.

hier sogar noch Sklavenhandel getrieben. Zu althergebrachten Waren wie Teppiche, Stoffe, Antiquitäten, Metallarbeiten und Keramik haben sich auch Lederwaren, Textilien und *Souvenirs* gesellt. Ob man nun Damaszener Klingen, Goldketten, Meerschaumpfeifen, Schnabelkannen, CDs oder eine Wasserpfeife kaufen möchte, im Großen Basar wird man fündig. Die Preise für Touristen sind in der Regel überhöht und Handeln lohnt sich. Verständigungsprobleme gibt es kaum, denn die meisten Verkäufer sprechen mehrere Sprachen.

Die Bezeichnung **›Stadt in der Stadt‹** verdient der Kapalı Çarşı übrigens nicht nur wegen seines Mauerrings mit sechs großen, teils mit Wappen und Inschriften geschmückten *Toren* und elf kleineren Durchlässen. Auch Post (PTT), Bank, Kaffeehäuser und Restaurants sind vertreten. Im ältesten Café, dem *Şark Kahvesi* in der Yağlıkıçlar Sokak, sieht man Markthändler, die sich hier zum Teetrinken und *Tavli*-Spielen treffen. In der Gâni Çelebi Sokak werden im Lokal *Havuzlu* (www.havuzlurestaurant.com) kleine Köstlichkeiten der osmanischen Küche serviert.

16 Sahafları Çarşısı
Bücherbasar

Bei den Bouquinisten schmökern Gelehrte, Studenten und Reisende.

Straßenbahn: Beyazıt, Bus: ab Taksim 61B (Haltestelle: Beyazıt)

Nur wenige Meter südwestlich des Großen Basars führen eine unauffällige, weinumrankte Pforte und einige Steinstufen in die schmale Gasse des Bücherbasars Sahafları Çarşısı. Im Westen weitet sich der Gang zu einem kleinen Platz mit einem Denkmal, der Büste des **Ibrahim Müteferrika** (1674–1745). Der aus dem heutigen Ungarn stammende Historiker, Astronom und islamische Theologe hatte mit viel Hingabe und Risikobereitschaft die Erlaubnis für eine *Druckerei* erwirkt, die er 1726 als erste des Osmanischen Reiches in Istanbul eröffnete. Sultane und muslimische Geistliche hatten bis dahin alles Druckwerk als Produkt von Ungläubigen verboten. 1729 konnte Müteferrika dann den ersten Titel veröffentlichen, ein türkisch-arabisches Wörterbuch.

Im Basar reihen sich die Auslagen von **Buchhändlern** und **Antiquaren** aneinander. In Kisten stapeln sich aktuelle Romane, in den Regalen prangen rare Erstausgaben. Ein Großteil des Angebots ist in türkischer Sprache, aber es gibt auch Fachliteratur und Urlaubslektüre in Englisch, Deutsch oder Niederländisch. Nicht weniger beachtenswert sind Drucke und Stiche mit historischen Stadtansichten von Istanbul oder handgeschriebene, schön illustrierte Seiten aus dem Koran.

17 Beyazıt Camii
Beyazıt-Moschee

Die älteste Sultansmoschee der Stadt.

Beyazıt Meydanı, Beyazıt
Straßenbahn: Beyazıt, Bus: ab Taksim 61B (Haltestelle: Beyazıt)

Die Beyazıt Camii am nahen Beyazıt Meydanı ist die älteste original erhaltene Moschee Istanbuls. Der imposante Kuppelbau, 1501–06 unter *Sultan Beyazıt II. dem Frommen* (1447–1512) von Yakub Şah Bin Sultan errichtet, gilt als Paradebeispiel klassischer osmanischer Architektur mit deutlichen Einflüssen der Hagia Sophia und der Grünen Moschee in Bursa.

Der lang gestreckte Baukomplex wird von zwei *Minaretten* flankiert, die durch je acht rote Ziegelringe und einen Umgang vertikal gegliedert sind. In der Mitte greift der quadratische **Vorhof** weit nach Norden aus. Die rot-weiß gebänderten Bögen seines Arkadengangs ruhen auf 20 antiken Säulen aus rotem und grünem Porphyr, hellem Granit und schwarzem Marmor. Sie stammen vom *Forum Tauri* [s. S. 55], ihre Kapitelle jedoch sind in osmanischer Tropfsteinmanier gestaltet. 24 Kuppeln schmücken den Arkadengang, ein Kuppeldach den achtsäuligen *Reinigungsbrunnen* in der Mitte des Hofs.

Die **Moschee**, ein Zentralbau von gleichen Maßen wie der Vorhof, wird in der Front durch zwei Flügelbauten erweitert. Die *Kuppel* (Durchmesser 17 m) steigt über vier gewaltigen Pfeilern mit T-förmigem Grundriss auf, zwei große Halbkuppeln schließen sich an. Vier kleinere Kuppeln zieren die beiden vierjochigen Seitenschiffe. Fein ziselierte *Ornamentmalereien* schmücken die großflächigen Pendentifs der Hauptkuppel, die Bogengurte und Apsiden. Unweit von Mihrab und Minbar fällt die marmorverkleidete Sultansloge ins Auge.

Die schlichte **Türbe** aus grauem Kalkstein hinter der Moschee birgt das Grabmal ihres Stifters Sultan Beyazıt II.

Roxelane oder mit den Waffen einer Frau

Die historischen Quellen charakterisieren **Roxelane** (um 1500–1558) als machthungrig und skrupellos. Als eine Frau, die ihren Gemahl **Sultan Süleyman I. den Prächtigen** (um 1494–1566) geschickt umgarnte und ihm Regierungsentscheidungen einflüsterte. Sie hatte das Sagen über Wohl und Wehe von Familie und Untertanen, häufig eine Frage von Leben und Tod.

Die Sultansgattin hieß ursprünglich **Aleksandra Lisowska** und wurde um 1500 in *Ruthenien*, im Gebiet der heutigen Ukraine, als Tochter polnischer oder russischer Christen geboren. Ihr Beiname Roxelane bezieht sich auf ihre Herkunft aus dem Land der *Roxolane*, eines Reitervolkes der nordöstlichen Steppen. Im Jugendalter wurde sie von Krimtataren geraubt und als Sklavin in den Harem des osmanischen Sultans verkauft. Hier trat sie, nun **Hürrem** genannt, zum Islam über. Die junge Frau machte schnell Karriere, denn 1520 heiratete Süleyman I. sie als seine vierte Ehefrau, nicht ohne sie vorher in die Freiheit entlassen zu haben, ein Novum in der Geschichte. In der Hierarchie des Harems nahm sie fortan die **Führungsposition** ein, obwohl andere Ehefrauen ältere Rechte gehabt hätten, allen voran Süleymans erste Gattin Mahidevran, die dem Sultan einen Sohn namens Mustafa geboren hatte.

Süleyman und Roxelane hatten sechs **Kinder**: Mehmed (1521–1543), Mihrimah (1522–1578), Abdullah (1523–1526), Selim (1524–1574), Beyazıt (1526–1562) und Cihangir (1530–1553). Auch das war neu: Bis dahin wurden die Ehefrauen und Konkubinen des Sultans, sobald sie diesem einen Sohn geschenkt hatten, in den Alten Palast oder in die Provinz geschickt. Roxelane jedoch blieb und gebar Süleyman weitere Kinder.

Die Chancen standen nicht schlecht, dass einer ihrer Söhne **Thronfolger** werden würde. Der von den Eltern favorisierte Mehmed allerdings starb 1543 an den Pocken. Um den Thron für einen ihrer verbliebenen Söhne zu sichern, spann Roxelane eine Intrige gegen Mustafa, den Sohn von Mahidevran. Sie spielte Süleyman gefälschte Briefe zu, die diesen glauben machten, sein Erstgeborener plane eine Revolte gegen ihn. Daraufhin ließ der Sultan 1553 Mustafa und dessen elfjährigen Sohn Mehmed erdrosseln. Diese Art **Thronstreitigkeiten** zu verhindern hatte Tradition [s. S. 26]. Doch Roxelane war die erste Frau, die die **Ränke** um Macht und Einfluss so offen und gnadenlos betrieb. Auf ihr Drängen hin wurden 1536 Großwesir *Ibrahim Paşa*, der langjährige Vertraute ihres Mannes, und 1555 auch einer seiner Amtsnachfolger, *Kara Ahmed*, hingerichtet. Roxelanes Herrschaftsgebaren bereitete den Weg für das nachfolgende **Sultanat der Frauen**, *Kadınlar Sultanatı*. In dieser rund 300 Jahre währenden Epoche hielten entscheidungs- und durchsetzungsfähige Mütter und Ehefrauen vielfach schwacher Sultane die Fäden der Macht in Händen.

Roxelane hat den Erfolg ihrer Intrigen nicht mehr erlebt. Sie verstarb 1558, acht Jahre vor Sultan Süleyman. Noch zu dessen Lebzeiten, nämlich 1562, brachen die Thronstreitigkeiten zwischen den beiden verbliebenen Söhnen aus. Nachdem Beyazıt versucht hatte, eine eigene Armee aufzubauen, ließ Selim seinen Bruder und dessen vier Söhne auf Befehl seines Vaters erwürgen und wurde nach dem Tod Süleymans *Sultan Selim II.* Später erhielt er den Beinamen ›der Trunkene‹.

Und übrigens: Roxelane bekam sogar ihre eigene Türbe, sie ist unweit ihres Gatten auf dem Gelände der Süleymaniye beigesetzt [s. S. 62].

Stolz beflaggt – das Seraskertor der Universität von Istanbul wurde im 19. Jh. errichtet, als Portalbau eines neuen Kriegsministeriums

Türk Vakif Hat Sanatları Müzesi

An der Westseite des Beyazıt Meydanı erhebt sich die einstige *Medrese* der Beyazıt Camii. Der eingeschossige palastartige Bau mit begrüntem Innenhof beherbergt heute das Türk Vakif Hat Sanatları Müzesi, das **Museum der Kalligraphie** (Tel. 0212/5275851, Di–Sa 9–16 Uhr). Zu den hochwertigen Exponaten gehören Koranhandschriften aus dem 13.–16. Jh., andere kostbare Manuskripte mit kunstvollem Schriftbild und in Holz reliefierte *Tuğras*, die kalligraphisch verschlungenen Signaturen der Sultane.

18 Istanbul Üniversitesi
Universität von Istanbul

Das repräsentative Prunktor öffnet sich für wissbegierige junge Menschen und für Feuerwehrleute.

Beyazıt Meydanı, Beyazıt
Eintritt nur für Studierende und Universitätspersonal
www.istanbul.edu.tr/english
Straßenbahn: Beyazıt, Bus: ab Taksim 61B (Haltestelle: Beyazıt)

Auf der Nordseite des Beyazıt-Platzes befand sich einst der **Eski Sarayı**, der Alte Palast. Sultan Mehmed II. der Eroberer hatte ihn nach 1453 als Residenz errichten lassen, später zogen die Sultane in den Topkapı Sarayı [s. S. 22]. Vom Alten Palast ist heute nichts mehr zu sehen, umso mehr Aufmerksamkeit erheischt das bombastische **Seraskertor**, ein orientalisierender Triumphbogen zwischen zwei niedrigeren zinnenbewehrten Achtecktürmen, der heute als *Haupteingang* der Universität von Istanbul fungiert. Deren historische Gebäude sind in viel Grün gebettet, aber von hohen Mauern umgeben, denn sie wurden 1866–70 als Sitz des *Kriegsministeriums* (Seraskerat) errichtet. Nachdem dieses 1923 in die neue Hauptstadt Ankara verlegt worden war, zog die 1933 von Kemal Mustafa Atatürk neu strukturierte Alma Mater hier ein, eine Hochschule mit heute 70 000 Studenten.

Ein weiteres Wahrzeichen des Campus ist der 85 m hohe **Beyazıt Kulesi**. Sultan Mahmud II. hatte den markanten Turm aus weißem Marmara-Marmor 1828 als Feuerwachturm errichten lassen und diesen Zweck erfüllt er noch heute.

19 Süleymaniye
Süleyman-Moschee

Gewaltiges Werk des Meisterarchitekten Sinan, eine der größten und wichtigsten Moscheen Istanbuls.

Prof. Sıddık Sami Onar Caddesi
(nahe Tiryakiler Çarşısı), Vefa
Straßenbahn: Beyazıt,
Bus: ab Taksim 61B
(Haltestelle Beyazıt, dann
15 Min. zu Fuß)

Weithin sichtbar thront die Süleymaniye auf dem dritten Altstadthügel Istanbuls mit Blick auf das Goldene Horn, ein bezauberndes *Wahrzeichen* der Stadt und eine würdige Erinnerung an ihren Stifter *Sultan Süleyman I. den Prächtigen*. Ihre vier **Minarette** mit insgesamt zehn (2 x 3, 2 x 2) Umgängen zeigen an, dass er der vierte Sultan seit der Eroberung Konstantinopels und der zehnte Sultan des Osmanischen Reiches war.

Der Baumeister *Sinan* schuf hier 1550–57 ein Glanzstück der osmanischen Moscheenarchitektur, wobei er gemäß Süleymans Wunsch wieder auf das große Vorbild, die Kuppelbasilika Hagia Sophia, zurückgriff. Und damit die Moschee »solange aufrecht stehen bleibt, wie die Welt besteht«, so Sinan, errichtete er den Bau auf einem erdbebensicheren Fundament aus wassergefüllten Kammern, konstruiert nach der Art antiker Zisternen. Trotz seiner Leistungen hielt Sinan die Süleymaniye im Nachhinein jedoch lediglich für sein ›**Gesellenstück**‹.

Dabei erstaunt allein schon die schiere Größe, denn der **Külliye** [s. S. 40] genannte Moscheenkomplex ist das größte Bauensemble seiner Art in der Stadt. Auf der Anhöhe und auf mehreren Terrassen zum Goldenen Horn hin liegen vier Koranschulen, ein öffentliches Badehaus, eine medizinische Fakultät, eine Bibliothek, ein Observatorium, ein Krankenhaus, eine Karawanserei, eine Armenküche und eine Hochschule. Diese größtenteils original erhaltenen Bauten gruppieren sich um den *inneren Moscheenbezirk*, der 216 x 144 m groß und von einer eigenen Mauer umkränzt ist.

In seiner Mitte, wiederum auf einem Steinpodest, erhebt sich die **Moschee** mit ihrem arkadengesäumten Vorhof, welchen man durch ein monumentales Prachttor mit Stalaktitengewölbe betritt. Der *Gebetssaal* misst 58,5 x 57,5 m und besitzt nach der Hagia Sophia die zweitgrößte **Kuppel** Istanbuls (Höhe 54 m, Durchmesser 27 m). Sie besteht aus zwei Schalen, zwischen die Sinan 64 bauchige *Tonzylinder* einbauen ließ. Die Öffnungen sind in den Gebetsraum gerichtet und sorgen so für eine hervorragende *Akustik*. Über die vier großen *Pendentifs* wird die Last der Kuppel nach unten geführt, wo

Moschee für den Prächtigen – die erhabene Süleymaniye strahlt über das Goldene Horn

sie auf vier gewaltigen Pfeilern ruht. Zum Vorhof hin und zur *Qiblawand* (Gebetsrichtung nach Mekka) gegenüber ist jeweils eine Halbkuppel angefügt, die wiederum auf zwei kleineren in die Zwickel gestellte Halbkuppeln ruht.

Der *Gesamteindruck* ist der von luftiger Weite und strahlender Leichtigkeit. Das bezaubernde Lichtspiel inszenieren 136 Fenster mit *Glasmalereien* aus dem 16. Jh., welche in die Kuppeln, Apsiden und Schildwände eingelassen sind. Die marmorverkleideten Wände werden durch kräftige Gesimse und die umlaufende, auf stark profilierten Konsolen ruhende Galerie gegliedert.

Belebende *Farbakzente* setzen nicht nur die rot-weiß gebänderten Gurtbögen und ornamentalen Kuppelmalereien. Die Wand um den marmornen *Mihrab* mit Stalaktitenhimmel ist mit *Iznik-Fliesen* [s. S. 80] ausgekleidet, die mit ihrer Fülle an Blumen und Bäumen den Paradiesgarten symbolisieren. Bei den hiesigen Kacheln findet auch erstmals jenes leuchtende Bolus-Rot Verwendung, für das die Keramik aus Iznik berühmt ist.

Im Übrigen glänzt die *Ausstattung* durch vornehme Zurückhaltung, was auch für den filigran geschnitzten *Minbar*

Göttliche Raumgestalt – Sinans Süleymaniye bezaubert durch Weite und Leichtigkeit

Friedvoll – die Türben für Sultan Süleyman I. den Prächtigen und seine Gattin Roxelane

gilt. Ungewöhnliche Zutaten in der abgehängten Beleuchtung sind die hohlen *Straußeneier* aus dem 16. Jh., die mit wohl riechenden Kräutern gefüllt sind.

Hinter der Moschee liegt ein Friedhof mit **Mausoleen**. Besonders betrachtenswert ist hier die 1566/67 errichtete achteckige Türbe für *Sultan Süleyman I. den Prächtigen* (um 1494–1566), in der auch die Sarkophage seiner Amtsnachfolger *Süleyman II.* (1644–1691) und *Ahmet II.* (1642–1695) sowie von Süleymans Tochter *Mihrimah* (1522–1578) aufgestellt sind. Außen und innen ist das Grabhaus vollständig mit schönsten Iznik-Kacheln vornehmlich in Rot und Grün geschmückt, einige Fliesen tragen Koranverse.

In der benachbarten sechseckigen Türbe fanden Süleymans Gattin *Haseki Hürrem* (*Roxelane*, um 1500–1558, s. S. 58), seine Mutter *Dilaşub Salia* und seine Schwester *Asiye* ihre letzte Ruhestätte.

Am Nordwestrand des Moscheenbezirks steht die schlichte Türbe für den 1588 verstorbenen *Sinan* [s. S. 56]. Einzige Zier des marmornen Grabbaus ist eine in Stein gemeißelte Kalligraphie an der Fassade, in der Sinans Freund Mustafa Sa'i Çelebi in Versform das Lebenswerk des genialen Baumeisters preist.

20 Şehzade Camii
Prinzenmoschee

Heitere freundliche Moschee, das ›Lehrlingsstück‹ von Meister Sinan.

Şehzadebaşı Caddesi 70,
Saraçhane/Laleli
Di–So 9–17 Uhr
Bus: ab Eyüp und Edirnekapı 36A, 36V, 37Y, 38B, 39B, 39Y, 86V; ab Şişli 77A (Haltestelle: Şehzadebaşı)

Die Şehzade Camii stiftete *Sultan Süleyman I. der Prächtige* im Jahr 1543 zum Gedenken an seinen Lieblingssohn *Mehmed* (1521–1543), der an den Pocken gestorben war. *Sinan* tat sich hier erstmals als Sakralbaumeister hervor. Später bezeichnete er die 1548 vollendete Moschee als sein ›**Lehrlingsstück**‹.

Die Prinzenmoschee folgt dem Bautyp byzantinischer *Kuppelbasiliken* wie der Hagia Sophia, kombiniert aber die *Zentralkuppel* (Höhe 37 m, Duchmesser 18 m) über quadratischem Grundriss hier erstmals mit vier (statt zwei) niedrigeren Halbkuppeln, denen noch einmal je zwei kleinere Halbschalen zugesellt sind. Kuppeln über den Eckjochen und der 16-fach überkuppelte Umgang des gleichgroßen *Vorhofs* komplettieren das faszinierende Bild einer bewegten Dachlandschaft mit **kaskadenartigem Kuppelverlauf**. Dieser Typus blieb Markenzeichen der Sinan-

Bauten und prägte die osmanische Moscheenarchitektur bis ins 19. Jh. Der weite, erhaben wirkende *Innenraum* unter der majestätischen Kuppel steht im Zeichen großer Lichtregie. An Schildwänden und Kuppeltambouren reihen sich zahllose Rundbogenfenster aneinander, manche mit Glasmalereien verziert. Allenthalben prangen Wandpartien im üppig-bunten Farbenkleid von Iznik-Fliesen.

Unter den **Grabhäusern** im rückwärtigen Garten fällt die besonders aufwändig gestaltete *Mehmed Türbesi* ins Auge. Sie besitzt eine zartgrün grundierte Kachelverkleidung, original erhaltene Buntglasfenster und eine vollständig mit Blumenmustern und Koranversen ausgemalte Kuppel. Über Mehmeds Sarkophag spannt sich ein mit feinsten Holzschnitzereien und Elfenbeinintarsien besetzter Baldachin. Links neben ihm ruhen seine Tochter *Humaşah Sultan* und sein Bruder *Cihangir*. Letzterer starb 1553 angeblich aus Gram über den gewaltsamen Tod seines Halbbruders *Mustafa*, den ihr Vater Sultan Süleyman I. der Prächtige erwürgen ließ [s. S. 58].

In den beiden benachbarten *Türben*, die gleichfalls herrlichen Kachelschmuck aufweisen, sind zwei Großwesire Süleymans I. des Prächtigen, *Ibrahim Paşa* (um 1493–1536, s. S. 49) und *Rüstem Paşa* (1500–1561, s. S. 81), beigesetzt.

Kalenderhane Camii

Östlich hinter der Prinzenmoschee erhebt sich die Kalenderhane Camii (16 Mart Şehitleri Caddesi). Sie wurde im 12. Jh. unter Verwendung älterer Bauteile als Kreuzkuppelkirche errichtet und war der Maria als *Kyriotissa* (Mutter des Herrn) geweiht. Der Außenbau zeigt Mauerwerk aus Lagen von roten Ziegeln und hellem Stein, der *Innenraum* ist marmorverkleidet und mit antiken Säulen bestückt. Von der Ausstattung sind einige *Mosaiken* erhalten, deren Datierung bis ins 7. Jh. zurückreicht, darunter eine Maria mit Kind, ein Christus und ein Erzengel Michael. Bedeutsam sind auch Reste des *Freskenzyklus* (13. Jh.) zur Vita des hl. Franziskus von Assisi. Sie gelten als die ältesten Wandmalereien zu diesem Thema überhaupt. Nach 1453 schenkte Sultan Mehmed II. die Kirche dem muslimischen Bettelorden der Kalender-Derwische, welche sie als Moschee nutzten und entsprechend umbauten. Der Derwisch-Orden selbst wurde im 19. Jh. aufgelöst. Die Wiederherstellung des byzantinischen Baubestandes erfolgte in den 1970er-Jahren. Zur gleichen Zeit erneuerte man aber auch Mihrab und Minbar, denn die Kalenderhane wurde fortan wieder als Moschee genutzt.

Als Memento für den Prinzen Mehmed stiftete Sultan Süleyman I. die Şehzade Camii

21 Bozdoğan Su Kemeri
Valens-Aquädukt

Römische Funktionalität in Form eines majestätischen Aquädukts.

Atatürk Bulvarı, Saraçhane
Bus: ab Beyazıt und Taksim 61B; ab Taksim 32T, 35C, 71T, 72T, 73, 76D, 76E, 77MT, 80T, 83, 83O, 85T, 89C, 89T, 93T, 96T, 97T, 145T; ab Eminönü 33, 33B, 33Y, 34, 35, 80, 82, 92, 92C, 93, 94, 97A, 146B; ab Beşiktaş 28T; ab Ortaköy 30D (Haltestelle: Istanbul Belediyesi oder Müze)

Bereits *Kaiser Konstantin der Große* (reg. 306–337) hatte sich um die **Wasserversorgung** seiner Hauptstadt gekümmert. 50 Jahre später vollendete *Kaiser Valens* (reg. 364–378) das ausgeklügelte Kanal- und Tunnelsystem. Das Wasser kam aus dem *Belgrader Wald* am Bosporus rund 30 km nördlich der Stadt. Zentraler Verteiler war das *Nymphaeum Maximum* am heutigen Beyazıt-Platz. 375 wurde das Tal zwischen dem fünften und vierten Stadthügel mit einer 1 km langen, zweigeschossigen Wasserleitung überspannt. Der helle Haustein für den Valens-Aquädukt entstammt der Stadtmauer von Chalcedon auf der asiatischen Seite des Bosporus. Das antike Wasserleitungsnetz blieb bis ins 19. Jh. in Betrieb. Heute ist vom Valens-Aquädukt noch ein 600 m langer Abschnitt erhalten. Seine 18–26 m hohe Doppelgalerie überspannt den **Atatürk Bulvarı**, auf dem der Verkehr zehnspurig durch die Torbögen drängt.

22 Fatih Camii
Fatih-Moschee

Eine Moscheen-Symphonie aus Lichterglanz und Kachelornamentik.

Macar Kardeşler Caddesi, Fatih
Bus: ab Eminönü 28, 87, 90, 91 (Haltestelle: Fatih)

In Fatih, einem orthodox-islamischen Stadtteil, wurde 1463–70 die *erste Sultansmoschee* der Stadt, die Fatih Camii, errichtet. Den berühmten Vorgängerbau, die byzantinische **Apostelkirche**, hatte *Sultan Mehmed II. der Eroberer* 1461 abreißen lassen. Jene Basilika war 330 von Kaiser Konstantin gegründet worden. Sie fungierte als *Grablege* für Konstantin und seine Nachfolger (die Kaiser Constantius II., Theodosius I., Markian und Justinian I.) und galt als zweitwichtigste Kirche nach der Hagia Sophia. Erst avancierte die Apostelkirche zum Vorbild für die pompöse *Basilica di San Marco* in Venedig, dann erbeuteten die Venezianer bei der Plünderung Konstantinopels 1204 auch noch die kostbaren Apostel-Reliquien und verschleppten sie in die Markuskirche. Mehmeds Sultansmoschee schließlich verwischte die letzten Spuren des byzantinischen Gotteshauses. Der Fatih Camii wurde eine monumentale *Külliye* [s. S. 40] angegliedert, mit allein acht Koranschulen, Keimzellen der späteren Universität, mit Herberge, Hospital, Bibliothek, Armenküche und Karawanserei. Nach dem schweren Erdbeben von 1766

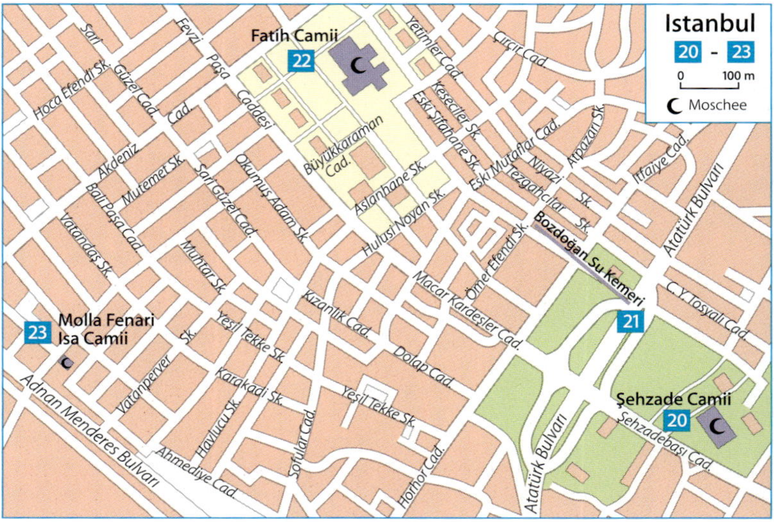

ließ Sultan Mustafa II. den Komplex im Jahr 1771 erneuern. Der heutige barocke *Zentralbau* mit Kaskadenkuppeln begeistert vor allem durch seine elegant-lichte Raumgestalt, die spitzendeckchenhaft durchfensterten Kuppeln und Schildwände sowie die porzellanhaft-feinsinnige Ausmalung. Von den Vorgängerbauten erhalten blieben Hauptportal und Brunnen des 15. Jh. sowie Säulen im Arkadengang des Vorhofs, die sich als Spolien aus der Apostelkirche zu erkennen geben.

Die *Grabhäuser* Sultan Mehmeds II. und seiner Gemahlin Gülbahar erheben sich hinter der Moschee.

23 Molla Fenari Isa Camii
Molla-Fenari-Isa-Moschee

Zwei byzantinische Kirchen zur Moschee vereint.

Vatan Caddesi (Höhe Şahir Fuzuli Sokak), Fatih
Metro: zwischen den Haltestellen Aksaray und Emniyet Fatih, Bus: ab Eminönü 34, 146B; ab Taksim 32T, 76E, 89T; ab Beyazıt 36E, 37A, 38, 39, 39Ç, 90B, 91E, 97G (Haltestelle: Oğuzhan oder Iskenderpaşa)

Weiter südwestlich hat sich mit der Molla Fenari Isa Camii ein bedeutendes Monument byzantinischer Baukunst erhalten. Am Anfang stand die *Klosterkirche des Konstantin Lips* (Konstantin Lips Manastırı Kilisesi). Jene 907/908 der Muttergottes geweihte **Nordkirche**, die Stiftung eines Flottenadmirals, gilt als älteste Kreuzkuppelkirche der Welt. Gleich daneben ließ *Kaiserin Theodora* (um 1240–1303) ab 1282 die **Südkirche** errichten. Sie war Johannes dem Täufer geweiht und barg eine Grabkapelle, in der Theodora, ihre Söhne Konstantin und Andronikos II. Palaiologos sowie dessen Gattin Eirene von Montferrat beigesetzt wurden. Im 14. Jh. kamen Anbauten im Süden (Parekklesion) und im Westen (Narthex) hinzu.

Bei der Umwandlung der Kirchen zur **Moschee** 1496 wurden die Mosaiken entfernt, ein Mihrab eingepasst und auf die südöstliche Gebäudeecke ein Minarett aufgesetzt. Doch die byzantinische Formensprache ist ungetrübt, so fasziniert die Nordkirche mit ihrer steilen Kuppel und der auch Kuppeltambour und Apsis einschließenden Durchfensterung. Die Südkirche erweist sich als Zentralkuppelbau, dessen Außenwände bemerkenswerte variantenreiche Ziegelmuster in Form von teils vortretenden Bögen, Haken und Mäanderfriesen aufweisen. In Grabkapelle und Narthex wurden Marmorsarkophage aus christlicher Zeit gefunden und teils geborgen, teils in situ belassen.

Wasser für die Stadt – der imposante Valens-Aquädukt (4. Jh.) am Atatürk Bulvarı

An der Theodosianischen Landmauer – von Stadttoren und Mosaiken

Das dominierende Bauwerk im äußersten Westen der Altstadt ist die **Theodosianische Landmauer**. Das nach seinem Bauherrn, dem oströmischen *Kaiser Theodosius II.* benannte, gewaltige Bollwerk gilt als architektonische und technische Glanzleistung der Spätantike. Der dreiteilige Mauerriegel mit seiner dichten Folge trutziger Wehrtürme machte Konstantinopel 1000 Jahre lang uneinnehmbar. Erst 1453 gelang es *Sultan Mehmed II. Fatih* dank neuer Waffentechnik, die Landmauer zu bezwingen und die Stadt am Bosporus zu erobern. Der triumphale Einzug des osmanischen Herrschers führte durch die **Porta Aurea**, das *Goldene Tor*, in Sichtweite des Marmarameeres. Sie wurde im 15. Jh. der siebentürmigen Burg Yedikule, heute **Yedikule Müzesi**, angegliedert. Von dort zieht sich die abschnittsweise restaurierte Landmauer rund 7 km gen Norden bis zum Goldenen Horn hin. Stellenweise kann man auf ihr lustwandeln. Eindrucksvoll sind nicht zuletzt die **Stadttore** aus byzantinischer Zeit, die in großer Zahl erhalten blieben. In der Nähe des Stadttors *Edirnekapı* inmitten eines traditionell-bürgerlichen Wohnviertels, erhebt sich eine der bedeutendsten Sehenswürdigkeiten Istanbuls, die spätbyzantinische *Chora-Kirche*, heute als **Kariye Müzesi** zugänglich. Das Innere ist flächendeckend mit begeisterungswürdigen Mosaik- und Freskenzyklen des 14. Jh. geschmückt, die in kraftvoller und anrührend lebendiger Bildsprache Geschichten aus der Bibel erzählen. Unweit gibt es ein weiteres Meisterwerk Sinans zu bewundern, die lichtdurchflutete **Mihrimah Camii**, eine Auftragsarbeit für die Tochter *Süleymans I. des Prächtigen* von der Mitte des 16. Jh. Eindrucksvolles und Rares aus der byzantinischen Bilderwelt bewahrt noch einmal die *Pammakaristos-Klosterkirche* südlich der Landmauer. Ihr Parekklesion, heute als **Fethiye Müzesi** zu besichtigen, präsentiert einige Mosaiken des 14. Jh., die sich in Qualität und Ausdruckskraft durchaus mit denen der Chora-Kirche messen können, darunter eine schöne, stimmungsvolle Taufe Christi.

Atemberaubende Wehrtechnik, bullige Türme – die Theodosianische Landmauer

Plan S. 72

24 Theodos II. Surları
Theodosianische Landmauer

Ein Wunderwerk der Wehrarchitektur im Westen zwischen Marmarameer und Goldenem Horn.

Zwischen Yed kule im Süden am Marmarameer und Ayvansaray im Norden nahe dem Goldenen Horn

Kaiser Theodosius II. (reg. 408–450) ließ 412–422 westlich der damals bestehenden Stadtviertel an strategisch günstiger Stelle die nach ihm benannte gigantische *Landmauer* errichten, wodurch sich das bebaubare Stadtgebiet mehr als verdoppelte. Zwingender Anlass für die herkulischen Baumaßnahmen war die Völkerwanderung, in deren Verlauf Goten und Hunnen Konstantinopel massiv bedrohten. In Ergänzung zur Landmauer wurden ab 439 die *Seemauern* (nicht erhalten) am Marmarameer und am Goldenen Horn aufgeführt, sodass fortan ein kompletter Festungsring die Stadt umschloss. 447 fielen Teile der rund 7 km langen Landmauer und 57 ihrer Türme einem Erdbeben zum Opfer, doch das Bollwerk wurde unverzüglich noch größer und mächtiger wiederaufgebaut. Es hielt zahllosen Belagerungen stand und konnte erst 1453 von *Sultan Mehmed II. Fatih* bezwungen werden. Heute sind Teile der Theodosianischen Landmauer malerisch verfallen, doch andere Partien wurden Ende des 20. Jh. eindrucksvoll rekonstruiert.

70 m breit ist der aus drei hintereinander gestaffelten Schutzsystemen bestehende Wehrgürtel. Erstes Hindernis ist ein ca. 10 m tiefer und 20 m breiter *Wassergraben*. Parallel dazu verlaufen die tonnenüberwölbten *Kasematten*. Überragt werden sie von zwei Mauerzügen: Die *Vormauer* ist 2 m breit, 8 m hoch und mit 96 Türmen bestückt. Rund 15 m weiter schwingt sich die *Hauptmauer* auf. Sie ist 5 m breit und 12 m hoch und ihre wiederum 96 Türme stehen versetzt zu denen der äußeren Mauer (d. h. alle 25–30 m ein Turm). Die ehrfurchtgebietende Phalanx der vier- bzw. achteckigen *Wehrtürme* von etwa 20 m Höhe setzt durch ihre rot-weiß gestreifte Ziegel-Haustein-Bänderung zusätzlich farbliche Akzente.

Auch die meisten der elf *Stadttore* sind erhalten, darunter (von Süd nach Nord) *Belgratkapı, Silivrikapı, Mevlanakapı* und *Topkapı*, das Kanonentor. Dessen Namen

erinnert an die 600 kg schweren Kanonenkugeln, welche die Mauern von Konstantinopel 1453 zu Fall brachten.

Stellenweise kann man entlang und sogar auf der Landmauer spazieren gehen, etwa im Norden der *Millet Caddesi* (Bus: ab Taksim 83 oder ab Eminönü 34, Haltestelle Topkapı) oder südlich des *Adnan Menderes Bulvarı* (Metro: Ulubatli Hasan). Der alte Wehrgang ist grasüberwachsen und zwischen den teils mannshohen Zinnen schweift der Blick weit über den heute von kleinen Gemüsegärten besetzten Graben und das Häusermeer der Metropole Istanbul.

25 Yedikule Müzesi
Yedikule-Kastell

Siebentürmige Festung mit Ausblick auf Marmarameer und Landmauer.

Yedikule Meydanı, Yedikule
Di–So 9–17 Uhr
Bus: ab Taksim 80T, E50, 96T; ab Eminönü 80, 81; ab Beyazıt 80B (Haltestelle: Yedikule)

In der Spätantike gelangte man von der Adria kommend auf der römischen *Via Egnatia* (Fortsetzung der Via Appia) über den Balkan nach Byzantium. Im Jahr 390 ließ Kaiser Theodosius I. an dieser Straße mit Blick auf das Marmarameer einen *Triumphbogen* errichten. Als hier ab 412 unter seinem Nachfolger *Theodosius II.* die Landmauer emporwuchs, wurde das Siegesmonument als *Stadttor* in die Befestigungsanlagen integriert. Das von zwei mächtigen Türmen flankierte, dreibogige Triumphtor war mit Skulpturen byzantinischer Kaiser geschmückt und seine Türen waren vergoldet, daher der Name **Porta Aurea** (Goldenes Tor). 1453 zog Sultan Mehmed II. der Eroberer durch das gleißende Tor. Vier Jahre später veranlasste er den Bau einer sternförmigen Zitadelle an dieser Stelle, die wegen ihrer **sieben Türme** Yedikule heißt. Ihre Mauern integrieren die Porta Aurea und Teile der Landmauer und umschließen einen großen fünfeckigen Burghof, von dessen einstiger Bebauung heute nur noch die Reste einer Moschee künden. Zunächst diente das Fort als Garnisonsstützpunkt, später als Schatzkammer, Staatsarchiv und Kerker. In seinen Mauern wurden bis 1835 in Ungnade gefallene Staatsbeamte, Würdenträger und ausländische Gesandte gefangen gehalten und hingerichtet.

Der Mauerring des heute als *Museum* zugänglichen Yedikule-Kastells kann bestiegen werden (Vorsicht: kein Geländer). Vom oberen Wehrgang sind zwei der bombastischen Rundtürme begehbar. Durch die düsteren Treppenhäuser gelangt man zum Ausguck mit herrlichem *Rundblick* über die Metropole, die Landmauer und hinaus aufs Marmarameer, wo zahllose Schiffe vom und zum Bosporus vorüberziehen.

Blick von der Mihrimah Camii auf den idyllischen Vorhof und die Theodosianische Landmauer

Stifterbild mit Turban – Theodoros Metochites bietet Christus ein Modell der Chora-Kirche dar

26 Mihrimah Camii
Mihrimah-Moschee

Lichte Sakralarchitektur zu Ehren von Mihrimah, der Lieblingstochter Süleymans I. des Prächtigen.

Sulukule Caddesi, Edirnekapı
Bus: ab Kadıköy 127, 500, 500A; ab Beşiktaş 28; ab Eminönü 31E, 32, 36KE, 37E, 38E, 336E, 336I, 91O; ab Vezneciler (nahe Beyazıt Meydanı) 36DV, 36C, 36V, 37C, 37Y, 38B, 39B, 86V; ab Beyazıt 36E, 37A, 38, 39, 39Ç, 75M; ab Taksim 77MT, 87

Kein Geringerer als Sinan schuf 1555–60 diese Moschee für *Mihrimah* (1522–1578), die Tochter Sultan Süleymans I. des Prächtigen. Als Standort wählte man die Anhöhe des sechsten Stadthügels neben dem *Edirnekapı*, einem Tor der Landmauer. Vorgänger der auf einem Podium gelegenen Moschee war die byzantinische *Georgskirche*. Nach Erdbebenschäden wurde der lang gestreckte *Vorhof* mit vielfach überkuppelten Arkaden im 18. Jh. erneuert, im 19. Jh. das *Minarett*. Die Moschee selbst ist ein von vier gedrungenen oktogonalen Pfeilern flankierter Zentralbau über quadratischem Grundriss. Die 37 m hohe und 20 m weite *Kuppel* ruht auf vier mächtigen Stützen. Kuppeltambour und Wände zieren 160 teilweise farbig gefasste Fenster, die den vielfach durchbrochenen Baukörper strahlend illuminieren und ihm Weite und elegante Leichtigkeit verleihen. Tragende und prägende Elemente wie Kuppel, Pendentifs, Pfeiler und Arkaden sind durch harmonisch fließende Übergänge charakterisiert, flächendeckende Arabeskenmalereien erhöhen den optischen Reiz. In dieser Kulisse kommen die feinen Marmorarbeiten des *Minbars* besonders gut zur Geltung.

27 Kariye Müzesi
Chora-Kirche

TOP TIPP *Die ergreifenden Mosaike und Fresken mit Szenen aus dem Leben Jesu und Mariens zählen zu den Glanzlichtern Istanbuls.*

Kariye Camii Sokak, Edirnekapı
Tel. 02 12/631 92 41
Do–Di 9–16 Uhr
Bus: ab Kadıköy 127, 500, 500A; ab Beşiktaş 28; ab Eminönü 31E, 32, 36KE, 37E, 38E, 336E, 336I, 91O; ab Vezneciler (nahe Beyazıt Meydanı) 36DV, 36C, 36V, 37C, 37Y, 38B, 39B, 86V; ab Beyazıt 36E, 37A, 38, 39, 39Ç, 75M; ab Taksim 77MT, 87 (Haltestelle: Edirnekapı)

Nördlich von Edirnekapı erhebt sich innerhalb der Landmauer die **Chora-Kirche**, eines der wichtigsten byzantinischen Baudenkmäler Istanbuls, das seine Schätze heute als **Kariye-Museum** präsentiert.

Schon im 4. Jh. stand an dieser Stelle eine kleine Klosterkirche, damals noch weit außerhalb des Stadtgebiets, weshalb sie den Namen *Chora* (auf dem Land) erhielt. Um 1080 legte *Maria Doukaina*, die Schwiegermutter von Kaiser Alexios I. Komnenos, den Grundstein für ein größeres Gotteshaus. Doch schon im frühen 12. Jh. zwangen Erdbebenschäden zur Erneuerung. Es war Alexios' Sohn, *Isaak Komnenos*, der den Neubau als Kreuzkuppelkirche mit Narthex, kurzen Querarmen und breiter Chorapsis konzipieren ließ. Im 14. Jh. trat dann der kaiserliche Schatzmeister **Theodoros Metochites** (1270–1332) als Bauherr für Modernisierungsmaßnahmen auf, die 1315–21 erfolgten. Damals kamen der L-förmige *äußere Narthex* sowie die südöstlich anschließende Grabkapelle, das *Parekklesion*, hinzu. Krönender Abschluss der Arbeiten war die Ausschmückung der Kirche mit den heute weltberühmten **Mosaiken** und **Fresken**. Erst 1511, unter *Atik Ali Paşa*, wurde die Kirche in eine **Moschee** umgewandelt und fortan *Kariye* genannt. Der damals übertünchte Bildschmuck wurde ab 1948 wieder freigelegt und die Kirche zum Museum erklärt.

Der Bilderzyklus nimmt ob seines Umfangs und seiner künstlerischen Qualität eine hervorragende Stellung in der Kunstgeschichte ein und wird den Mosaikzyklen der venezianischen Markuskirche und des Doms von Monreale auf Sizilien als gleichrangig an die Seite gestellt. Die hiesigen goldgrundigen Mosaiken und farbenfrohen Fresken schildern Schlüsselszenen der Bibel: Menschwerdung und Wunder Jesu, das Jüngste Gericht und Erlösung des Menschen sowie die Vita Mariens, wobei auch apokryphe (d. h. außerkanonische) Episoden illustriert werden. Die ausdrucksvollen Kompositionen im Stil der *Palaiologischen Renaissance* (spätbyzantinische Epoche, etwa 1204–1453) begeistern durch ihre festlich-lebhafte Bildsprache, in der sich lyrische Ergriffenheit und genrehafte Erzählfreude vereinen. Hinreißend sind nicht zuletzt die Landschaftsprospekte und Architekturkulissen, die kostbaren, kunstvoll gefältelten Gewänder und erlesenen Requisiten.

Auftakt des Bildprogramms im **äußeren Narthex** (Exonarthex) sind das Mosaik der *Muttergottes* zwischen Engeln in der Lünette über dem Eingang und das Bild des segnenden *Christus Pantokrator* (Weltenherrscher) gleich gegenüber. Beide Darstellungen tragen Inschriften, die enge Bezüge zur Chora-Kirche knüpfen: Christus wird als Land der Lebenden *(chora ton zonton)* tituliert, Maria als Land des Unermesslichen *(chora tu achoritu)*. Die Heilsgeschichte beginnt im *Nordflügel* mit einer lieblich-bewegten *Geburt Christi*, gefolgt von Episoden aus Kindheit und Jugend. So sieht man den Traum Josephs, Christus bei den Schriftgelehrten und den zwölfjährigen Jesus im Tempel. Darstellungen der Wunder Christi, darunter die Brotvermehrung und die Heilung eines Aussätzigen, geleiten in den *Südflügel* über. Faszinierend sind hier der auf vier Episoden ausgedehnte *Kindermord in Bethlehem* und die *Flucht nach Ägypten* mit der verzagt blickenden Maria auf ihrem Esel, der in anmutigem Trab über dem Boden schwebt.

Höllenfahrt Christi – als Sieger über den Tod zieht er Adam und Eva aus den Gräbern

Heilige im Sucher – Fotografin unter der Marienkuppel im Parekklesion der Chora-Kirche

Beim Betreten des **inneren Narthex** (Esonarthex) fällt der Blick als erstes auf das *Stifterbild* über dem Eingang zum Hauptraum. Dieses Mosaik zeigt den festlich gewandeten Bauherrn Theodoros Metochites mit spektakulärem ballonartigen Turban. Er liegt vor dem thronenden Christus auf den Knien und bietet ihm ein Modell der Chora-Kirche dar.

Sein Vorgänger als Kirchenstifter, Isaak Komnenos, ist weiter rechts in der *Deesis* dargestellt. Dem Christus als Weltenrichter am Jüngsten Tag ist Maria als Fürbitterin der Seelen an die Seite gestellt. Der zweite Fürbitter, Johannes der Täufer, fehlt. Dafür erscheint zu Füßen Mariens Isaak, zu Seiten Christi Maria Despina Palaiologina, die Mongolenkönigin.

Über der Deesis öffnet sich die gleichfalls goldüberstrahlte *Südkuppel* mit Christus Pantokrator im Zenit. In den 24 Kuppelrippen erscheinen in zwei Reihen übereinander die Vorfahren Christi von Adam bis zu Jakob und seinen zwölf Söhnen. Diese Genealogie markiert den Schlusspunkt des Christuszyklus'.

Kulminationspunkt des Marienzyklus' sind die Mosaiken der *Nordkuppel* mit der Gottesmutter im Zentrum. In zwei Zonen darunter bevölkern weitere Vorfahren aus dem Hause David das Kuppelrund. Unter den Episoden aus dem Marienleben im *Nordflügel* fallen die Geburt Mariens, Maria im Tempel und Mariä Verkündigung besonders ins Auge.

Im **Hauptraum** (Naos) sind drei Darstellungen erhalten, die monumentalen Mosaikikonen des *Christus Pantokrator* und der *Maria Hodegetria* im Osten und über dem Eingangsportal im Westen der sehr anrührende *Marientod*. Christus erscheint hinter der verblichenen Maria und hält ihre Seele als gewickeltes Kind auf seinen verhüllten Händen, trauergebeugte Apostel und Heilige umringen das Totenlager, ihre Mienen und Gesten bringen die Wehklage zum Ausdruck.

Das als Grabkapelle dienende **Parekklesion** betritt man vom Südende des Exonarthex durch Tripelarkaden. Der vor dunklem Hintergrund wie magisch aufleuchtende feinsinnige Freskenschmuck hat Auferstehung und Jüngstes Gericht zum Hauptgegenstand. Doch zunächst zeigen die wunderschönen *Kuppelbilder* eine liebliche Maria mit Kind, umgeben von lyrisch gestimmten Engeln in hauchzart-schimmernden Gewändern. Das *Weltgericht* mit der Scheidung von Seligen und Verdammten leitet über zur Apsis, wo die Höllenfahrt Christi, die *Anastasis*, im Fokus steht. Die Komposition begeistert durch die surrealistisch überzeichnete Verve der Hauptszene, in der Christus als Sieger über den Tod die Tore der Hölle zerbricht und Adam und Eva aus ihren Gräbern zieht. Weiter unten erscheinen die Kirchenväter, von würdigem Ernst gezeichnete Figuren mit herrlichen abstrakt-großgemusterten Gewändern.

Blaherna Sarayı

Auf das 5. Jh. gehen die Reste des **Blachernen-Palastes** zurück, welche sich nicht weit vom Kariye Müzesi auf dem sechsten Stadthügel erheben. In aussichtsreicher Lage über dem Goldenen Horn wurde das zunächst bescheidene Anwesen um die Blachernen-Kirche, heute *Ivaz Efendi Camii*, errichtet. Im 12. Jh. wurde es zum kaiserlichen Palastviertel ausgebaut und war bis zur osmanischen Eroberung 1453 bewohnt. Erhalten sind lediglich ein mächtiger rot-weiß akzentuierter Gebäudekubus und der einst zum Palastkomplex gehörende Turm des *Anemas*, der als *Gefängnis* diente.

Tekfur Sarayı

Der spätbyzantinische Tekfur- oder **Porphyrogennetos-Palast** wurde Ende des 13. Jh. als Teil des Blaherna Sarayı errichtet. Er trägt den Namen des Bauherrn, *Konstantin Palaiologos Porphyrogennetos* (›der Purpurgeborene‹), Sohn von Kaiser Michael VIII. (1224/25–1282). Nach der Eroberung Konstantinopels 1204 residierten hier die lateinischen Kaiser, worauf sich auch die türkische Bezeichnung Palast des Kaisers bezieht. Ab 1453 diente das Anwesen dann als Freudenhaus oder Keramikbrennerei, seit dem 17. Jh. war es dem Verfall preisgegeben. Die Jahre überdauert haben ein Arkadenhof und eine dreistöckige fensterreiche Fassade aus Lagen von rotem Backstein und weißem Marmor.

28 Fethiye Müzesi
Pammakaristos-Klosterkirche

Meisterwerke der Mosaikkunst in schöner byzantinischer Architektur.

Fethiyekapısı Sokak, Çarşamba
Besichtigung nur mit Erlaubnis des Museumsdirektorats der Hagia Sophia, Tel. 02 12/522 17 50
Schiff: ab Eminönü Richtung Eyüp (Haltestelle: Fener)

Von der Fährstation Fener erreicht man das Fethiye Müzesi in etwa 30 Min. zu Fuß. Etwas versteckt hinter dem mächtigen Ziegelbau der Schule *Özel Fener Rum Erkek Lisesi* erhebt sich die mehrkuppelige Panaghia-Pammakaristos-Klosterkirche, **Pammakaristos Manastırı**. Sie ist der Theotokos Pammakaristos, der allerseligsten Gottesgebärerin, geweiht.

Johannes Komnenos und seine Gattin Anna Doukaina ließen den Bau wohl im 12. Jh. als Umgangskirche über einer Zisterne errichten. Ein Neubau entstand um 1310 im Auftrag von Michael Glabas und seiner Ehefrau Maria Doukaina, die auch im Süden das Parekklesion als Grabkapelle anbauen ließen. Nach der osmanischen Eroberung Konstantinopels blieb die christliche Funktion bestehen, 1455 nahm hier sogar das griechisch-orthodoxe Patriarchat seinen Sitz. 1591 ließ Murad III. die Hauptkirche im Norden des Gebäudekomplexes anlässlich seiner Siege in Georgien und Aserbaidschan zur **Fethiye Camii**, zur Moschee der Eroberung, um-

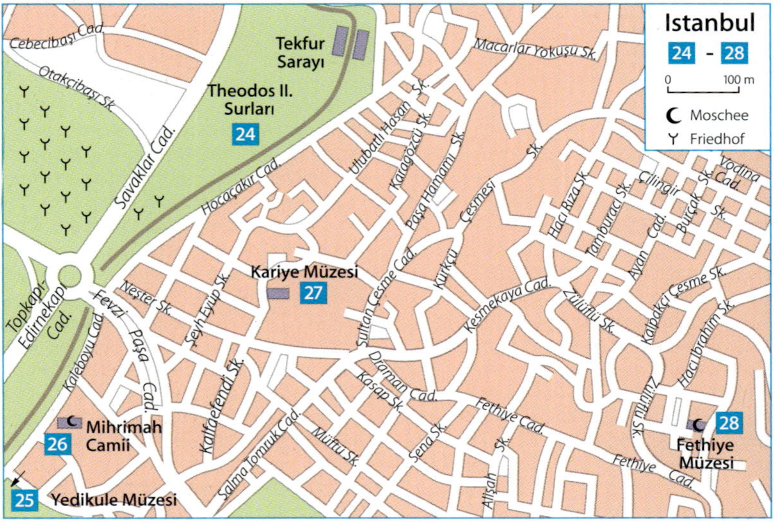

Byzantinisches Kleinod – die Pammakaristos-Klosterkirche mit ihren anmutigen Mosaiken

wandeln. Diese Funktion erfüllt das Bauwerk noch heute.

Das **Parekklesion** allerdings ist seit dem Jahr 1949 Museum und bewahrt herrliche byzantinische *Mosaiken* aus dem 14. Jh., die sich in Qualität und Ausdruckskraft durchaus mit denen der Chora-Kirche [s. S. 69] messen können. Im Zenit der goldgrundigen *Kuppel* erscheint der *Christus Pantokrator*. Die Kuppelschale darunter schmückt ein Reigen gravitätisch gestikulierender Propheten. Aus der *Apsis* leuchtet eine *Deesis* mit thronendem Christus, flankiert von Maria und Johannes dem Täufer. In den seitlichen Kreuzgewölben wiederum erscheinen die vier *Erzengel* mit liebreizenden Gesichtern. Glaubensstrenge prägt die Mienen der Bischöfe, Kirchenväter und Mönche, deren Gestalten kunstvoll in die Seitenjoche und Gurtbögen eingepasst sind. Erzählerisches Glanzstück aber ist die *Taufe Christi* an der Schildwand rechts der Kuppel. Zierlich steht der nackte Jesus im Fluss zwischen Fischen und Allegorien von Jordan und Meer. In spannungsvoller Würde beugt sich Johannes vom linken Ufer tief zum Täufling hinab, während rechts eifrige Engel die Gewänder des Erlösers bereithalten.

Am Goldenen Horn – Tulpen und Gewürze, Hafenflair und Orient Express

Der Wasserarm, der von Nordwesten her in den Bosporus fließt, heißt Goldenes Horn, türkisch **Haliç**. Es durchtrennt den *europäischen Teil* Istanbuls auf einer Länge von etwa 10 km. Seinen Namen erhielt der in weiten Kehren ausgreifende, bis zu 800 m breite *Meeresarm* vermutlich, weil seine Wasser im Licht der untergehenden Sonne wie flüssiges Gold schimmern.

Das Goldene Horn, ein natürlicher **Binnenhafen**, wurde von jeher als Ankerplatz genutzt. In byzantinischer Zeit wurde auf Höhe des späteren Galataturms nachts und in Kriegszeiten eine *eiserne Kette* quer über die Mündung gespannt, um die Zufahrt zu schützen. Tatsächlich konnte die Sperre in all den Jahrhunderten nur einmal überwunden werden. Im Jahr 1204 gelang es den **Kreuzfahrern**, sie mittels eines Rammbocks zu sprengen. Bei der osmanischen Eroberung Konstantinopels 1453 dagegen ließ *Sultan Mehmed II. Fatih* seine Schiffe über Land schleppen, um die Absperrung zu umgehen.

Viele Jahrhunderte lang machten Kriegs- und Handelsschiffe ausschließlich am befestigten südlichen Ufer fest. Seit sich im 11. Jh. Venezianer, ab dem 12. Jh. auch Genuesen und andere europäische Handelsmächte in der Stadt niederließen, diente auch das Nordufer als Anlegestelle und Warenlager, später als bevorzugter Werft- und Industriestandort. Als direkte Verbindung zwischen den beiden europäischen Teilen Istanbuls, zwischen Eminönü und dem Galataviertel, dient seit Mitte des 19. Jh. die **Galatabrücke**. Das südliche Ufer rund um die Brücke ist heute geprägt vom zentralen Fähranleger der Stadt und vom beeindruckenden Kuppelbau der **Yeni Camii**, der Neuen Moschee. Mit ihrem kunstvollen Reinigungsbrunnen im Vorhof und der exquisiten Kachelauskleidung im Inneren gehört sie zu den besonders sehenswerten Bauwerken Istanbuls. Konkurrenz macht ihr in unmittelbarer Nähe die faszinierende **Rüstem-Paşa-Moschee**, denn sie birgt wunderschöne Fliesen mit vielfälti-

Blick von der Restaurant-Etage der Galatabrücke auf die Yeni Camii in Eminönü

gem Tulpendekor. Zwischen beiden Sakralbauten sind im **Ägyptischen Basar**, dem *Mısır Çarşısı*, alle Gewürze des Orients kunstvoll aufgetürmt – ein Fest für die Sinne. Nur ein Stück weiter östlich empfängt der **Sirkeci Garı** wie zu Zeiten Agatha Christies, als der legendäre *Orient Express* (1888–1977) mit zumeist illustren Gästen an Bord aus Paris kommend Istanbul erreichte, Zugreisende mit stilvollem, wenngleich leicht verblichenem Jugendstil-Charme.

Schöne Ausblicke bietet ein **Bootsausflug** entlang des Goldenen Horns. Die öffentliche Fähre tuckert ab Eminönü westwärts bis Eyüp, vorbei an etlichen Sehenswürdigkeiten. Hüben wie drüben zieht sich die verschachtelte *Silhouette* des alten Istanbul malerisch hügelan. Im Norden überragt der Galataturm das Häusermeer, im Süden finden sich jenseits eines baumbestandenen Grünstreifens und der viel befahrenen Uferpromenade in den Stadtvierteln Balat und Fener noch zahlreiche osmanische Holzhäuser. Am einst industriell geprägten Nordufer haben inzwischen einige alte Fabriken und Lagerhallen eine neue Bestimmung gefunden. Hier kann man museale Highlights entdecken, darunter das **Rahmi-M.-Koç-Technikmuseum**. Sein bemerkenswertestes Exponat ist ein im Goldenen Horn vor Anker liegendes imposantes U-Boot. Weniger technisch geht es im **Miniaturk** zu, das die bedeutendsten Attraktionen der Türkei und Istanbuls im Liliputformat nachbildet. Etwas weiter landeinwärts ermöglicht das in einem stillgelegten Elektrizitätswerk untergebrachte **Santral Istanbul Kunstmuseum** spannende Einblicke in die aktuelle Kreativszene der Türkei.

An der Endstation der Fähre, in Eyüp, kann man den Moscheenkomplex der **Eyüp Sultan Camii** mit dem Grab des Fahnenträgers des Propheten Mohammed, *Abu Ayub al-Ansari*, besuchen. Abschließend bietet sich ein Spaziergang auf den benachbarten *Friedhofshügel* an. In dem lauschigen zypressenbestandenen Areal lädt das **Piyer Loti Kahvesi** zur Rast bei Tee und Gebäck ein, mit herrlichem Blick über das Goldene Horn.

29 Sirkeci Garı
Bahnhof Sirkeci

Stilvolles Bahnhofsgebäude für die illustren Gäste des Orient Express.

Sirkeci Istasyon Caddesi, Sirkeci
Straßenbahn: Sirkeci

Die tiefschwarze Lokomotive von 1874, die vor dem Bahnhof Sirkeci steht, fungiert als stolzes Aushängeschild, denn dieser Ort war für die Geschichte der Eisenbahn sehr bedeutsam: Hier kam fast 90 Jahre lang, 1888–1977, der berühmte **Orient Express** aus Paris an. Die rund 2000 km lange Strecke führte zunächst über Wien, Budapest und Bukarest, später über Venedig, Belgrad und Sofia. Seit Eröffnung der Bahnlinie nutzten Staatsoberhäupter, Schriftsteller, Schauspieler und Abenteuerlustige den Zug, unter ihnen Boris III. von Bulgarien, Agatha Christie, Mata Hari und Graham Greene.

Um in Istanbul einen stilvollen Rahmen für die Reisenden bereitzustellen, ließ Sultan Abdülhamid II. 1890 nahe dem Zusammenfluss von Goldenem Horn und Bosporus einen repräsentativen Bahnhof errichten. Der Berliner Architekt *August Jasmund* schuf ein lang gestrecktes, aus weißem Marmor und roten Ziegeln bestehendes Gebäude, in dem europäische Jugendstil-Einflüsse und orientalische Architekturelemente zusammenwirken. So wird der vorspringende Mittelrisalit mit schöner Fensterrosette von zwei schlanken, an Minarette erinnernde Uhrtürmchen flankiert.

Der heutige Haupteingang des Bahnhofs befindet sich in einem modernen schmucklosen Anbau. Gegenüber der Bahnschalter führt eine Flügeltür in die *Event Hall*, in der die **Tanzenden Derwische** (Tel. 0212/4588834, Di, Do, Sa/So 19.30 Uhr) des *Galata Mevlevihanesi Müzesi* [s. S. 90] ihre meditativen Drehtänze vorführen.

30 Eminönü Vapor Iskelesi
Fähranleger Eminönü

TOP TIPP

Geschäftiges Treiben an den Fähranlegern rund um die Galatabrücke für Fahrten auf dem Goldenen Horn.

Straßenbahn und Schiff: Eminönü

Am Südufer des Goldenen Horns rund um die Galatabrücke befinden sich verschiedene Schiffsanlegestellen. Am Kennedy Caddesi legt die von der asiatischen Seite Istanbuls, aus den Vierteln Kadıköy und Moda kommende *Autofähre* an. Auf der linken Seite folgt der geschäftige Passagierfährhafen Eminönü Vapor Iskelesi, der wichtigste innerstädtische Anleger. Hier laufen die **Fährlinien** der Stadt zusammen, die Eminönü mit Kabataş und Üsküdar, mit Beşiktaş, Ortaköy und Bebek verbinden, hier starten aber auch die Schiffe zur *Bosporusfahrt* [s. S. 110]. Entsprechend groß ist das Gewimmel am Kai, an dem fliegende Händler, Eis- und Ticketverkäufer, Ausrufer und Schlepper um Aufmerksamkeit heischen. Auf der westlichen Seite der Brücke schließlich

Wo einst der Orient Express durchschnaubte, tanzen heute Derwische – Bahnhof Sirkeci

Prunkbarke statt Imbissbude – die Fischspezialität Balik Ekmek wird in Eminönü zelebriert

legen jene Boote ab, die das Goldene Horn aufwärts Richtung *Eyüp* fahren (Haliç Hatti, Golden Horn Line zwischen Üsküdar und Eyüp).

Am Kai beidseits der Galatabrücke hat man übrigens Gelegenheit, eine kulinarische Spezialität Istanbuls zu kosten, *Balik Ekmek*, Fischbrötchen. Von schwankenden Restaurantschiffen aus wird der leckere Imbiss verkauft.

31 Galata Köprüsü
Galatabrücke

Die berühmte Brücke ist ein fulminanter Aussichtspunkt.

Straßenbahn und Schiff: Eminönü, Karaköy

Einer der schönsten Panoramablicke auf Istanbul bietet sich von der Galatabrücke, die nahe der Mündung in den Bosporus über das Goldene Horn führt. Richtung Norden überragt der Galataturm [s. S. 89] das Häusermeer am steilen Hügel von Karaköy. Und Richtung Süden öffnet sich ein Bilderbuchblick auf die Altstadt von Istanbul mit den imponierenden Silhouetten von Fatih Camii, Süleymaniye und Sultan-Ahmet-Moschee. Direkt am Flussufer, oberhalb der Galatabrücke, erhebt sich die Yeni Camii mit ihrer bewegten Kuppellandschaft. Weiter links sieht man den Gülhane-Park, einige der spitzkegeligen Schornsteine des Topkapı-Palastes sowie die Hagia Sophia mit ihrer gewaltigen Kuppel und den vier Minaretten.

Blick vom Galataturm auf die Galatabrücke und die Fähranleger von Eminönü

Sanfte Farben, zarte Muster, melodische Formen– die Kuppellandschaft der Yeni Camii

Eine erste Brücke an dieser Stelle, an der in byzantinischer Zeit mithilfe der eisernen Kette die Einfahrt ins Goldene Horn kontrolliert wurde, ließ *Bezmialem Valide Sultan*, die Mutter von Sultan Abdülmecid I., 1845 aus Holz errichten. Neubauten waren in kurzer Folge 1863 und 1877 nötig. 1910–12 konstruierte die deutsche Firma MAN eine gusseiserne Version. Als sie dem Verkehrsaufkommen nicht mehr gewachsen war, wurde sie durch die 1992 eröffnete neue Galatabrücke ersetzt. Die sechsspurige Überführung, eine türkisch-deutsche Koproduktion, ist in der Mitte als Klappbrücke ausgebildet, sodass auch große Schiffe passieren können. Beidseits der 80 m breiten Fahrrinne ruht die Brücke stabil auf 114 tief im Flussbett verankerten Pfeilern.

Ungeachtet des Verkehrsstroms in ihrer Mitte ist die 465 m lange und 42 m breite Galatabrücke mit ihren weiten Bürgersteigen eine beliebte Flanierstrecke. Ein zweites *Fußgängergeschoss* ist unterhalb der Fahrbahn eingezogen. Hier bieten mehrere Restaurants Fisch und Meeresfrüchte an, man kann aber auch einen Tee trinken, eine Nargileh, eine Wasserpfeife, rauchen oder ein kleines Tavli-Spiel, die türkische Form von Backgammon, wagen.

32 Yeni Camii

Neue Moschee

TOP TIPP

Beeindruckende Dachlandschaft aus Kuppeln und Halbkuppeln am Ufer des Goldenen Horns.

Yeni Camii Meydanı, Eminönü
Straßenbahn und Schiff: Eminönü

Anders als die meisten großen Moscheen Istanbuls liegt die Yeni Camii, die Neue Moschee, nicht auf einem Hügel, sondern unweit der Galatabrücke am Ufer des Goldenen Horns. Sie wurde 1597 nach Plänen des Sinan-Schülers *Davut Ağa* im Auftrag von *Safiye Valide Sultan*, Mutter Mehmeds III., begonnen. Nach einem längeren Baustop konnte der Komplex erst 1663 unter *Turhan Hattice*, Mutter von Mehmed IV., vollendet werden.

Die Moschee mit ihrer bewegten Dachlandschaft aus 66 Kuppeln und Halbkuppeln und den beiden mit jeweils drei Balkonen ausgestatteten schlanken Minaretten präsentiert sich in dominanter Position am Wasser und beherrscht zugleich den großen Platz *Yeni Camii Meydanı*. Zusätzliche Höhe gewinnt sie durch ihren Sockel, sodass der Besucher zu jedem der drei Tore einige Stufen hinaufsteigen muss. Der quadratische **Vorhof** von 39 m Seitenlänge wird von Arkadengängen eingefasst. Sie bilden den Rahmen für den achteckigen *Reinigungsbrunnen*, welcher durch filigrane Marmorgitter und kalligraphische Steinmetzarbeiten über den Wasserspeiern besticht.

Die gleichfalls quadratische **Moschee** (41 x 41 m) folgt den klassischen Bauprinzipien: Die Last der 36 m hohen *Zentralkuppel* wird verteilt auf vier Halbkuppeln sowie vier mächtige Pfeiler, die sog. Elefantenfüße. Der weite Raum ist bis in die Bogenfelder des Arkadenumgangs verschwenderisch mit **Iznik-Fliesen** [s. S. 80] ausgestattet, die durch üppiges Blumendekor und kunstfertige Kalligraphie begeistern. Den ebenfalls mit Kacheln ausgekleideten *Mihrab* überfängt ein kunstvoll gemeißeltes Stalaktitengewölbe. Rechts davon erhebt sich der *Minbar*, dessen konisch zulaufender Baldachin von zwei zierlichen Säulen getragen wird. Auf der Empore östlich vom Mihrab ist die nicht einsehbare *Sultansloge* eingerichtet, die einen eigenen Zugang auf der Südostseite der Moschee besaß.

Hinter der Yeni Camii birgt eine schlichte **Türbe** das Grab der Stifterin Turhan Hattice Valide Sultan. Auch ihr Sohn Sultan Mehmed IV. sowie spätere Herrscher wie Ahmet III. und Murad V. wurden hier beigesetzt.

33 Mısır Çarşısı
Ägyptischer Basar

TOP TIPP *Kunterbunte Gewürze, Düfte und Kräuter aus aller Welt in einer alten Karawanserei.*

Yeni Camii Meydanı, Eminönü
Mo–Sa 8–19 Uhr
Straßenbahn und Schiff: Eminönü

Die beiden langen, rechtwinklig aneinandergefügten Backsteinbauten des Mısır Çarşısı wurden 1663 als **Karawanserei** errichtet und gehörten damals zur Külliye der Yeni Camii [s. S. 78]. Im Schutz ihrer Mauern konnten Händler nächtigen, ihre Waren lagern und ihren Geschäften nachgehen. Als im 18. Jh. die Zeit der großen Karawanen zu Ende ging und Frachten verstärkt per Schiff angelandet wurden, funktionierte man die Karawanserei zum Ägyptischen Basar um. Mit seinen etwa 100 kleinen Läden entführt er noch heute in eine Welt voller exotischer Gerüche und üppiger Farben: Orientalische **Gewürze**, Blüten, Blätter, Wurzeln, Nüsse, Samen, Tees und Pülverchen sind hier ebenso adrett wie wagemutig in buntem Farbenspiel nebeneinander aufgehäuft. Diskret werden neben rotem Paprika und gelbem Safran, neben iranischem Kaviar, zerstoßenen Teufelsabbiss-Wurzeln und Rosenöl traditionellerweise auch allerlei **Heilkräuter** sowie Mittel gegen die ›Monotonie des Bettlebens‹ (Edmondo d'Amicis, 1846–1908) angeboten. Faszinierend sind auch die **Parfümläden**, in denen alle Düfte dieser Welt versammelt sind und angeblich jeder Designerduft aus vorhandenen Ingredienzen selbst gemischt werden kann. Daneben locken türkischer Honig, Trockenfrüchte, Schafskäse und Öle, aber auch Blumen und Schmuck, Souvenirs und Modewaren.

Rechts am Ägyptischen Basar vorbei ist man in wenigen Schritten mitten im Getümmel des **Hasırcılar Çarşısı**, des sog. Marktes der Strohmattenweber. Eine wahre Institution ist hier der Kaffeehändler *Kurukahveci Mehmet Efendi* (Tahmis Sokak 66, Tel. 0212/5114262, www.mehmetefendi.com), den man sowohl am unwiderstehlichen Aroma frisch gerösteter Kaffeebohnen als auch an der langen Schlange von Käufern vor der Fenstertheke des Eckhauses erkennt.

Märchenland der Sinne – Gewürze und Düfte des Orients versammelt der Ägyptische Basar

Fliesenbilder der Rüstem-Paşa-Moschee, ein ewig blühender Paradiesgarten

Iznik-Fliesen – leuchtend schön wie Edelsteine

Was wären die osmanischen Bauwerke Istanbuls ohne ihren Kachelschmuck? Diese überwältigenden Zeugnisse orientalischer Dekorationskunst verzaubern Moscheen und Paläste, begeistern das Auge mit exotischen Blattformen und Knotendekoren, mit zierlich blühenden Tulpen, Hyazinthen, Pfingstrosen, Chrysanthemen und Nelken.

Quelle der Kachelkreativität war **Iznik** (das antike Nicäa), ein Ort etwa 200 km südöstlich von Istanbul. Durch die Anbindung ans Osmanische Reich 1331 erlebte die lokale **Keramikproduktion** einen Aufschwung. Als fruchtbar erwiesen sich die Handelsbeziehungen zu Persien, wo dieses Kunsthandwerk bereits seit dem 5. Jh. gepflegt wurde. Die Töpfer von Iznik entwickelten alsbald eigenständige Stilformen, ein elegantes Übermaß an floralen und geometrischen Mustern mit effektvoll eingesprengten Kalligraphien. Die Farbgebung war zunächst überwiegend **Blau**, später kamen auch Grün und Gelb hinzu. Ab dem 15. Jh. arbeitete man in Iznik mit der **Unterglasur-** oder **Fayence-Technik**, die den Werkstücken Glanz und große Haltbarkeit verlieh.

Ihre **Blüte** erreichte die Izniker Keramik im 16. Jh. *Sultan Selim I. der Gestrenge* (1470–1520) hatte nach der Eroberung der persisch-seldschukischen Stadt Täbriz 1514/15 von dort etwa 500 Handwerker nach Iznik umsiedeln lassen. Mit den persischen Töpfern zog ein neuer Farbton in die Fliesenkunst ein. Für dieses kräftige strahlende **Bolus-Rot** wurde eisenoxidhaltige Tonerde verwendet. Die ersten Fliesen dieser Art fanden 1555 bei der Verkleidung des Mihrabs in der Istanbuler *Süleymaniye* Verwendung. Während dieser Hochphase waren die Kunsthandwerker fast rund um die Uhr beschäftigt, den enormen Bedarf an Tellern, Schüsseln, Vasen, Kerzenständer und vor allem Kacheln zu decken. Doch dann wendete sich das Blatt. 1609–16 wurde in Istanbul die *Sultan-Ahmet-Moschee* errichtet und mit rund 21 000 Fliesen dekoriert. Diese Mammutproduktion kam nur zustande, weil der Sultan den Werkstätten verbat, andere Aufträge anzunehmen. Dies und die schlechte Bezahlung hatte ein Erlahmen des Berufsinteresses zur Folge und viele Keramiker sattelten auf andere Berufe um. Der Niedergang war besiegelt. Heutzutage jedoch bemühen sich Kunsthochschulen und Werkstätten intensiv um die Wiederbelebung der Fliesenproduktion.

Die **Herstellung** der Izniker Keramik erfordert großes handwerkliches und technisches Geschick. Der hohe Quarzanteil von 75–80 % macht die Töpferware besonders hart und widerstandsfähig. Um die **Glasuren** haltbar zu machen, werden sie bei Temperaturen zwischen 900 °C und 2000 °C gebrannt. Das Prozedere erfordert viel Erfahrung, denn je nach verwendeten Farben und Glasuren sind unterschiedlich lange und intensive **Brennvorgänge** nötig. Aufwendig dekorierte Stücke werden bis zu drei Mal bemalt, glasiert und gebrannt. Die Produktion einer Fliese kann so bis zu 70 Tage dauern, ungeachtet einer durchschnittlichen Größe von lediglich 24 x 24 cm. Eine exquisite Wirkung erzielt übrigens die letzte, opake Glasur, die das einfallende Licht stark bricht und so die Farben und Motive plastisch zur Geltung bringt. Fachleute vergleichen die Anmutung von Iznik-Keramik mit **Edelsteinen**, und tatsächlich schimmern ihre Farben auf dem weißen Hintergrund wie Lapislazuli, Türkis, Koralle und Smaragd.

Plan vordere Umschlagklappe

34 Rüstem Paşa Camii
Rüstem-Paşa-Moschee

TOP TIPP *Die märchenhaft schönen Kacheln der Moschee sind ein blaues Bilderbuch mit 100 verschiedenen Tulpen.*

Hasırcılar Çarşısı/Uzunçarşı Caddesi/
Kutucular Caddesi, Eminönü
Straßenbahn und Schiff: Eminönü

Wenige Hundert Meter weiter rechts hat man dann die berühmte Rüstem Paşa Camii erreicht. Auftraggeber dieser Moschee war der aus Sarajewo stammende Großwesir *Rüstem Paşa*, Gatte der Prinzessin Mihrimah und Schwiegersohn von *Sultan Süleyman I. dem Prächtigen*. Als Baumeister verpflichtete er den genialen **Sinan** [s. S. 56], der in nur zwei Jahren, 1561–63, ein Meisterwerk schuf und das auf engstem Raum: Inmitten des schon damals dicht gedrängten Marktes entstand zunächst ein Sockel, der zum einen Platz bot für Lagerräume und Handwerksbetriebe und zum anderen das Podest für die so über dem Alltagsgetümmel thronende Moschee bildete. Ein enger Treppengang führt von der Marktgasse zu ihr hinauf.

Der imposante Sakralbau ist nach dem **Achtstützensystem** gegliedert: die Zentralkuppel und die vier über Eck stehenden Halbkuppeln ruhen auf vier freistehenden Pfeilern sowie auf je zwei in die Nord- und Südwand integrierten Stützen.

Schon im *Vorhof*, an der Hauptfassade der Moschee, entfaltet sich jene atemberaubende **Fliesenpracht**, für die der Bau berühmt ist. Das *Innere* aber ist bis hinauf in die obere Fensterzone, auch auf Bogenlaibungen, Säulenschäften und am Mihrab mit kostbarsten Iznik-Kacheln geschmückt. Die glatte kühle Keramik gleicht einem orientalischen Teppich aus fein ziselierten Ornamenten, geometrischen Mustern und bezauberndem Blumendekor. Man bewundert allerlei exotisches Blattwerk und grazile Blüten, vor allem bildschöne Tulpen in vielfältigen Variationen. Experten haben mehr als 100 verschiedene Tulpentypen identifiziert, mal feinblättrig, mal feurig, in rot, blau und weiß, mit offenen und geschlossenen Blüten.

Oben: *Auch die Vorhalle der Rüstem-Paşa-Moschee ist mit Iznik-Kacheln dekoriert*
Rechts: *Oldtimer zu Wasser und zu Lande im Rahmi-M.-Koç-Technikmuseum*

35 Rahmi M. Koç Müzesi
Rahmi-M.-Koç-Technikmuseum

Technikmuseum mit Starfightern, U-Booten und Oldtimern.

Hasköy Caddesi 5, Hasköy
Tel. 02 12/369 66 00
www.rmk-museum.org.tr
Di–Fr 10–17, Sa/So 10–19 Uhr
Bus: ab Eminönü 47, ab Taksim 54HT (Haltestelle: Hasköy Parkı)
Schiff: Haliç Hatti (Haltestelle: Hasköy)

Auf der Fahrt entlang des Goldenen Horns passiert man linker Hand die ungewöhnliche **Bulgar Ortodoks Kilisesi**. Ungewöhnlich deshalb, weil der weiße neo-

Miniaturk – die Architekturdenkmäler Istanbuls und der Türkei im Liliputformat

gotische Bau aus dem späten 19. Jh. aus Gusseisenplatten besteht, die in Wien gefertigt und vor Ort zusammengesetzt wurden. Im Volksmund wird die bulgarisch-orthodoxe Kirche St. Stephan deshalb auch ›Eiserne Kirche‹ genannt.

Das gegenüberliegende Ufer war noch bis ins 20. Jh. hinein ein wichtiger Industriestandort. Hier drängten sich Werften und Eisen verarbeitende Betriebe, an zahllosen Kais be- und entluden Schiffe ihre Fracht. Heute sind die Werften geschlossen, und die Industrieproduktion ist an den Stadtrand verbannt. Am Goldenen Horn blieben nur die Hallen zurück, vielfach ungenutzt und oft verfallen.

Eine neue Bestimmung gefunden hat das Gelände einer aus dem 18. Jh. stammenden Eisenfabrik für die Herstellung von **Schiffsankern**. Hier, am Ufer des Goldenen Horns nahe dem Fähranleger Hasköy, wurde 1994 das Rahmi-M.-Koç-Museum zur *Geschichte von Transport, Industrie und Kommunikation* eröffnet. Den Kern der Ausstellung bildet die Sammlung des technikbegeisterten Industriellen Rahmi M. Koç (*1930), doch haben Schenkungen und Leihgaben den Bestand weiter anwachsen lassen.

Das Freigelände empfängt die Besucher mit Highlights wie einem silberglänzenden F-104 Starfighter, einem 92 m langen Guppy-IIa-U-Boot *TCG Uluçalireis* oder einem roten Londoner Roadmaster-Doppeldeckerbus. Im Museumsgebäude ist die umfangreiche Automobil-Ausstellung sehenswert, zu den Exponaten gehören ein 1938er Lincoln und ein gelber Cadillac von 1953. Daneben finden sich Raritäten wie eine bereits 1826 von John Fowler konstruierte Dampfwalze oder eine Malden Dampfdroschke von 1898. Ebenfalls ansprechend ist der kleine Museumshafen, in dem u. a. der holländische Trawler *Liman II* vor Anker liegt.

36 Miniaturk

Hier sind die berühmten Sehenswürdigkeiten Istanbuls und der Türkei en miniature versammelt.

Imrahor Caddesi, Sütlüce
Tel. 02 12/222 28 82
www.miniaturk.com.tr
tgl. 9–18 Uhr
Bus: ab Eminönü 47, 47C, 47E, ab Taksim 54HT (Haltestelle: Miniaturk)
Schiff: Haliç Hatti (Haltestelle: Sütlüce)

Weiter nördlich, ebenfalls direkt am Ufer des Goldenen Horns, erstreckt sich Miniaturk, das auf einer Fläche von 40 000 m^2 im Maßstab 1:25 Naturschönheiten und architektonische Meisterwerke aus Istanbul, der Türkei und dem einstigen Osmanischen Reich präsentiert. So flaniert man auf vielfach gewundenen Pfaden an der Edirner Selimiye oder der Jerusalemer Al-Aqsa-Moschee vorbei und kann die weißen Sinterterrassen von Pamukkale und das rekonstruierte Artemision von Selçuk bewundern. Von den Istanbuler Wahrzeichen sind natürlich die Hagia Sophia, die Sultan-Ahmet-Moschee, der Topkapı- und Dolmabahçe-Palast vertreten. Daneben finden sich aber auch – um nur einige zu nennen – der Galataturm, Teile des antiken Aquäduktsystems, der Haydarpaşa-Bahnhof oder das Grabhaus von Baumeister Sinan.

37 Santral Istanbul ve Enerji Müzesi
Santral Kunstmuseum und Energiemuseum

TOP TIPP *Die Sammlungen im ehem. Elektrizitätswerk präsentieren das zeitgenössische Kunstschaffen der Türkei.*

Kazım Karabekir Caddesi 2/6 (Eski Silahtaraşa, Elektrik Santralı), Eyüp
Tel. 0212/3117809
www.santralistanbul.org
Di–So 10–20/22 Uhr
Bus: ab Eminönü 44B, 47, 47C, 47E, ab Taksim 36T (Haltestelle: Silahtar)

Einen ansprechenden Rahmen für zwei sehenswerte Ausstellungen zu Technikgeschichte und Kunstschaffen bietet der Campus der 1996 gegründeten **Istanbul**

Santral Istanbul bringt das alte Elektrizitätswerk mit Kunst der Gegenwart auf Touren

Bilgi Universitesi. Linker Hand liegen mehrere einstöckige Lehrgebäude inmitten weitläufiger Rasenflächen mit vereinzelten alten Bäumen und Skulpturen wie Kalliopi Lemos' *Devr-i Alem/Round Voyage* von 2007.

Rechter Hand ragt das frühere **Eski-Kraftwerk** sechs Stockwerke hoch auf. Die Fassade des 1910 errichteten Bauwerks ist heutzutage dichtmaschig grau-

Messerscharfe Zukunftsvision im Rahmen der Show Modern and Beyond im Santral

Pilgerstätte Eyüp Sultan Camii – im 7. Jh. starb an dieser Stelle ein Weggefährte Mohammeds

schwarz vergittert. Bis 1983 wurde hier mit Kohle vom Schwarzen Meer ein Großteil des Strombedarfs von Istanbul erzeugt, dann wurde die Elektrik-Zentrale, das Santral, außer Dienst gestellt.

Im rechten Teil der Anlage ist heute das **Energiemuseum** mit den Originalmaschinen, mächtigen Turbinen und Umspannern von Siemens und AEG, und einigen interessanten Experimentierstationen untergebracht.

Der linke Teil des Komplexes beherbergt das zur Istanbul Biennale 2007 eröffnete **Kunstmuseum** Santral Istanbul. Im Rahmen von qualitätvollen Wechselausstellungen werden hier die aktuellen Kunstströmungen der Türkei vorgestellt. Zu den Exponaten gehören schnittige Metallskulpturen von Ilman Koman, farbenfrohe Installationen von Zeynep Rona oder Ebru Ozseçen, tiefsinnige Gemälde von Orhan Koçak, ferner Arbeiten der Konzeptkünstlerin Eyse Erkmen, der Malerin Leyla Gediz und des Bildhauers Yavuz Tanyeli.

38 Eyüp Sultan Camii
Eyüp-Moschee

Der viel besuchte Wallfahrtsort ist beliebte Kulisse für Hochzeiten und Familienfeiern.

Cami-i Kebir Sokak
Bus: ab Eminönü 36CE, 44B, 99, 399B, 399C (Haltestelle Eyüp Sultan), ab Taksim 55ET (Haltestelle: Hz. Halit Bulvarı)
Schiff: Haliç Hatti (Endstation: Eyüp)

Das am linken Ufer des Goldenen Horns gelegene Viertel Eyüp ist benannt nach *Abu Ayub* (türk. Eyüp) *al-Ansari*, dem Bannerträger des Propheten. Dieser soll hier im Jahr 674 während der ersten arabischen Belagerung Konstantinopels als hochbetagter Mann im Kampf gefallen und an derselben Stelle begraben worden sein. Gleich nach der islamischen Eroberung der Stadt 1453 ließ *Sultan Mehmed II. Fatih* an der Bestattungsstelle eine Türbe für den Weggefährten Mohammeds errichten. Bis heute ist das *Grab des Bannerträgers des Propheten* für türkische Muslime der heiligste Ort nach Mekka, Medina und Jerusalem. Einstmals wurde vor dem Grabbau jeder neue Sultan mit dem *Schwert des Dynastiebegründers Osman* umgürtet, bevor er zur eigentlichen Inthronisierung in den Topkapı-Palast zog.

Nur wenige Jahre nach ihrer Erbauung wurde die Türbe in den **Vorhof** der von Sultan Mehmed II. ab 1458 errichteten Eyüp Sultan Camii integriert. Der Komplex fiel 1798 einem verheerenden Erdbeben zum Opfer, doch *Sultan Selim III.* ließ ihn unverzüglich erneuern. Die 1800 vollendete achteckige **Moschee** wird bekrönt von einer Kuppel auf hohem Tambour, die von vier größeren und vier kleineren Halbkuppeln sowie acht Pfeilern gestützt wird. Ziel zahlloser Pilger ist aber vor allem die **Türbe**, ein oktogonaler, außen wie innen vollständig mit blau-weißen *Iznik-Kacheln* überzogener Kuppelbau. Größter Andrang herrscht an Freitagen, an islamischen Feiertagen und während des Ramazan (Ramadan), dann wollen Hunderte von Gläubigen am silbernen Ziergitter beten, das den Blick auf den Sarkophag des Heiligen freigibt.

Vor dem großen Fontänenbrunnen am Eingang lassen sich gern frischvermählte Paare fotografieren, und ›kleine Prinzen‹ sieht man hier ebenfalls häufig. Die Jungen, meist im Alter zwischen fünf und zehn Jahren, sind anlässlich ihrer *Beschneidung* mit Anzügen, Umhang und Federturban festlich herausgeputzt. Besondere Beachtung verdient auch die *Eyüp Sultan Çınarı*, die mächtige alte Platane im Vorhof. Sie ist gut 20 m hoch, hat einen Stammdurchmesser von 2,87 m und soll von *Sultan Mehmed II. Fatih* gepflanzt worden sein.

Anschließend lohnt ein Bummel durch das Viertel, denn hier sind noch viele alte Holzhäuser erhalten. Auch der **Markt** (Sa–Do) ist sehenswert. Es werden Gebetsteppiche und Gebetsketten angeboten, daneben aber auch Seifen, Parfüme, unwiderstehlich duftendes Baklava und frisch gegrillte Fleischspieße.

Eyüp Mezarlıgı

Als besonders malerisch erweist sich der **Friedhof von Eyüp** (Eyüp Mezarlıgı) mit seinen von Platanen und Zypressen beschatteten Gräbern. Auf seiner Hügelkuppe lädt das **Piyer Loti Kahvesi** (Tel. 0212/5812696, s. S. 124), ein Café mit außergewöhnlichem Standort, zum Verweilen ein. Es ist nach dem französischen Marineoffizier und Schriftsteller *Pierre Loti* (1850–1923) benannt, der 1876/77 in Istanbul lebte. Angeblich saß der orientbegeisterte Loti besonders gern in Pluderhosen und Fes hier oben und rauchte eine Wasserpfeife (*Nargileh*). Heutige Besucher können zum Café hinauf spazieren oder mit einer kleinen Gondelbahn (*Teleferik*) fahren. Die zauberhafte **Aussicht** von der Anhöhe auf die Metropole Istanbul begeistert noch genauso wie vor gut 150 Jahren.

TOP TIPP

Stätte der Andacht – die Türbe des Bannerträgers des Propheten Abu Ayub al-Ansari

Die Neustadt – Einkaufsmeilen und Ausgehviertel zwischen Karaköy, Galata und Taksim

Unweit der Mündung des Goldenen Horns in den Bosporus verbindet die Galatabrücke die europäischen Teile der Metropole miteinander, die Altstadt im Süden und die Neustadt im Norden. Tatsächlich aber gehört das hiesige Viertel **Karaköy** zu den ältesten der Stadt. Ab dem 12. Jh. ließen sich hier *genuesische Kaufleute* nieder, und ab dem 15./16. Jh. siedelten auch zugewanderte *Juden* am ufernahen **Galatahügel**. Unter ihnen waren Bankiersfamilien, deren marmor- und mosaikgeschmückte Firmensitze des 18./19. Jh. noch heute die *Bankalar Caddesi* prägen. Vom jüdischen Leben zeugt in Karaköy auch das **Türk Musevileri Müzesi**, das in der einstigen Zülfaris-Synagoge untergebrachte *Museum der türkischen Juden*. Etwa auf halber Höhe des Hügels ragt der im 14. Jh. zum Schutz der genuesischen Handelsniederlassung errichtete **Galataturm** auf, heute einer der beliebtesten *Aussichtspunkte* der Stadt.

Nördlich von Galata erstreckt sich der Stadtteil **Beyoğlu** mit den westlichen Vierteln **Pera** und **Tepebaşı** sowie der berühmten *Meşrutiyet Caddesi*. Mit atemberaubenden Aussichten über das Goldene Horn zeugen hier Palais und Nobelhotels vom Glanz vergangener Tage. Im *Pera Palace Hotel* etwa soll Agatha Christie ihren Bestseller ›Mord im Orient Express‹ (1943) geschrieben haben. Nicht weit davon kann man im **Pera-Museum** eine qualitätvolle Sammlung mit Gemälden des 17.–19. Jh. besuchen, welche die Lebenswelt zur Zeit der Sultane wieder lebendig macht.

Beyoğlu ist bekannt für sein reges Nachtleben, aber auch für die Einkaufsmeile **Istiklal Caddesi**. In ihrer Mitte verlaufen die Schienen der nostalgischen, rotlackierten Straßenbahn *Tramvayı*, die zwischen Galata Meydanı und **Taksim Meydanı** verkehrt.

Blick vom Galataturm auf Topkapı-Palast, Hagia Sophia, Blaue Moschee, Süleymaniye

39 Karaköy

Fähren, Fischmarkt und Moscheen nördlich der Galatabrücke.

Metro, Fähre, Straßenbahn, Tünel (Talstation: Karaköy)
Bus: ab Eminönü alle Busse nordwärts, 26, 26A, 26B, 31E, 32, 74, 99, 146B, 336E usw.

Rund um die Galatabrücke am Nordufer des Goldenen Horns herrscht ständiges Kommen und Gehen, denn hier laufen unweit der Fähran eger Metro-, Straßenbahn- und Buslinien zusammen. Auf dem beengten Platz zwischen dem Kai und den malerischen Lagerhäusern und Werkstätten westlich der Brücke findet in den Morgenstunden ein trubeliger *Fischmarkt* statt. Östlich der Brücke befindet sich der Anleger der **Karaköy Vapur ve Deniz Otobüsü Iskelesi**. Von hier fahren ›Meerbusse‹ Richtung Kabataş, Haydarpaşa, Kadıköy und Eminönü. Landseitig säumen Cafés und Restaurants den Kai und sorgen für entspanntes mediterranes Flair inmitten des bunten Treibens. Wer Süßes mag sollte bei *Lakerda Nanlı* vorbeischauen, wo eines der besten *Baklavas* der Stadt hergestellt wird.

Yeraltı Camii

Weiter östlich, Ecke Kemankeş Caddesi und Gümrük Sokak, lohnt die etwas versteckte Yeraltı Camii einen Besuch. Die *Unterirdische Moschee* wurde 1757 in einem 35 x 35 m großen, von 54 gedrungenen Pfeilern getragenen Kellergewölbe eingerichtet, welches zuvor als Verlies und Waffenlager gedient hatte. Es war Teil eines Wehrturms, den die Genueser um 1348 zusammen mit der hiesigen Stadtmauer errichtet hatten. Im Vorgängerbau (7./8. Jh.) des Wehrturms soll die *Eisenkette* [s. S. 31] zur Absperrung des Goldenen Horns aufbewahrt worden sein.

Arap Camii

Eine weitere interessante Moschee, die Arap Camii (Kalyon Sokak 1), liegt gen Westen am Fuß des Galatahügels. Das

Gebetshaus wurde 1475 in der gotischen Dominikanerkirche *Santi Paolo e Domenico* (Anfang 13. Jh.) eingerichtet und gegen Ende des 15. Jh. aus Spanien vertriebenen arabischen Muslimen zur Verfügung gestellt, daher der Name Arabische Moschee. Der Sakralbau ragt inmitten dichter Bebauung aus Wohnhäusern und Werkstätten auf. Die Architektur, insbesondere der zum Minarett umfunktionierte Glockenturm, zeigt noch die christlichen Wurzeln. Von den gotischen Stilelementen des Innenraums fallen vor allem die Spitzbogenfenster und das Kreuzgewölbe der Apsis ins Auge. Die Kassettendecke und die Emporen sind spätere Zutaten.

Azapkapı Camii

Am Nordwestrand von Karaköy, nahe der Atatürk-Brücke, steht die kleine Azapkapı Camii (Tersane Caddesi, Bus 61B Taksim–Beyazıt, Haltestelle: Şişhane). Die von Großwesir *Sokullu Mehmed Paşa* gestiftete Moschee ist ein Spätwerk Sinans [s. S. 56] von 1577/78. Sie erhebt sich über einem Sockelgeschoss, in dem einst Läden untergebracht waren. Ein enger Treppenaufgang führt hinauf in die Vorhalle zwischen Hof und Gebetssaal. Über dem oktogonalen Innenraum schwingt sich die große Zentralkuppel auf, weite Gurtbögen und bauchige Halbkuppeln tragen ihre Last. Die reich mit Blumen verzierten Buntglasfenster, die Schmuckbänder und der florale Kacheldekor der Pendentifs unterstreichen die heitere Würde des Raums.

Eine Augenweide ist auch der verspielte *Rokokobrunnen* (1732/33) nördlich der Moschee. Blütenreliefs zieren die Wände unter dem Kuppeldach und hinter feinen Gittern plätschert kühles Wasser. Saliha Valide Hatun, Gattin von Sultan Mustafa II., stiftete den Brunnen.

Ganz entspannt in Istanbul – Straßencafé-Gespräche im Ausgehviertel Karaköy

40 Türk Musevileri Müzesi
Museum der türkischen Juden

Auf den Spuren der türkisch-jüdischen Gemeinde Istanbuls.

Karaköy Meydanı/Perçemli Sokak, Karaköy
Tel. 0212/292 63 33
www.muze500.com
Mo–Do 10–16, Fr, So 10–14 Uhr
Metro, Fähre, Straßenbahn, Tünel (Talstation): Karaköy
Bus: ab Eminönü alle Busse nordwärts, 26, 26A, 26B, 31E, 32, 74, 99, 146B, 336E usw.

Nur wenige Schritte vom *Karaköy Meydanı* trifft man im Kreise hoher schmaler Häuser auf die einstige **Kahal-Kadosh-Zülfaris-Synagoge**, einen Neorenaissancebau aus dem frühen 18. Jh. mit schöner Fensterrosette und altrosa getünchter Fassade. Eine doppelläufige Freitreppe führt hinauf zum Portal. In der Synagoge ist seit 2001 das Türk Musevileri Müzesi untergebracht, das die Geschichte der Juden in Istanbul und in der Türkei dokumentiert. Es waren vor allem sephardische Juden, die nach dem Ausweisungsedikt der Katholischen Könige 1492 aus Spanien und Portugal fliehen mussten und am Bosporus eine neue Heimat fanden. Unter den Exponaten sind wertvolle mittelalterliche *Thoraschreine* und Uniformröcke der türkischen Armee aus dem 18. Jh., aber auch Fotos und Briefe, z. B. ein Schreiben *Albert Einsteins* aus den 1930er-Jahren, in dem er sich für die Aufnahme gefährdeter deutscher und österreichischer jüdischer Professoren und Studenten in der Türkei einsetzt. Die kleine Ethnografische Ausstellung im Erdgeschoss zeigt traditionelle Gewänder und rituelles Gerät früherer Tage, so z. B. einem *Beschneidungsstuhl*.

Jüdisches Museum im festlichen Renaissancerahmen der Kahal-Kadosh-Zülfaris-Synagoge

In der nahen **Bankalar Caddesi** kann man prächtige Bankpaläste des 18./19. Jh. bewundern. Mit ihren Marmorsäulen und mosaikgeschmückten Portalen erzählen sie vom florierenden Wirtschaftsleben jener Tage. Einen schönen Anblick bietet auch die strahlend weiße **Camondo Merdivenleri**, die zwischen Bankalar Caddesi und Kartçınar Sokak bergan führt. Die jüdische Bankiersfamilie Camondo hatte die elegante Marmortreppe mit zwei sich schwungvoll kreuzenden Treppenläufen 1870–80 anlegen lassen. Sie führt zur 1893 eingeweihten *Terziler Havraslı Sinagogu*, besser bekannt als **Schneidertempel** (Felek Sokak 1, Tel. 0212/2490150, www.schneidertempel.com). Ihr restaurierter Gebetsraum dient heute als Galerie für Wechselausstellungen, zeigt aber noch Teile der früheren Ausstattung, darunter ein Buntglasfenster in Form eines Davidsterns und ein geschnitztes Lesepult.

41 Tünel
Karaköy-Galata-Standseilbahn

Mit der unterirdischen Standseilbahn auf den Galatahügel.

tgl. 7–22 Uhr

Mit Erlaubnis von Sultan Abdülaziz erbaute der Franzose *Henri Gavand* 1871–74 eine **Standseilbahn** – die nach Lyon und Budapest weltweit dritte ihrer Art. Sie führt von Karaköy durch einen 573 m langen Tunnel auf den Galatahügel nach Pera. Die Jungfernfahrt fand am 17. Januar 1875 statt, Mitte des 20. Jh. wurde die Anlage auf Elektrobetrieb umgestellt. Heute befördert die Bahn etwa 5,4 Mio. Fahrgäste im Jahr.

Die spärlich ausgeschilderte **Talstation** befindet sich im Untergeschoss eines modernen Geschäftsgebäudes an der Ecke Karaköy Caddesi und Yüzbaşi Sabahattin Evren Caddesi. Die **Bergstation** liegt direkt am Galata Meydanı. Von hier zuckelt die nostalgische Straßenbahn *Tramvayı* durch die *Istiklal Caddesi*.

42 Galata Kulesi
Galataturm

TOP TIPP *Genuesischer Wachturm mit sagenhaftem Panorama.*

Büyük Hendek Sokak, Galata-Beyoğlu
www.galatatower.net
tgl. 8.30–20 Uhr

Der Galataturm, ein mächtiger Rundbau mit konischem Blechdach, ist das *Wahrzeichen* der Istanbuler Neustadt. Er steht auf einer Terrasse 37 m über dem Goldenen Horn und ragt selbst knapp 70 m hoch auf. Seit dem Jahr 1348 wacht er über das einstige Händlerviertel und die Mündung des Goldenen Horns. Damals markierte er den höchsten Punkt der Verteidigungsmauern, die die **Genueser** hier um ihre 1348 von Kaiser Michael II. zugewiesene Handelsniederlassung errichtet hatten. Später diente der Turm als Janitscharen-Posten, Gefängnis, Observatorium und im 19. Jh. als Feuerwachturm.

Ab durch den Tunnel mit der Tünel – die Standseilbahn geht von Karaköy hinauf nach Galata

Früher führte innerhalb der 3,75 m dicken Mauern eine Wendeltreppe nach oben, heute gibt es einen Lift. Dieser endet im sechsten Stock mit seinem exklusiven *Restaurant* (Tel. 0212/293 81 80, tgl. 20–24 Uhr, Showbetrieb). Über eine Treppe erreicht man die oberste Etage mit der Aussichtsplattform in etwa 60 m Höhe. Der schmale umlaufende Balkon bietet eine unübertreffliche **Fernsicht** auf Alt- und Neustadt und das Goldene Horn. Besonders stimmungsvoll ist das Panorama, wenn das sanfte Licht der untergehenden Sonne die Prachtbauten von Pera romantisch verklärt.

43 Galata Mevlevihanesi Müzesi

Museum des Mevlevi-Klosters von Galata

Tanzende Derwische im früheren Mevlevi-Kloster.

Galip Dede Caddesi 15, Tünel
Tel. 0212/245 41 41
bis voraussichtlich Frühjahr 2011 wg. Renovierung geschl.

Kurz bevor die Galip Dede Caddesi in den Galata Meydanı mündet, erreicht man rechter Hand die von einer weiß getünchten Mauer umgebene Tekke (Kloster) der **Mevlevi-Derwische**, heute als *Museum* namens Galata Mevlevihanesi Müzesi (auch Mevlevi Tekkesi) zugänglich. Die im Jahr 1492 gegründete Tekke in Galata war das erste Derwisch-Kloster Istanbuls. Die Derwisch- oder Sufi-Bruderschaften sind Teil einer mystisch-asketischen Bewegung des Islam, die auf

den Dichter und Mystiker *Mevlana Celaleddin Rumi* (1207–1273) zurückgeht. Die Derwische suchen die Vereinigung mit Gott durch ekstatische Tänze, bei denen sie sich zu mystischen Klängen um ihre eigene Achse drehen und dabei meditative Versenkung erlangen. Dieses faszinierende Ritual wird **Sema** oder *Tanz der Derwische* genannt. 1924 ließ Atatürk den Orden verbieten, doch der Sema-Tanz lebte im Verborgenen fort und wird heute sogar vor Publikum aufgeführt. Bis zur Wiedereröffnung der Tekke findet der Derwisch-Tanz in der *Event Hall* des Sirkeci-Bahnhofs (Tel. 0212/458 88 34, Vorführungen Di, Do, Sa/So 19.30 Uhr, s. S. 76) statt.

Im hiesigen achteckigen Sema-Saal, ist auch das **Divan Edebiyati Müzesi** (Tel. 0212/245 41 41) untergebracht. Es ist dem Werk des Dichters und Mevlevi-Derwisches *Galip Dede* († 1799) gewidmet und präsentiert Schriften verschiedener Sufi-Dichter, Musikinstrumente, Gebetsteppiche und Koranausgaben. Die Türbe Dedes befindet sich auf dem kleinen Friedhof links vom Eingang.

44 Pera Müzesi
Pera-Museum

TOP TIPP

Qualitätvolle Kollektion mit aufschlussreichen Gemälden und kostbarer Keramik.

Meşrutiyet Cad. 65, Tepebaşı, Beyoğlu
Tel. 0212/334 99 00
www.peramuzesi.org.tr
Di–Sa 10–19, So 12–18 Uhr
Bus: 61B, 71T, 80T, 83, 87 usw.
(Haltestelle: Tepebaşı)

Der westlich der Istiklal Caddesi gelegene Teil Beyoğlus heißt heute *Tepebaşı* (Hügelkuppe), gehörte aber jahrhundertelang zu **Pera** (griech. gegenüber). In diesem Viertel ließen sich ab dem 19. Jh. viele ausländische Gesandte und Geschäftsleute nieder. Außerdem logierten hier die vornehmen Passagiere des Orient Express. Die prächtigen Stadtpaläste, Botschaftsgebäude und Hotels jener Epoche prägen noch heute das Straßenbild.

Bombiger Bau – der Galataturm wacht seit dem 14. Jh. über dem Goldenen Horn

An die Tage des Orient Express erinnert das gediegene Ambiente des Pera Palace Hotels

Einige der schönsten Bauwerke finden sich entlang der **Meşrutiyet Caddesi**, die gen Westen freien Blick auf das tiefer liegende Häusermeer zu beiden Seiten des Goldenen Horns bietet. Zu den Schmuckstücken der Straße zählt das frühere **Bristol Hotel**, das 1893 nach Plänen von *Achille Manoussos* erbaut wurde. 2002 ging der klassizistische Palast in den Besitz der *Suna und Inan Kıraç Stiftung* über und wurde 2005 mit neuem Glasaufbau als **Pera-Museum** eröffnet. Zu den Schätzen der Sammlung gehören über 300 *Gemälde* des 17.–19. Jh., die sich mit dem Orient und dem Osmanischen Reich beschäftigen, darunter eindrucksvolle Szenen des höfischen Lebens und herrliche Istanbuler Stadtansichten. Auch *Osman Hamdi Bey*, Maler, Museumsdirektor und Archäologe [s. S. 30], ist mit interessanten Bildern vertreten. Glanzstück der Schau ist sein entzückender ›Schildkrötenerzieher‹ von 1906. Man sieht den als Derwisch gewandeten Lehrmeister, ein Selbstporträt des Malers, in nachdenklicher Haltung über die kleinen Schüler gebeugt, welche mit Grünzeug dressiert werden sollen. Die Sufi-Flöte (*Ney*), wohl Teil des pädagogischen Programms, hat er fest im Griff, doch taktvoll hinter dem Rücken verborgen, als wolle er seine Schützlinge nicht unnötig verschrecken.

In die schöne Welt der Keramik führen Exponate aus den Werkstätten von *Kütahya*, einer südöstlich von Istanbul gelegenen Stadt. Die oberen Etagen bieten Platz für *Wechselausstellungen* zur internationalen Kunst des 20./21. Jh.

In der Meşrutiyet Caddesi steht auch das berühmte **Pera Palace Hotel** (Nr. 52, Tel. 0212/222 80 90, www.perapalace.com), das 1892 für die Passagiere des Orient Express errichtet wurde. Auch die britische Kriminalschriftstellerin *Agatha Christie* (1890–1976) logierte hier während ihrer Istanbul-Aufenthalte und soll in Zimmer 411 ihren mitreißenden Erfolgsroman ›Mord im Orient Express‹ (1943) verfasst haben.

Das nahe **Büyük Londra Oteli** (Nr. 117, www.londrahotel.net), 1892 unter dem Namen *Grand Hotel de Londres* eröffnet, ist zwar als Unterkunft nicht mehr erste Wahl, doch wegen seines in die Jahre gekommenen Charmes allemal einen Abstecher wert. Dieser Ansicht war auch *Fatih Akın*, Hamburger Regisseur türkischer Herkunft, der hier 2003/04 Szenen seines vielfach ausgezeichneten Spielfilms ›Gegen die Wand‹ drehte.

Preisrekord – der ›Schildkrötenerzieher‹ (Mitte) war dem Pera-Museum 3,5 Mio. Dollar wert

Paris, Rom, Mailand – die gediegene Shoppingmeile Istiklal Caddesi hat internationales Flair

45 Istiklal Caddesi
Straße der Unabhängigkeit

TOP TIPP *Die Prachtstraße mit ihrer herrlichen Jugendstilarchitektur lädt zum Shoppen, Bummeln und Einkehren ein.*

Tünel: Galata Meydanı
Tramvayi: Galata Meydanı, Galatasaray Lisesi, Taksim Meydanı
Bus, Metro, Funikular: Taksim Meydanı

Geschwungene Eingangsportale, Torgitter in Form von Blütenständen, Buntglasfenster mit floralen Ornamenten – nirgendwo sonst in Istanbul gibt es so viel **Jugendstil-Architektur** wie entlang der knapp 1,7 km langen Istiklal Caddesi. Die heutige Fußgängerzone wurde im 19. Jh. als **Grande Rue de Pera** angelegt. Schon damals säumten Botschaften, Hotels und vornehme Geschäfte die Straße, die mit ihrer Mischung aus europäischem und orientalischem Flair den Ruf Istanbuls als **›Paris des Ostens‹** begründete. 1923, nach Ernennung Ankaras zur neuen Hauptstadt, zogen die Botschaften und mit ihnen ein Teil der europäischen Bewohner Peras gen Osten. Heute säumen vor allem Kaufhäuser und Dependancen internationaler Modelabels die beliebte Flaniermeile. Außerdem findet man Kaffeehäuser und Bars, Kinos und Galerien. Wer nicht flanieren möchte, nimmt die hübsche alte Straßenbahn *Tramvayı*, welche vom **Galata Meydanı** über die Istiklal Caddesi bis zum Taksim Meydanı rattert.

Unweit des Galata Meydanı lädt auf der rechten Seite der Istiklal Caddesi die *Türk-alman Kitabevi* (Nr. 481, www.tak.com.tr), die Türkisch-Deutsche Buchhandlung, zum Besuch ein. Daneben ragt der siebenstöckige Jugendstilkomplex der **Botter Apartments** empor. Er wurde 1900 von *Raimondo d'Aronco*, einem Vorreiter des ›Stile liberty‹, des italienischen Jugendstils, errichtet.

Ein Stück weiter präsentiert das **Richmond Hotel** (www.richmondhotels.com.tr) eine gelungene Synthese aus einem Stadtpalast des 19. Jh. und einem modernen Glasanbau. Gegenüber lockt die **Lokanta Matriz Pastanesi**. An den gekachelten Wänden des Lokals prangen beschwingte Jugendstilallegorien von Frühling, Sommer, Herbst und Winter.

Rechter Hand folgt bald die 1772–89 von *Guglielmo Semprini* errichtete Franziskanerkirche **Santa Maria Draperis Kilisesi** (Tel. 02 12/244 02 43, Mo, Mi–Fr 10–12 und 14–18, So, Di 14–18 Uhr). In der Häuserzeile öffnet sich ein dreibogiger neoklassizistischer Torbau, hinter dem eine Treppe hinab zur Kirche führt. Von oben hat man einen exzellenten Blick auf das goldgrundige *Mosaik* mit dem Bild der Kirchenpatronin, das die schlichte Fassade über dem Marmorportal schmückt. Das *Innere* birgt ein bemaltes Tonnengewölbe (1874), schöne Glasmalereien und als größten Schatz am Hochaltar eine *Marienikone* aus dem 16. Jh.

Italienisch geprägt ist die nahe neogotische *St.-Antonius-Kathedrale*, **Sent Antuan Kilisesi** (Tel. 0212/2440935, www.sentantuan.com, Mo, Mi–Sa 8–19.30, Di 7–20, So/Fei 9–12 und 15–20 Uhr), ein roter Backsteinbau von *Giulio Mongeri* aus den Jahren 1906–12, der ein Stück von der Straße zurückgesetzt ist. Die würdevolle Fassade wird durch hohe Sandsteinportale, goldgrundige Mosaiken und Fensterrosetten strukturiert. Das Innere weist schöne Kreuzrippengewölbe auf.

Nach etwa der Hälfte der Strecke macht die Istiklal Caddesi einen leichten Knick nach rechts. An der Kreuzung mit der *Yeni Çarşı Caddesi* erhebt sich hinter einem bombastischen goldverzierten Schmiedeeisentor die **Galatasaray Lisesi** (Nr. 159). Das berühmte Elitegymnasium wurde 1868 als erste weiterführende Schule europäischen Zuschnitts im Osmanischen Reich eröffnet. Wenige Meter rechts den Hang hinunter erreicht man das Istanbuler *Goethe-Institut* (Yeni Çarşı Caddesi 32, www.goethe.de).

Schräg gegenüber vom Gymnasium zeigt ein gusseiserner Jugendstilbogen mit dem Schriftzug **Balık Pazarı** den Eingang zum *Fischmarkt* an. In der engen, teils glasüberdachten Gasse werden frischer Fisch und Meeresfrüchte angeboten, locken Restaurants mit Muschelgerichten und Dorade vom Grill. Ein Stichgang führt direkt in die von weiteren Restaurants gesäumte *Blumenpassage*. Stilvoller betritt man die **Çiçek Pasajı**, in der schon lange keine Blumen mehr verkauft werden, durch den Haupteingang an der Istiklal Caddesi. Dieser wird von floralen Stuckornamenten gerahmt und von geblümten Buntglasfenstern bekrönt. Ein Vergnügen anderer Art ist beim **Eisstand** gegenüber geboten. Das bezieht sich zum einen auf das leckere türkische Eis, *Dondurma*, zum anderen auf die kabarettistischen Einlagen der Verkäufer.

Orhan Pamuk und das ›Museum der Unschuld‹

Der aus dem Istanbuler Bildungsbürgertum stammende **Orhan Pamuk** (geb. 1952) ist einer der erfolgreichsten Schriftsteller der Türkei. In seiner Prosa verbindet er die europäischen Erzähltraditionen mit der mystischen Sufidichtung. Auch seine Romanhelden wandeln zwischen den Lebenswelten von Orient und Okzident. Sein Romandebüt gab er 1982, mittlerweile sind Werke wie ›Das schwarze Buch‹ (1990), ›Schnee‹ (2002) oder ›Istanbul‹ (2006) Bestseller und wurden in 35 Sprachen übersetzt. Ein weiterer Glanzpunkt seiner Laufbahn war die Verleihung des **Literaturnobelpreises** im Jahr 2006.

Orhan Pamuk widmet sich zudem seit über zehn Jahren einem außergewöhnlichen Kunstprojekt: dem ›**Museum der Unschuld**‹. Einerseits Titel seines 2008 erschienenen Romans, ist es zugleich Name einer Installation in einem Istanbuler Eckhaus (Çukurcuma Caddesi). Der Roman erzählt die tragische Liebesgeschichte zwischen dem aus besseren Kreisen stammenden Kemal und der in ärmlichen Verhältnissen aufgewachsenen Füsun. Da dieser Standesunterschied eine Hochzeit im Istanbul der 1970er-Jahre unmöglich macht, huldigt Kemal seiner Angebeteten aus der Ferne. Über Jahre hinweg besucht er sie zwar regelmäßig bei ihren Eltern, dabei sind aber nur Blicke erlaubt. Langsam entwickelt er einen Fetisch für Dinge, die Füsun einst berührte. Er plant sogar ein ›Museum der Unschuld‹, in dem er all diese Gegenstände zeigen kann. Im letzten Kapitel kommt es zu einer spektakulären Wende: Kemal bittet bei einem Treffen den Schriftsteller Orhan Pamuk einen **Ausstellungskatalog** anzulegen. Damit schlägt der Autor eine kühne Brücke zwischen Fiktion und Realität.

Denn tatsächlich erwarb Orhan Pamuk auf türkischen Flohmärkten all jene Gegenstände, die er anschließend in seinem Buch verewigte. Diese sind ab 2011 im ›Museum der Unschuld‹ zu sehen: das Sommerkleid der Romanheldin, ihr Dreirad aus Kindertagen oder eine Quittenreibe. Jedem der **83 Buchkapitel** wird dann ein kleiner Ausstellungsbereich mit Exponaten gewidmet sein. Zugleich soll der Besucher einen informativen Einblick in die türkische Alltagskultur erhalten. Mit dem Roman in der Hand kann die Entdeckungsreise beginnen.

Große Gesten am Taksim Meydanı – das Atatürk gewidmete Denkmal der Republik und das Hochhaushotel The Marmara

Hinter der Blumenpassage wandelt sich die Istiklal Caddesi zum Zentrum des **Nachtlebens**. In zahlreichen *Lokantas* und *Hans* trifft man sich am Abend zum Essen, dann zieht man weiter in die nahen Cafés, Bars und Diskotheken.

Einen besinnlichen Kontrapunkt zum Trubel setzt am Ende der Istiklal Caddesi, in der rechts abzweigenden Meşelik Sokak, die 1800 vollendete griechisch-orthodoxe **Aya Triada Kilisesi** (griech. Hagia Triada, Tel. 02 12/244 13 58, So 9–12 Uhr und an allen Osterfeiertagen). Die imposante weiße *Basilika zur Heiligen Dreifaltigkeit* besitzt zwei Glockentürme und birgt unter ihrer imposanten Kuppel mit liebevoll gemaltem Sternenhimmel fein gearbeitete Figuren von Aposteln, Heiligen und Engeln. Kostbare Ikonen schmücken die Wände vor der raumhohen, gold- und silberglänzenden Ikonostase.

Schon fast am Taksim Platz residiert in einem Gebäudekomplex von 1898 das *Französische Generalkonsulat*, **Fransa Başkonsolosluğu**, samt Kulturzentrum (Nr. 4, Tel. 02 12/393 81 11, www.infist.org), Sprachschule, dem Institut für Anatolien-Studien und einem angesagten Café. Ein Uhrturm akzentuiert den lang gestreckten Baukörper mit seinem nur wenig vorspringenden Mittelrisalit.

46 Taksim Meydanı
Taksim-Platz

Der geschäftig-moderne Stadtraum steht ganz im Zeichen Atatürks.

Bus, Metro, Funikular,
Tramvayi: Taksim Meydanı

Taksim heißt Verteiler, und das trifft die verkehrstechnische Funktion des großen Platzes genau, an dem die Metro, zahlreiche Buslinien sowie die von Kabataş kommende *Funikular*, die unterirdische Standseilbahn, halten. Dabei rührt der Name von einem Wasserverteiler, dem **Taksim Maksemi**, der 1732/33 als erstes Bauwerk in dieser Gegend entstand. Der kleine achteckige Bau mit Zeltdach markiert das Ende der Istiklal Caddesi.

Die begrünte Platzmitte beherrscht das 1928 errichtete **Cumhuriyet Anıtı**, das *Denkmal der Republik* (auch Istiklal Anıtı, Unabhängigkeitsdenkmal). Es erinnert an den *Unabhängigkeitskampf* Mustafa Kemals [s. S. 96], der 1923 mit der Ausrufung der Türkischen Republik sein Ziel erreichte. Aus dem eleganten Triumphbogen auf hohem Sockel, ein Werk *Giulio Mongeris*, drängen *Pietro Canonicas* stolz und würdevoll posierende Bronzefiguren. Auf der einen Seite gewahrt man

Atatürk – Nationalheld und Staatsgründer

Der Gründer der Türkischen Republik, **Mustafa Kemal Atatürk** (1881–1938), ist in seinem Land noch heute allgegenwärtig: Boulevards sind nach ihm benannt, Denkmäler zieren Plätze und Parkanlagen, sein Konterfei grüßt von Hauswänden und aus Schaufenstern.

Geboren wurde er in Thessaloniki als Sohn des osmanischen Beamten Ali Riza und seiner Frau Zübeyde. Schon in seiner Heimatstadt besuchte er eine Militärschule, in Istanbul absolvierte er die **Osmanische Militärakademie** und machte dort 1905 seinen Abschluss. Zwei Jahre später schloss sich Mustafa Kemal den **Jungtürken** an, die eine Reform des Osmanischen Reiches und eine Wiedereinführung der liberalen Verfassung von 1876 forderten. Mit ihrer erfolgreichen **Revolution** von 1908/09 wurde die Verfassung wieder eingesetzt. *Sultan Abdülhamid II.* zwang man zur Abdankung zugunsten seines politisch unerfahrenen Bruders *Mehmed V.*

Militärisch machte Kemal Karriere, als die Türkei an der Seite des Deutschen Reiches im Ersten Weltkrieg kämpfte. 1915/16 befehligte er zusammen mit dem deutschen Offizierskollegen *Otto Liman von Sanders* türkische Einheiten beim **Gallipoli-Hügel** in Sichtweite der Dardanellen. Entgegen aller Erwartungen hielten er und seine Soldaten die für die Verteidigung Istanbuls wichtige Stellung gegen Briten, Franzosen, Australier und Neuseeländer. Fortan wurde Mustafa Kemal als **Kriegsheld** verehrt. Am Ausgang des Krieges änderte ›Gallipoli‹ jedoch nichts. Das Osmanische Reich kapitulierte, die Siegermächte marschierten in Istanbul ein und teilten das Osmanische Reich unter Federführung Großbritanniens und Frankreichs auf. Sie sahen lediglich einen *türkischen Reststaat* in Anatolien vor, dagegen organisierte Kemal militärischen Widerstand. Auftakt der **Befreiungskämpfe** war 1919 die Landung der Kemalisten in der Schwarzmeerstadt Samsun. Schon 1920 trat in Ankara die erste Große Nationalversammlung zusammen. Mustafa Kemal wurde Präsident. 1923, ein Jahr nach Abschaffung des Sultanats, vertrieb er mit sowjetischer Unterstützung die Invasoren aus dem Land. Im **Frieden von Lausanne** erkannten die Westmächte die Unabhängigkeit und Souveränität der Türkei an. Die Kemalisten übernahmen im Gegenzug die Schulden des Osmanischen Reiches. Im Oktober rief Mustafa Kemal die **Türkische Republik** mit neuer Hauptstadt Ankara aus und wurde als ihr erster Präsident bestätigt. Der junge Staat allerdings war wirtschaftlich ruiniert und die Bevölkerung bitterarm.

Es war Mustafa Kemals großes Verdienst als Präsident, dass er unverzüglich ein **Reformpaket** in Angriff nahm, mit dem Ziel, die agrarisch geprägte Türkei grundlegend zu modernisieren. Dazu trennte er Staat und Religion, führte ein staatliches Schulwesen und die allgemeine Schulpflicht ein, proklamierte die Gleichstellung von Mann und Frau, ließ osmanische Kleidung und religiöse Orden verbieten. 1928 ersetzte er die arabische Schrift durch die lateinische, 1934 führte er sowohl das Frauenwahlrecht als auch Familiennamen ein. Aus diesem Anlass verlieh ihm das türkische Parlament den Ehrennamen **Atatürk**, Vater der Türken.

Mustafa Kemal Atatürk starb als hoch verehrter Landesvater am 10. November 1938 im Dolmabahçe-Palast in Istanbul und wurde in einem Mausoleum in Ankara beigesetzt.

Der **Kemalismus**, der sich an der Politik Atatürks orientierte, avancierte in Folge zur Staatsräson der Türkei.

den General Mustafa Kemal im Kreise seiner uniformierten Mitstreiter, auf der anderen Seite umringen die Mitbegründer der Republik den Präsidenten Kemal, der 1934 den Ehrentitel *Atatürk*, Vater der Türken, verliehen bekam. Die in Zivilkleidung gewandeten Politiker erscheinen frisch und zuversichtlich.

Das höchste Gebäude am verkehrsumtosten Taksim Meydanı ist das 20-stöckige **The Marmara Istanbul** (www.themarmarahotels.com). Das Luxushotel aus den 1960er-Jahren bietet herrliche Ausblicke vom *Panorama Restaurant* oder der *Tepe Lounge*. An der Ostseite des Platzes lagert der breite Quader des 1969 eröffneten **Atatürk Kültür Merkezi (AKM)**. Das größte Kulturzentrum Istanbuls beherbergt mehrere Konzertsäle, Galerien, ein Kino und zwei Theater, eines davon mit 1300 Sitzplätzen. Mittlerweile in die Jahre gekommen, wird es den Ansprüchen des heutigen Kulturbetriebs nicht mehr gerecht. 2011 entscheidet sich, ob es umgebaut oder abgerissen werden soll.

Nordöstlich beginnt der **Taksim Parkı**, der sich entlang der in die Nobelviertel Harbiye, Nişantaşı und Şişli führenden *Cumhuriyet Caddesi* erstreckt. Der Park war früher Kasernengelände, heute liegen hier die Istanbul Teknik Üniversitet und Hotels wie das Divan Oteli, das Ceylan Intercontinental oder das Hyatt Regency. Von der *Taşkişla Caddesi*, hinter dem ebenfalls hier angesiedelten Hilton, gleitet eine kleine **Teleferik**, eine Kabinen-Seilbahn, zum gegenüberliegenden Osthang (*Abki Ipekçi Caddesi*).

Atatürk, der Vater der Türken, im Kreise der Mitbegründer der modernen Republik am Denkmal auf dem Taksim-Platz

47 Askeri Müze
Militärmuseum

Von Pauken und Panzern, Flakgeschützen und Flöten.

Vali Konağı Caddesi, Harbiye
Tel. 02 12/233 27 20
Mi–So 9–17 Uhr, Auftritt der Mehter-Kapelle Mi–So 15 und 15.30 Uhr
Bus: ab Taksim 48N, 54C, 54HS, 54HT, 54K, 54KT, 54ÖR, 202, 256, DT1, DT2, ab Eminönü 46C, 54E, 66, 70FE, 70KE, 74, 74A (Haltestelle: Harbiye)
Metro: Osmanbey-Pangaltı

In den Jahren 1899–1905, als die Vierflügelanlage in der Nordwestecke des Taksim Parkı noch die **Osmanische Militär-**

Das Militärmuseum bringt die zünftige Mehter-Musik der Janitscharen zu Gehör

Yıldız Sarayı – Sultans Sternenpalast mit bühnenhaft inszenierter Prachtfassade

akademie *(Harbiye)* beherbergte, erlernte hier kein Geringerer als Mustafa Kemal das Militärhandwerk. Der Ziegelbau von 1841 erhielt seine heutige Gestalt nach einem Brand im Jahr 1862, die Militärakademie bestand bis 1936. Das 1993 eröffnete Militärmuseum beleuchtet die Geschichte der Türkei seit den Tagen *Sultan Mehmeds II. Fatih* aus Feldherrensicht. Ein monumentales Schlachtenpanorama schildert anschaulich und mit entsprechender Audiokulisse die Eroberung Konstantinopels im Jahr 1453. Neben historischen Schlachtengemälden sieht man mittelalterliche Rüstungen und Schwerter, Sultansgewänder und Uniformen sowie ein Stück der eisernen Kette [s. S. 31], die einst die Zufahrt zum Goldenen Horn versperrte.

Das Museum pflegt auch die Tradition der **Mehter Müzik**, der wilden Marschmusik der Janitscharen, die ihre Inspiration aus Schlachtenlärm zog. Auch nach der Auflösung der Janitscharen-Truppen 1826 begleiteten noch Mehter-Kapellen die Soldaten in den Krieg. Heute treten zweimal täglich etwa 50 Musiker in historischen Uniformen im *Mehter Konseri*, dem Freilufttheater des Museums, auf und spielen mit großer Hingabe auf Zimbeln (Çevgan), Kegeloboen (Zurna) und Trommeln, den kleineren Hand- oder Rahmentrommeln (Nakkares), den größeren Basstrommeln (Davul) und schließlich den gewaltigen Kesselpauken (Kös).

48 Ihlamur Kasrı
Lindenpavillon

TOP TIPP *Kunstvoll verziertes Lustschlösschen des Neobarock.*

Ihlamur Teşvikiye Yolu, Nişantaşı/Şişli
Tel. 02 12/259 50 86
Di/Mi, Fr–So 9.30–17 Uhr
Bus: ab Taksim 43, ab Eminönü 26, 26A (Haltestelle: Ihlamur)

Im Tal zwischen zwei steilen Hügeln, die noch im 19. Jh. von Wald und Weinbergen bedeckt waren, ließ *Sultan Abdülmecid I.* einen **Sommerpavillon** errichten, das Ihlamur Kasrı (1849–55), das heute allerdings in der Schleife einer breiten, verkehrsreichen Straße liegt. *Nikoğos Balyan* schuf dieses neobarocke Kleinod auf hohem Marmorsockel. Über der doppelläufigen Freitreppe prangt die Fassade im edlen Schmuck der Säulen, Blumenvasen, Fruchtgirlanden, Wappen und Ziergitter. Im *Inneren* setzt sich der Überschwang mit exquisit stuckierten Decken und Wänden sowie hohen, goldgerahmten Spiegeln fort. Edle Möbel, schwere Vorhänge und kostbare Teppiche komplettieren das fürstliche Ambiente.

Zum Anwesen gehören noch zwei größere, bescheidener ausgestattete Gebäude für Harem, Gefolge und Gäste, der **Merasim Köşkü** und der **Maiyet Köşkü**. Letzterer befindet sich rechts vom Eingangstor und beherbergt eine *Kafeterya*. Im Sommer kann man hier schön im Freien sitzen, mit Blick auf den **Garten**, ein Überbeibsel des Jagdreviers der Sultane.

49 Yıldız Sarayı
Yıldız-Palast

Der klassisch-elegante Lieblingspalast von Sultan Abdülhamid II.

Yıldız Caddesi (im Nordwesten des Yıldız Parkı)
Tel. 02 12/259 89 77
Di/Mi, Fr–So 9.30–16.30 Uhr
Bus: ab Taksim 43, ab Eminönü 26, 26A (Haltestelle: Ihlamur), dann 15 Min. Fußweg

Auf einer Anhöhe im Nordwesten des *Yıldız-Parks* [s. S. 106] ließen die Sultane des 19. und 20. Jh. den Yıldız Sarayı, den Sternenpalast, errichten, der aus dem ummauerten Hauptpalais und den im Park verstreuten Pavillons und Kiosken bestand. Vor allem *Sultan Abdülhamid II.* (reg. 1876–1909) bevorzugte ab 1877 den Yıldız-Palast als Residenz. Er lebte in beständiger Angst vor einem Staatsstreich oder Mordanschlag und fühlte sich hier sicherer als im Dolmabahçe-Palast am Bosporus. Zu den von ihm in Auftrag gegebenen Bauten gehörten eine *Menagerie* und ein kleines *Privattheater*. Zugänglich ist heute der Hauptpalast mit seinen zwei Museen. Das Bauwerk selbst begeistert durch seine an der Antike geschulte, kühle Formensprache, einer Fassade mit eleganten Pilastern, stark profilierten Rundbogenfenstern, vielformig reliefiertem Gebälk und vornehmen Balustraden. Im *Silahane*-Trakt rechts zeigt das kleine Stadtmuseum *Şehir Müzesi* auf zwei Etagen Kalligraphien, Glas, Porzellan und Gemälde der Zeit um 1900. Linker Hand im *Marangozhane*-Trakt präsentiert das *Yıldız Sarayı Müze* zunächst die Originalausstattung, darunter Möbel, Kachelöfen und Porzellan. Anschließend durchschreitet man Empfangssalon, Speisesaal, Bad und Konferenzraum Sultan Abdülhamids. Geradezu rührend wirkt die kleine Werkstatt (*Marangozhane*), in welcher der Sultan bei Gelegenheit seinem erlernten Beruf als Schreiner nachging.

Wie eine Rokoko-Puppenstube – das hübsche Hoftheater des Yıldız Sarayı

Vom Yıldız Sarayı besteht kein direkter Zugang zum Yıldız Parkı. Die weitläufige Parkanlage besitzt drei Eingänge, den Haupteingang erreicht man am besten über die Çırağan Caddesi.

Außen Klassik, innen Rokoko – der Yıldız Sarayı im Wohndesign europäischer Schlösser

Das europäische Bosporusufer – Paläste und Moscheen an Istanbuls romantischer Wasserstraße

Der Bosporus, die Wasserstraße zwischen *Marmarameer* im Süden und *Schwarzem Meer* im Norden, heißt auf Türkisch **Boğaz**. Westlich der 30 km langen Meerenge liegt **Europa**, östlich **Asien**. An ihrer schmalsten Stelle, bei der zwischen den beiden Bosporusbrücken *Boğaziçi Köprüsü* und *Fatih Sultan Mehmed Köprüsü* gelegenen Ortschaft Bebek, ist sie 660 m breit, doch weiter nördlich weitet sie sich bei Yeniköy auf über 2,5 km. Hüben wie drüben säumen steile Hügel mit Palästen, Burgen und Dörfern die Wasserstraße – ein beeindruckendes **Landschaftspanorama**. Auf der europäischen Seite folgt ab der Galatabrücke eine Uferstraße dem Lauf des Bosporus stadtauswärts. An ihr reihen sich in den Stadtvierteln *Beyoğlu*, *Kabataş*, *Beşiktaş*, *Çırağan* und *Ortaköy* zahlreiche Sehenswürdigkeiten aneinander. Darunter sind viele Moscheen im Stil des *Osmanischen Barock*, von der **Nusretiye Camii** über die **Dolmabahçe Camii** bis zur **Ortaköy Camii** am Hafenbecken kurz vor der ersten Bosporusbrücke. Auch Paläste gibt es hier, denn die Sultane ließen sich gerne an den kühlen Wassern des Bosporus nieder. Die prunkvolle Residenz **Dolmabahçe Sarayı**, die Mitte des 19. Jh. unter Abdülhamid II. errichtet wurde, bietet eine wahrlich überbordende Innenausstattung von böhmischen Kristalllüstern bis zu kostbaren türkischen Seidenteppichen. Und was der Sultan zusammengetragen hatte, mochte sein Nachfolger im Palast, der erste türkische Staatspräsident *Mustafa Kemal Atatürk*, im 20. Jh. nicht auseinanderreißen. So blieb der Bau unverändert, der ›Vater der Türken‹ arbeitete und starb in den Prachträumen. Sehr repräsentativ gibt sich auch der *Çırağan Sarayı,* ein weiterer opulent ausgestatteter Sultanspalast am Bosporusufer. Die gediegenen Räumlichkeiten im europäisierten Stil des

Kontrastreiche Szene am Bosporus: die Barockmoschee Nusretiye Camii und der Kunsttempel Istanbul Modern Sanat Müzesi

19. Jh. bilden heute den noblen Rahmen für das exklusive **Çırağan Palace Kempinski** im Grünen und mit Blick aufs Wasser. Vom Fähranleger in **Kabataş** kann man schöne Bootsausflüge unternehmen. Beliebte Ziele sind die im Marmarameer etwa 20 km südöstlich der Istanbuler City gelegenen **Prinzeninseln**. Hier wandelt man im Schatten kühler Kiefernwälder und genießt frische Meeresfrüchte in einem der Fischlokale. Geradezu ein Muss ist eine Bosporusfahrt Richtung Norden bis zum Schwarzen Meer. Unterbrechen kann man die Fahrt für eine Besichtigung der Festung **Rumeli Hisarı** kurz vor der zweiten Bosporusbrücke oder für einen Spaziergang entlang der *Uferpromenade* von **Bebek**. Bei *Anadolu Kavağı*, der auf asiatischer Seite gelegenen Endstation, locken die Ruine einer byzantinischen Festung mit wundervollem Fernblick und am Hafen erstklassige Fischrestaurants.

50 Nusretiye Camii
Siegesmoschee

Mit dem Bau der Moschee erinnerte Sultan Mahmud II. an die Zerschlagung der Janitscharen.

Necatibey Caddesi, Tophane-Beyoğlu
Bus: ab Eminönü 26, 26A, 26B, 28, 28T, 30D, 70KE, 325YK1 (Haltestelle: Tophane)
Straßenbahn: Tophane

Am Bosporusufer, ganz in der Nähe des Kais für die großen Kreuzfahrtschiffe, befinden sich zwei sehenswerte Moscheen. Von der Galatabrücke kommend, erreicht man zunächst rechter Hand die **Kılıç Ali Paşa Camii**, ein 1580 im Auftrag des Großadmirals Kılıç Ali Paşa entstandenes Spätwerk Sinans. Sowohl im Grund- als auch im Aufriss präsentiert sich der kleine Sakralbau als Nachbildung der Hagia Sophia. Der Innenraum wirkt etwas düster, besticht aber durch seinen kachelverkleideten Mihrab mit schöner Kalligraphie.

Die **Nusretiye Camii** nur wenige Hundert Meter weiter überrascht durch ihre

doppelläufige Freitreppe und Veranda, eher untypische Elemente für eine Moschee. 1826 beauftragte *Sultan Mahmud II.* den Armenier *Krikor Amira Balyan* (1764–1831), Begründer des **Osmanischen Barock**, mit der Errichtung. Dieser schuf zwar eine typische *Kuppelmoschee*, doch fügte er Elemente des europäischen Barock hinzu. Die vier Ecktürme etwa besitzen glockenförmige Helmaufsätze. Den sonst üblichen großen Vorhof ersetzte er durch einen kleinen Nebenhof im Nordosten. Dem ›*Reformsultan*‹ haben diese Neuerungen wohl gefallen, immerhin sollte seine Siegesmoschee daran erinnern, dass Mahmud II. die alten Janitscharen-Truppen zerschlagen hatte, um eine neue Armee nach europäischem Vorbild zu installieren [s. S. 15, 48].

Der quadratische Gebetsraum unter der opulent ornamentierten **Kuppel** wird von zahlreichen Rundbogenfenstern im Kuppeltambour und in den Schildwänden beleuchtet, welche auch durch ihr üppiges Rahmendekor ins Auge fallen. Ein Schmuckstück ist ferner die in der zweiten Fensterzone der Südwestwand eingepasste **Sultansloge** mit ihren feinziselierten Bronzegittern und Palmetten-Akroteren. *Minbar* und *Mihrab* in der Südostecke bestehen aus weißem Marmor und sind mit Blumen und Girlanden verziert. Der auf Geschosshöhe umlaufende Fries mit Koraninschriften stammt vom berühmten Kalligraphen *Mustafa Rakim* (1757–1826).

51 Istanbul Modern Sanat Müzesi
Istanbul Museum für Moderne Kunst

Türkische Kunst vom Ende des Osmanischen Reiches bis in die Gegenwart.

Meclis-i Mebusan Caddesi, Liman İşletmeleri Sahası, Antrepo 4, Karaköy
Tel. 02 12/334 73 00
Di–So 10–18, Do 10–20 Uhr
www.istanbulmodern.org
Straßenbahn: Tophane

In einem früheren Lagerhaus am Bosporusufer gleich hinter der Nusretiye Camii wurde 2004 das Istanbul Museum für Moderne Kunst eröffnet. Auf 8000 m² präsentiert es **Malerei** und **Skulptur** des 19.–21. Jh. Den Grundstock bildet die umfangreiche Sammlung des Industriellen *Bülent Ezcacıbaşı*. Die Arbeiten von *Kemal Önsoys, Arif Kaptan* und anderen türkischen Kreativen spiegeln die heimischen Kunsttraditionen ebenso wider wie die Auseinandersetzung mit der internationalen Moderne. Das Untergeschoss bietet Raum für aktuelle Wechselausstellungen und Präsentationen aus der hiesigen **Fotografie-Abteilung**. Auch das **Print- und Filmarchiv** ist gut bestückt, mitunter werden im Kinosaal Filme gezeigt. Das minimalistisch gestylte *Museumscafé* bietet sich für eine Pause mit Bosporusblick an, falls nicht gerade ein Kreuzfahrtschiff die Sicht versperrt.

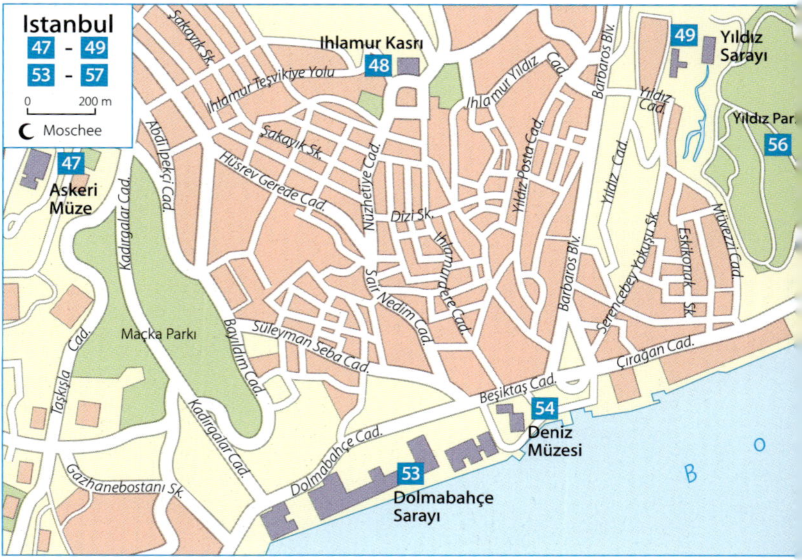

Scharfe Farbsignale – Skulpturen-Schau zwischen Abstraktion und Minimalismus mit Arbeiten der Künstlerin Seyhun Topuz im Istanbul Modern Sanat Müzesi

Das weiter nördlich gelegene Wohnviertel **Kabataş** ist für Touristen als Verkehrsknotenpunkt von Interesse. Am stets von zahllosen Passanten belebten Kai mit seinen Fischbrötchenverkäufern legen die Ausflugsboote zu den *Prinzeninseln* [s. S. 107] ab, aber auch die Fähren nach Karaköy und Üsküdar auf der asiatischen Seite und die Zubringerboote zum *Mädchenturm* [s. S. 114]. Vom Taksim-Platz erreicht man Kabataş mit der unterirdischen Standseilbahn *Funikular*.

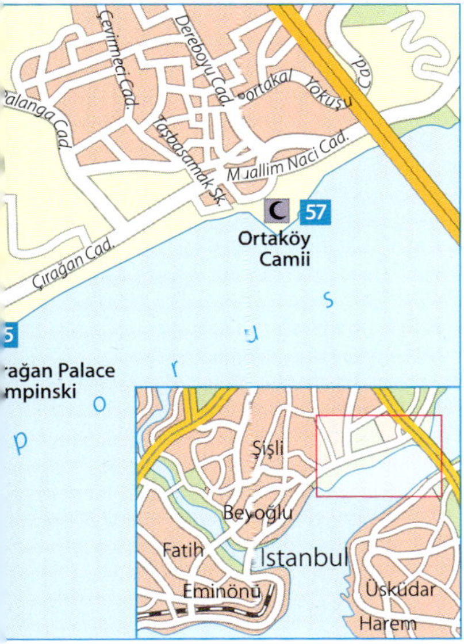

52 Dolmabahçe Camii
Dolmabahçe-Moschee

Üppige Barockmoschee am Ufer des Bosporus.

Meclis-i Mebusan Caddesi, Kabataş
Bus: ab Kabataş 25E, ab Taksim 40, 112 (Haltestelle: Akaretler)
Straßenbahn: Kabataş

Die kleine Dolmabahçe Camii, die mit ihren beiden schlanken Minaretten unmittelbar am Ufer des Bosporus aufragt, ist ein schönes Beispiel für den *Osmanischen Barock*. Sie wurde 1853–55 im Auftrag von *Bezmialem Valide*, der Mutter Sultan Abdülmecids I., geschaffen. Den hohen quadratischen Baukörper zieren große, im Bogen angeordnete Fenster, die viel Licht in den mit klaren, geometrischen Mustern geschmückten Gebetsraum lassen. Die vier Eckpfeiler des Außenbaus sind in barocker Manier mit Lisenen, Säulchen, Vasen, Voluten und eleganten Turmhauben geschmückt, ein *Markenzeichen* der Baumeister, das auch am nahen Uhrturm des Dolmabahçe-Palastes wiederkehrt.

Diese Verwandtschaft ist nicht verwunderlich, denn beide Bauwerke wurden von *Garabet Balyan* und seinem Sohn *Nikoğos* entworfen, Mitgliedern einer bedeutenden armenischen Architektenfamilie. Garabets Vater war übrigens Krikor Amira Balyan [s. S. 102], der Begründer des Osmanischen Barock.

Europäisches von Kitsch bis Klassik – Portikus und Schwanenbrunnen des Dolmabahçe Sarayı

53 Dolmabahçe Sarayı
Dolmabahçe-Palast

TOP TIPP

Überschwänglich-pompöse Sultansresidenz im osmanisch-europäischen Stil des 19. Jh.

Dolmabahçe Caddesi, Kabataş
Tel. 02 12/236 90 00
www.dolmabahce.gov.tr
Führungen Di/Mi und Fr–So 9–16 Uhr
Bus: ab Kabataş 25E (Haltestelle: Akaretler), ab Taksim 40, 112 (Haltestelle: Akaretler oder Inönü Stadı)
Straßenbahn: Kabataş

Mitte des 19. Jh. erschien *Sultan Abdülmecid I.* (1823–1861) der Topkapı Sarayı als Herrschersitz nicht mehr zeitgemäß. Daher ließ er am Bosporus einen Palast nach europäischem Vorbild errichten. Die Bezeichnung *Dolma bahçe* (aufgeschüttete Gärten) erinnert daran, dass Ahmet I. im 17. Jh. die hiesige verlandete Bucht zum Standort eines Sommerpalais gewählt hatte. Nachdem dieses 1840 abgebrannt war, gab Abdülmecid den Startschuss für sein gewaltiges Bauprojekt.

Die L-förmige Palastanlage im Stil des Neobarock und Neoklassizismus wurde 1842–56 nach Plänen von *Garabet* und *Nikoğos Balyan* konstruiert. Hinter der 600 m langen *Prunkfassade* am Bosporus liegen 285 Räume und 46 Salons. Für die orientalisch-opulente *Innenausstattung* wurden allein 14 t Gold und 40 t Silber verarbeitet, der Marmor für die Bäder kam aus Ägypten, das Mobiliar wurde aus Frankreich und Belgien importiert. Filigrane Intarsien bedecken Wände und Böden, allenthalben prangen feinste Seidenteppiche. Mit der *Baufinanzierung* jedoch hatte sich der Sultan gewaltig übernommen, und 1876 folgte der Staatsbankrott. Gleichwohl, bis zum Ende des Osmanischen Reiches blieb der Dolmabahçe Sarayı die Hauptresidenz der Sultane. Später zog *Mustafa Kemal Atatürk* (1881–1938), der Gründer der Türkischen Republik, hier ein.

Zwei Führungen erschließen den Palast. Der Rundgang durch den **Haremsflügel** *Harem-i Hümayun* im rückwärtigen Teil geht durch die Schlafgemächer des Sultans und seiner Frauen, das Empfangszimmer der Valide Sultan – und in das *Sterbezimmer Atatürks*, wo der Präsident und Nationalheld am 10. November 1938 verschied.

Architektonisch eindrucksvoller ist die **Selamlık-Tour** durch die Repräsentationsräume des *Mabeyn-i Hümayun*. Zunächst betritt man die große *Eingangshalle*, deren Fenstertüren sich zum Bosporus und zum Garten öffnen. Durch einige Arbeitsräume gelangt man zur grandiosen doppelläufigen *Prunktreppe*, deren Geländer aus Kristall gefertigt sind. Im Obergeschoss reihen sich die *Süfera-Halle* für offizielle Empfänge, private Salons unterschiedlicher Größe sowie Arbeitsräume aneinander, einer kostbarer ausgestattet als der andere. Glanzpunkt des Palastes ist der doppelgeschossige *Muayede-Festsaal* mit seiner von 56 Säulen getragenen Galerie. Schwindel erregend schöne Fantasiearchitekturen gewahrt man beim Blick in die 36 m hohe *Kuppel* mit ihren illusionistischen Malereien. Superlativ ist auch das Geschenk Queen Victorias, ein 4500 kg schwerer *Kristalllüster* aus geschliffenem böhmischen Glas mit 750 Lichtern.

Anschließend schlendert man durch den hübschen, einst wesentlich ausgedehnteren **Garten** mit dem süßlich-verspielten *Schwanenbrunnen*. Sehenswert sind auch die von Soldaten bewachten Tore, die *Prunkportale* auf der Bosporusseite und das imposante *Sultanstor*, welches als Haupteingang des Dolmabahçe Sarayı fungierte. Unweit des gleichfalls repräsentativen *Schatztores* mit Blick auf die Dolmabahçe-Moschee [s. S. 103] erhebt sich der bereits erwähnte üppig barockisierte *Uhrturm* aus den 1870er-Jahren.

54 Deniz Müzesi
Meeres- und Marinemuseum

Die maritime Geschichte Istanbuls und das Grab des berühmten Seeräuber-Admirals Barbaros Hayreddin.

Hayreddin Paşa Iskelesi Sokak, Beşiktaş
Tel. 0212/327 43 45
Mi–So 9–17 Uhr
www.denizmuzeleri.tsk.tr
Bus: ab Taksim 25T, 40, 42T, 110, 112, 129T, DT1, DT2, ab Eminönü 28, 325YK1

Zwischen dem Dolmabahçe Sarayı und dem Fähranleger von Beşiktaş breitet das Deniz Müzesi, das *Meeres- und Marinemuseum*, seine Schätze aus. Alte Seekarten und Navigationsinstrumente, Marineuniformen, Waffen und Gemälde, Galionsfiguren und Schiffsmodelle. Erbaulich sind auch die mit raffinierten Schnitzereien garnierten **Prunkbarken** des 19. Jh., mit denen die Sultansfamilien Ausflüge auf dem Bosporus unternahmen.

Vor dem Museum steht die achteckige *Türbe von Barbaros Hayreddin* (geöffnet 4. April, 1. Juli). Unter Sultan Süleyman I. dem Prächtigen war der Pirat (1466–1546) zum Flottenadmiral aufgestiegen und eroberte Algerien und Tunis. Ihm zu Ehren entwarfen *Zühtü Müridoğlu* und *Ali Hadi Bara* 1942 das martialisch wirkende *Bronzedenkmal,* das den Platz zwischen Museum und Busbahnhof dominiert.

Sinnenbetörend-rauschhaft wie eine Wagner-Oper – die Prunktreppe des Dolmabahçe Sarayı

Dem Sultan würde es hier vortrefflich gefallen – Nobelhotel Çırağan Palace Kempinski

55 Çırağan Palace Kempinski
Çırağan Sarayı

Stilvolle Herberge im einstigen Sultanspalast am Bosporus.

Çırağan Caddesi 32, Beşiktaş
Tel. 02 12/326 46 46
www.kempinski.com
Bus: ab Taksim 25E, 40, 40T, 42T, DT1, DT2, ab Kabataş 22, 22RE, 25E, ab Eminönü 30D (Haltestelle Çırağan)

Östlich vom Dolmabahçe Sarayı ließ *Sultan Abdülaziz I.* (1830–1876) von *Nikoğos Balyan* einen Prunkpalast errichten. Hier hatten schon mehrere Schlösser gestanden, waren aber aus Herrscherlaunen immer wieder abgerissen worden. Der 1872 vollendete Çırağan Sarayı brachte seinen Bewohnern kein Glück. Bereits zwei Jahre nach Fertigstellung starb Abdülaziz in seiner neuen Residenz. Nicht viel besser erging es seinem Neffen Murad V., der nach nur drei Monaten als Sultan die Jahre 1876/77 im Çırağan-Palast unter Hausarrest verbringen musste, gefolgt von langer Gefangenschaft im Malta Köşkü [s. S. 107]. 1909 tagte hier zunächst das türkische Parlament, doch 1910 zerstörte ein *Brand* die Anlage, nur die Außenmauern blieben erhalten.

Heute bietet der Çırağan Sarayı ein Bild gediegener Wohnkultur, eine bezaubernde Melange aus europäischem Neoklassizismus und osmanischer Bauornamentik an Portalen, Säulen und Maßwerkfenstern. Der Wiederaufbau führte die fulminanten Hallen und Prunktreppen, Prachtsäle und noblen Salons einer neuen Bestimmung zu – als Luxushotel *Çırağan Palace Kempinski*. In Edelsuiten und Restaurants, im Garten und am Pool kann man sich heute wie ein Sultan fühlen, doch ganz anders als die oben erwähnten Herrscher friedlichen Gemütes den Blick über die Balustraden und Tore auf den Bosporus schweifen lassen.

56 Yıldız Parkı
Yıldız-Park

Zauberhafte Pavillons und Kioske im waldreichen Yıldız-Park.

Eingänge: Çırağan Caddesi, Palanga Caddesi, Höhe Capur Ahmet Sokak, Palanga Caddesi, Höhe Kabalak Sokak
Bus: ab Taksim 25E, 40, 40T, 42T, DT1, DT2, ab Kabataş 22, 22RE, 25E, ab Eminönü 30D (Haltestelle: Çırağan)

Schräg gegenüber vom Çırağan Sarayı liegt einer der drei Eingänge zum 50 ha großen, von einer Mauer umkränzten Yıldız Parkı. Der Garten birgt mehrere schöne Kioske, die eigentlich zum Yıldız Sarayı [s. S. 99] gehören, doch von dort gibt es keinen Zugang mehr. Seit den Tagen *Süleymans I. des Prächtigen* waren die hiesigen bewaldeten Hügel Jagdrevier der Sultane, Anfang des 17. Jh. erfolgte die Umgestaltung zu Palastgärten.

Beim Spaziergang trifft man im Ostteil der Grünanlage auf die Höfische Porzellanfabrik **Yıldız Porselen** (Tel. 0212/260 2370, Mo–Fr 9–18 Uhr). Zugänglich sind die Werkstätten der Porzellanmaler, welche die Teller, Schalen, Schüsseln, Vasen und Fliesen mit Arabesken und Blumen garnieren.

TOP TIPP Weiter hügelan lockt der zweistöckige **Malta Köşkü**, (Tel. 0212/258 94 53, tgl. 9–20/22 Uhr), ein kleines Architekturjuwel, das *Sarkis Balyan* im Auftrag Sultan Abdülazizs erbaute. Die Fassade mit vorspringendem Mittelrisalit und achteckigen Flügeln wird durch rundbogige Fenstertüren und Halbsäulen mit Akanthuskapitellen akzentuiert. Im Inneren begeistern Stuckdecken, Kristalllüster und nobles Mobiliar. Die superbe Ausstattung allerdings wird *Murad V.* nur wenig getröstet haben, er verbrachte hier ab 1877 die restlichen 27 Jahre seines Lebens in Verbannung. Heute ist der Malta-Pavillon vor allem wegen seines feinen Restaurants und der Terrasse mit Bosporusblick als Ausflugsziel beliebt. Ein weiteres Spitzenpanorama ermöglicht der rosafarbene **Çadır Köşkü** von seiner rückwärtigen Terrasse.

Im Nordteil des Yıldız-Parks fasziniert das **Şale Kasr-ı Hümâyunu** (Di/Mi, Fr–So 9–15/16 Uhr) als Sommerschloss im Stil eines Schweizer Chalets von 1870. Zweimal, anlässlich der Besuche Kaiser Wilhelms II. 1889 und 1898, ließ *Sultan Abdülhamid II.* das Palais ausbauen. Der dreigeschossige Holzbau mit Spitzdach wirkt tatsächlich recht alpenländisch. Im Inneren aber herrscht orientalischer Luxus vor. Die wundervollen Intarsienböden, die Türen mit Perlmutteinlegearbeiten, die edlen Möbel und Hereke-Seidenteppiche wirken heiter und unbeschwert vom Pomp der Sultanspaläste.

In den Werkstätten der Yıldız Porselen kann man Porzellanmalerei bewundern

TOP TIPP Die Prinzeninseln – eine Sommerfrische Istanbuls

Etwa 20 km südöstlich der Istanbuler Altstadt liegen die **Prinzeninseln** im Marmarameer, neun hügelige, mit Kiefern- und Pinienwäldern bestandene Eilande, die aufgrund ihres eisenhaltigen rötlichen Gesteins **Kızıl Adalar**, Rote Inseln, genannt werden. Nur die vier größeren, **Büyükada**, **Kınalıada**, **Burgazadası** und **Heybeliada**, sind dauerhaft bewohnt. Etwa 20 000 Menschen leben hier, im Sommer steigt die Zahl leicht auf das Sechsfache.

In byzantinischer Zeit führten Mönche und Nonnen auf den Inseln ein kontemplatives Leben. Es entstanden mehrere Klöster, darunter das **Georgskloster** (10. Jh.) auf Büyükada, das noch heute zu besichtigen ist. Die kirchlichen Refugien wurden schon früh als Verbannungsorte für missliebige Mitglieder des Hofes genutzt, so im 8. Jh. für *Kaiserin Irene*, Mutter von Konstantin VI. Damals erhielt die größte der Inseln den Namen *Prinkipo* (Prinz).

Um 1900 entdeckte das **Istanbuler Bürgertum** die Inselchen als Naturidyllen, und schon bald entstanden hölzerne Sommerhäuschen an den schönen Gestaden. Sie tragen noch heute zum Charme der beliebten Ausflugsinseln bei, die übrigens für Motorfahrzeuge gesperrt sind. Inselrundfahrten unternimmt man daher in romantischem Stil, per Pferdekutsche. An Feier- und Ferientagen kommen viele Familien aus der Metropole hierher, um im Schatten der Kiefern zu picknicken oder in einem der Fischrestaurants zu speisen, welche die Uferpromenaden um die Fähranleger säumen.

Info: IDO-Fähre (Tel. 0212/444 44 36, www.ido.com.tr), tgl. ab Kabataş und Bostancı. Die Fähren steuern die vier größeren Inseln an.

57 Ortaköy Camii

Barockmoschee vor der Kulisse der ersten Bosporusbrücke.

Fähre ab Beşiktaş
Bus: ab Taksim 40, 40T, 42T, ab Kabataş 22, 22RE, 25E (Haltestelle: Ortaköy Iskele Meydanı)

Am malerischen Hafenbecken von Ortaköy erhebt sich die *Büyük Mecidiye Camii* (Große Imperiale Moschee), besser bekannt als Ortaköy Camii. Das einstige Postkartenidyll steht in interessantem Kontrast zur 1973 eröffneten Hängebrücke **Boğaziçi Köprüsü**, mit 1560 m eine der längsten Hängebrücken der Welt. *Nikoğos Balyan* schuf die weiße Marmor-Moschee 1854 im Auftrag Sultan Abdülmecids I. Der überkuppelte Zentralbau im Stil des *Osmanischen Barock* wird von vier Ecktürmen mit barocken Dachhauben gerahmt. Aus den zweistöckigen Nebengebäuden wachsen die beiden Minarette empor. Vom engen Hof auf der Landseite führt eine geschwungene Treppe in den Vorraum des Gebetssaals hinauf.

Im Schatten der Moschee laden heute gemütliche Cafés und Restaurants zum Verweilen ein. Sonntags findet in den angrenzenden Gassen ein großer **Floh- und Wochenmarkt** statt, der Hausfrauen, Studenten, Touristen, Künstler, Teppichhändler und Bauchladenbesitzer aus der Umgebung anzieht. Eine kulinarische Spezialität sind hier *Kumpir*, Riesenkartoffeln mit unterschiedlicher Füllung von Quark über Gemüse bis Hackfleisch.

58 Rumeli Hisarı
Rumeli-Festung

Die osmanische Festung bietet einen grandiosen Blick über den Bosporus.

Yahya Kemal Caddesi, Bebek-Sariyer
Tel. 0212/263 53 05
Do–Di 8.30–16.30 Uhr
Bus: ab Taksim 40, 40T, 42T, ab Kabataş 22, 22RE, 25E (Haltestelle: Rumelihisarı)

Kurz hinter der Uferpromenade von Bebek mit seinen schicken Cafés ziehen in Sichtweite der 1988 eröffneten **Fatih-Brücke** mächtige Mauern den waldgrünen Hang hinauf, kontrollieren drei große und mehrere kleine trutzige Türme das schmale Ufer, die Anhöhe und den hier

Dynamische Kombination – die schmuckkästchenhafte Ortaköy Camii im Schatten der ersten Bosporusbrücke

nur etwa 660 m breiten Bosporus. Sie gehören zur Rumeli Hisarı, der Europäischen Festung, benannt nach ihrem Standort am Westufer des Bosporus, gegenüber der *Anadolu Hisarı* [s. S. 116], der Schwesterfestung auf asiatischer Seite.

Erbaut wurde das Sperrfort im Auftrag *Sultan Mehmeds II.* im Jahr 1452, um während der Belagerung Konstantinopels den Schiffsverkehr vom Schwarzen Meer kontrollieren zu können. Der Sultan betraute drei seiner Befehlshaber mit jeweils einem Bauabschnitt. Zwischen den dreien entspann sich – ganz im Sinne des Sultans – ein erbitterter Wettstreit, und in nur vier Monaten Bauzeit hatten 3000 Arbeiter und Soldaten das gewaltige Bollwerk vollendet. Die großen Rundtürme tragen noch heute die Namen der Erbauer: **Halil Paşa Kulesi** gleich links vom Eingang, **Zağanos Paşa Kulesi** im Südwesten und **Saruca Paşa Kulesi** im Nordwesten. Und von der begehbaren Mauerkrone bietet sich ein stimmungsvolles Bosporuspanorama.

Nach der Einnahme Konstantinopels 1453 diente das Fort als Zollstation, später auch als Kaserne und Gefängnis. Heute finden hier an Sommerabenden häufig Freiluftkonzerte statt.

Pittoreskes Panorama – die Rumeli-Festung erhebt sich nach der schmalsten Stelle des Bosporus mit Blick auf die Fatih-Brücke

Das hübsche Anadolu Kavağı mit byzantinischem Fort ist Endstation der Bosporustour

Bosporustour – ein Ausflug ans Schwarze Meer

Der rund 30 km lange Bosporus (griech. Furt der Kuh) verbindet das **Schwarze Meer** mit dem **Marmarameer**. Der Name der Wasserstraße entstammt der *Mythologie*. Von seiner eifersüchtigen Gattin Hera überrascht, verwandelte **Zeus** seine Geliebte **Io** kurzerhand in eine Kuh und verhalf ihr zur Flucht. Hera jagte eine Bremse hinter Io her, sodass diese in ihrer Verzweiflung die Meerenge zwischen **Europa** und **Asien** durchschwamm. Erst in Ägypten fanden Zeus und Io wieder zueinander.

Eine **Schifffahrt** auf dem Bosporus vorbei an bewaldeten Hügeln mit *Palästen*, *Burgen* und *Holzvillen* zählt zu den Höhepunkten jeder Istanbulreise. Die Ausflugsboote starten am Fähranleger von Eminönü (Boğaz Hatti, Pier 3, s. S. 76). Die städtische **IDO-Fähre** legt einige Zwischenstopps ein, während alle anderen Anbieter ohne Halt bis zur Endstation in Anadolu Kavağı fahren.

Kurz hinter *Kabataş*, dem ersten Stopp nach der Galatabrücke, liegen linker Hand die **Dolmabahçe-Moschee** und der pompöse **Dolmabahçe Sarayı**, dann jenseits von *Beşiktaş* das Luxushotel **Çırağan Palace Kempinski**, ein früherer Sultanspalast. Es folgt die **Ortaköy Camii** vor der Kulisse der ersten Bosporusbrücke. Im Osten rückt der prächtige, von europäischen Stilformen geprägte **Beylerbeyı Sarayı** ins Blickfeld. Nun nähert sich das Schiff der Stelle, an der beide Bosporusbrücken gleichzeitig zu sehen sind. Stromaufwärts sieht man die beiden Festungen **Rumeli Hisarı** und **Anadolu Hisarı**.

Ein Stück davor steht am Ostufer das Sultansschlösschen **Küçüksu Kasrı**. Am Westufer folgen mit **Arnavutköy** und **Bebek** die schmucken *Bosporusdörfer*, die mit ihren Jachthäfen und den traditionellen Holzvillen (*Yalı*) mediterranen Charme ausstrahlen. Ihr Pendant auf der rechten Seite heißt **Kanlica**, links sieht man nun **Istinye** mit dem wegen seiner Tulpenpracht berühmten *Emirgan Parkı*. In **Tarabya**, ebenfalls auf der europäischen Seite, unterhält die Deutsche Botschaft ein stattliches Sommerhaus, ein Geschenk aus der Schatulle *Sultan Abdülhamids II.* von 1880.

In **Sariyer** lockt das *Sadberk-Hanım-Museum* (Büyükdere Piyasa Caddesi 27–29, Tel. 0212/2423813, www.sadberkhanimmuzesi.org.tr, Do–Di 10–17 Uhr) mit archäologischen und kunsthandwerklichen Schätzen. Von hier ist es nicht mehr weit bis **Rumeli Kavağı**, dem letzten Halt vor der Endstation in **Anadolu Kavağı**. Dieses Dörfchen ist für seine guten Fischrestaurants bekannt. Daneben lockt auf einer Anhöhe eine byzantinische **Burgruine** mit schöner Aussicht. Von hier oben kann man dem Verlauf des Bosporus vom Schwarzen Meer gen Süden folgen. Stets gibt es aus luftiger Höhe zahlreiche bombastische Tanker und Frachter zu bewundern, die im Bosporus auf die Erlaubnis warten, in Richtung Marmarameer zu starten.

Schwarzes Meer
Çiftalan
Kısırkaya
Kumköy
Gümüşdere
Rumelifeneri
Uskumruköy
Belgrat Ormanı
Büyükliman
Altınkum
Poyraz
Zekeriyaköy
Rumeli Kavağı
Keçilik
Böktürk
Bahçeköy
Anadolu Kavağı
Sariyer
Kemarburgaz
Bosporus
Büyükdere
Tarabya
Akbaba
Alibey Barajı
Seyhan D.
Maslak
Beykoz
Paşabahçe
Istinye
Ayazağa
Çubuklu
Kağithane
Emirgan
E80
58
63
Kanlica
0-2
Alibeyköy D.
Çağlayan
Levent
Rumeli Hisarı
Anadolu Hisarı
Küçüksu
Alibeyköy
Bebek
Etiler
62
Küçüksu Kasrı
Gazıosmanpaşa
Okmeydanyı
Kandilli
Santral Istanbul ve Enerji Müzesi
37
Arnavutköy
Vaniköy
Miniaturk
Gayrettepe
Küçüksu D.
Eyüp Sultan Camii
38
36
Şişli
0-3
Eyüp
Sutluce
Beşiktaş
0-1
61
Beylerbeyı Sarayı
35
Rahmi M. Koç Müzesi
E5
Goldenes Horn
Bosporus
E80
Bayrampaşa
Fener
60
59
Üsküdar
Fatih
Kız Kulesi
Aksaray
Eminönü
Camlica
Ümraniye
100
Göztepe
64
0-4
25
Yedikule Müzesi
Haydarpaşa Garı
0-1
E5
Kadıköy
Erenköy
Fenerbahçe
100
Kozyatagı
Marmarameer
Bostancı
Istanbul
25, 35 - 38
58 - 64
0
2,5 km
Festung
Moschee
Sehenswertes Objekt
Prinzeninseln
Kınalıada
Burgazadası
Heybeliada

Anadolu – das asiatische Bosporusufer mit Üsküdar und Mädchenturm

Griechen gründeten hier am asiatischen Bosporusufer im 7. Jh. v. Chr. die Siedlungen *Chalcedon* und *Hrisopolis*, Keimzellen der heute so beliebten Istanbuler Wohn- und Geschäftsviertel **Kadıköy** und **Üsküdar**. Weitere Orte und Stadtteile kamen im Laufe der Jahrhunderte hinzu. Heute leben mehr als die Hälfte der Istanbuler in **Anadolu**, auf der asiatischen Seite der Stadt. Sie hat sich inzwischen stark ausgedehnt und reicht nun von der Küste des Marmarameeres bis weit ins hügelige Hinterland hinein und fast bis zum Schwarzen Meer. Annähernd 3 Mio. Menschen, die auf dieser Seite leben, aber in Europa arbeiten, pendeln täglich mit einer der **Bosporusfähren** zwischen den Kontinenten. Einer der wichtigsten Verkehrsknotenpunkte auf der asiatischen Seite ist der **Fähranleger** in Üsküdar. Unweit der Anlegestelle gibt es gleich mehrere interessante Moscheen, darunter die von Sinan am Hang konstruierte **Mihrimah Camii** und die benachbarte **Yeni Valide Camii**. Bosporusaufwärts haben sich die Sultane zwei Sommerpaläste errichten lassen, den **Beylerbeyı Sarayı** und das kleinere **Küçüksu Kasrı**, beide im opulenten *Osmanischen Barock* des 19. Jh. dekoriert.

59 Üsküdar

Quirliges Verkehrszentrum mit sehenswerten Moscheen.

www.uskudar-bld.gov.tr
Fähre: ab Eminönü oder Kadıköy IDO 5, ab Beşiktaş IDO 4
Bus: ab Kadıköy z. B. 12H, 16A, 16F, 16M, 16U, 320A (Haltestelle: Üsküdar)

In byzantinischer Zeit war Üsküdar, damals noch ein kleines Dorf, unter dem Namen **Skutarion** bekannt. Erst nach seiner Eroberung durch *Sultan Orhan Gazi* im Jahr 1352 kam mit dem Ausbau des Hafens der Aufschwung.

Heute leben etwa 1 Mio. Menschen in Üsküdar, das vom Fähranleger Harem im Süden bis beinah zur zweiten Bosporusbrücke im Norden reicht. Zentrum ist der belebte **Üsküdar Meydanı** mit Fähranleger und Busbahnhof. Rechter Hand fällt ein rechteckiger Brunnen mit weit vorkragendem Dach ins Auge, der **Ahmet**

Hinreißendes Panorama – Kız Kulesi, der Mädchenturm, und die Altstadt mit Blauer Moschee, Hagia Sophia und Topkapı Sarayı

Paşa Kuyusu. *Sultan Ahmet III.* ließ ihn 1728 zu Ehren seiner Mutter Emetullah Rabia Gülnuş Val de Sultan errichten. Die Marmorwände an der stadtzugewandten Seite zieren Gedichte berühmter Poeten des 18. Jh. Der Sultan, selbst ein versierter Kalligraph, trug auf der Seeseite eigenhändig einen Vers bei, der mit seiner Tuğra signiert ist.

Ein *Spaziergang* entlang der Uferpromenade bietet herrliche Ausblicke auf die europäische Seite Istanbuls, besonders stimmungsvoll ist die Kulisse im abendlichen Lichterglanz. Beliebtester Teil der Flaniermeile ist **Salacak** zwischen dem Fähranleger Harem und dem Mädchenturm. Hier findet man auch mehrere gute Lokale.

Mihrimah Camii

Gegenüber vom Kai erhebt sich auf einer Terrasse am Hang die zweitürmige Mihrimah Camii, auch *Iskele Camii* (Moschee an der Anlegestelle) genannt. *Sultan Süleyman I. der Prächtige* hatte sie 1543–48 von Hofbaumeister *Sinan* [s. S. 56] zu Ehren seiner Tochter Mihrimah errichten lassen. Von der Straße führen einige Stufen hinauf zu dem einer ungewöhnlichen Zentralkuppelbau, der nur auf drei Seiten von jeweils einer großen und zwei kleinen Halbkuppeln flankiert ist. Die Vorderseite dagegen gibt den Blick frei auf eine spärlich durchfensterte Schildwand. Ungewöhnlich präsentiert sich auch die schmale *Vorhalle*. Sie ist vollständig überdacht und erinnert ein wenig an eine Veranda. Das Innere der Moschee wird durch die Fenster in Kuppeltambour und Schildwand nur sparsam beleuchtet. Besonders sehenswert ist der schöne, üppig mit Reliefs verzierte Minbar.

Yeni Valide Camii

Schräg gegenüber, an der breiten, südwärts verlaufenden Hakimiyetti Milliye Caddesi, ragt die Yeni Valide Camii auf, die Neue Moschee der Sultansmutter. Wie den Brunnen auf dem Üsküdar Meydanı hatte *Sultan Ahmet III.* sie 1708–10 für seine Mutter Emetullah Rabia Gülnuş Valide Sultan (1647–1715) errichten lassen. Sie ist in der *Türbe* links vom Haupteingang beigesetzt. Das oktogonale Grabmal präsentiert sich untypisch, begrünt und oben offen, nur von Marmorsäulen und Gitterfenstern flankiert. Dem klassischen Muster folgt dagegen die von *Mehmed Ağa* geschaffene Moschee. Im Vorhof erhebt sich ein zierlicher achteckiger *Reinigungsbrunnen*, der Wasser durch verzierte Bronzegitter spendet. Die Kuppel

über dem oktogonalen Gebetssaal wird von acht kräftigen Säulen getragen und von mehreren Halbkuppeln begleitet.

Beachtenswert ist auch die **Atik Valide Camii** (Çinili Camii Sokak/Valide Imaretı Sokak), die *Alte Moschee der Sultansmutter*. Sinan erbaute die Anlage mit Medrese, Hospital, Armenküche und Karawanserei 1571–83 als letztes Monumentalwerk, immerhin der zweitgrößte Moscheenkomplex nach der Süleymaniye, für *Nurbanu* (1525–1583), die Mutter von Murad III.

Die nahe kleine **Çinili Camii** (Çinili Camii Sokak) von 1640 ist mit bezaubernder blauer Iznik-Keramik dekoriert und wird daher auch *Fayencen-Moschee* genannt. Beide Sakralbauten sind nur zu den Gebetszeiten geöffnet.

60 Kız Kulesi
Mädchenturm

Markanter Wachturm auf einer kleinen Bosporusinsel nur wenige Hundert Meter vor der asiatischen Küste.

Salacak Mevkii, Üsküdar, Tel. 0216/342 47 47, www.kizkulesi.com.tr
Untertags kostenpflichtig, abends mit Restaurantreservierung frei
Kız Kulesi Café tgl. 9–18.45 Uhr,
Kız Kulesi Restaurant tgl. 20–0 Uhr,
Fähre: Motorboot ab Salacak (Üsküdar) tgl. 9–18.45 und 20.15–0.30 Uhr, ab Kabataş tgl. 9–18.45 und 20, 20.45, 21.30, Rückfahrt 23, 23.45, 0.30 Uhr

In diesen Mauern rettete *Pierce Brosnan* alias 007 James Bond wieder einmal die Welt. Die spannenden Filmszenen aus ›Die Welt ist nicht genug‹ (1999) machten den Mädchenturm über Nacht berühmt. Dessen Charme liegt im unbekümmerten Kontrast zwischen dem bulligen Unterbau und dem eleganten Aussichtsgeschoss mit tellerförmigem Balkon, darüber thronen eine beschwingte Glockenhaube und der minarettspitze Antennenmast. Das Bauwerk treibt malerisch nur wenige Hundert Meter von der asiatischen Küste entfernt auf einem *Inselchen* im Bosporus und bietet besonders abends bezaubernde Ausblicke auf das Lichtermeer zu beiden Seiten der Meerenge.

Der byzantinische *Kaiser Manuel I. Komnenos* hatte den Kız Kulesi auf den Fundamenten eines antiken Vorgängerbaus im 12. Jh. als **Wachturm** errichten lassen, um von hier aus den Schiffsverkehr besser kontrollieren zu können. Gleichzeitig bot sich das Inselchen zwischen Europa und Asien als Treffpunkt für byzantinische und osmanische Diplomaten an. Mitte des 14. Jh. kam es hier sogar zu einem ›Gipfeltreffen‹ zwischen *Sultan Orhan Gazi* (reg. 1326–59) und *Kaiser Johannes VI. Kantakuzenos* (reg. 1347–54). Später diente der Bau als *Gefängnis*, *Leuchtturm*, *Zoll-* und *Quarantänestation*. Heute ist der nach einem Brand im 18. Jh. in seiner jetzigen Form wieder aufgebaute Turm ein beliebtes Ausflugsziel.

Mädchenturm heißt er nach einer Prinzessin, der ein früher Tod durch Schlangenbiss geweissagt worden war. Ihr Vater wollte sie vor diesem Schicksal bewahren und wies ihr als Domizil den Wachturm

Legendenumwobenes Ambiente – der Kız Kulesi bietet heute erlesene Gaumenfreuden

Graziöse Säulenkadenzen in rauer Schale – der Beylerbeyı Sarayı, ein Blickfang am Bosporus

auf der Insel zu. Jeden Tag wurden ihr in Körben die erlesensten Speisen gebracht. Doch als sie eines Tages nach Trauben griff, schreckte eine unter den Früchten verborgene Schlange auf und gab ihr den tödlichen Biss. Heute kann man im Kız Kulesi übrigens ebenso gut, aber ganz gefahrlos essen.

61 Beylerbeyı Sarayı
Beylerbeyı-Palast

TOP TIPP

Charmanter Neobarockpalast als Sommerfrische, heute im Schatten der ersten Bosporusbrücke.

Çayırbaşı Caddesi, Beylerbeyı
Tel. 02 16/321 93 20
www.beylerbeyi.gov.tr
Besichtigung nur mit Führung
Di/Mi, Fr–So 9–15 Uhr
Bus: ab Üsküdar 15, 15B, 15C, 15H, 15KÇ, 15M, 15N, 15P, 15R, 15S, 15ŞN, 15U, 15Y; ab Kadıköy 14M, 15ÇK, 15F
Fähre: Bosphorus Line 1 über Beşiktaş, Mo–Sa: 7.50–19.35 Uhr (ab Eminönü), 7.15–18.25 Uhr (ab Beylerbeyı)

Ein wahres Schmuckstück osmanischer Palastarchitektur des 19. Jh. fristet heute im Schatten der ersten Bosporusbrücke *Boğaziçi Köprüsü* ein bescheidenes Dasein. Dabei kann es der Beylerbeyı Sarayı bezüglich Fassadengestaltung und Innendekor durchaus mit dem Dolmabahçe Sarayı [s. S 104] aufnehmen. *Sarkis Balyan*, Sohn des Dolmabahçe-Erbauers Garabet Balyan, errichtete den barocken **Sommerpalast** für ausländische Staatsgäste 1860–65 im Auftrag von *Sultan Abdülaziz I.* (1830–1876). Hier nächtigten der britische König Edward VIII., die französische Kaiserin Eugénie, der österreichische Kaiser Franz Joseph und andere mehr. Weniger glanzvoll dürfte der Aufenthalt von *Sultan Abdülhamid II.* (1842–1918) gewesen sein, der nach seiner Absetzung 1909 die letzten Jahre seines Lebens hier verbrachte.

Die zum Bosporus blickende **Prunkfassade** wird durch Risalte sowie zahlreiche Säulen, Pilaster und hohe Rundbogenfenster stark vertikal akzentuiert. Die 26 Salons und Zimmer brillieren mit edler Ausstattung, mit feinen Holzintarsien an Türen und Wandpaneelen, kunstvoll geschnitzten Möbeln, üppigen böhmischen Kristallleuchtern und blumenübersäten Buntglasfenstern. An der Nahtstelle zwischen dem öffentlichen Bereich des Hauses, *Mabeyn*, und dem der Familie vorbehaltenen *Harem* stellt der **Pool Salon** einen großen Marmorspringbrunnen zur Schau. Von der bemalten und vergoldeten Kassettendecke hängt ein opulenter Kristalllüster. Eine breite Treppe führt von hier ins Obergeschoss, wo sich der **Blaue**

Salon öffnet. In der Mitte des riesigen Saales zieht ein 140 m^2 großer *Hereke-Seidenteppich* die Blicke auf sich. Augenweiden sind ferner der **Kaptan Paşa Salon**, der von den Schiffsgemälden an Wänden und Decke bis zu den Knotenornamenten an den Möbeln die Vorliebe Sultan Abdülaziz' für die Seefahrt widerspiegelt, sowie das **Arbeitszimmer**, für das der als Schreiner ausgebildete Sultan Abdülhamid II. Möbel fertigte.

Beim Schlendern durch den **Garten** genießt man einen schönen Blick auf die Ortaköy Camii auf der anderen Seite des Bosporus. Am Ende des Parks sieht man eine künstliche Grotte und die Fundamente einer byzantinischen Kirche.

62 Küçüksu Kasrı
Küçüksu-Sommerpalast

Üppiger Osmanischer Barock im kleinen Palast am Bosporus.

Küçüksu Caddesi, Göksu
Tel. 0216/3320237
Di/Mi, Fr–So 9.30–16/17 Uhr, Besichtigung nur mit Führung
Bus: ab Üsküdar 15, 15H, 15N, 15P, 15Y, ab Kadıköy 14M
Fähre: Beşiktaş–Küçüksu, Mo–Fr 7.55, 18.30 und 19.30 ab Beşiktaş, 7.30, 8.30 und 19 Uhr ab Küçüksu

Bereits die ersten Sultane schätzten die Idylle an der Mündung des Flüsschens Küçüksu in den Bosporus als **Sommerfrische**, doch lange gab es hier nur einen hölzernen Pavillon. Er wurde 1856 im Auftrag *Abdülmecids I.* durch einen zweistöckigen Palast nach Plänen *Nikoğos Balyans* ersetzt. Doch damit nicht genug, nun ließ der Sultan das Schlösschen vollständig mit weißem Marmor verkleiden und mit einer überwältigenden Fülle fein gemeißelter Reliefs dekorieren. Die Schaufassade am Bosporus mit ihren Blattkapitellen, Girlanden, Füllhörnern und Ranken kulminiert in einem ovalen Medaillon in Gold auf Grün mit der Tuğra des Sultans.

Dieses bei allem Überfluss doch anmutige Äußere findet seine Entsprechung im **Inneren**, das *Charles-Polycarpe Séchan* (1803–1874) gestaltete, Theaterarchitekt und Bühnenbildner der Pariser Oper. Er setzte die minutiösen Holzintarsien an Wand und Boden, die raumhohen Fenster, Türen und Spiegel, die Kristalllüster und Seidenteppiche, die kostbaren Möbel, vergoldeten Kamine und majestätischen Vasen wirkungsvoll in Szene.

63 Anadolu Hisarı
Anatolische Festung

Mächtiges Bollwerk am Bosporus.

Anadolu Hisarı, Üsküdar/Beykoz
Bus: ab Üsküdar 15, 15KÇ, 15P, 15N; ab Kadıköy 15F (Haltestelle: Anadolu Hisarı)

Weiter flussaufwärts, südlich der zweiten Bosporusbrücke *Fatih Sultan Mehmed Köprüsü,* ist die mit rund 660 m engste Stelle des Bosporus erreicht. Hier liegt gegenüber der *Rumeli Hisarı* [s. S 108] die ältere Anatolische Festung. *Sultan Beyazıt I.* hatte das mächtige Mauerfünfeck um einen wuchtigen, 25 m hohen Viereckturm 1390–94 errichten lassen, bevor er 1395 die Zweite Belagerung von Konstantinopel befahl. Da diese erfolglos blieb, erweiterte *Sultan Mehmed II.* die Anlage gut 50 Jahre später noch einmal. Mittels der beiden Burgen gelang es nun, den Nachschub für die byzantinische Kapitale vom Schwarzen Meer her abzuschneiden, ein wesentlicher Faktor für die erfolgreiche Eroberung der Stadt im Jahr 1453. Die hiesige Festung ist zwar nicht zugänglich, doch ein Besuch lohnt sich trotzdem, denn ihre verwitterten Steinmauern kontrastieren malerisch mit den schmucken hölzernen **Yalıs** zu ihren Füßen, die das Großbürgertum im 18./19. Jh. am Bosporus errichten ließ.

64 Haydarpaşa Garı
Bahnhof Haydarpaşa

Der imposante Bahnhof fungierte einst als Tor zum Orient.

Haydarpaşa Istasyon Caddesi, Haydarpaşa
Tel. 0216/3360475
Fähre: ab Karaköy Mo–Fr 6.10–23, Sa/So/Fei 6.30–23 Uhr, ab Kadıköy Mo–Fr 6.15–23, Sa/So/Fei 6.30–23 Uhr (Anlegestelle: Haydarpaşa)

Der neoklassizistische Haydarpaşa-Bahnhof ist ein gewaltiger schlossähnlicher Dreiflügelbau mit runden Ecktürmen, Rundbogenportalen und endlosen Fensterfluchten. Nach Zerstörungen in Folge einer Tankerexplosion 1979 wurde der Komplex in alter Pracht restauriert. Heute starten hier Vorortbahnen und Züge in den Osten der Türkei, nach Ankara, Konya, Adana oder Gaziantep. Zu Beginn des 20. Jh. ging es noch viel weiter, damals

Florence Nightingale – The lady with the lamp

Nordwestlich des Bahnhofs Haydarpaşa krönt die imposante Kaserne **Selimiye Kışlası** (Çeşme-i Kebir Caddesi, Fährstation Harem) einen Hügel am Bosporus. Der Vierflügelbau mit den massigen Ecktürmen stammt aus dem 19. Jh. Er diente im Krimkrieg (1853–56) als Lazarett für die britischen und französischen Soldaten, die an der Seite der türkischen Armee gegen Russland kämpften. Traurige Bekanntheit erlangte das Lazarett 1854, als Kriegsberichterstatter in den englischen Tageszeitungen auf die katastrophalen Zustände aufmerksam machten: schlecht ausgebildete Pflegekräfte, die meisten von ihnen waren selbst Soldaten, unbelüftete Krankensäle, in denen Ratten hausten, verunreinigtes Wasser. Oftmals war die tatsächliche Todesursache der Soldaten nicht ihre auf dem Schlachtfeld erlittene Verletzung. Krankheiten wie Cholera oder Typhus hatten sie sich auf der Pflegestation zugezogen. Unter dem Druck der Öffentlichkeit entsandte die britische Regierung schließlich 38 Krankenschwestern unter der Leitung von **Florence Nightingale** (1820–1910) nach Istanbul. Vor Ort setzte sie Veränderungen in der Pflege durch, verbesserte die hygienischen Zustände, versorgte die Soldaten mit Nahrung und Medikamenten. Die Sterblichkeitsrate im Selimiye-Lazarett sank von 20 % auf 2 %. Ihre nächtlichen Kontrollgänge durch die Krankenstation brachten ihr den Beinamen ›Lady with the lamp‹, die ›Dame mit der Lampe‹, ein.

Die britische Presse verfolgte ihren unermüdlichen Einsatz mit großem Interesse. Als Florence Nightingale, der ›Engel der Verwundeten‹, 1857 in die Heimat zurückkehrte, war sie eine Nationalheldin. 1860 gründete sie in London eine richtungsweisende Krankenschwesternschule. Ihr Name gilt noch heute als Synonym für hingebungsvolle Krankenpflege.

In den original belassenen ehemaligen Wohn- und Studierräumen der Florence Nightingale im Nordostturm der Selimiye-Kaserne ist ihr heute ein kleines **Museum** (Anmeldung unter Tel. 0216/3437310) gewidmet.

war Bagdad Endpunkt der rund 1600 km langen Strecke. Der Haydarpaşa-Bahnhof entstand 1906–08 als Startpunkt für die **Bagdadbahn**. Mit dem Ausbau der Trasse wollte *Kaiser Wilhelm II.* (1859–1941) den Einfluss der Deutschen auf die damals von Briten und Franzosen dominierte Region verstärken. Die Pläne für die Bahnlinie stammten von Otto Ritter und Helmut Cuno.

Etwa auf Höhe des Haydarpaşa-Bahnhofs beginnt die **Bağdat Caddesi**, die sich parallel zum Bosporusufer durch das Viertel Kadıköy rund 15 km südostwärts zieht. Die *Cadde*, wie sie von jungen Istanbulern kurz genannt wird, ist das asiatische Pendant zur *Istiklal Caddesi* [s. S. 93] auf der europäischen Seite. Auch hier reihen sich Restaurants und Cafés, Kaufhäuser und Boutiquen aneinander, wetteifern Sportartikelhersteller und Designer um die Aufmerksamkeit der Kundschaft. Die angesagtesten Shops finden sich im Bereich *Caddebostan*. Bei *Suadiye* endet die Cadde nicht weit von der *Fährstation Bostancı* zu den Prinzeninseln.

1
AKSİM TÜNEL
47

TAKSi
TAKSi
84

Istanbul aktuell A bis Z

Vor Reiseantritt

ADAC Info-Service:
Tel. 018 05/10 11 12 (0,14 €/Min.)

Unter dieser Nummer können ADAC-Mitglieder kostenloses **Informations- und Kartenmaterial** anfordern.

ADAC im Internet:
www.adac.de
www.adac.de/reisefuehrer

Istanbul im Internet:
www.istanbul.com
www.goturkey.com
www.reiseland-tuerkei-info.de

Reiseinformationen

Deutschland

Türkisches Fremdenverkehrsamt, Baseler Str. 35–37, 60329 Frankfurt/M., Tel. 069/23 30 81, info@reiseland-tuerkei-info.de

Kulturabteilung der Türkischen Botschaft, Rungestr. 9, 10179 Berlin, Tel. 030/214 37 52, info@tuerkei-kultur-info.de

Schweiz

Türkisches Generalkonsulat, Kultur und Informationsamt, Stockkerstr. 55, 8002 Zürich, Tel. 04 42 21 08 10, info@tuerkei-info.ch, www.tuerkei-info.ch

Österreich

Informationsabteilung für Kultur und Fremdenverkehr in der Türkischen Botschaft, Singerstr. 2/8, 1010 Wien, Tel. 01/512 21 28, www.turkinfo.at

Allgemeine Informationen

Reisedokumente

Für Deutsche und Schweizer genügt bei Einreise mit dem Flugzeug der Personalausweis. Bei Grenzübertritt mit dem Auto muss der Fahrer seinen Reisepass vorlegen, in welchem der Pkw vermerkt wird. Österreicher benötigen für die Einreise einen Reisepass und ein Visum, das vor Ort ausgestellt wird.

Kfz-Papiere

Führerschein und Zulassungsbescheinigung Teil 1 (vormals Fahrzeugschein). Internationale Grüne Versicherungskarte wird empfohlen, ebenso Vollkasko- und Insassenunfallversicherung.

Krankenversicherung

Auslandskrankenscheine der Krankenkassen berechtigen zur kostenfreien Behandlung in öffentlichen Krankenhäusern und bei Vertragsärzten. Falls Zuzahlungen anfallen, Rechnung mit genauer Leistungsbeschreibung verlangen. Zusätzlich empfiehlt sich eine private Reisekranken- und Rückholversicherung.

Reisemedizinische Hinweise für ADAC-Mitglieder: Tel. 089/76 76 77

Hund und Katze

EU-Heimtierausweis mit Kennzeichnung des Tieres, tierärztliches Gesundheitszeugnis (nicht älter als eine Woche vor Einfuhr). Für Tiere über 3 Monate Impfungen gegen Tollwut, Parvovirose, Distember, Hepatitis und Leptospirose. Impfungen müssen mindestens 15 Tage vor Einreise erfolgt sein.

Zollbestimmungen

In die Türkei kann jede Person ab 18 Jahren zollfrei einführen: 400 Zigaretten, 150 Zigarillos oder Zigarren, 500 g Pfeifen- oder 200 g Kau- oder 50 g Schnupftabak, 1 Flasche Alkohol à 1 l oder 2 Flaschen à 0,75 l, 1,5 kg Kaffee, 500 g löslicher Kaffee oder Tee, 1 kg Schokolade, 1 kg Süßigkeiten, max. 600 ml Parfüm. Geschenke dürfen bis zu einem Wert von max. 300 €

Szenen einer Großstadt namens Istanbul – kurvenreiches Kanyon Shopping Center, nostalgische Tramvayı in der Istiklal Caddesi, Taxi-Kolonne, oder Gelb ist Trumpf. Rot, heiß und süß – türkischer Tee und Lokum

zollfrei eingeführt werden (vollständige Liste bei der Türkischen Botschaft Berlin, www.tcberlinbe.de).

Devisen dürfen unbegrenzt eingeführt werden. Devisenausfuhr ist bis zu einem Gegenwert von 5000 USD gestattet.

Reisefreigrenzen für die **Einfuhr nach Deutschland** aus dem Nicht-EU-Land Türkei für den persönlichen Ge- und Verbrauch: pro Person ab 17 Jahren 200 Zigaretten oder 100 Zigarillos oder 50 Zigarren oder 250 g Rauchtabak, 1 l Spirituosen mit mehr als 22 % oder 2 l mit weniger als 22 %, 50 ml Parfüm, sowie andere Waren bis zu einem Wert von insgesamt 300 €, Flug- bzw. Seereisende bis 430 €. Wer Schmuck oder Teppiche kauft, muss Rechnungen vorlegen können (Informationsstelle Zoll, Tel. 03 51/44 83 45 10, www.zoll.de).

Erwerb, Besitz und Ausfuhr von **Antiquitäten** (Gegenstände, die über 100 Jahre alt sind), Fossilien und behauenen Steinen sind verboten. Sie können mit Gefängnis bis zu 10 Jahren bestraft werden.

Geld

Landeswährung ist die *Türkische Lira* (TL) à 100 Kuruş (YK). Es gibt Banknoten zu 5, 10, 20, 50, 100, 200 TL und Münzen zu 1 TL sowie zu 1, 5, 10, 25 und 50 YK.

Banken, Hotels und die meisten Geschäfte akzeptieren die gängigen Kreditkarten. EC-/Maestro-Geldautomaten sind weit verbreitet.

Tourismusämter in Istanbul

Informationsbüros für Touristen (*Turizm Danisama Bürosu*) gibt es am Sultanahmet-Platz (Tel. 02 12/518 87 54) und in der Lobby des Hilton Hotels nahe dem Taksim-Platz (Tel. 02 12/233 05 92).

Notrufnummern

Notarzt: Tel. 112

Polizeinotruf: Tel. 155

Feuerwehr: Tel. 110

Bereitschaftsdienste von Ärzten und Apotheken: Tel. 118

Tourismus-Polizei, Yerebatan Cad. 6, Sultanahmet, Tel. 02 12/527 45 03

Türkiye Turing ve Otomobil Kurumu (TTOK), Türkischer Automobilclub, I. Oto Sanayi Sitesi Yanı, Seyrantepe, 4. Levent, Istanbul, Tel. 02 12/282 81 40, www.turing.org.tr

ADAC-Notrufstation Istanbul:
Tel. 02 12/288 71 90 (rund um die Uhr)

ADAC-Notrufzentrale München:
Tel. 00 49/89/22 22 22 (rund um die Uhr)

ADAC-Ambulanzdienst München:
Tel. 00 49/89/76 76 76 (rund um die Uhr)

ÖAMTC Schutzbrief-Nothilfe:
Tel. 00 43/(0)1/251 20 00, www.oeamtc.at

TCS Zentrale Hilfsstelle:
Tel. 00 41/(0)224 17 22 20, www.tcs.ch

Bei Verkehrsunfällen ist für die Schadensregulierung ein *Polizeilprotokoll* erforderlich, für türkische Versicherungen auch ein Alkoholtest.

Diplomatische Vertretungen

Deutsches Generalkonsulat, Inönü Cad. 10, Gümüşsuyu, Istanbul, Tel. 02 12/334 61 00, www.istanbul.diplo.de

Österreichisches Generalkonsulat, Köybasi Cad. 46, Yeniköy, Istanbul, Tel. 02 12/363 84 10, www.bmeia.gv.at/botschaft/istanbul

Schweizer Generalkonsulat, 1. Levent Plaza, A-Blok Kat. 3, Büyükdere Cad. 173, Levent, Istanbul, Tel. 02 12/283 12 82, www.eda.admin.ch/istanbul

Besondere Verkehrsbestimmungen

Tempolimits (in km/h): Innerhalb geschlossener Ortschaften Pkw und Bus 50, Motorrad und Pkw mit Anhänger 40. Außerhalb geschlossener Ortschaften: Pkw 90, Bus 80, Motorrad und Pkw mit Anhänger 70. Auf Autobahnen 120, Motorrad und Pkw mit Anhänger 80 bzw. wie ausgeschildert.

Promillegrenze: 0. Empfindliche Strafen bei Zuwiderhandlung.

Tankstellen: Tankstellen (*Benzin istasyonu*) sind tgl. ca. 9/10–19/20 Uhr, an Ausfallstraßen oft rund um die Uhr geöffnet. Es gibt Normal- und Superbenzin (94 Oktan), meist kann auch bleifreies Benzin (*kurşunsuz*) getankt werden.

Zeit

Der Zeitunterschied zwischen der Türkei und der MEZ beträgt auch während der Sommerzeit plus eine Stunde.

Strom

Die Netzspannung beträgt 220 Volt. Es ist kein Adapter für Istanbul nötig.

Anreise

Auto

Die Fahrt von Mitteleuropa nach Istanbul dauert 2–3 Tage. Die ›Nordroute‹ über Bulgarien ist wegen häufiger Überfälle nicht zu empfehlen. Etabliert hat sich die ›Südroute‹ über die italienischen Häfen Ancona oder Brindisi per Autofähre entweder ins griechische Igoumenitsa und dann 1400 km (E90) ostwärts. Oder ins türkische Çeşme, rund 700 km südwestlich von Istanbul.

Marmara Lines, www.marmaralines.com. Mai–Okt. Ancona–Çeşme (Sa, 40 bzw. 54 Std.), Generalagentur: RECA, Neckarstr. 37, Sindelfingen, Tel. 070 31/86 60 10

Bei der Einreise mit dem eigenen Pkw oder Motorrad wird das Fahrzeug in den Pass des Fahrers eingetragen, ebenso der Tag der spätesten Wiederausfuhr – meist 30 Tage, auf Anfrage bis zu 90 Tagen. Bei Überschreiten des Termins drohen hohe Geldstrafen und Strafverfahren.

Bahn

Die Bahnfahrt ab München mit Umsteigen in Wien und Sofia dauert rund 40 Stunden. Ankunft aller europäischen Züge in Istanbul im Bahnhof **Sirkeci Tren Garı**, Eminönü, Tel. 02 12/520 65 75.

Deutsche Bahn, Tel. 01 80/599 66 33 (gebührenpflichtig), Tel. 08 00/150 70 90 (kostenlose Fahrplanauskunft), www.bahn.de

TC Devlet Demiryolları, Türkische Staatsbahnen, Tel. 03 12/309 05 15, www.tcdd.gov.tr

Bus

Von mehreren deutschen Städten fahren Busse über Österreich, Italien (Fähre) und Griechenland nach Istanbul (Fahrzeit 44–57 Std.)

Deutsche Touring, Am Römerhof 17, Frankfurt/M., Tel. 069/790 35 01, www.touring.de

Vom Großen Busbahnhof (*Büyük Otogar*, offiziell *Uluslararasi Istanbul Otogari*) im Stadtteil Bayrampaşa/Esenler verkehren Metro und Busse in die City, etwa IETT Bus 830 mit Ziel Taksim-Platz, tgl. 6.30–21.30 Uhr.

Flugzeug

In Istanbul gibt es zwei internationale Flughäfen:

Atatürk International Airport/Havalımanı (IST), Istanbul-Yesilköy, ca. 28 km westlich von Sultanahmet, Tel. 02 12/465 55 55, www.ataturkairport.com

Die *Metro* (Mo–Sa 6–0.15, So ab 6.25 Uhr) nach Zeytinburnu fährt Richtung Innenstadt, allerdings nur bis Aksaray. Weiterfahrt mit Bussen oder der Straßenbahn Zeytinburnu-Kabataş. Fahrtdauer insgesamt 1–1,5 Stunden. Zum Taksim-Platz brauchen *Expressbus* 96T oder *Havaş Shuttle Bus* (tgl. 4–1 Uhr, www.havas.com.tr) 40–60 Min. Die *gelben Taxis* fahren mit Taxameter, mit den Fahrern der zahlreichen *Privattaxis* muss man den Preis aushandeln.

Sabiha Gökçen International Airport/Havalımanı (SAW), Pendik-Kurtköy, auf der asiatischen Seite Istanbuls, Tel. 02 16/585 50 00, www.sgairport.com

Verbindung in die Stadt: *City Bus* E10, alle 20–40 Min. zum Kadiköy Fähranleger auf der asiatischen Seite (ca. 1 Std.), dann mit Fähren (tgl. 6.30–0 Uhr) und Bussen weiter. Direktverbindung zwischen SAW und Taksim-Platz bestehen durch *Havaş Airport Busse* (45–60 Min., www.havas.com.tr). Außerdem existiert ein *Shuttleservice* von und nach Sultanahmet. *Taxis* in die Innenstadt sind teuer.

Bank, Post, Telefon

Bank

Banken (*Bank*) haben in der Regel Mo–Fr 8.30–12 und 13.30–17 Uhr geöffnet.

Post

Postämter (*Postane*) sind Mo–Sa 8–18/19 Uhr geöffnet, Hauptpostämter oft bis Mitternacht sowie So 9–19 Uhr. Am Schalter kauft man Briefmarken (*Pul*) und gibt Postkarten und Briefe auf.

Telefon

Internationale Vorwahlen
Türkei 00 90
Deutschland 00 49
Österreich 00 43
Schweiz 00 41

Vorwahl Istanbul
02 12 (europäische Seite)
02 16 (asiatische Seite)

Internationaler Operator: Tel. 115

Telefonauskunft: Tel. 118

In Istanbul funktionieren alle handelsüblichen *Mobiltelefone*. Außerdem gibt es Münz- und Kartentelefone. Für erstere benötigt man Telefon-Jetons (*telefon jetonu*), die man wie die Telefon-Karten (*telefon kartı*, zu 30, 60, 100, 250 oder 350 Einheiten) in Postämtern und Zeitungsläden kaufen kann. Einige Kartentelefone funktionieren auch mit Kreditkarte.

Ein Blaues Auge für alle Fälle

Ob tellergroß als Wandschmuck gegenüber der Eingangstür oder im Münzformat am Rückspiegel des Autos – allenthalben sieht man in Istanbul den blauen Glasstein, dem konzentrisch aufgebrachte weiße und schwarze Kreise das Aussehen eines blauen Auges geben. Nazar Boncuğu oder Bonçuk heißen die auffälligen Talismane, die ihre Besitzer vor allem Übel und insbesondere vor dem Bösen Blick schützen sollen. Schon Neugeborene erhalten ihr persönliches Exemplar, das gegen ›Verschreien‹ durch übermäßiges Lob helfen soll. Wenn ein Nazar Bonçuk einen Riss aufweist oder gar zerbricht, hat es seine Schuldigkeit getan und muss schnellstmöglich durch einen neuen Glücksstein ersetzt werden.

Einkaufen

Öffnungszeiten

Mo–Sa 9/10–19/20 Uhr mit Mittagspause 14–16/17 Uhr. Kaufhäuser haben durchgehend und meist bis 22 Uhr geöffnet, große Einkaufszentren oft auch sonntags.

Souvenirs

Istanbul ist ein Einkaufsparadies. Als Mitbringsel besonders beliebt sind Kunsthandwerkserzeugnisse wie Kacheln (*Fayans, Çini*), bunte Glaslampen (*Lamba*) oder intarsienverzierte Holztischchen und Holzdosen. Eine reiche Auswahl findet man im **Großen Basar** [s. S. 55] mit seinen rund 4000 Läden. Der **Ägyptische Basar** [s. S. 79] ist berühmt für Gewürze, Gold- und Silberschmuck sowie für kulinarische Köstlichkeiten.

An der **Istiklal Caddesi** [s. S. 93] wechseln sich Souvenirläden mit den Niederlassungen internationaler Modemarken ab. Noch eleganter werden die Boutiquen in den Stadtteilen **Nişantaşi** und **Şişli** nördlich und östlich des Taksim-Platzes, wo in der *Abdi Ipekçi Sokak* und der *Rumeli Sokak* zwischen Teşvikiye Sokak und Maçka die Modelle arrivierter türkischer Modedesigner neben Beymen- und Armani-Anzügen, Louis-Vuitton-Taschen und Gucci-Uhren die Auslagen schmücken.

Die bunte Welt der Gewürze – scharfe Prisen und süße Bissen im Ägyptischen Basar

Essen und Trinken

Restaurants

Altstadt

Asitane Restaurant, Kariye Hotel, Kariye Cami Sk. 6, Edirnekapı, Tel. 02 12/635 79 97, www.asitanerestaurant.com. Osmanische Gerichte nach Rezepten aus dem Topkapı-Palastarchiv (tgl. 12–15 und 19.30–22.30 Uhr).

Balık Noktası, Galata Köprüsü Altı EBI, Eminönü, Tel. 02 12/526 66 33, www.baliknoktasi.com. Großes Fischrestaurant im Untergeschoss der Galatabrücke.

Balıkçı Sabahattin, Said Hasan Kuyu Sk. 1, Sultanahmet, Tel. 02 12/458 18 24, www.balikcisabahattin.com. Traditionsreiches Fischlokal in der Altstadt. Abends Reservierung empfohlen.

Binbirdirek Sarnıcı, Binbirdirek Mah./Imran Öktem Sk., Sultanahmet, Tel. 02 12/518 10 01, www.binbirdirek.com. Feines Abendrestaurant in der Zisterne der 1001 Säulen.

Giritli, Keresteci Hakkı Sk. 8, Ahırkapı Cankurtaran, Tel. 02 12/458 22 70, www.giritlirestoran.com. Griechische und türkische Küche in traditionellem Holzhaus.

Istanbul, Gedikpaşa Cad. 24, Beyazıt, Tel. 02 12/517 26 94. Reichhaltige Speisentheke gegenüber dem Großen Basar.

Neustadt

Ağa Restaurant, Sakız Ağa Cad. 5 (Seitenstraße der Istiklal Cad.), Beyoğlu, Tel. 02 12/249 39 24, www.agarestaurant.com. Köfte, Reisgerichte, Salate und Süßes.

Çukurcuma Köftecisi, Çukurcuma Cad./Hacıoğlu Sk. 1 A, Beyoğlu, Tel. 02 12/245 08 33. Einfaches Mittagslokal.

Kardeşler, Ağahamam Cad. 1, Cihangir-Taksim, Tel. 02 12/251 36 96. Selbstbedienungsrestaurant nahe Taksim Meydanı mit guter türkische Küche.

Konak Kebap Salonu, Istiklal Cad. 259, Beyoğlu, Tel. 02 12/244 42 81, www.konakkebap.org. Zahlreiche Kebap-Varianten, Pide, Lahmahcun und Desserts unter Jugendstil-Stuckdecke.

Imroz, Nevizade Sk., Beyoğlu, Tel. 02 12/249 90 73, www.krependekiimroz.com. Fisch, Huhn, Fleischbällchen, Auberginen, Börek und nicht zu vergessen die köstlichen Meze!

Eines Sultans würdig – Stillleben mit erlesenen Speisen im Çırağan Palace Kempinski

Refik, Asmalımescid Cad., Sofyalı Sk. 6/8, Tünel-Beyoğlu, Tel. 02 12/243 28 34, www.refikrestaurant.com. Wegen seiner Meze ist das kleine Restaurant nahe Tünel und Istiklal Caddesi stets gut besucht. Sehr gutes Essen zu zivilen Preisen. Wein und Bier. Reservierung empfohlen.

Seviç, Çiçek Pasajı 80, Beyoğlu, Tel. 02 12/244 28 67, www.sevicrestaurant.com. Türkisches Restaurants in der atmosphärereichen Jugendstilpassage.

Tarihi Karaköy Balıkçısı, Kardeşim Sk. 30, Karaköy, Tel. 02 12/251 13 71, www.tarihikarakoybalikcisi.com. Gute Fischgerichte. Warme Küche bis der Tagesfang aus ist (Mo–Fr 11.30–ca. 17 Uhr).

Topaz, Inönü Cad. 50, Gümüşsuyu, Tel. 02 12/249 10 01, www.topazistanbul.com. Mediterrane und internationale Küche in Edelrestaurant mit Bar. Umfangreiche Weinkarte (tgl. 12–16 und 18–1 Uhr).

Am Bosporus – europäische Seite

Adem Baba, Satış Meydanı Sk. 2 (nahe Fähranleger), Arnavutköy, Tel. 02 12/263 29 33, www.adembaba.com. Einfaches, aber gutes Fischlokal.

Bebek Balıkçısı, Cevdet Paşa Cad. 26 A, Bebek, Tel. 02 12/263 34 47, www.bebekbalikci.net. Mit Blick auf den Bosporus speist man köstlichen Fisch und Meeresfrüchte (tgl. 12–24 Uhr).

Balıkçı Kahraman, Iskele Cad. 15, Rumeli Kavağı, Tel. 02 12/242 64 47, www.

balikcikahraman.org. Exzellente Fischspezialitäten, z. B. Fischbällchen aus Seebrasse.

Feriye Lokantası, Çırağan Cad. 40, Ortaköy, Tel. 02 12/227 22 16, www.feriye.com. Kebap und Köfte an der Bosporus-Flaniermeile von Ortaköy.

TOP TIPP **Malta Köşkü**, Yildız Park [s. S. 107], Beşiktaş, Tel. 02 12/258 94 53. Exquisite Küche in einstigem Sultanspavillon. Sa/So/Fei Reservierung empfohlen.

Asiatische Seite

Dilruba, Fetihpaşa Korusu, Fıstıkağacı, Üsküdar, Tel. 02 16/492 15 00, www.dilruba.com.tr. Ausflugslokal nahe der ersten Bosporusbrücke. Sonntagsbrunch.

Kız Kulesi Restaurant, im Mädchenturm [s. S. 114], Tel. 02 61/342 47 47, www.kizkulesi.com.tr. Hier wird Teriyaki Beefsteak, Lammspieß oder pochierte Seebrasse kredenzt. Reservierung empfohlen.

Lacivert Restaurant, Körfez Cad. 57 A (Zubringerboot ab Rumeli Hisarı), Kanlıca, Tel. 02 16/413 37 53, www.lacivertrestaurant.com. Lokal in traditionellem Yalı am Bosporusufer. Essen und Weine sind exquisit. Sonntagsbrunch 11–14, sonst ab 12 Uhr. Reservierung empfohlen.

Mabeyin, Eski Kısıklı Cad. 129, Kısıklı (Çamlıca-Hügel beim Millet Parkı), Tel. 02 16/422 55 80, www.mabeyin.com. Kebap satt: Ayva, Keme, Urfa, Döner Style, gegrillt, gerollt, gebraten, überbacken.

Zanzibar Caddebostan, Cemil Topuzlu Cad. 102, Caddebostan, Tel. 02 16/385 64 30, www.cafezanzibar.com.tr. Schickes türkisch-italienisches Restaurant in einer historischen Villa am Meer.

Cafés

Altstadt

Bedesten, Cevahir Bedesten 143–151, Kapalı Çarşısı [s. S. 55], Beyazıt, Tel. 02 12/520 22 50, www.cafebedesten.com. Café mit französischem Flair.

TOP TIPP **Istanbul Kahvehanesi**, Uzunçarşı Cad. 329, Tahtakale Hamam Çarşısı 2. Avlu, Tahtakale-Eminönü, Tel. 02 12/514 40 42. Charmantes Café in einem ehem. Hamam nahe der Rüstem-Paşa-Moschee.

TOP TIPP **Piyer Loti Kahvesi**, Balmumcu Sk. 5, Eyüp Mezarligı, Eyüp, Tel. 02 12/581 26 96. Lauschiges Café mit Aussicht [s. S. 85].

Afiyet olsun – guten Appetit auf Türkisch

Türkisches Essen weist mit Olivenöl, Knoblauch, frischem Gemüse und gegrilltem Fleisch alle Bestandteile feiner **Mittelmeerküche** auf. Den Auftakt machen stets **Meze**, kalte und warme Vorspeisen, die in großer Auswahl serviert werden: Auberginenmus, mit Schafskäse gefüllte Tomaten, mit Käse, Spinat oder Hackfleisch gefüllte Blätterteigrollen (*Börek*), Hirtensalat aus Tomaten, Gurken und Zwiebeln, Zucchinipuffer, *Cacık* (das türkische Tsaziki) u.v.m.

Bekannteste Vertreter des anschließenden Hauptgangs sind wohl **Kebapgerichte**. Die Fleischstückchen vom Grill werden als *Döner Kebap* im Brot mit Reis und Salat angeboten, als *Iskender Kebap* mit Joghurtsoße, *Adana Kebap* mit Hack-

fleisch, *Şiş Kebap* auf dem Spieß oder als extrascharfer *Alanya Kebap*. Das Fleisch kommt vom Huhn (*Tavuk*), Hammel (*Koyun eti*) oder Kalb (*Dana eti*). Weitere ›Klassiker‹ sind Hackfleisch- oder Käsepizza (*Pide*) oder dünne Hackfleischfladen (*Lahmacun*). In Istanbul kann man aber auch sehr gut **Fisch** (*Balık*) essen, vor allem in den Vierteln Kumkapı und Sariyer sowie entlang des Bosporus. Neben Thunfisch (*Palamut*), Seebarsch (*Levrek*), *Hamsi* (kleine Sardinen aus dem Schwarzen Meer) und Meeresfrüchten wird je nach Tagesfang oft auch frischer Steinbutt (*Kalkan*), Meerbarbe (*Barbunya*) oder Schwertfisch (*Kılıç*) angeboten – gegrillt, gekocht, gebacken oder als Stew zubereitet.

Zum Essen wird reichlich Weißbrot gereicht, nicht nur zu den **Suppen** (*Çorba*), die als eigener Gang gelten und wie die Vorspeisen sowohl warm als auch kalt serviert werden. Sehr beliebt ist Lin

sensuppe (*Mercimek Çorbası*) in rot, gelb oder grün.

Übrigens: Nicht in jedem Restaurant wird **Alkohol** ausgeschenkt. Wer auf Bier, Wein oder *Rakı*, türkischen Anisschnaps, zum Essen nicht verzichten möchte, sollte sich vorab telefonisch erkundigen. Ein typisch türkisches Getränk ist *Ayran*, ein erfrischender säuerlicher Trinkjoghurt. Nur im Winter wird *Sahlep* gekocht, ein mit gemahlener Orchideenwurzel versetztes, eigentümlich scharfes Milchgetränk. Stets erhältlich ist dagegen ein Glas schwarzer Tee (*Çay*) oder eine Tasse Kaffee (*Kahva*).

Dazu oder als Dessert nach dem Hauptgang dürfen **Süßigkeiten** (*Tatlılık, Şekerleme*) nicht fehlen, deren die türkische Küche unzählige kennt. Einen Spitzenplatz nehmen hier die unzähligen Varianten von *Baklava* ein, sirupgetränkte Blätterteigteilchen, die je nach Füllung mit Pistazien oder anderen Nüssen *Söbiyet* oder *Fistikli* heißen, in Form von fadenartigem Teig mit Käse *Künefe* oder *Tel Kadayıf* (Engelshaar). Weitere fantasievoll benannte Süßigkeiten sind Frauennabel (*Hanum Göbegi*), Kussmündchen (*Dilber Dudagı*) oder Nachtigallennest (*Bülbül Yuvası*). Auch das geleeartige *Lokum* kann mit Früchten, Nüssen, Kokosraspeln oder Rosenwasser aromatisiert sein.

Sehr fein sind schließlich auch die Puddings (*Muhallebi*), allen voran *Sütlaç*, ein Milchpudding, in der karamellisierten Version *Kazandibi* (Angebrannter Topfboden) genannt, das ähnliche *Güllaç*, das zudem Blätterteig und Granatapfelstückchen enthält, oder *Tavukgögsü* mit fein aufgefaserter Hühnerbrust. *Lokma*, ausgebackene Teigbällchen in Sirup, wird bevorzugt warm gegessen, *Pişmaniye* erinnert an Zuckerwatte und wird in Weiß und Rosa oft von Straßenverkäufern angeboten.

Von oben nach unten: Festlich arrangiert mit Hafenblick – Fischparade. Stapelweise Gaumenfreuden: Bulgur-Puffer im Ciya Café. Blätterteigteilchen – Baklava mit Pistazien. Ein Gläschen Tee mit Süßigkeiten am Rande

Neustadt

Café du Levant, Kumbarhane Cad. 2 (gegenüber Rahmi M. Koç Müzesi), Hasköy, Tel. 02 12/369 66 07, www.cafedulevant.com. Charmantes Café im französischen Bistro-Stil.

Cuppa, Yeni Yuva Sk. 26, Cihangir, Tel. 02 12/249 57 23, www.cuppajuice.com. Mehr als 40 Saftvarianten vom frischgepressten Orangensaft bis zu ›Dr. Spock‹ aus Brokkoli, Möhre, Apfel.

Krepen, Istiklal Cad. 140, Beyoğlu, Tel. 02 12/249 80 13, www.cafekrepen.com. Modernes Café-Bistro, abends Bar.

TOP TIPP **Konak**, Bereketzade Mah./Hacı Ali Sk. 2 (unterhalb des Galataturms), Kuledisi-Galata, Tel. 02 12/252 53 46, www.galatakonakcafe.com. Ein Kaffeehaus zum Verlieben: selbstgemachtes Gebäck, Obstkuchen, Sahnetorten, plüschige Einrichtung – und eine grandiose Dachterrasse mit Panoramablick über das Goldene Horn nach Sultanahmet.

TOP TIPP **Saray Muhallebicisi**, Istiklal Cad., Beyoğlu, Tel. 02 12/292 34 34, www.saraymuhallebicisi.com. Türkischer Puddingshop vom Feinsten: Sütlaç, Baklava, Vişneli-Kirschpudding und Muhallebi. Außerdem gibt es Frühstück und mittags warme Speisen.

Rauchverbot

In öffentlichen Gebäuden, Hotels und Restaurants sowie öffentlichen Verkehrsmitteln ist ein striktes Rauchverbot einzuhalten.

Trinkgeld

Etwa 10 % des Rechnungsbetrages werden in den Restaurants als Trinkgeld erwartet.

Feiertage

Die Türkei ist ein laizistischer Staat, Wochenende ist Sa/So.

1. Januar: **Neujahr** (*Yilbaşı*), 23. April: **Unabhängigkeitstag** (Jahrestag der 1. Sitzung der Türkischen Großen Nationalversammlung) und Tag der Kinder (*Ulusal Egemenlik ve Çocuk Bayramı*), 19. Mai: **Gedenktag für Atatürk** (Atatürks Ankunft in Samsun und Beginn des Unabhängigkeitskrieges) sowie **Tag der Jugend und des Sports** (*Atatürk'ü Anma, Gençlik ve Spor Bayramı*), 30. August: **Tag des Sieges** (Nationalfeiertag, Sieg über die alliierten Besatzungstruppen 1922, *Zafer Bayramı*), 29. Oktober: **Tag der Republik** (Gründung der Türkischen Republik, *Cumhuriyet Bayramı*)

Islamische Feiertage

Islamische Feiertage richten sich nach dem Mondkalender und verschieben sich daher gegenüber der christlich-gregorianischen Zeitrechnung jedes Jahr um etwa elf Tage nach hinten.

Ramazan: Fastenmonat (1.8.2011–30.8.2011, 21.7.2012–19.8.2012). **Zuckerfest** (*Seker Bayramı/Ramazan Bayramı*): Dreitägiges Fest am Ende von Ramazan, bei dem Süßigkeiten gegessen und Kinder beschenkt

Goldene Kulisse am Goldenen Horn – Galatabrücken-Dinner mit Blick auf die Yeni Camii

werden (30.8.2011, 19.8.2012). **Opferfest** (*Kurban Bayramı*): Zu diesem Fest wird traditionell Schaffleisch innerhalb der Familie, an Nachbarn und Arme verteilt (6.11.2011, 25.10.2012).

Festivals und Events

Biletix, Tel. 0216/556 98 00, www.biletix.com. Tickets für alle Events in Istanbul.

März/April

International Istanbul Film Festival: Alljährlich wird bei dem Festival (www.iksv.org/film) der beste Film mit der *Goldenen Tulpe* prämiert.

Lale Festivalı (Tulpenfest): im Emirgan-Park oberhalb des gleichnamigen Dorfes am Ufer des Bosporus.

Mai

Altstadtfest Hidrellez (5. Mai): Straßenfest (www.hidrellez.org) vor dem Arcadia Hotel in Sultanahmet mit mitreißender ›Zigeunermusik‹.

Formel 1 Grand Prix: Dreitägiges internationales Motoren-Spektakel (www.formula1.com) am 5,37 km langen Istanbul Otodrom Circuit.

Juni/Juli

International Istanbul Music Festival: Open-Air-Festival (www.iksv.org/muzik) mit klassischer Musik, Tanz und Oper in der Altstadt.

International Istanbul Jazz Festival: Internationaler Jazz (www.iksv.org/caz) in Theatern, Bars und unter freiem Himmel.

Istanbul Cup: Internationales Tennisturnier (www.istanbulcup.com).

August/September

Yelken Yarışları: Segelregatta (www.yelkenokulu.com). Kurzstrecke von Istanbul zur Insel Marmara im Süden der Stadt und längere Etappentour bis Bodrum in der Ägäis.

Oktober

Efes Pilsen Blues Festival: Namhafte Bluesmusiker (www.efesblues.com) aus aller Welt geben sich am Bosporus die Ehre.

November

International Istanbul Biennial: Theaterbiennale (www.iksv.org/bienal) in ungeraden Jahren mit klassischen Stücken, Tanz- und Straßentheater.

Fatih Akin am Drehort – Regisseur von ›Gegen die Wand‹ und ›Auf der anderen Seite‹

Hamams/Türkische Bäder

Wer in Istanbul ein türkisches Bad besuchen möchte, kann zwischen mehreren historischen Hamams wählen:

Ağa Hamamı, Turnacibaşı Sk. 48/B (Parallelstraße zur Istiklal), Beyoğlu, Tel. 0212/249 50 27

Cağaloğlu Hamamı, Yerebatan Cad., Çemberlitaş, Tel. 0212/522 24 24, www.cagalogluhamami.com.tr

Eine Institution der Istanbuler Badekultur – das 1741 eröffnete Cağaloğlu Hamamı

Çemberlitaş Hamamı, Vezirhan Cad. 8 (an der Konstantinssäule), Çemberlitaş, Tel. 02 12/522 79 74, www.cemberlitas hamami.com.tr [s. S. 52]

Gedikpaşa Hamamı, Hamam Cad. 65–67, Gedikpaşa-Beyazıt, Tel. 02 12/517 89 56, www.gedikpasahamami.com

Suleymaniye Hamamı, Mimar Sinan Cad. 20, Süleymaniye, Tel. 02 12/519 55 69, www.suleymaniyehamami.com.tr

Tarihi Galatasaray Hamamı, Sütterazi Sk. 24 (Seitenstraße der Istiklal), Beyoğlu, Tel. 02 12/249 43 42, www.galatasaray hamami.com

Klima und Reisezeit

Die angenehmsten Reisezeiten für Istanbul sind Frühjahr und Herbst mit Temperaturen zwischen 20 und 25 °C. Der brütend heiße Sommer mit Temperaturen von bis zu 40 °C im Schatten im Juli und August bietet sich für eine Reise ebenso wenig an wie der verregnete Winter.

Klimadaten Istanbul

Monat	Luft (°C) min./max.	Wasser (°C)	Sonnen-std./Tag	Regen-tage
Januar	6/15	15	5	5
Februar	7/17	14	5	5
März	9/20	15	6	3
April	11/24	16	8	3
Mai	13/27	17	11	2
Juni	17/32	20	11	1
Juli	20/36	21	12	0
August	20/36	24	12	0
September	18/32	21	8	2
Oktober	14/26	18	7	4
November	10/20	17	5	6
Dezember	7/16	14	5	5

Kultur live

Informationen zu kulturellen Veranstaltungen gibt das Tourismusbüro [s. S. 119].

Oper und Ballett

Kadiköy Süreyya Operasi, Bahariye Cad. 29, Kadiköy, Ticket-Tel. 02 16/346 15 31, www.idobale.com. Staatsoper und Ballett Istanbul.

Konzerte und Theater

Atatürk Kültür Merkezi (AKM), Inönü Mah./Gümüşsuyu Cad., Taksim, Tel. 02 12/251 56 00. Das Kulturzentrum bietet Platz für klassische Konzerte, Theater- und Filmvorführungen (über Abriss oder Umbau wird 2011 entschieden).

Borusan Kültür ve Sanat, Istiklal Cad. 213, Beyoğlu, Tel. 02 12/336 32 80, www.boru sansanat.com. Auf dem Progamm des Kulturzentrums stehen Konzerte, Ausstellungen und Lesungen.

CRR Cemal Reşit Rey Concert Hall, Darülbedayi Cad. 31, Elmadağ-Harbiye, Tel. 02 12/232 98 30, www.crrks.org. Größte Konzerthalle der Stadt.

Tarık Zafer Tunaya Culture Center, Istiklal Cad./Şahkulu Bostanı Sk. 8, Tel. 02 12/293 12 70, Galatasaray-Beyoğlu. Theater, Filme, Konferenzen und Podiumsdiskussionen.

Mehter Muzik

Askeri Müze, Vali Konağı Cad., Harbiye, Tel. 02 12/233 27 20. Spezielle Janitscharen-Musikcorps (*Mehter takimi*) spielen die traditionelle osmanische Militärmusik mit Kesselpauke, Klarinette, Zimbeln und Schellen (Mi–So 15 und 15.30 Uhr, s. S. 97).

Nachtleben

Die angesagten Viertel für Nachtschwärmer sind in der Neustadt Taksim/Beyoğlu und Ortaköy sowie auf der asiatischen Seite die Kadife Cad. in Kadıköy. Gefeiert wird meist bis in die Morgenstunden, denn eine Sperrstunde gibt es nicht.

Taksim/Beyoğlu

TOP TIPP **360 Istanbul**, Istiklal Cad. (Mısır Apt.), Beyoğlu, Tel. 02 12/251 10 42, www.360istanbul.com. Schicke Dachterrassen-Bar (tgl. 12–2/4 Uhr).

Andon Bar, Şiraselviler Cad. 89, Taksim, Tel. 02 12/251 02 22. Vier Stockwerke, vier Stile: schummrig, arabisch-spanisch, Türkpop und internationale Terrassenbar (Mo–Sa bis 3 Uhr).

Babylon, Şehbender Sk. 3, Asmalımescit-Beyoğlu, Tel. 02 12/292 73 68, www.babylon.com.tr. Eine der angesagtesten Jazz-Clubs, häufig Live-Sessions (Fr ab 21, Di–Do ab 22 Uhr).

TOP TIPP **Ghetto**, Kamer Hatun Cad. 10, Beyoğlu, Tel. 02 12/251 75 01, www.ghettoist.net. Electronic Jazz in zweistöckigem Renaissance-Saal, Chill-out-Galerie unter stuckumrahmten Deckenfresken.

Mit Grazie und Schleier – die Ursprünge des orientalsichen Bauchtanzes liegen in Ägypten

Leb-i Derya Richmond, Richmond Hotel, Istiklal Cad. 227, Beyoğlu, Tel. 02 12/ 243 43 75, www.lebiderya.com. Edle Restaurant-Bar im sechsten Stock des Hotels hoch über Beyoğlu.

Mentha, Istiklal Cad. 165 (Mısır Apt. Yanı), Beyoğlu, Tel. 02 12/252 51 91, www.menthaistanbul.com. Erst einen grünen Drink in der Lounge, dann tanzen zum DJ-Sound made in Istanbul.

Ortaköy

Die großen Freiluftdiskos am Bosporus haben von Mai–Okt. geöffnet.

Crystal, Muallim Naci Cad. 109, Ortaköy, Tel. 02 12/229 71 52, www.clubcrystal.org. House-Music, Dance und Electro (Mi–Sa ab 24 Uhr).

TOP TIPP **Reina**, Muallim Naci Cad. 44, Ortaköy, Tel. 02 12/259 59 19, www.reina.com.tr. Hier feiert die In-Szene der Stadt zu angesagter Musik.

Sortie, Muallim Naci Cad. 141, Ortaköy, Tel. 02 12/327 85 85, www.sortie.com.tr. Riesiger Open-Air-Club am Bosporusufer mit mehreren Bars, Restaurants, Tanzflächen.

Bauchtanz

Bauchtanz (*Göbek dansı*) gilt als etwas anrüchig, wird aber im touristischen Umfeld akzeptiert. Meist werden Abendessen und Bauchtanz im Paket angeboten:

Galata Kulesi Restaurant & Night Club, Galataturm, Galata-Beyoğlu, Tel. 02 12/ 293 81 80, www.galatatower.net. Abendshow mit Bauchtanz und Blick über die erleuchtete Stadt.

Orient House, BW President Hotel, Tiyatro Cad. 25 (beim Großen Basar), Tel. 02 12/516 69 80, www.thepresidenthotel.com. Graziöser Bauchtanz zur beschwingten Musik eines türkischen Fasil-Orchesters.

Sport

Sportangebote für Touristen beschränken sich in der Regel auf Fitnessstudios und Schwimmbäder in den Hotels. Im Folgenden eine kleine Auswahl an Sportmöglichkeiten:

Eislaufen

Galeria, Sahil Yolu, Ataköy (nahe Flughafen), Tel. 02 12/559 95 60, www.galleria-atakoy.com.tr. Eislaufbahn mit Schlittschuhverleih in der zentralen Lobby des Einkaufszentrums.

Golf

Istanbul Golf Kulübü, Maslak, Tel. 02 12/ 324 06 09, www.igk.org.tr. 9-Loch-Platz, Par 65

Kemer Golf & Country Club, Göktürk Beldesi, Uzunkemer Mevkii, Eyüp, Tel. 02 12/239 77 70, www.kg-cc.com. 18-Loch-Platz, Par 72

Klassis Golf & Country Club, Seymen Köyü, Altıntepe Mevkii, Silivri, Tel. 02 12/710 13 13, www.klassisgolf.com.tr. 18-Loch-Platz, Par 72

Segeln

Dildar Turizm, Vişne 21 Cad. 16, Zekeriyaköy, Tel. 02 12/259 70 10, www.dildar1.com. Segel- und Motorbootausflüge entlang des Bosporus sowie ins Schwarze Meer, Marmarameer und in die Ägäis.

Stadtbesichtigung

Boğaz Turları/Bosporustouren

Istanbul Deniz Otobüsleri AS (IDO), Iskele Galata Köprüsü, Eminönü, Tel. 02 12/444 44 36, www.ido.com.tr. *Full Bosphorus Cruise* tgl. 10.35 Uhr ab Eminönü, 10.50 Uhr ab Beşiktaş

Turyol, Galata Köprüsü, Eminönü, Tel. 02 12/527 99 52, www.turyol.com. Ab Eminönü Mo–Fr 12–19 Uhr, Abfahrten zur vollen Stunde; Sa/So 11–19.15 Uhr, Abfahrten alle 45–60 Min.

Per Pedes

Dr. Can Erimtan, Tel. 05 37/778 79 15, sitanbul@gmail.com. Der Historiker führt kompetent, unterhaltsam und maßgeschneidert durch Istanbul, auch auf Deutsch möglich.

Istanbul Walks, c/o Celebi Tourism & Travel Agency, Tel. 05 32/365 99 85, www.istanbulwalks.com. Spaziergänge zu den Hauptsehenswürdigkeiten Istanbuls.

Stadtrundfahrten

City Sightseeing Istanbul, Kioske in Sultanahmet (gegenüber der Hagia Sophia) und am Taksim-Platz (beim Busbahnhof), Tel. 02 12/458 18 00, www.city-sightseeing.com. 57 Hop On-Hop Off-Stationen, für die der rote Bus offiziell 90 Min., meist jedoch länger braucht. Audio-Guides in elf Sprachen.

Zahlreiche Veranstalter bieten Bosporustouren [s. S. 110] sowie geführte Bustouren zu den touristischen Highlights und den Märkten der Stadt an.

Istanbul City Tours, Tel. 02 12/527 92 92, www.istanbulcitytours.net

Plan Tours, Cumhuriyet Cad. 83/1, Elmadağ, Tel. 02 12/234 77 77, www.plantours.com

Statistik

Bedeutung: Größte Stadt der Türkei und einzige Großstadt weltweit, die auf zwei Kontinenten liegt. Weite Teile der Altstadt zählen zum UNESCO Weltkulturerbe der Menschheit.

Einwohner: ca. 12,7 Mio., im Großraum nach Schätzungen ca. 16 Mio.

Fläche: 1538 km^2, Metropolregion ca. 5220 km^2

Lage: 41°1'N, 28°58'O, beidseits des Bosporus, in Europa und Asien. Durchschnittliche Höhe: 40 m über NN bei sehr hügeligem Terrain.

Religion: über 90 % muslimisch (davon ca. ¾ Sunniten und ¼ Aleviten), sonst meist Christen und Juden.

Verwaltung: 27 Stadtbezirke, 18 davon auf der europäischen, 9 auf der asiatischen Seite

Wirtschaft: Istanbul ist der größte Handels- und Dienstleistungsplatz der Türkei. Es gibt eine Börse, im Wirtschaftsgeschehen dominieren Groß- und Einzelhandel, Verlage sowie zunehmend der Bankensektor. Auch nationaler und internationaler Tourismus ist von großer Bedeutung.

Unterkunft

Istanbul bietet Hotels, Pensionen und Privatunterkünfte für jedes Budget und jeden Geschmack.

Apartments

Zuverlässige Anbieter von Ferienwohnungen zwischen Galata und Taksim sind:

Istanbul Sweet Home, Fax 02 12/230 89 21, www.istanbulsweethome.com

TOP TIPP **Manzara Istanbul**, Galatakulesi Sk. 3/2, Kuledibi-Beyoğlu, Tel. 02 12/252 46 60, www.manzara-istanbul.com. 25 gestylte Apartments, zum Teil mit spektakulären Ausblicken und Service von Architekturführungen bis zu Dinner mit Livemusik.

Hostels und Guesthouses

In Sultanahmet bieten einige Hostels und Guesthouses günstige Übernachtungsmöglichkeiten.

Cordial House, Divanyolu Cad., Peykane Sk. 29, Çemberlitaş, Tel. 02 12/518 05 76, www.cordialhouse.com

Mit Plüsch und viel Grandezza – das 1892 eröffnete Grand Hotel Büyük Londra Oteli

Sultan Hostel, Akbiyik Cad. 21, Sultanahmet, Tel. 02 12/516 92 60, www.sultanhostel.com

Lamp Guesthouse, Akbıyık Cad. 66, Sultanahmet, Tel. 02 12/638 29 27, www.lampguesthouse.com. Einfache Unterkunft, doch der Blick vom obersten Stock auf die Blaue Moschee ist unbezahlbar.

Orient Hostel, Akbiyik Cad. 13, Sultanahmet, Tel. 02 12/517 94 93, www.orienthostel.com

Hotels

Eine empfehlenswerte Auswahl guter Hotels in Istanbul bietet:

Association of Historical & Boutique Hotels of Turkey, Türkiye Özel Belgeli, Özel Nitelikli ve Butik Otelciler, Aksakal Sk. 2, Sultanahmet, Tel. 02 12/516 28 37, www.historicalhotelsofturkey.org

Altstadt

Luxushotels

Barcelo Eresin Topkapı, Millet Cad. 186, Topkapı, Tel. 02 12/631 12 12, www.barcelo.com. Internationales Spitzenhaus an der Theodosianischen Landmauer.

Four Seasons, Tevkifhane Sk. 1, Sultanahmet, Tel. 02 12/402 30 00, www.fourseasons.com/istanbul. 60 große Zimmer und 5 Suiten in allerbester Lage neben Topkapı-Palast und Hagia Sophia.

Obere Mittelklasse

TOP TIPP **Arcadia**, Dr. İmran Öktem Cad. 1, Sultanahmet, Tel. 02 12/516 96 96, www.hotelarcadiaistanbul.com. Distinguiertes Haus unweit der Blauen Moschee. Schöne Aussicht von der Dachterrasse des Restaurants Horizon.

Golden Crown, Piyerloti Cad. 40, Cemberlitaş, Tel. 02 12/638 19 44, www.goldencrownhotel.com. Solides Stadthotel nahe dem Großen Basar.

Kariye Oteli, Kariye Camii Sk. 6, Edinekapı, Tel. 02 12/534 84 14, www.kariyeotel.com. Hotel in einem historischen Holzhaus gleich neben der Chora-Kirche.

Blue House Hotel, Dalbasti Sk. 14 (bei Utangaç Sk.), Sultanahmet, Tel. 02 12/638 90 10, www.bluehouse.com.tr. Aus Holz erbautes ›Blaues Haus‹ im Zentrum, Dachterrassen-Restaurant mit schönem Blick.

TOP TIPP **Sari Konak Hotel**, Mimar Mehmet Aga Cad. 42–46, Sultanahmet, Tel. 02 12/638 62 58, www.istanbulhotelsarikonak.com. Boutiquehotel im osmanischen Stil, mit Dachterrasse und kleinem Innenhof.

Mittelklasse

Akçinar, Nöbethane Cad./Serdar Sk. 18, Sirkeci, Tel. 02 12/513 32 73, www.hotelakcinar.com. Ordentliche Zimmer in der Hotelstraße hinter dem Sirkeci-Bahnhof.

And, Yerebatan Cad./Cami Çıkmazı 36–40, Sultanahmet, Tel. 02 12/512 02 07, www.andhotel.com. Nicht mehr ganz neues Hotel, aber Lage und Preis stimmen. Dachrestaurant mit schönem Ausblick.

Inter, Mihatpaşa Cad./Buyuk Haydar Efendi Sk. 29 (südlich des Beyazıt-Platzes), Beyazıt, Tel. 02 12/518 35 35, www.

Strahlend und blitzblank – Schuhputzer im Istanbuler Ritz Carlton Hotel

hotelinteristanbul.com. Solides, günstiges Hotel nicht weit vom Großen Basar.

Neustadt

Luxushotels

Richmond Hotel, Istiklal Cad. 227, Tünel-Beyoğlu, Tel. 02 12/252 54 60, www.richmondhotels.com.tr. Traditionshotel mit modernem, glasverkleideten Anbau und schicken Zimmern.

The Marmara Istanbul, Taksim Meydanı, Taksim, Tel. 02 12/251 46 96, www.themarmarahotels.com. 20-stöckiges Luxushotel in der Neustadt mit Panorama-Restaurant.

Obere Mittelklasse

Anemon Galata, Bereketzde Mh. Büyükhendek Cad. 11, Kuledibi, Tel. 02 12/ 293 23 43, www.anemonhotels.com. Kleines restauriertes Stadtpalais neben dem Galataturm.

Larespark Hotel, Topcu Cad. 23, Taksim, Tel. 02 12/313 51 00, www.laresparktaksim.com. Komfortables Geschäftshotel, in dem sich auch Urlauber wohl fühlen.

Nippon Hotel, Topçu Cad. 6, Taksim, Tel. 02 12/313 33 00, www.nipponhotel.com.tr. Internationales Komforthotel unweit nördlich des Taksim-Platzes. Stylische Ausstattung im asiatischen Stil.

TOP TIPP **Vardar Palace Hotel**, Sıraselviler Cad. 16, Taksim, Tel. 02 12/252 28 88, www.vardarhotel.com. 40 modern ausgestattete Zimmer in einem Prachtbau von 1901. Gutes Preis-Leistungs-Verhältnis.

Villa Zürich, Akarsu Yokusu Cad. 44–46, Cihangir, Tel. 02 12/293 06 04, www.hotelvillazurich.com. Angenehmes, etwas teures Hotel im taksimnahen Wohnviertel Cihangir.

Am Bosporus

Luxushotels

Bosphorus Palace, Yalıboyu Cad. 64, Beylerbeyi, Tel. 02 16/422 00 03, www.bosphoruspalace.com. Edel restaurierter neo-osmanischer Palast (19. Jh.) auf der asiatischen Bosporusseite.

Ortaköy Princess, Dereboyu Cad. 10, Ortaköy, Tel. 02 12/227 60 10, www.ortakoyprincess.com. Erlesenes Hotel nahe Bosporus und Ortaköy-Moschee.

Verkehrsmittel

Für Fahrten mit den öffentlichen Verkehrsmitteln bezahlt man mit einem vorab zu kaufenden **Token** (*Jeton*) oder – bequemer und günstiger – mit dem **Akbil**, einem Metallknopf zum Aufladen. Damit ist der Fahrpreis ca. 10 % geringer und man kann innerhalb von 45 Min. auf Transitlinien kostenlos oder ermäßigt umsteigen.

Tokens und Akbils gibt es an allen Straßenbahn- und Metrostationen sowie an vielen größeren Bushaltestellen in den weißen *Akbil kiosk* oder *Akbil Satis Noktasi*. Das Akbil kostet beim Erstkauf Pfand, das bei Rückgabe gegen Vorlage des Kassenzettels erstattet wird. Achtung: Am Atatürk Flughafen gibt es keinen Rückgabe-Schalter! Akbil-Aufladen erfolgt am Kiosk oder an Automaten, entweder mit einem gewissen Geldbetrag oder pauschal für 3 Tage, für 1 Woche oder 1 Monat.

Neu ist die wiederaufladbare **Istanbulkart**, die für alle Busse, Straßenbahnen und Fähren sowie für die Tünel-Bahn und Metro gilt. Die Chip-Karte ist an den größeren Stationen erhältlich und kostet beim Erstkauf Pfand. Vor und nach jeder Fahrt wird sie über ein entsprechendes Lesegerät gehalten.

Bus

IETT City Bus, öffentliche Busse, während der Stoßzeiten meist sehr voll.

Özel Halk Otobüsü, Privatbusse, Fahrpreise wie bei den öffentlichen. Hier kann man beim Fahrer auch bar zahlen.

Fähren

Den Fährverkehr über Goldenes Horn und Bosporus stellt die städtische Fährgesellschaft IDO sicher. Daneben verkehren auf ausgewählten Strecken Fähren und Katamarane privater Betreiber, die etwas teurer sind.

Istanbul Deniz Otobüsleri (IDO), Tel. 0212/444 44 36, www.ido.com.tr

Standseilbahnen

Zwei Standseilbahnen erschließen die steilen Hügel Istanbuls: **Tünel** verbindet Karaköy und Galata. **Funikular** verkehrt zwischen Kabataş und Taksim-Platz.

Dolmuş

Sammeltaxis für 10–14 Personen, die eine festgelegte Route abfahren. Der Pauschalpreis für Passagiere steht wie der Zielort des Dolmuş meist an der Windschutzscheibe angeschrieben. Bezahlt wird beim Fahrer.

Metro

Die **Hafif Metro Istanbul** (M1) ist eine nur teilweise unterirdisch verlaufende Stadtbahn im Westen Istanbuls. Sie führt ab Aksaray u. a. zum Atatürk Airport und soll im Rahmen des Marmaray-Projektes innerstädtisch weiter ausgebaut werden. Die zweite Metrostrecke (M2) wurde im Jahr 2000 zwischen Taksim und 4. Levent eröffnet. Auch sie soll in absehbarer Zeit ausgebaut werden.

Straßenbahn

In Istanbul gibt es eine moderne Straßenbahnlinie, die zwischen Kabataş und Beyazıt bzw. Zeytinburnu verkehrt. An ihrer Strecke liegen viele Sehenswürdigkeiten wie Eminönü (Fähranleger), Sirkeci (europäischer Bahnhof), Gülhane (Gülhane-Park und Topkapı-Palast), Sultanahmet (Hagia Sophia und Blaue Moschee) sowie Beyazıt (Großer Basar).

Zwei weitere Straßenbahnlinien, **Tramvayı**, sind in Dienst: die nostalgischen rotfarbenen Schmalspurwaggons der **Istiklal Caddesi Tram** zwischen Taksim-Platz und Tünel-Platz und die blauen, neueren Wagen der **Moda Nostaljik Tramvayı** auf der asiatischen Seite zwischen Kadıköy und Moda.

Taxi

Die gelben Taxis (*Taksi*) sind allesamt mit einem Taxameter ausgestattet, das **Gunduz** für den Tagtarif anzeigt (6–0 Uhr). Der Nachttarif **Gece** (0–6 Uhr) ist um 50 % teurer. Gepäckstücke kosten extra. Die Maut für die Überfahrt der ersten Bosporusbrücke ist im Fahrpreis enthalten.

Wassertaxi

Deniz Taksi, Tel. 0212/444 44 36, www.deniztaksi.com.tr. Nicht billig, aber bequem und schnell. Kreditkarten werden an Bord akzeptiert.

Flotte Schiffsparade vor sultanischer Kulisse – am Fähranleger des Topkapı Sarayı

Sprachführer

Türkisch für die Reise

Das Wichtigste in Kürze

Ja/Nein	*Evet/Hayır*
Bitte/Danke	*Lütfen/Teşekkür*
In Ordnung!/ Einverstanden!	*Taman!/ Kabul ediyorum!*
Entschuldigung!	*Özür dilerim!*
Wie bitte?	*Nasıl lütfen?*
Ich verstehe Sie nicht.	*Sizi anlamıyorum.*
Ich spreche nur wenig Türkisch.	*Ben çok az Türkçe konuşuyorum.*
Können Sie mir bitte helfen?	*Lütfen bana yardım edermisiniz?*
Das gefällt mir (nicht).	*Bunu beğendim (beğenmedim).*
Ich möchte ...	*Ben ... istiyorum.*
Haben Sie ...?	*Sizde ... varmı?*
Gibt es ...?	*... varmı?*
Wie viel kostet das?	*Bunun fiyatı nedir?*
Wie teuer ist ...?	*... fiyatı nedir?*
Kann ich mit Kreditkarte bezahlen?	*Kredi kartı ile ödeyebilirmiyim?*
Wie viel Uhr ist es?	*Saat kaç?*
Guten Morgen!	*Günaydın!*
Guten Tag!	*Iyi günler!*
Guten Abend!	*Iyi akşamlar!*
Gute Nacht!	*Iyi geceler!*
Hallo!/Grüß dich!	*Hallo!/Selam!*
Wie ist Ihr Name, bitte?	*Sizin isminiz, lütfen?*
Mein Name ist ...	*Ismim ...*
Wie geht es Ihnen?	*Nasılsınız?*
Auf Wiedersehen!	*Tekrar gürüşmek üzere!*
Tschüs!	*Iyi günler!*
Bis bald!	*Yakında görüşmek üzere!*
Bis morgen!	*Yarın görüşmek üzere!*
gestern/heute/ morgen	*dün/bügün/ yarın*
am Vormittag/ am Nachmittag	*öğleyin/ öğleden sonra*
am Abend/ in der Nacht	*akşam/ gece*
um 1 Uhr/2 Uhr ...	*saat 1'de/ 2'de ...*
um Viertel vor (nach) ...	*saat ...'e çeyrek kala ('yi çeryek geçe)*
um ... Uhr 30	*saat ... otuzda*
Minute(n)/Stunde(n)	*dakika(lar)/saat(ler)*
Tag(e)/Woche(n)	*gün(ler)/hafta(lar)*
Monat(e)/Jahr(e)	*ay(lar)/yıl(lar)*

Zahlen

0	*sıfır*	19	*ondokuz*
1	*bir*	20	*yirmi*
2	*iki*	21	*yirmibir*
3	*üç*	22	*yirmiiki*
4	*dört*	30	*otuz*
5	*beş*	40	*kırk*
6	*altı*	50	*elli*
7	*yedi*	60	*altmış*
8	*sekiz*	70	*yetmiş*
9	*dokuz*	80	*seksen*
10	*on*	90	*doksan*
11	*onbir*	100	*yüz*
12	*oniki*	200	*ikiyüz*
13	*onüç*	1 000	*bin*
14	*ondört*	2 000	*ikibin*
15	*onbeş*	10 000	*onbin*
16	*onaltı*	100 000	*bir milyon*
17	*onyedi*	1/4	*çeyrek*
18	*onsekiz*	1/2	*yarım*

Wochentage

Montag	*pazartesi*
Dienstag	*salı*
Mittwoch	*çarşamba*
Donnerstag	*perşembe*
Freitag	*cuma*
Samstag	*cumartesi*
Sonntag	*pazar*

Monate

Januar	*ocak*
Februar	*şubat*
März	*mart*
April	*nisan*
Mai	*mayıs*
Juni	*haziran*
Juli	*temmuz*
August	*agustos*
September	*eylül*
Oktober	*ekim*
November	*kasım*
Dezember	*aralık*

Maße

Kilometer	*kilometre*
Meter	*metre*
Zentimeter	*santimetre*
Kilogramm	*kilogram*
Pfund	*yarım kilo*
Gramm	*gram*
Liter	*litre*

Unterwegs

Nord/Süd/West/ Ost	*kuzey/güney/batı/ doğu*
oben/unten	*alt/üst*
geöffnet/geschlossen	*açık/kapalı*
geradeaus/ links/ rechts/ zurück	*direk/sol/ sağ/geri*
nah/weit	*yakın/uzak*
Wie weit ist das?	*Ne kadar uzak?*
Wo sind die Toiletten?	*Tuvaletler nerede?*
Wo ist die (der) nächste …	*En yakın …*
Telefonzelle/	*telefon kulübesi/*
Bank/	*banka/*
Polizei/	*polis/*
Geldautomat?	*para otomatiği … nerede?*
Bitte, wo ist …	*Lütfen …*
der Bahnhof/	*tren garı/*
der Busbahnhof/	*otogar/*
der Fährhafen/	*liman/*
der Flughafen?	*havalimanı nerede?*
Wo finde ich …	
eine Apotheke/	*Eczane/*
eine Bäckerei/	*Fırın/*
Fotoartikel/	*Fotoğrafcı/*
ein Kaufhaus/	*Alış veriş mağazası/*
ein Lebensmittel-geschäft/	*Gıdapazarı/*
den Markt?	*Pazaryeri … nerede bulabilirim?*
Ist das der Weg/ die Straße nach …?	*… giden Yol/giden cadde bu mu?*
Ich möchte mit …	*Ben …*
dem Zug/	*tren/*
dem Schiff/	*gemi/*
der Fähre/	*feribot/*
dem Flugzeug	*uçak*
nach … fahren.	*ile … gitmek istiyorum.*
Gilt dieser Preis für Hin- und Rückfahrt?	*Bu fiyat gidiş-geliş için geçerlimi?*
Wie lange gilt das Ticket?	*Bilet nekadar süreyle geçerlidir?*
Wo ist … das Fremdenverkehrsamt/ ein Reisebüro?	*Turizm dairesi/ Seyahat acentası … nerede?*
Ich benötige eine Hotelunterkunft.	*Bana bir otel odası lazım.*
Wo kann ich mein Gepäck lassen?	*Eşyalarımı nereye bırakabilirim?*

Zoll, Polizei

Ich habe etwas (nichts) zu verzollen.	*Gümrüklük eşyam (yok) var.*
Ich habe nur persönliche Dinge.	*Benim sadece özel eşyam var.*
Hier ist die Kaufbescheinigung.	*Bu satın alma belgesi.*
Hier ist mein(e) …	*Bu benim …*
Geld/Pass/	*param/passaportum/*
Personalausweis/	*nüfus cüzdanım/*
Kfz-Schein/	*arabamın kağıdı/*
Versicherungskarte.	*sigorta karte.*
Ich fahre nach … und bleibe … Tage/ Wochen.	*Ben … gideceğim ve … gün kalacağım/ hafta.*
Ich möchte eine Anzeige erstatten.	*Ben bir şikayet de bulunacağım.*
Man hat mir …	*Benim …*
Geld/die Tasche	*paramı/çantamı*
die Papiere/	*evraklarımı/*
die Schlüssel/	*anahtarlarımı/*
den Fotoapparat/	*fotoğraf makinemi/*
den Koffer/	*valizimi/*
das Fahrrad gestohlen.	*bisikletimi çaldılar.*
Verständigen Sie bitte das Deutsche Konsulat.	*Lütfen arayın Alman Konsolosluğunu.*

Freizeit

Ich möchte ein …	*Ben bir tane …*
Fahrrad/	*bisiklet/*
Motorrad/	*motorsiklet/*
Surfbrett/	*surfboard/*
Mountainbike/	*dağ bisikleti/*
Boot	*kayık*
mieten.	*istiyorum.*
Gibt es ein(en) …	*Yakında bir …*
Freizeitpark/	*eğlence parkı/*
Freibad/	*açık yüzme havuzu/*
Golfplatz	*golf sahası*
in der Nähe?	*varmı?*
Wo ist die (der) nächste	*En yakın …*
Bademöglichkeit/	*yüzme imkanı/*
Strand?	*sahil?*
Wann hat … geöffnet?	*… ne zaman açık?*

Bank, Post, Telefon

Ich möchte Geld wechseln.	*Ben para bozdurmak istiyorum.*
Brauchen Sie meinen Ausweis?	*Kimliğimi istiyormusunuz?*

Hinweise zur Aussprache

c	wie ›dsch‹, Bsp.: Naci = Na*dsch*i, Haci = Ha*dsch*i
ç	wie ›tsch‹, Bsp.: Çoban = *Tsch*oban
ğ	Bsp.: Oğlan = O*w*lan (das *w* nur mitschwingen lassen, wie im Englischen: Howard)
ı	(i ohne Punkt) zwischen ›a‹ und ›i‹ liegend
ş	wie ›sch‹

Wo soll ich unterschreiben?	*Nereye imza atmam gerekir?*
Ich möchte eine Telefonverbindung.	*Ben telefon açmak istiyorum.*
Wie lautet die Vorwahl für ...?	*... telefon kodu nedir?*
Wo gibt es ... Münzen für den Fernsprecher/ Telefonkarten/ Briefmarken?	*Telefon kulübesi için jeton/ Telefon kartı/ Posta pulu ... nerede var?*

Tankstelle

Wo ist die nächste Tankstelle?	*En yakın benzinlik nerede?*
Ich möchte ... Liter ... Super/ Diesel/ bleifrei/ verbleit mit ... Oktan.	*Ben ... litre ... süper/ dizel/ kurşunsuz/ kurşunlu ... oktanlı istiyorum.*
Volltanken, bitte!	*Lütfen depoyu doldurun!*
Bitte prüfen Sie ... den Reifendruck/ den Ölstand/ den Wasserstand/ das Wasser für die Scheibenwischanlage/ die Batterie.	*Lütfen ... teker basıncını/ yağ durumunu/ su seviyesini/ cam sileceği için su/ aküyü ... kontrol edin.*
Würden Sie bitte ... den Ölwechsel vornehmen/ den Radwechsel vornehmen/ die Sicherung austauschen/ die Zündkerzen erneuern/ die Zündung nachstellen.	*Lütfen ... yağ değişimini yapınız/ teker değişimini yapınız/ sigortayı değiştirin/ bujileri değiştiriniz/ ateşlemeyi ayarlayınız.*

Panne, Mietwagen

Ich habe eine Panne.	*Benim arabam arızalandı.*
Der Motor startet nicht.	*Motor çalışmıyor.*
Ich habe die Schlüssel im Wagen gelassen.	*Ben anahtarları araba da unuttum.*
Ich habe kein Benzin.	*Benim benzinim kalmadı.*
Gibt es hier in der Nähe eine Werkstatt?	*Burada yakında bir tamirhane varmıdır?*
Können Sie meinen Wagen abschleppen?	*Arabamı çeke bilirmisiniz?*
Können Sie den Wagen reparieren?	*Arabayı tamir edebilirmisiniz?*
Bis wann?	*Ne zamana kadar?*
Ich möchte ein Auto mieten.	*Ben bir araba kiralamak istiyorum.*
Was kostet die Miete pro Tag/pro Woche/ mit unbegrenzter km-Zahl/ mit Kaskoversicherung/ mit Kaution?	*Günlük/Haftalık/ Sınırsız kilometre/ Kasko ile sigorta/ Kapora ... kiralama fiyatı ne kadar?*
Wo kann ich den Wagen zurückgeben?	*Ben arabayı nerede geri teslim edebilirim?*

Unfall

Hilfe!	*Yardım!*
Achtung!/Vorsicht!	*Dikkat!*
Rufen Sie bitte schnell ... einen Krankenwagen/ die Polizei/ die Feuerwehr.	*Lütfen, acilen ... bir ambulanz/ polisi/ itfaiyeyi çağırınız.*
Es war (nicht) meine Schuld.	*Bu benim suçum (değildi).*
Geben Sie mir bitte Ihren Namen und Ihre Adresse.	*Lütfen bana isminizi ve adresinizi veriniz.*
Ich brauche die Angaben zu Ihrer Autoversicherung.	*Bana hakkında bilgi vermeniz gerekir araba sigortanız.*

Krankheit

Können Sie mir einen guten deutschsprechenden Arzt/ Zahnarzt empfehlen?	*Siz bana iyi Almanca konuşan bir doktor/ bir diş doktoru tavsiye edebilirsiniz?*
Wann hat er Sprechstunde?	*Ne zaman görüşme saatı var?*
Wo ist die nächste Apotheke?	*En yakın eczane nerede?*
Ich brauche ein Mittel gegen ... Durchfall/ Halsschmerzen/ Fieber/ Insektenstiche/ Verstopfung/ Zahnschmerzen.	*Benim ... ishale/ boğaz ağrısına/ ateşe/ böçek ısırmasına/ kabıza/ diş ağrısına ... karşı ilaca ihtiyacım var.*

Hotel

Können Sie mir ein Hotel/eine Pension empfehlen?	*Siz bana bir hotel/ bir pansiyon tavsiye edebilirmisiniz?*

Ich habe bei Ihnen ein Zimmer reserviert.	*Ben sizde bir oda rezervasyon yaptım.*
Haben Sie … ein Einzelzimmer/ Doppelzimmer … mit Bad/Dusche/ für eine Nacht/ für eine Woche/ mit Blick aufs Meer?	*Sizde … bir kişilik/ iki kişilik … banyolu/duşlu/ bir geceliğine/ bir haftalığına/ deniz gören bir oda varmı?*
Was kostet das Zimmer mit Frühstück/ mit Halbpension/ mit Vollpension?	*Oda fiyatı ne kadar kahvaltı ile/ yarım pansiyon/ tam pansiyon?*
Wie lange gibt es Frühstück?	*Kahvaltıyı saat kaça kadar veriyorsunuz?*
Wie ist hier die Stromspannung?	*Buradaki cereyan akımı nasıl?*
Ich reise heute Abend/ morgen früh ab.	*Ben bu akşam/ yarın sabah erkenden ayrılıyorum.*
Haben Sie ein Faxgerät/ einen Hotelsafe?	*Sizde faks/emanet kasası var mı?*
Nehmen Sie Kreditkarten?	*Kredi kartı alıyormusunuz?*
Kann ich Geld wechseln?	*Para bozdura bilirmiyim?*

Restaurant

Wo gibt es ein gutes/ günstiges Restaurant?	*Nerede iyi/hesaplı bir restoran vardır?*
Die Speisekarte/ Getränkekarte, bitte.	*Yemek listesi/içecek listesi, lütfen.*
Welches Gericht können Sie besonders empfehlen?	*Özellikle hangi yemeği tavsiye edebilirsiniz?*
Ich möchte das Tagesgericht/Menü …	*Ben günün menüsünü/ menüyü … istiyorum.*
Ich möchte nur eine Kleinigkeit essen.	*Az bir şey yemek istiyorum.*
Haben Sie vegetarische Gerichte?	*Sizde vejetaryan yemekleri varmı?*
Haben Sie offenen Wein?	*Açık şarabınız varmı?*
Welche alkoholfreien Getränke haben Sie?	*Alkolsüz içeceklerden hangileri mevcut?*
Haben Sie Mineralwasser mit/ ohne Kohlensäure?	*Sizde madensuyu/ asitsiz madensuyunuz varmı?*
Das Steak bitte … englisch/ medium/ durchgebraten.	*Bu bonfileyi, lütfen … ingiliz/ medyum/ iyi pişmiş.*
Können Sie mir bitte … ein Messer/ eine Gabel/ einen Löffel geben?	*Bana, lütfen … bir bıçak/ bir çatal/ bir kaşık … verebilirmisiniz?*
Darf man rauchen?	*Sıgara içiliyormu?*
Die Rechnung, bitte!	*Hesap, lütfen!*

Essen und Trinken

Apfel	*elma*
Apfelsine	*portakal*
Aubergine	*patlıcan*
Banane	*muz*
Bier	*bira*
Blätterteigrolle	*börek*
Braten	*kızartma*
Brot/Brötchen	*ekmek*
Butter	*tereyağ*
Ei	*yumurta*
Eintopf	*güveç*
Eiscreme	*dondurma*
Erdbeere	*çilek*
Espresso	*espresso*
Essig	*sirke*
Fisch	*balık*
Flasche	*şişe*
Fleisch	*et*
Fleischspieße	*şiş*
Fruchtsaft	*meyva suyu*
Frühstück	*kahvaltı*
Geflügel	*kanatlı hayvan eti*
Gemüse	*sebze*
Glas	*bardak*
Gurke	*salatalık*
Hackfleischspieße	*köfte*
Honigmelone	*kavun*
Huhn	*tavuk*
Kaffee	*kahve*
Kalb	*dana*
Kartoffeln	*patates*
Käse	*peynir*
Kebap	*kebap*
Kirschen	*kiraz*
Knoblauch	*sarmısak*
Meeresfrüchte	*deniz ürünü*
Milch	*süt*
Milchkaffee	*sütlü kahve*
Mineralwasser	*madensuyu*
Nachspeisen	*deser*
Öl	*yağ*
Oliven	*zeytin*
Orangensaft	*portakal suyu*
Pfeffer	*karabiber*
Pilze	*mantar*
Pizza	*pide*
Reis	*pilav*
Rindfleisch	*sığır eti*
Salat	*salata*
Salz	*tuz*
Schinken	*pastırma*
Suppe	*çorba*
Süßigkeiten	*tatlılık*
Tee	*çay*
Thunfisch	*palamut*
Trinkjoghurt	*ayran*
Vorspeisen	*meze*
Wassermelone	*karpuz*
Wein	*şarap*
Weintrauben	*üzüm*
Zucker	*şeker*

Mehr erleben, besser reisen!

	ADAC Reiseführer	ADAC Reiseführer plus	ADAC Reiseführer Audio
Ägypten	■	■	
Algarve	■	■	
Allgäu	■	■	
Alpen – Freizeitparadies	■		
Amsterdam	■	■	■
Andalusien	■	■	
Australien	■	■	
Bali & Lombok	■		
Baltikum	■	■	
Barcelona	■	■	■
Bayerischer Wald	■	■	
Berlin	■	■	■
Bodensee	■	■	
Brandenburg	■	■	
Brasilien	■		
Bretagne	■	■	
Budapest	■	■	■
Bulg. Schwarzmeerküste	■		
Burgund	■		
City Guide Germany	■		
Costa Brava und Costa Dorada	■		
Côte d'Azur	■	■	
Dänemark	■	■	
Deutschland – Die schönsten Autotouren		■	
Deutschland – Die schönsten Orte und Regionen	■		
Deutschland – Die schönsten Städtetouren	■		
Dominikanische Republik	■		
Dresden	■	■	■
Dubai, Vereinigte Arab. Emirate, Oman	■	■	
Elsass	■	■	
Emilia Romagna	■		
Florenz	■	■	■
Florida	■	■	
Franz. Atlantikküste	■	■	
Fuerteventura	■	■	
Gardasee	■	■	
Golf von Neapel	■	■	
Gran Canaria	■	■	
Hamburg	■	■	■
Harz	■	■	
Hongkong & Macau	■		
Ibiza & Formentera	■		
Irland	■	■	
Israel	■		
Istanbul	■	■	
Italien – Die schönsten Orte und Regionen	■		
Italienische Adria	■	■	
Italienische Riviera	■	■	
Jamaika	■		
Kalifornien	■	■	
Kanada – Der Osten	■	■	
Kanada – Der Westen	■	■	
Karibik	■	■	
Kenia	■	■	
Korfu & Ionische Inseln	■	■	
Kreta	■	■	
Kroatische Küste – Dalmatien	■	■	
Kroatische Küste – Istrien	■	■	
Kuba	■	■	
Kykladen	■		
Lanzarote	■	■	
Leipzig	■	■	■
Lissabon	■	■	■
London	■	■	■
Madeira	■	■	
Mallorca	■	■	
Malta	■	■	
Marokko	■	■	
Mauritius & Rodrigues	■		
Mecklenburg-Vorpommern	■	■	
Mexiko	■		
München	■	■	■
Neuengland	■	■	
Neuseeland	■	■	
New York	■	■	■
Niederlande	■	■	
Norwegen	■	■	
Oberbayern	■	■	
Österreich	■	■	
Paris	■	■	■
Peloponnes	■		
Piemont, Lombardei, Valle d'Aosta	■	■	
Polen	■	■	
Portugal	■	■	
Prag	■	■	■
Provence	■	■	
Rhodos	■	■	
Rom	■	■	■
Rügen, Hiddensee, Stralsund	■	■	
Salzburg	■	■	■
St. Petersburg	■	■	
Sardinien	■	■	
Schleswig-Holstein	■	■	
Schottland	■	■	
Schwarzwald	■	■	
Schweden	■	■	
Schweiz	■	■	
Sizilien	■	■	
Spanien	■	■	
Südafrika	■	■	
Südengland	■	■	
Südtirol	■	■	
Sylt	■	■	
Teneriffa	■	■	
Tessin	■	■	
Thailand	■	■	
Thüringen	■	■	
Toskana	■	■	
Trentino		■	
Türkei – Südküste	■	■	
Türkei – Westküste	■	■	
Tunesien	■	■	
Umbrien	■		
Ungarn	■	■	
USA – Südstaaten	■		
USA – Südwest	■	■	
Usedom	■	■	
Venedig	■	■	■
Venetien & Friaul	■	■	
Wien	■	■	■
Zypern	■	■	

■ **ADAC Reiseführer**
je Band 144 bzw. 192 Seiten

■ **ADAC Reiseführer plus**
(mit Extraplan)
je Band 144 bzw. 192 Seiten

■ **ADAC Reiseführer Audio**
(mit Extraplan und Audio-CD)
je Band 144 oder 192 Seiten

Mehr erleben, besser reisen ... mit ADAC Reiseführern!

Register

Impressum

Redaktionsleitung: Dr. Dagmar Walden
Lektorat: Dr. Dagmar Walden, Kirsten Winkler
Bildredaktion: Astrid Rohmfeld
Aktualisierung: Nadine Hildebrandt
Karten: Computerkartographie Carrle, München
Layout: Martina Baur
Herstellung: Ralph Melzer
Druck, Bindung: Rasch Druckerei und Verlag, Bramsche
Printed in Germany

Ansprechpartner für den Anzeigenverkauf: Kommunalverlag GmbH & Co KG, MediaCenterMünchen, Tel. 089/92 80 96-44

ISBN 978-3-89905-742-3

Neu bearbeitete Auflage 2011

Bildnachweis

Umschlag-Vorderseite:
Ortaköy Camii mit Bosporusbrücke.
Foto: Visum, Hamburg (Markus Hanke)

Titelseite
Oben: Bosporusblick vom Restaurant Cihangir (Wh. von S. 8/9)
Mitte: Sultan Ahmet Camii (Blaue Moschee) (Wh. von S. 41)
Unten: Kaffeepause (18. Jh.) im Pera-Museum (Wh. von S. 10)

akg-images, Berlin: 10 Mitte links (Gérard Degeorge), 26 (Erich Lessing), 56 (N.N.), 69 (Lessing), 80 (Degeorge), 97 oben (Hervé Champollion) – Bildagentur Anzenberger, Wien: 45 (Benoit Pesle), 65 (Gerard Sioen), 122 (Yadid Levy) – Bildagentur-online, Burgkunstadt: 125 unten – Bridgeman Art, Berlin: 3 (2. v. oben), 28 unten, 49, 117 – Trustees of the British Museum, London: 58 – Çırağan Palace Kempinski, Istanbul: 7 Mitte – Dpa Picture-Alliance, Frankfurt am Main: 14 (akg/Cameraphoto), 15 oben (akg/British Library), 15 unten (akg), 17 (2) (epa Tolga Bozoglu), 25 unten (united-archives/mcphoto), 73 (epd), 90 (Lars Halbauer), 110 (united archives) – Das Fotoarchiv, Essen: 105 (Manfred Vollmer) – F1 Online, Frankfurt am Main: 46/47 (Glen Allison), 62 (Prisma), 78 (Tips Images), 118 oben rechts (Luis Castañeda), 118 Mitte (Pixtal), 125 oben (photographer's choice) – Hamoglu Tourism Group, Istanbul: 112/113, 114 – Bildagentur Huber, Garmisch-Partenkirchen: 7 unten (R. Schmid), 8 (G. Simeone), 9 Mitte (Da Ros Luca), 11 (Picture Finders), 12 akg Tristan Lafranchis), 22 (Schmid), 37, 41 (Simeone), 50/51 (Schmid), 53 oben (Da Ros Luca), 54/55 (Schmid), 59 (Da Ros Luca), 77 unten, 86/87, 97 unten (Schmid), 100/101 (Gräfenhain), 104, 106, 108/109 (Schmid), 109, 118 unten links, 118 unten rechts (Da Ros Luca), 133 (Schmid) – Istanbul 2010, Istanbul: 20/21 – Istanbul.com: 18/19 – Jupiter images, Ottobrunn: 25 oben (Jäger) – Izzet Keribar, Istanbul: 32 oben, 44, 68, 89, 98, 99 (2), 118 oben rechts – Laif, Köln: 6/7 (Harscher), 7 (Hemis/Marc Dozier), 8/9, 9 oben (Murat Türemis), 9 unten (Le Figaro Magazine/Jean Michel), 10 ganz links (Ludovic Maisant), 10 rechts (Nar Photos/Mehmet Kacmaz), 10/11, 23 (Türemis), 29 (Tophoven), 30, 34/35, 36, 38 (2) (Türemis), 40 (Künzig), 42, 42/43 (Türemis), 53 unten (Moleres), 54 (Tolga Sezgin), 60/61 (Tophoven), 63 (hemis/Philippe Body), 70 (hemis/Marc Dozier), 71 (Nar Photos/Mehmet Kacmaz), 79 (Manousos Daskalogiannis), 83 unten (Nar Photos/Mehmet Kacmaz), 85 (Türemis), 88 (Tophoven), 90/91, 92 oben, 93, 95 (Türemis), 103 (Wh. von S. 4 unten), 124, 125 Mitte (Daskalogiannis), 126 (Tophoven), 127 oben (Butzmann), 127 unten (Tophoven), 129 (reporters), 131 (Türemis), 132 (Heuer) – mauritius images, Mittenwald: 48 (Jose Fuste Raga) – Thomas Mayer Archive, Neuss: 83 oben – Pera Müzesi, Istanbul: 92 unten – Detlef Quintern, Bremen: 32 unten – Dirk Renckhoff, Hamburg: 31, 76 – Schapowalow Bildagentur, Hamburg: 10 Mitte rechts, 123 (Atlantide) – Elisabeth Schnurrer, Augsburg: 47, 52, 77 oben, 81 (2), 82, 107 – Staatliches Historisches Museum Moskau: 13 – Superbild, Taufkirchen: 28 oben (JTB Photo-Tokyo), 115 (A1Pix/Sat) – SZ-Photo, München: 16 (Scherl) – Jochen Tack, Essen: 74/75, 94 unten – Ullstein Bild, Berlin: 66/67 (KPA), 96 (AP) – Visum, Hamburg: 27 (Hermann Dornhege), 33 (Sintesi), 34 (Silke Reents), 61 (Silke Reents), 84 (Carsten Koall), 94 oben (Markiz)

1 Tag in Istanbul

Wer sich nur einen Tag in Istanbul aufhält, sollte am Vormittag den **Topkapı-Palast** und das **Archäologische Museum** besichtigen. Nach einem Mittagessen in einem der Dachgarten-Restaurants im nahen Altstadtviertel **Sultanahmet** steht die **Hagia Sophia** auf dem Programm, gefolgt von der **Sultan-Ahmet-Moschee** (Blaue Moschee) in der Zeit zwischen Mittags- und Nachmittagsgebet.

Über das **Hippodrom** (At Meydani) und die Flaniermeile **Divan Yolu** führt der Weg dann westwärts vorbei an der **Konstantinssäule** zum **Großen Basar**. Hier kann man ebenso gut shoppen wie in den geschäftigen Gassen des Marktviertels **Tahtakale**, die bergabwärts zum **Ägyptischen Basar** in Eminönü führen. Danach sollte man die fantastisch schönen Kacheln der nahen **Rüstem-Paşa-Moschee** bewundern oder die Bosporusfähren am geschäftigen Kai von Eminönü beobachten.

Eventuell gestärkt durch ein frisches *Balık Ekmek* (Fischbrötchen), schlendert man anschließend über die **Galatabrücke** nach Norden, wo auf halber Hanghöhe der **Galataturm** eine herrliche Panoramaaussicht bietet. Der Abend klingt auf Istanbuls Flaniermeile **Istiklal Caddesi** aus, mit kulinarischen Genüssen in der nahen **Nevizade Sokak**. Tanz- und Musikfreunde zieht es zur Nacht noch in einen der Clubs von **Taksim**.

1 Wochenende in Istanbul

Freitag: Der Tag beginnt mit einer Fahrt in den Westen der Altstadt, wo unweit der imposanten **Theodosianischen Landmauer** die **Chora-Kirche**, heute *Kariye-Museum*, hinreißende byzantinische Mosaike und Fresken präsentiert. Anschließend führt ein Spaziergang durch die verwinkelten Altstadtgassen hinab zum Ufer des **Goldenen Horns**. Stromaufwärts kann man die als Wallfahrt wichtige **Eyüp-Moschee** besichtigen und später im **Piyer Loti Kahvesi** bei schöner Aussicht rasten. Als Alternative geht es per Fähre flussabwärts zum interessanten **Rahmi-M.-Koç-Technikmuseum** oder ins **Santral Kunstmuseum** der Moderne. Später schlendert man über die panoramareiche **Galatabrücke** und am Bosporus gen Norden. Am Ufer überrascht die Sultansresidenz **Dolmabahçe Sarayi** mit imperialem Pomp. Danach bietet sich eine Kaffeepause im **Çirağan Palace Kempinski** oder im **Malta Köşkü** des gegenüberliegenden **Yıldız-Parks** an. Das Studentenviertel **Ortaköy** um die malerisch am Ufer gelegene **Ortaköy-Moschee** lädt zum schönen Bummel ein, gefolgt vom Dinner am Wasser und lustigem Nachtleben.

Samstag: Die Glanzpunkte Istanbuls stehen auf diesem Tagesprogramm, die **Hagia Sophia,** der **Topkapı-Palast** und das **Archäologische Museum**. Nach Pause und Spaziergang durch das Viertel **Sultanahmet** bewundert man die herrlich dekorierte Kuppellandschaft der **Sultan-Ahmet-Moschee** (Blaue Moschee). Über das **Hippodrom** und die **Divan Yolu**, vorbei an der **Konstantinssäule** gelangt man zum **Großen Basar** auf der Suche nach Souvenirs und weiter durch das Marktviertel **Tahtakale** zum **Ägyptischen Basar** in Eminönü. In die märchenhafte Welt der Kacheln entführt zum Finale noch einmal die nahe **Rüstem-Paşa-Moschee**.

Sonntag: Lieblich ist eine **Bosporusfahrt** von Eminönü bis **Anadolu Kavağı** nahe dem Schwarzen Meer. Eine aussichtsreiche *Burgruine* und feine *Fischlokale* sind beliebte Ziele. Nach der Rückkehr geht es auf die **asiatische Seite** Istanbuls. Hier lockt der Stadtteil **Üsküdar** mit Märkten, Moscheen und einigen guten Restaurants am Bosporus. Wählt man eines an der südlichen Uferpromenade, kann man mit Blick auf den **Kız Kulesi**, den Mädchenturm auf einem Inselchen vor der Küste, zu Abend speisen.

Besuch auf dem Festland – Brückenpfeiler zur Insel Usedom 111

Usedom Kaleidoskop

Karten und Pläne

Service

Usedom Impressionen

Lust auf Ostsee – Sonne, Sand und mehr

Wie ein Schmetterling liegt die 445 km^2 große Insel Usedom zusammen mit ihrer Schwesterinsel Wollin quer vor dem Stettiner Haff. Im Westen trennt sie der Peenestrom, ein bis zu 3,5 km breiter Mündungsarm der Oder, vom Festland, im Osten markiert die Świna (ebenfalls Teil der Odermündung) die Grenze zwischen den beiden Eilanden. Der überwiegende Teil Usedoms gehört zum Bundesland Mecklenburg-Vorpommern, der kleinere Ostzipfel ist seit 1945 polnisch.

Usedom ist die *Badeinsel par excellence* und nach Rügen die zweitgrößte Deutschlands. Ihre Außenküste ziert ein gut 40 km langer Strand der Extraklasse. Bis zu 70 m breit und flach zur Ostsee abfallend ist er ein Paradies für Sonnenanbeter, Strandläufer und Wasserratten.

Von Badewannen und Seebädern

Die erste Badesaison wurde im Jahr 1824 in Swinemünde, dem heutigen *Świnoujście*, eröffnet und schon bald avancierte Usedoms Ostseeküste, auch *Pommersche Riviera* genannt, zur bevorzugten Sommerfrische für Kaiser und Adel. Unter den Seebädern trug das mondäne Heringsdorf den eleganten Beinamen *Nizza des Ostens*. Mit Eröffnung der Bahnlinie Berlin–Swinemünde 1875 wurde Usedom auch für die breitere Öffentlichkeit erschlossen und weil die meisten Urlauber aus der 225 km entfernten Reichshauptstadt kamen, galt diese Destination von nun an als *Badewanne Berlins*. Während der DDR-Zeit schließlich erreichten die Besucherzahlen neue Dimensionen, jetzt kamen fast eine halbe Million Erholungssuchende im Jahr hierher.

Und heute? – Man kann es nicht anders sagen: Usedom brummt an allen Ecken und Enden. Jedes Jahr besuchen etwa 1 Mio. Feriengäste die Insel, darunter immer mehr junge Leute. Sie zieht es vor allem in die zehn staatlich anerkannten **Seebäder**, die sich am Ostseestrand aneinander reihen wie die Perlen einer Kette – von Ahlbeck im Südosten nahe der polnischen Grenze bis Karlshagen auf der Halbinsel Peenemünder Haken im Nordwesten. Und sicher findet jeder Gast seinen Lieblingsort: **Ahlbeck** ist seit über 100 Jahren ein Familienbad, der benachbarte Villenort **Heringsdorf** stellt mit dem Forum Usedom das kulturelle Zentrum und ist mit dem Modespektakel Heringsdorf goes Fashion zwei Mal im

Oben: *Fröhlich-buntes Spektakel für Jung und Alt – Drachenfest in Ahlbeck*
Rechts oben: *Sinfonie in Stein – Bäderarchitektur in der Bergstraße von Bansin*
Rechts: *Grenzenloses Badeparadies – kilometerlange Strände säumen die Ostseeküste*

Jahr Treff der Modebranche. **Zinnowitz**, das heute mit 3700 Einwohnern größte Usedomer Seebad, hält so manches in Sachen Kunst und Kultur bereit, etwa ein ganzjährig bespieltes Theater und die jeden Sommer stattfindenden Vineta-Festspiele. **Zempin** und **Kölpinsee** dagegen sind eher ruhige Ferienorte, selbst in der Hochsaison gibt es hier immer ein stilles Plätzchen am Strand. Freiräume finden Badegäste auch an den makellos weißen Stränden in **Trassenheide** und **Karlshagen**. Letzteres zieht mit Beachvolleyball-Turnieren, mit Surf- und Segelschule viele Sportsfreunde an.

In allen Seebädern laden schmucke *Promenaden* mit Terrassencafés und Fischbratereien zum Verweilen ein. In fünf von ihnen kann man zudem auf luftigen **Seebrücken** hoch über den Ostseewellen flanieren. Original erhalten blieb einzig die von Ahlbeck. Ihr alter

Brückenpavillon mit vier Ecktürmchen und einem Fischlokal unter dem roten Dach ist von jeher ein Wahrzeichen. Alle anderen wurden im Laufe des 20. Jh. durch Sturmfluten zerstört, konnten aber in den letzten Jahren erneuert werden, darunter auch die Seebrücke von Heringsdorf, die nun mit 508 m die *längste* ist. Sie verfügt über eine Einkaufspassage und ein Gourmetlokal auf dem Brückenkopf.

Ferien wie zu Kaisers Zeiten

Was die Hotellerie angeht, knüpft Usedom heute scheinbar mühelos an die Blütezeit um 1900 an. In keiner anderen deutschen Ferienregion, von Rügen einmal abgesehen, wurden in den letzten zwölf Jahren so viele neue Unterkünfte gebaut wie hier. Gelungene Beispiele dieser modernen Ferienarchitektur sind das schicke *Strandhotel* in Karlshagen, das familiäre Feriendorf *Seepark* in Bansin und das im Landhausstil erbaute *Golf- und Wellnesshotel* am Balmer See. Das besondere Flair aber verdankt sich der **Bäderarchitektur** (1870–1914) mit ihrem unbekümmerten Stilgemisch. Luxuriöse Grandhotels mit der nostalgischen Aura der Belle Epoque, etwa das *Romantik Seehotel Ahlbecker Hof* in Ahlbeck und das *Zinnowitz Palace Hotel* in Zinnowitz, sowie Hunderte von piekfeinen Palais wie *Seeschlösschen* und *Meereswelle* in Ahlbeck, *Strandidyll* in Heringsdorf oder *Haus Am Meer* in Zinnowitz, sind nun wieder aufpoliert. Die meist neoklassizistisch-blockartigen Bauten zeichnen sich durch säulen- und giebelverzierte Fassaden aus. Belebende Zutaten sind Barock- und Jugendstil-Elemente. Die ländlich-rustikale Note schließlich bringen Anleihen bei der Schweizer Chaletarchitektur, etwa reich verzierte Holzveranden und schindelgedeckte Dächer. Und das Schönste

Oben: *Mittelalterliches Erbe – die spätgotische St. Petri-Kirche thront über Wolgast*
Unten: *Hier aalt es sich badewannenwarm – Ostseetherme in Ahlbeck*
Rechts oben: *Stimmungsvolle Beschaulichkeit – Jachthafen von Zinnowitz*
Rechts unten: *Usedom inspirierte Lyonel Feininger zu zahlreichen Bildern – ›Stiller Tag am Meer‹ entstand 1929*

ist, praktisch in jeden dieser Prachtbauten kann man sich heute einmieten und das Flair von anno dazumal genießen.

Auch auf **kulinarische Genüsse** muss der Gast nicht verzichten. Bei der pommerschen Küche Usedoms steht naturgemäß alles im Vordergrund, was das Meer und und der Peenestrom hergeben. Hering satt in allen Variationen gibt es während der Heringswochen im April. Sehr beliebt sind ferner Haffzander, Flunder und Aal. Gute Fischlokale, etwa das *Waterblick* in Loddin oder das *Utkiek* in Ückeritz, bieten nicht nur Spezialitäten wie Bratfisch mit Specksauce oder Dorsch an Sahne-Lauchgemüse, sondern zugleich auch stimmungsvolle Ausblicke aufs Wasser.

Wasserspaß und Wohltaten

Ebenfalls ums Wasser drehen sich die meisten der bei Urlaubern beliebten **Freizeitaktivitäten**. Im Sommer spielt sich das Leben der Seebäder am Strand ab. Hier ist viel Platz für Beachvolleyball, Surfen, Segeln oder Schwimmen, man kann aber auch einfach nur im Strandkorb oder Sand liegen und das bunte Treiben beobachten. Darüber hinaus laden zwei Badetempel, die *Ostseetherme* in Ahlbeck und die *Bernsteintherme* in Zinnowitz, zu jede Menge Wasserspaß ein. Und wer Anhänger der Freikörperkultur ist, findet am schier endlosen Ufersaum auch für *FKK* reservierte Zonen. Sie stehen meist in Verbindung mit den großen *Campingplätzen*, auf denen man besonders naturnah und zugleich relativ preiswert Urlaub machen kann.

Was kaum jemand weiß, aber gerne zur Kenntnis nimmt: Auf Usedom scheint mit 1906 Stunden im Jahr die *Sonne* häufiger als anderswo in Deutschland. Eine weitere Wohltat ist das *Seeklima* an sich mit seiner beständig wehenden frischen Brise und seiner besonderen Heilkraft, die vor allem Erkrankungen der Atemwege und der Haut lindert. In den Seeheilbädern Bansin, Ahlbeck und Heringsdorf ist man auf **Kurbetrieb** spezialisiert. Dabei kommt auch die aus 408 m Tiefe geförderte Heringsdorfer *Jodsole* zur Anwendung. Außerdem verfügen die meisten Hotels der Insel inzwischen über Wellness Oasen mit Fitness- und Beauty-Angeboten.

sigen Rittersaal lädt heute ein Restaurant zum mittelalterlichen Büffet.

Seit 1999 ist ganz Usedom als **Naturpark** mit insgesamt 14 Naturschutzgebieten ausgewiesen. Das älteste von ihnen ist der bereits 1925 unter Schutz gestellte *Peenemünder Haken* im Norden, Brutgebiet für zahlreiche Arten von Zug- und Wasservögeln, darunter Komorane, Austernfischer und Säbelschnäbler. Landschaftlich überaus attraktiv gibt sich der *Streckelsberg* nahe Koserow. Die Kliffranddüne ist mit einem orchideenreichen Rotbuchenwald überzogen, die Klippen fallen hier 60 m steil zum Meer ab. Auch die *Halbinsel Gnitz* steht mit ihren Salzwiesen und Feuchtgebieten unter besonderem Schutz. In den Sandklippen an ihrer Südspitze nisten Uferschwalben. Der selten gewordene Fischotter ist hier ebenfalls zuhause. Gut ein Viertel der Inselfläche ist bewaldet und so kann man allenthalben, z. B. im Usedomer Stadtforst und im Mellenthiner Forst, nach Herzenslust wandern oder radeln.

Naturidylle pur

Jenseits von Seebädern und Strand lädt das weitgehend ursprüngliche *Hinterland* der Insel zu vielfältigen Entdeckungen ein. Besonders schön ist die sog. **Usedomer Schweiz**, eine sanft gewellte Hügellandschaft zwischen Ostsee und *Achterwasser*, wie die große Bucht des Peenestroms heißt. Eiszeitliche Gletscher haben hier ein rundes Dutzend malerische *Seen* in die Landschaft modelliert, die meisten davon, etwa Gothensee, Wolgastsee und Kölpinsee, lassen sich auf Rad- und Wanderwegen umrunden. Hübsche Dörfer wie Morgenitz und Zirchow südlich von Ahlbeck locken mit schlichten *Feldsteinkirchen,* deren Ursprünge bis ins Mittelalter zurückreichen. In Benz und Pudagla am Schmollensee sieht man elegante *Windmühlen* (18./19. Jh.), in denen früher Getreide gemahlen wurde. Und auch das einst prunkvolle *Wasserschloss Mellenthin* westlich vom Schmollensee lohnt einen Besuch. Im rie-

Insel- und Uferhüpfen

Wen es auf Usedom nicht mehr hält, den zieht es vielleicht aufs Festland, z. B. nach **Wolgast**. Die Kleinstadt am anderen Ufer des Peenestroms ist durch eine moderne Klappbrücke mit der Usedomer Halbinsel Wolgaster Ort verbunden. Ihr barockes Zentrum mit dem Alten Rathaus und den Speicherbauten aus dem 19. Jh. am Museumshafen zeigt sich heute hübsch herausgeputzt. Als zweites Tor zwischen Insel und Festland fungiert die Zecheriner Brücke bei **Anklam**. Die Stadt im Urstromtal der Peene, seit 1993 Verwaltungszentrum von Usedom, interessiert vor allem wegen ihres spannenden und preisgekrönten *Otto-Lilienthal-Museums*.

Ganz oben: *Imposante Technik – Die Hebebrücke ›Blaues Wunder‹ führt über den Peenestrom nach Wolgast*
Oben: *Usedomer Landschaftsmalerei museal inszeniert – das Atelier von Otto Niemeyer-Holstein in Lütten Ort*
Links oben: *Frisch geräuchert – Hornfisch ist eine beliebte Usedomer Spezialität*
Links unten: *Kulturelles Highlight – die Vineta-Festspiele auf der Freilichtbühne im Seebad Zinnowitz*

Es dokumentiert das Lebenswerk des deutschen Flugpioniers.

Ein Tagesausflug ins andere Usedom, *Uznam* genannt, vervollständigt das Bild. Seit dem Potsdamer Abkommen von 1945 gehört das 91 km² große Gebiet östlich von Ahlbeck zu Polen. Hier liegt mit **Świnoujście** (42 000 Einw.) die größte Stadt der gesamten Insel. Sie war einst mit Namen Swinemünde das bedeutendste Seebad an Deutschlands Küsten. Ein Besuchermagnet der Hafenstadt ist heute der *Grenzmarkt* mit seinem preiswerten Warenangebot. Doch auch das Museum für Hochseefischerei und das Kurviertel mit hübscher wilhelminischer Bäderarchitektur sind den Besuch wert.

Nun geht es über die Swina zur Nachbarinsel **Wollin**. Hier liegt das hübsche *Międzyzdroje* (Misdroy, 6000 Einw.), heute eines der beliebtesten Seebäder der polnischen Ostseeküste. Gleich vor seinen Toren liegt der **Wolliner Nationalpark**, ein 110 km² großes Schutzgebiet mit eiszeitlichen Seen und Torfmooren. Seine überaus artenreiche Vogelwelt zieht Ornithologen aus ganz Europa an. Auf markierten Wanderwegen können die imposante Steilküste am 95 m hohen *Gosanberg* und das stadtnahe *Wisentreservat* erkundet werden.

Der Reiseführer

Dieser Band stellt die Ferieninsel Usedom mit ihren Sehenswürdigkeiten in vier Kapiteln vor, zwei weitere sind Ausflügen nach Polen und aufs pommersche Festland gewidmet. Präzise **Übersichtskarten** und detaillierte **Stadtpläne** erleichtern die Orientierung. Mithilfe der **Top Tipps**, die Empfehlungen zu ausgewählten Hotels, Restaurants, Museen, Wanderungen etc. bieten, findet man schnell die Highlights. Den Besichtigungspunkten sind **Praktische Hinweise** mit wichtigen Adressen angegliedert. Abschließend hält das Kapitel **Usedom aktuell A bis Z** eine Fülle von Informationen bereit – von Anreise über Essen und Trinken, Einkaufen und Kulturevents bis hin zu Sport und Verkehrsmitteln vor Ort. Ein **Kaleidoskop** von Kurzessays zu interessanten Usedom-Themen rundet den Reiseführer ab.

Geschichte, Kunst, Kultur im Überblick

Von Slawen, Pommern, Preußen und Badegästen

um 3500 v. Chr. Archäologische Funde aus der Jungsteinzeit belegen erste Siedlungen auf Usedom. An der Peenemündung, im Lieper Winkel und auf dem Gnitz betreiben Siedler Ackerbau und Viehzucht. Sie bestatten ihre Toten in eindrucksvollen Megalithgräbern, u. a. bei Lütow.

um 1800 v. Chr. Die Bronzezeit ist auf Usedom durch Werkzeuge und Waffen dokumentiert. Bedeutendster Fund ist ein nahe Ückeritz entdecktes bronzenes Pferdegeschirr. Für die Zeit typisch sind Hügelgräber, wie sie z. B. bei Bansin, Reetzow und Labömitz entstehen.

ab 750 v. Chr. Der Ostseeraum wird von germanischen Stämmen bewohnt. Die Ostseevölker betreiben weit reichenden Handel mit den Römern, ein in Südeuropa besonders begehrtes Gut ist Bernstein zur Schmuckherstellung.

ab 150 n. Chr. Während der Völkerwanderung verlassen die Germanen aus nicht geklärten Gründen die Ostseeküste und ziehen nach Süden.

7. Jh. Das ›Land am Meer‹ bleibt durch die Völkerwanderung fast menschenleer zurück. Aus dem Osten kommende Slawen (auch Wenden genannt) besiedeln den Landstrich neu, östlich der Oder sind es die Pomeranen, westlich davon die Liutizen. Sie führen Landwirtschaft und Handel zur Blüte. Zum Schutz vor Angreifern errichten sie Burgwälle, etwa bei Wolgast, Usedom, Mellenthin und Neppermin. Etliche auf ›itz‹, ›in‹ und ›ow‹ endende Dorfnamen (s. o., Morgenitz, Rankwitz, Zirchow, Netzelkow) auf Usedom weisen auf eine slawische Gründung hin. Der Inselname Uznam (›Ort an der Mündung‹) und die Landesbezeichnung Pomorje (Pommern, ›Küstenland‹) entstammen ebenfalls dem Slawischen.

789 Unter Karl dem Großen dringen die Franken, wegen Stammeskämpfen zu Hilfe gerufen, erstmals in das Gebiet jenseits der Elbe vor. In Folge wird der liutizische Herrscher Dragawit gezwungen, sich der Lehnshoheit zu unterwerfen.

983 Die Liutizen zetteln einen Aufstand gegen die deutsche Vorherrschaft an. In einem Überraschungsangriff stürmen sie das Bistum Havelberg (heute in Sachsen-Anhalt) und drängen die Christen kurzzeitig wieder über die Elbe zurück.

1124 Der deutsche Kaiser Heinrich V. verleiht Wartislaw I. als erstem Führer der Pommern den Herzogstitel.

1128 Bischof Otto von Bamberg (1060–1139) unternimmt seine zweite Missionsreisen nach Pommern (die erste fand 1124/25 statt). Zu Pfingsten 1128 beruft der Wendenfürst Wartislaw I. auf dem Schlossberg von Usedom einen Landtag ein. Im Beisein des Bischofs von Bamberg nehmen nun die westpommerschen Stammesfürsten den christlichen Glauben an. In den folgenden Jahren wandern deutsche Siedler auf der Insel ein. Die Slawen werden in Folge allmählich assimiliert oder verdrängt.

Bekehrung zum Christentum: Taufe von Wartislaw I. durch Otto von Bamberg 1128

1155 Die Prämonstratensermönche aus Magdeburg gründen nahe der Stadt Usedom das Kloster Grobe. In den folgenden Jahren entstehen Dorfkirchen in Liepe, Benz und Zirchow. Als größter Grundbesitzer auf der Insel verfügt das Kloster bald auch über beträchtliche weltliche Macht.

1181 Pommernherzog Bogislaw I. wird von Kaiser Friedrich I. Barbarossa als Reichsfürst anerkannt. Das Land an der Ostsee samt Usedom wird damit faktisch Mitglied im Heiligen Römischen Reich Deutscher Nation.

1185 Herzog Bogislaw I. muss die Lehnshoheit des dänischen Königs Waldmar I. anerkennen, nachdem dieser in Pommern Fuß gefasst hat.

1214 Pommern wird durch Kaiser Friedrich II. offiziell den Dänen zugestanden. Als Folge einer Schlacht geht es jedoch 1227 an Brandenburg über.

1295 Das Herzogtum Pommern wird wegen Erbstreitigkeiten in die Linien Pommern-Wolgast und Pommern-Stettin geteilt. Wolgast wird Residenzstadt, Usedom erhält das Stadtrecht und steigt bald zum wichtigsten Regionalzentrum der Insel auf.

1309 Das Kloster Grobe wird nach Pudagla verlegt.

1535 In Folge der Reformation wird das Kloster Pudagla säkularisiert, der weitläufige Grundbesitz fällt an das Herzogtum Pommern-Wolgast.
1618 Auf der Landkarte des Rostocker Kartographen Eilhard Lubin werden erstmals Usedom und die pommersche Ostseeküste geografisch annähernd korrekt wiedergegeben Die vor Koserow eingezeichnete Insel mit der sagenumwobenen Stadt Vineta könnte allerdings ein Fantasieprodukt des Kartographen gewesen sein. Nach neueren Forschungsergebnissen [s. S. 82] soll Vineta bei Barth westlich von Stralsund gelegen haben.
1630 Gustav II. Adolf von Schweden greift in den Dreißigjährigen Krieg ein und landet mit 15 000 Mann in Peenemünde auf Usedom. Von der Bevölkerung wird er als Retter vor den marodierenden kaiserlichen Truppen Wallensteins empfangen. Der Schwedenkönig strebt die Vorherrschaft über den ganzen Ostseeraum an.
1637 Mit dem Tod Bogislaws XIV. erlischt das slawische Herzogsgeschlecht von Pommern.
1648 Der Dreißigjährige Krieg ist zu Ende. Im Westfälischen Frieden fällt Vorpommern (Westpommern) mit Wolgast und den Inseln Rügen, Wollin und Usedom an Schweden, das durch den Herzogstitel nun auch einen Sitz im deutschen Reichstag erhält. Durch die Kriegswirren, Hunger und Seuchen liegt das Land am Boden. Das Kinderlied ›Maikäfer flieg‹ mit der Zeile ›Pommernland ist abgebrannt‹ artikuliert den desolaten Zustand der Region.
1720 Usedom wird nun preußisch: Nach dem Zweiten Nordischen Krieg (1700–20) kauft König Friedrich Wilhelm I. den Schweden Vorpommern bis zur Peene

Berühmter Wolgaster: Philipp Otto Runge im ›Selbstbildnis am Zeichentisch‹ von 1801

für zwei Millionen Taler ab. Wolgast westlich der Peene bleibt unter schwedischer Verwaltung.
1771 Unter Friedrich II., dem Großen wird mit der Trockenlegung der Moorlandschaft Thurbruch südlich des Gothensees begonnen.
1777 In Wolgast wird Philipp Otto Runge († 1810) geboren. Mit seinen Porträts, Selbstbildnissen und allegorischen Gemälden gilt der Maler neben Caspar David Friedrich aus dem benachbarten Greifswald als der bedeutendste Vertreter der deutschen Romantik. Außerdem macht sich Runge durch kunsthistorische Schriften und plattdeutsche Märchen (›Vom Fischer un syner Fru‹, ›Von dem Machandelboom‹) für die Sammlung der Brüder Grimm einen Namen.
1815 Nach den Napoleonischen Kriegen endet mit dem Wiener Kongress die Schwedenzeit an der Ostseeküste. Ganz Pommern gehört fortan zu Preußen.
1820 Oberforstmeister Georg Bernhard von Bülow gründet die kleine Fischersiedlung Heringsdorf.
1824 Swinemünde nimmt als erstes Seebad Usedoms den Badebetrieb auf, die hiesige Seebadeanstalt besteht bereits seit 1822.
1825 In Heringsdorf wird die erste Badesaison eröffnet. Treibende Kraft für die Entwicklung des Fischerdorfs zum Urlaubszentrum ist von Bülow, der über dem Strand von Heringsdorf ein mondänes Gästehaus, das Weiße Schloss (heute Hotel), eröffnet.
1843 Der Usedomer Pfarrer Johann Wilhelm Meinhold (1797–1851) veröffentlicht die Chronik ›Die Bernsteinhexe‹. Darin wird vor dem Hintergrund des Dreißigjährigen Krieges die Geschichte der als Hexe verschrieenen Koserower Pfarrerstochter Maria Schweidler aufgerollt. Das Buch avanciert in Pommern zu einem Bestseller und löst schließlich einen Skandal aus, nachdem Meinhold einräumt die Story frei erfunden und selbst geschrieben zu haben.
1871 Der Berliner Finanzier Hugo Delbrück gründet die ›Aktiengesellschaft Seebad Heringsdorf‹ und lässt den Badeort in großem Stil ausbauen. In Folge wird Heringsdorf zu einem mondänen Treffpunkt für Kaiser, Adel und Großbürgertum.
1874 Bei einer verheerenden Sturmflut wird Usedom an seiner schmalsten Stelle zwischen Zempin und Koserow überflutet und in zwei Teile gerissen. Den Einwohnern gelingt es die Lücke wieder zu schließen und mit einem Damm zu befestigen.
1876 Die Bahnlinie Berlin–Swinemünde wird eröffnet. Mit der Anbindung Usedoms an das Festland durch die Drehbrücke bei Karnin nimmt der Tourismus auf der Insel einen enormen Aufschwung. Swinemünde entwickelt sich zum größten deutschen Seebad.
1894 Auch die Seebäder Heringsdorf und Ahlbeck werden an das Bahnnetz angeschlossen. Zehntausende von Berlinern suchen fortan jeden Sommer zur Erholung die ›Badewanne Berlins‹ auf. Während in Heringsdorf und Swinemünde der Geld-

◁ *Raketenforscher am Werk: Wernher von Braun (rechts)*

adel logiert, etabliert sich Ahlbeck aufgrund seines günstigen Preisniveaus als Familenbad.

1897 Eine neue 12 km lange Strandpromenade verbindet die Seebäder Swinemünde, Ahlbeck, Heringsdorf und Bansin miteinander. Ein Jahr später wird in Ahlbeck der Seebrückenpavillon eingeweiht. Mit seinen markanten vier Ecktürmchen wird er zum Wahrzeichen Usedoms.

1923 Bansin erhält als erstes deutsches Seebad die Freibadeerlaubnis. Bislang war das Strandleben streng auf Badeanstalten oder Badekarren beschränkt, die nun ausgedient haben, denn fortan darf man sich überall am Meer im Badeanzug zeigen und im Strandkorb liegen.

1929/30 In Heringsdorf stößt man in 408 m Tiefe auf ein ergiebiges Vorkommen von Jodsole, die fortan zu Kurzwecken eingesetzt wird.

1934 In Karnin wird die modernste Eisenbahnhubbrücke Europas eröffnet. Die Route ist nun auch für Schnellzüge befahrbar, wodurch sich die Reisezeit von Berlin nach Swinemünde auf etwa zweieinhalb Stunden reduziert.

1935 Die Nationalsozialisten untersagen Juden den Besuch der Ostseebäder. In Folge werden vor allem in Heringsdorf ansässige jüdische Grundbesitzer enteignet und vertrieben.

1936 Der Nordteil Usedoms wird von den Nazis zum militärischen Sperrgebiet erklärt. In Peenemünde beginnt man im August mit dem Bau der Heeresversuchsanstalt (HVA). Das Hightech-Zentrum unter der Leitung des jungen Ingenieurs Wernher von Braun (1912–1977) dient der Raketenforschung.

1942 Von Peenemünde startet die erste ferngesteuerte Großrakete A4, aus der später die Vergeltungsswaffe V2 hervorgeht, eine der verheerendsten Bomben des Zweiten Weltkriegs. – In Zinnowitz formiert sich um den mit einer Usedomerin verheirateten holländischen Kommunisten Johannes ter Morsche Widerstand gegen die Nazis. Die Gruppe wird ein Jahr darauf verraten. Etwa 60 Personen werden von der Gestapo verhaftet, die führenden Mitglieder hingerichtet.

Denkmal des Fortschritts: Einziger Rest der 1934 eröffneten Eisenbahnhubbrücke in Karnin

1943 In der Nacht vom 17. auf den 18. August nehmen britische Bomber den Norden Usedoms ins Visier. Der Angriff gilt der Heeresversuchsanstalt Peenemünde, durch ein Versehen werden jedoch vornehmlich die dazugehörigen Wohnquartiere in Karlshagen und Trassenheide zerstört.

1945 Am 12. März legen amerikanische Fliegerverbände Swinemünde in Schutt und Asche. Dem Luftangriff fallen 23 000 Menschen zum Opfer, darunter zahllose Flüchtlinge aus dem Osten. – Am 5. Mai marschieren die Truppen der Roten Armee in Ahlbeck ein. – Im Potsdamer Abkommen wird die Oder deutsch-polnischer Grenzfluss, der Ostteil Usedoms mit der Stadt Swinemünde wird Polen zugesprochen. Die Beherbergungsbetriebe der Usedomer Seebäder werden größtenteils als Auffanglager für deutsche Flüchtlinge genutzt.

1947 Der Bansiner Schriftsteller und Publizist Hans Werner Richter (1908–1993) ruft die literarische ›Gruppe 47‹ ins Leben. Die Autorenvereinigung hat großen Einfluss auf den deutschen Literaturbetrieb der Nachkriegszeit, ihr gehören u. a. Heinrich Böll, Siegfried Lenz, Ingeborg Bachmann und Günther Grass an. Richter selbst wird durch seine autobiographischen Romane bekannt (›Die Geschlagenen‹, 1949, ›Sie fielen aus Gottes Hand‹, 1951, beide über die Kriegsgefangenschaft, sowie die Jugenderinnungen ›Spuren im Sand‹, 1953) .

1953 Unter dem Decknamen ›Aktion Rose‹ lässt die SED auf Usedom und in anderen Ferienzentren an der Ostsee die Inhaber von Hotels und Pensionen aufgrund angeblicher Missetaten enteignen. Fast alle Unterkünfte gehen in staatlichen Besitz über oder werden vom Feriendienst des Freien Deutschen Gewerkschaftsbundes (FDGB) verwaltet. Private Vermietungen werden weitgehend eingeschränkt. Der Feriendienst lenkt fortan die Urlauberströme an die Ostsee. Um möglichst vielen Werktätigen einen jeweils dreizehntägigen Urlaub an der See zu ermöglichen, wird die Saison zunächst auf fünf Monate verlängert. Mit dem Einbau von Heizungen stellen mehr und mehr Ferienheime auf Winterkurbetrieb um, sodass die Beherbergungsbetriebe schließlich fast ganzjährig genutzt werden können.

1961 Im August beginnen die DDR-Behörden mit dem Mauerbau. Die Ostseeküste wird zur Seegrenze erklärt, in den Seebädern wird der Schiffsverkehr für Feriengäste eingestellt. Einzig die Fischer können ihrem Gewerbe auf See ungehindert nachgehen. Durch die anderweitig eingeschränkten Reisemöglichkeiten verstärkt sich in den folgenden Jahren der Badetourismus an der Ostsee. Auf Usedom werden etliche neue Betriebsferienheime gebaut, mit einer Kapazität von 18 000 Plätzen entsteht in Ückeritz einer der größten Campingplätze Europas.

1989 Bei Ahlbeck wird die deutsch-polnische Grenze für Fußgänger und Radfahrer geöffnet.

1990 Im März finden in der DDR die ersten freien Wahlen statt, am 3. Oktober erfolgt der Beitritt zur Bundesrepublik Deutschland. Usedom wird Teil des neuen Bundeslandes Mecklenburg-Vorpommern mit Schwerin als Landeshauptstadt. Bald nach der Wiedervereinigung beginnt in den Seebädern die Rückübertragung von während der ›Aktion Rose‹ enteigneten Hotels und Pensionen an die früheren Eigentümer.

Gründer der ›Gruppe 47‹: der Bansiner Schriftsteller Hans Werner Richter (1908–1993)

1991 Die Seebrücke in Ahlbeck dient als Filmkulisse für Loriots Kinofilm ›Pappa ante Portas‹. Das Wahrzeichen Usedoms wird damit einem Millionenpublikum bekannt.

1994 Unter der Schirmherrschaft des Dirigenten Kurt Masur findet im Herbst das erste Usedomer Musikfestival statt. Die Konzertreihe etabliert sich schnell als ein renommiertes Forum vor allem für den musikalischen Klassik-Nachwuch.

1995 Zu Beginn der Badesaison wird in Heringsdorf die privat finanzierte neue Seebrücke eingeweiht, mit 508 m ist sie die längste auf dem europäischen Kontinent. Im November übersteht die Seebrücke unbeschadet eine der schwersten Sturmfluten an der Ostseeküste. An anderen Teilen der Außenküste verursacht das Unwetter jedoch erhebliche Schäden, z.B. brechen an der Steilküste um den Streckelsberg nahe Koserow enorme Landmassen ab.

1996 In Ahlbeck wird die Ostseetherme eröffnet, ein Familienbadeparadies mit Thermalbad, Saunen etc., das auch im Winter Badefreuden ermöglicht.

1997 Heringsdorf, Ahlbeck und Bansin werden staatliche anerkannte Seeheilbäder.

1998 Im April wird auf Usedom die Spielbank Heringsdorf, das erste Kasino in Mecklenburg-Vorpommern, eröffnet.

1999 Der deutsche Teil Usedoms und das angrenzende Festland (Halbinsel Struck und Uferregion des Peenestroms) erhält den Status eines Naturparks.

2001 Die Gästezahlen auf Usedom überschreiten erstmals die Millionengrenze. – In Heringsdorf ist die Sanierung der Gründerzeitvillen abgeschlossen. Auch die anderen Seebäder zeigen sich wieder in neuem Glanz.

2002 Die Usedomer Bäderbahn weitet ihr Streckennetz auf das Festland nach Norden bis Stralsund und Barth aus.

2003 Mit 1,2 Mio. Gästen und etwa 7,7 Mio. Übernachtungen erreicht der Tourismus auf Usedom einen neuen Höchststand. Etwa 48 % der Urlauber kommen aus den neuen Bundesländern, 36 % aus den alten Bundesländern und 15 % aus Berlin.

2004 Im Mai tritt Polen der EU bei. Die beiden Inselteile rücken verkehrspolitisch (geplante Fortführung der Bäderbahn bis Swinemünde und Öffnung eines Grenzübergangs für Pkw) und wirtschaftlich (durch die Integration Polens entsteht ein lokaler Ballungsraum von über 60 000 Menschen) wieder enger zusammen.

2005 Im November wird die Verlängerung der UBB nach Swinemünde für 2007 vertraglich vereinbart.

2006 Für Herbst ist die Öffnung des Grenzübergangs Garz (inkl. Busse) geplant.

Usedomer Bäderromantik im Sonnenuntergangszauber: Attraktive Hotels und hübsche Villen säumen den kilometerlangen Sandstrand von Bansin

Unterwegs

Usedoms Ostseeperlen – wo einst der Kaiser baden ging

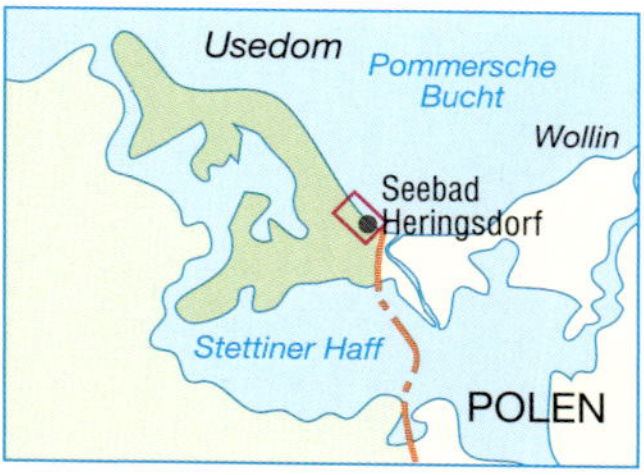

Die Seebäder Bansin, Heringsdorf und Ahlbeck sind mit rund 17 000 Gästebetten das touristische Zentrum von Usedom. Eine 8 km lange *Strandpromenade* verbindet die nahtlos zusammengewachsenen Orte. Nach der Wiedervereinigung zum Zweckverband **Kaiserbäder** zusammengeschlossen und seit 1997 als *Seeheilbäder* staatlich anerkannt, vereint das Trio feinste Sandstrände und attraktive Wellness-Oasen mit gepflegtem Kurbetrieb und kompetenten Rehabilitationskliniken auf nahezu perfekte Weise. **Bansin**, das kleinste der ›Kaiserlichen Drei‹ ist zugleich auch das ruhigste. Hier gibt es nicht nur viel Strand, attraktive Villen und Hotels, hier lädt auch das malerische *Hinterland* zu Wanderungen und Radtouren ein. In **Heringsdorf**, Usedoms altem und neuem Aushängeschild, ging es schon immer ein bisschen vornehmer zu als in den Nachbarorten, denn hier logierten die Mächtigen und Finanzkräftigen. Frisch herausgeputzt präsentiert sich das Seebad heute wie zu Kaisers Zeiten in wilhelminischem Prunk mit herrlicher Bäderarchitektur und mit Villen in opulenten Parks. Als Errungenschaft der Moderne ragt die neue eindrucksvolle 508 m lange *Seebrücke* ins Meer. **Ahlbeck**, der größte Badeort des Trios, glänzt dagegen mit dem einzigen original erhaltenen *Seebrückenpavillon* des 19. Jh. an der Ostseeküste. Das attraktive Erlebnisbad *Ostseetherme* macht es zugleich zu einem ganzjährigen Badeparadies.

1 Seebad Bansin

Plan hintere Umschlagklappe

Aufstrebender Badeort mit reizvollem Hinterland.

Sieben-Seen-Blick – Bansin Dorf – Gothensee – Mümmelkensee

Das *Seeheilbad* Bansin (2500 Einw.) an Usedoms 40 km langer Ostseeküste ist das kleinste der Kaiserbäder, doch es schickt sich an, eines der ganz Großen zu werden. Schmuck restaurierte Bädervillen verleihen dem Ort wilhelminisches Flair, beschaulich nimmt sich die Lage am kleinen Schloonsee aus. Im Unterschied zu den anderen Seebädern ging der Ort nicht aus einem Fischerdorf hervor, sondern wurde vor gut 100 Jahren als Ostseebad gegründet. ›Bansin bei Heringsdorf‹ nannte man es zunächst, doch schon bald hatte es der aufstrebende Ort nicht mehr nötig sich an den berühmten Nachbarn anzulehnen. Mit etwa 90 000 Gästen steht es heute nach Heringsdorf und Zinnowitz als Ferienort an dritter Stelle. Ein neuer Stern der Bansiner Hotellerie wirft bereits seinen Schatten voraus. 2006 wird in bester Lage an der Strandpromenade ein Fünf-Sterne-Grandhotel der Kempinski-Gruppe eröffnen, mit luxuriösen Suiten, Wellness und Spa, Ladengalerie, Kino und Disco. Man darf schon jetzt darauf gespannt sein.

Geschichte Bansin entlehnte seinen Namen von der kleinen slawischen Siedlung *Banzino*, die 2 km landeinwärts am Gothensee lag. Bis zur Reformation stand der Bauernflecken, das heutige *Bansin Dorf* am Nordufer des Gothensees, unter der Oberhoheit der Klosterbrüder von Pudagla. Danach fiel das Land, zu dem auch ein Stück der Küste gehörte, an den wohlhabenden Großgrundbesitzer Labahn. Einer seiner Nachfahren beabsichtigte 1896 zusammen mit einigen Bauern und dem wohlhabenden Berliner Hühneraugenoperateur Emil Wichmann eine Badeanstalt zu errichten. Die Unternehmer mussten allerdings feststellen, dass das Land an der Ostsee bereits von Hugo Delbrücks *Aktiengesellschaft Seebad Heringsdorf* aufgekauft worden war, mit der

Seebadschönheiten wie an der Perlenschnur: Von der Bansiner Seebrücke bietet sich ein einladendes Panorama des hübschen Kaiserbades und seiner vornehmen Gründerzeitvillen

Absicht hier, wie schon in Ahlbeck und Heringsdorf, einen lukrativen Ferienort anzulegen. Die in einer Genossenschaft zusammengeschlossenen Bansiner ließen sich jedoch nicht von ihrem Vorhaben abbringen und kauften das Land zu einem völlig überteuerten Preis zurück. 1897 eröffnete man in zehn flugs gebauten Pensionen und Hotels die erste *Badesaison*.

In den Folgejahren entstanden zahlreiche exquisite Herbergen und Privatresidenzen im Stil der *Bäderarchitektur*. Und das kleine, eher abgeschiedene Seebad (diesen Titel erhielt es 1901) zog jede Menge gut betuchte Urlauber aus Adel und Großbürgertum an: selbst Kaiser Wilhelm II. mit Familie verbrachte hier geruhsame Tage am Meer. Zu den besonderen Privilegien des beliebten Bansin gehörte es, das es 1923 als erstes deutsches Seebad die *Freibaderlaubnis* erhielt, sodass sich die vornehme Klientel fortan nicht mehr in Badekarren oder Badeanstalten drängen musste. Die Feriengäste genossen nicht nur das Meer, sie promenierten auch auf der Seebrücke, lauschten Kurkonzerten, spielten Tennis oder unternahmen Schiffsausflüge nach Rügen und Bornholm. Im Dritten Reich war Bansin nicht weniger exklusiv, nämlich parteilinientreu und bevorzugtes Feriendomizil von Nazigrößen.

In der Zeit nach dem Zweiten Weltkrieg waren die Bansiner Hotels überwiegend mit Flüchtlingen und Umsiedlern belegt. Mit der Wiederbelebung des Tourismus Anfang der 1950er-Jahre sprach die DDR-Propaganda von Bansin als dem Seebad der werktätigen Massen, tatsächlich wurden jedoch viele der schicken Gründerzeitvillen von SED-Funktionären und Stasi-Beamten in Beschlag genommen. Nach der Wiedervereinigung war man zunächst damit beschäftigt die verschlissene Hotellerie wieder auf Vordermann zu bringen. Heute strahlt die Bäderarchitektur Bansins wieder in der alten Pracht.

Besichtigung Ein Ortsbummel beginnt am besten an der neuen **Seebrücke** ❶. Verglichen mit den Prestigebauten der Nachbarbäder nimmt sich der 1994 wieder errichtete 285 m lange Anleger ohne Pavillon und Restaurant recht schlicht aus. Doch vom Brückenkopf bietet sich ein herrlicher Blick auf den feinen **Sandstrand**, die größte Attraktion Bansins und im Sommer Tummelplatz zahlloser Badefans. Im **Haus des Gastes** ❷ vor der Seebrücke ist die Kurverwaltung untergebracht, die ein breites Ferienprogramm anbietet – mit kulturellen Veranstaltungen, Bastelworkshops, Ortsführungen und Radtouren. Im Obergeschoss gibt es einen Leseraum und einen Saal für wechselnde Ausstellungen vornehmlich lokaler Künstler. Geht man die nette **Strandpromenade** 3 von hier Richtung Nordwesten, trifft man auf die für Bansin typischen *Fischerkaten*. In den einfachen Holzhäuschen offerieren Fischer ihren frisch zubereiteten Fang, z. B. leckere Fischbrötchen mit Bismarckhering oder Räucheraal. Wendet man sich auf der Strandpromenade nun wieder nach Süden, gelangt man zum **Musikpavillon** 4, einem hübschen 1930 errichteten Holzbau, der während der Saison im Sommer drei- bis viermal wöchentlich zu Kurkonzerten einlädt.

Über einen der Seitenwege wechselt man nun von der Strandpromenade in die parallel verlaufende **Bergstraße** 5 mit ihren prächtigen Villen im Stil der Usedomer Bäderarchitektur. Die *Villa Astrid* (Nr. 23) etwa wurde um 1908 als Haus Bucheck im klassizistischen Stil erbaut und im Treppenhaus mit Jugendstildekor ausgeschmückt. Nach dem Zweiten Weltkrieg wohnte hier Willy Richter, der Bruder des Literaten Hans Werner Richter (s. u.) und seines Zeichens Bürgermeister von Bansin. 2000 wurde das Haus aufwendig restauriert und beherbergt heute noble Ferienwohnungen.

Stilvolle Eleganz: Schmucke Bädervillen säumen die Bergstraße in Bansin

Nur ein paar Schritte sind es nun zur **Seestraße** 6, die landeinwärts Richtung Bahnhof verläuft. Die lebhafte Einkaufsmeile Bansins mit Modeboutiquen und Souvenirläden wird von etlichen hübsch herausgeputzten Bauten aus der Gründerzeit gesäumt, etwa der neoklassizistischen *Villa Glaeser* (Nr. 3) von 1900, die im Jahr 2000 zu einem eleganten Apartmenthaus umgebaut wurde, und dem von einem Eckturm gezierten *Hotel zur Post* (Nr. 5) von 1902, das heute eine gelungene Verbindung von modernen Architekturstandards und Gründerzeitcharme bietet.

In der kreuzenden Waldstraße erinnert das **Hans-Werner-Richter-Haus** 7 (Waldstr. 1, Tel. 03 83 78/478 01, Mi–Fr 11–13 und 15–18, Sa und So 14–17 Uhr) an den Schriftsteller Hans Werner Richter (1908–1993). Der gebürtige Bansiner, Sohn eines Fischers, wurde nach Krieg und Gefangenschaft in Berlin Mitbegründer und Leiter des Literaturzirkels ›Gruppe 47‹, zu der u. a. Günther Grass, Heinrich Böll und Ingeborg Bachmann gehörten. Wie die anderen, ungleich berühmteren Nachkriegsautoren verarbeitete Richter in seinen Werken Erlebnisse während des Dritten Reiches, ehrte aber auch seine Heimat mit Romanen wie ›Spuren im Sand‹ (1953), die auf Erinnerungen aus Kindheit und Jugend basieren. Im Erdgeschoss des früheren *Feuerwehrhauses* kann heute das originalgetreu nachgebaute und mit persönlichen Gegenständen ausgestattete *Arbeitszimmer* Richters besichtigt werden. Aus dem Nachlass des Autors werden Originalgrafiken von Günther Grass präsentiert. Im Obergeschoss haben Werke von Usedomer Künstlern wie Otto Manigk Platz gefunden.

Dem Œuvre eines weiteren in Usedom tätigen Kreativen begegnet man im **Gedenkatelier Rolf Werner** 8 (Seestr. 60, Tel. 03 83 78/292 28, Führungen tgl. 11 Uhr, Mai–Sept. auch Di, Do, Sa/So 14.30, 18 Uhr, Okt.–April auch Di, Do, Sa/So 14.30 Uhr). Das idyllische Haus mit Reetdach und Garten war das Tätigkeitsfeld des Leipziger Malers Rolf Werner (1916–1989), der von 1953 bis zu seinem Tod in Bansin lebte. Ausgestellt sind vornehmlich kleinfor-

Quietschvergnügte Sommerlaune und Badelust ohne Ende – Strand von Bansin

matige Stillleben und farbenfrohe Landschaftsgemälde.

Auf dem Rückweg geht es nun über die links abzweigende Kirchstraße zur Goethestraße und zum **Tropenhaus Bansin** 9 (Goethestr. 10, Tel. 03 83 78/25 40, www.tropenhaus-bansin.de, Mai–Okt. tgl. 10–18 Uhr, Nov.–April bis 16 Uhr), das mit seinen etwa 150 Tieren einer der kleinsten Zoos der Welt ist. Neben Leguanen, Pythons und bunt gefiederten Papageien gehören die possierlichen Weißbüscheläffchen zu den Attraktionen des etwa 50 Arten umfassenden Tierhauses mit Streichelzoo. Die Anlage ist auch in botanischer Hinsicht interessant. In der tropisch-schwülen Halle wachsen Bananenstauden, Palmen und Drachenbäume. Angegliedert ist eine Ferienwohnanlage mit 20 Apartments.

Gegen Osten wird das Seebad Bansin vom **Schloonsee** 10 gerahmt, den man über Wald- und Bergstraße erreicht. Das von dichtem Grün gerahmte Gewässer trennt nur eine 200 m breite Landbrücke vom Meer. Hinter dem dichten Schilfgürtel liegen am Seeufer etliche Ferienhäuser versteckt, Refugien für Feriengäste, die Ruhe zu schätzen wissen.

Ausflüge

Bansin hat neben eleganten Seebadqualitäten auch das malerische Hinterland zu bieten. Den **Sieben-Seen-Blick** (40 m), Usedoms vielleicht schönsten Panoramahügel, erreicht man am besten zu Fuß vom Bahnhof Bansin aus, in 20 Min. über die Benzer Chaussee in Richtung Süden. Beim Blick von der hölzernen *Aussichtskanzel* am Bergmühlenweg liegen dem Betrachter sieben Seen zu Füßen: im Westen Großer und Kleiner Krebssee, Schmollensee und Achterwasser, im Südosten Gothensee und Wolgastsee sowie der Kachliner See im Thurbruch.

TOP TIPP

Nahe dem Sieben-Seen-Blick liegt am Nordwestufer des Gothensees **Bansin Dorf**. Der kleine stille Weiler ist ein guter Ausgangspunkt für *Rad-* und *Wandertouren* rund um den **Gothensee.** Der mit 600 ha größte Binnensee Usedoms steht komplett unter Naturschutz. Er ist bedeutendes *Biotop* für Wasservögel, die in den schilfbestandenen Flachwasserzonen am Ufer ideale Nistplätze vorfinden. Im namengebenden Ort *Gothen* am Ostufer des Sees brütet jeden Sommer ein Weißstorchenpaar auf dem Dach einer Scheune. Der private *Storchenpark* von Herrn Eggebrecht verfügt über Infotafeln, auf denen über das Kommen und Gehen der Vögel mit der großen Klappe und auch über den groß gezogenen Nachwuchs Buch geführt wird.

Ein weiterer reizvoller *Wanderweg* führt vom Bahnhof Bansin über den Fischerweg nach Nordwesten zum stark verlandeten **Mümmelkensee**. Der von einem urtümlichen Hochmoor mit Wollgraswiesen umgebene eiszeitliche Restsee entlehnte seinen Namen den gelb blühenden *Teichrosen* (Mummeln). Er ist als Naturschutzgebiet ausgewiesen und durch einen markierten *Naturlehrpfad* erschlossen. Das botanische Highlight ist der *Sonnentau*, eine Fleisch fressende Pflanze, die mit ihren Klebefallen Insekten anlockt und im Laufe eines Sommers bis zu 2000 Beutetiere fängt. Der Pfad führt als Rundkurs weiter über den *Langen Berg* (54 m) und dann nach Bansin zurück. Das mit Kiefern und Lärchen bewaldete Hochufer am Berg bietet einen eindrucksvollen Panoramablick auf die Pommersche Bucht, bei guter Sicht sieht man sogar die Nachbarinseln Wollin und Rügen.

Praktische Hinweise

Information

Tourist-Information, An der Seebrücke, Bansin, Tel. 03 83 78/470 50, Fax 03 83 78/47 05 15, www.drei-kaiserbaeder.de

Bahn

Usedomer Bäderbahn (UBB), Tel. 03 83 78/271 32, www.ubb-online.com. Ab dem Bahnhof an der Ahlbecker Chaussee alle 30 Min. (im Winterhalbjahr stdl.) Verbindung mit Ahlbeck und Zinnowitz.

Adebars Revier: Gothens Weißstorche kehren jedes Jahr zu ihrem Nistplatz zurück

Schiff

Adler-Schiffe, Tel. 03 83 78/477 90, www.adler-schiffe.de. Ab der Seebrücke verkehren die Fahrgastschiffe nach Ahlbeck, Zinnowitz und ins polnische Swinemünde.

Nachtleben

Atlantic Pub, im Roamantik Strandhotel Atlantic, Strandpromenade 18 (Eingang Bergstr.), Bansin, Tel. 03 83 78/606 50. Die gemütliche Bar mit maritimem Dekor ist der beliebteste Treff für Nachtschwärmer auf der Insel. Hier stehen 24 Biersorten aus aller Welt zur Auswahl. Am Wochenende gibt es meist Livemusik, ansonsten kann man kegeln oder eine Partie Billard spielen.

Hotels

****Hotel zur Post**, Seestr. 5, Bansin, Tel. 03 83 78/560, Fax 03 83 78/562 20, www.hzp-usedom.de. In dem familiär geführten Haus wohnt man wahlweise in heimeligen Gründerzeitzimmern oder in den modernen Bauten. Seit 2005 gibt es u. a. drei neue Villen und das Kaiser Spa mit umfassenden Wellnessangebot, ferner mehrere Restaurants und Bars, darunter die Brasserie Banzino (s. u.).

****Romantik Strandhotel Atlantic**, Strandpromenade 18, Bansin, Tel. 03 83 78/605, Fax 03 83 78/606 00, www.seetel.de. Das kleine Verwöhnhotel mit 26 elegant möblierten Zimmern ist ein Schmuckstück aus der wilhelminischen Epoche. Die Bäder glänzen mit Marmor, die Zimmer sind mit Seidentapeten ausgeschlagen, haben aber auch Modemanschluss. Im feinen Restaurant baumeln Kristallüster von der Decke, die kreative Gourmetküche ist mediterran inspiriert. Wohltuend sind auch Schwimmbad, Sauna und römisches Schwitzbad.

Ökologische Ferienwohnanlage am Schloonsee, Am Schloonsee 1, Bansin, Tel. 03 83 78/23 10, Fax 03 83 78/211 14, www.ufer-boehm.de. Das autofreie Feriendorf im Kiefernwald direkt am See besteht aus 29 Holzhäusern im Norwegerstil mit Platz für max. fünf Personen. Baustoffe und Wohnungsausstattung wurden nach ökologischen Kriterien ausgewählt. Ideal für den Familienurlaub, ein Spielplatz ist vorhanden, zum Strand sind es 700 m.

Pension Elsbeth, Waldstr. 31, Bansin, Tel. 03 83 78/292 31, www.elsbeth.auf-

Postmodernes Wahrzeichen: Die Heringsdorfer Seebrücke mit ihrem pyramidenförmigen Pavillon ist mit 508 m die längste auf dem europäischen Kontinent

usedom.info. Die Frühstückspension war in den 1930er-Jahren ein Kinderheim und gehört nach Modernisierung zu den preiswerteren Häusern im Ort. Es liegt zwar in der zweiten Reihe, doch nur 100 m vom Strand entfernt.

Restaurants

Bansiner Bootshaus, im Hotel Buchenpark, Seestr. 83 (Eingang Waldstr.), Bansin, Tel. 03 83 78/229 58. Spezialitäten des Lokals sind das Fischfondue und der pikante Fischfeuertopf. Es gibt aber auch etliche Steak-Varianten. Mit Klönbar und Tanz am Wochenende.

Brasserie Banzino, im Hotel zur Post, Seestr. 5, Bansin, Tel. 03 83 78/560. Neben guter heimischer Fischküche aus der Peene (Kutterscholle), dem Bodden (Zander) und der Ostsee (Wildlachs) gibt es auch gute Fleischgerichte, etwa den schwäbischen Zwiebelrostbraten mit Spätzle.

La Posada, Strandpromenade 33, Bansin, Tel. 03 83 78/608 60. Guter Mexikaner 75 m nördlich der Seebrücke. Es gibt Tacos, Burritos, Enchilladas und andere Spezialitäten. Der Tipp fürs Dessert: Baby-Ananas mit Eiscreme.

Plonsky, im Promenadenhotel Admiral, Strandpromenade 36/37, Tel. 03 83 78/66 15 66. Das Panoramalokal am Fischerstrand serviert leichte gehobene Küche. Raffiniert zubereitet ist der Ostseefisch, ausgefallen das Kürbiseis.

Café

Café Asgard, Strandpromenade 15, Bansin, Tel. 03 83 78/294 88. Das Traditionscafé von 1898 atmet noch ganz das Flair der Kaiserzeit. Zu Kuchen und Torten wird eine große Auswahl an Kaffee-, Tee- und Schokoladenvariationen geboten. Spezialität des Hauses ist der *Göttertrunk*, ein Tässchen Café mit einem Schuss Honiglikör (Mo geschl.).

2 Seebad Heringsdorf

Plan hintere Umschlagklappe

Größtes und mondänstes Usedomer Seebad mit neuem Chic vor wilheminischer Kulisse.

Der nicht gerade schmeichelhafte Allerweltsname ist reines Understatement: Das *Seeheilbad* Heringsdorf (3500 Einw.) war schon immer die mondänste Badeperle Usedoms. In dem von großzügigen Grünzonen aufgelockerten weitläufigen Villenort zwischen Bansin und Ahlbeck trafen sich zu Kaisers Zeiten (1871–1918) der Adel und das wohlhabende Bürgertum ebenso wie Künstler und Intellektuelle, etwa Lyonel Feininger, Maxim Gorki oder die Brüder Heinrich und Thomas Mann. In den schicken Gründerzeitvillen entlang der Promenade hat nach der Rundumerneuerung wieder die alte Noblesse Einzug gehalten. Der elegante Kursaal, die Spielbank und Events wie das zweimal jährlich veranstaltete Modespektakel *Heringsdorf goes Fashion* machen das Seebad zugleich zum *kulturellen* Mittelpunkt der Kaiserlichen Drei. Auf eine kurze Formel gebracht: Heringsdorf ist en vogue, chic und – teuer! Und natürlich gibt es auch einen schönen *Strand* vor der Haustür – bis zu 70 m breit und 3 km lang und während der Badesaison mit Tausenden von Strandkörben bestückt. Die schmucke *Strandpromenade* verbindet den Ort mit Bansin im Norden und mit Ahlbeck im Süden.

Geschichte Die Anfänge von Heringsdorf sind eng mit dem Namen *Georg Bernhard von Bülow* († 1854) verknüpft. Der preußische Oberforstmeister erwarb 1817 den Gutsbesitz Gothen, zu dem auch ein Stück Ostseestrand auf der Höhe des heutigen Seebades gehörte. Von Bülow brachte zunächst eine Hand voll Fischerfamilien auf sein neues Land. Sie bauten einfache Katen und ein paar *Salzhütten*, in denen der Fisch konserviert wurde. 1820 erhielt der Forstmeister hohen Besuch von *König Friedrich Wilhelm III.* und seinen beiden Söhnen. Auf die Frage des Königs wie die bis dato namenlose Siedlung denn nun heißen solle, antwortete der junge Kronprinz Wilhelm (der spätere Kaiser Wilhelm I.) spontan: *Heringsdorf* – sein Blick fiel dabei wohl gerade auf ein paar Fässer mit eingesalzenem Hering. Angeregt durch den einsetzenden Bäderbetrieb im nahe gelegenen Swinemünde eröffnete der gutbetuchte Förster 1824 die *Bülow'sche Badeanstalt* und ließ auf dem Kulmhügel oberhalb vom Strand ein schickes Landhaus, das *Weiße Schloss* (heute Hotel), errichten. Heringsdorf avancierte alsbald zur Sommerfrische des Adels, der hochrangigen Offiziere und Beamten. Und weil das deutsche Kaiserhaus nach dem ersten Besuch bei den Fischern ›seinem‹ Heringsdorf die Treue hielt, wurde es auch *Kaiserbad* genannt.

Griechisch-römisch inspiriert: Die Villa Oechsler ist eines der schönsten Beispiele wilhelminischer Bäderarchitektur in Heringsdorf

Den eigentlichen Aufstieg zum Weltbad verdankt Heringsdorf dem wohlhabenden Geheimrat *Hugo Delbrück* (1825–1900). Der Rechtsanwalt und spätere Direktor der Züllchower Zementwerke rief 1872 die *Aktiengesellschaft Seebad Heringsdorf* ins Leben. Die AG erwarb von den Bülow'schen Erben den kompletten Strandabschnitt inklusive des bewaldeten Hinterlandes. 1873 wurde am Kurplatz das *Hotel Kaiserhof Atlantic* errichtet, das später unter der Regie der Kempinski-Gruppe Maßstäbe für die exklusive Heringsdorfer Hotellerie setzen sollte. Ab 1893 konnten die Gäste des Luxusbades auch auf der eleganten *Kaiser-Wilhelm-Seebrücke* flanieren. Als weitere Attraktion ließ Delbrücks Sohn Viktor (1862–1907) 1905 auf dem Präsidentenberg die *Bismarck-Warte* errichten, einen 91 m hohen Ziegelturm, von dem man über die ganze Insel bis nach Rügen und zum Stettiner Haff sehen konnte.

Während des Ersten Weltkriegs kam der Tourismus zum erliegen, doch danach konnte sich Heringsdorf wieder als Treffpunkt der Hautevolee etablieren. Auch die jüdische Hochfinanz ließ sich in gediegenen Sommervillen nieder. Derweil musste die AG der Delbrücks 1921 wegen der Inflation ihren Besitz verkaufen, nun wurden die Bewohner selbst Eigentümer der gewinnbringenden Heringsdorfer Immobilien. Und an ehrgeizigen Projekten war zu keiner Zeit Mangel: So wollte Heringsdorf nicht nur Seebad, sondern zugleich *Kurbad* sein. Schon 1892 und 1909 hatte man bei Tiefenbohrungen *jodhaltige Sole* zu Tage gefördert, doch diese Quellen waren bald wieder versiegt. Den Durchbruch brachte 1929/30 eine Bohrung bis in 408 m Tiefe. Eine Rohrleitung transportierte fortan das Solewasser in das Warmbad (nicht erhalten), das für heilkräftige Bäder und Inhalationen genutzt wurde.

Nach der Machtübernahme 1933 kam es selbst im zuvor so toleranten Seebad Heringsdorf zur Enteignung der jüdischen Einwohner, ihre Villen und Gästehäuser wurden von den Nazis in Besitz genommen. Auch nach dem Zweiten Weltkrieg kam es zu Umwälzungen, so sprengte die Sowjetarmee die Bismarck-Warte und etliche Häuser wurden zu Sanatorien für die Rotarmisten umfunktioniert. Ferner errichteten sie 1948 das gigantisch-strenge *Kulturhaus* (heute Forum Usedom) im Zentrum des Seebades. Während der DDR-Ära übernahm der Feriendienst des Freien Deutschen Gewerkschaftsbunds (FDGB) die Regie über den Ort und quartierte *SED-Funktionäre* in die noblen Villen ein. Für so manches Objekt stellte sich der Unterhalt jedoch als zu kostspielig heraus, so wurde 1979 das baufällig gewordene Hotel Kaiserhof Atlantic abgerissen und die Lücke mit den monströsen Hochhäusern des FDGB-Kurheims (heute Kurhotel) gefüllt. Doch dann, mit der Wiedervereinigung, kam neuer Schwung in den Badeort. Der größte Teil der über 100 herrlichen Villen wurde nun unter Denkmalschutz gestellt und binnen eines Jahrzehnts sorgfältig restauriert. Inzwischen ist Heringsdorf mit etwa 165 000 Gästen das mit Abstand bedeutendste Seebad Usedoms.

Rund um die Seebrücke

Das Wahrzeichen von Heringsdorf zieht sich weit ins Meer hinaus: Mit 508 m ist die 1995 ihrer Bestimmung übergebene **Seebrücke** ❶ heute die längste auf dem europäischen Kontinent. Doch bis auf ihre Ausmaße hat sie nichts mit ihrem Vorgängerbau, der hölzernen Kaiser-Wilhelm-Brücke (1893) gemein, die 1958 zerstört wurde. Die neue Brücke ruht auf mit Sand gefüllten Stahlsäulen, die 6 m tief

Junge Meeresforscher willkommen: Muschelmuseum im Pavillon auf der Seebrücke

im Meeresgrund verankert sind. Sie ist überdacht, sodass man auch bei Regen trockenen Fußes zum Brückenkopf mit Anlegestelle flanieren kann. Dort steht ein Pavillon in Form einer *Pyramide*, der verglaste Rundbau um den Pyramidensockel lockt mit dem noblen Gourmetrestaurant *Käpt'n N* [s. S. 31]. Im landseitigen Gebäudekomplex der Seebrücke haben eine Ladenpassage, ein Kino und 19 exklusive Ferienwohnungen Platz gefunden. Das ebenfalls hier ansässige *Muschelmuseum* (Tel. 03 83 78/325 79, www.muschelmuseum.kaiserbaeder.de, tgl. 10–21 Uhr, Winter bis 18 Uhr) zeigt rund 3000 maritime Exponate, neben Muscheln in allen Formen und Größen auch Bernstein und Korallen. Der Stolz der Sammlung ist eine 75 cm lange und 95 kg schwere *Riesenmuschel* (Tridacna gigas), im Volksmund Mördermuschel genannt. Im Geschoss unter der Ladenpassage zeigt das *Wachsfigurenkabinett* (Mo–So 10–21 Uhr) ca. 50 Berühmtheiten aus Geschichte, Kultur und Showbusiness, etwa Erich Honecker und Wladimir Putin, Marlene Dietrich und Robert De Niro. Auf dem Platz vor der Seebrücke steht seit 1995 der leise plätschernde *Kugelbrunnen*. Die 2,5 t schwere massive Granitkugel scheint sich spielerisch-leicht auf dem nur Millimeter dünnen Wasserfilm zu drehen.

Die moderne Heringsdorfer Konzertmuschel lädt zu entspanntem Musikgenuss

Vis-à-vis vom Eingang zur Seebrücke erhebt sich am Kurplatz, an der Stelle des 1979 abgerissenen Luxushotels Kaiserhof Atlantic, das **Kurhotel** 2 (Delbrückstr. 3, Tel. 03 83 78/822 22, www.kurhotel-herings dorf.de) mit seinen beiden durch einen Flachbau verbundenen Hochhäusern. Der in bester Strandlage errichtete 1200-Betten-Komplex war einst Kurzentrum für DDR-Parteifunktionäre. Das heute modernisierte, doch nach wie vor eher triste Hotel bietet auch ambulante Badekuren und physiotherapeutische Leistungen an. Nordwestlich von der Seebrücke liegt unweit der neuen **Konzertmuschel** 3, die einen Vorgängerbau von 1929 ersetzt, das **Forum Usedom** 4. Das kulturelle Zentrum Heringsdorfs (und der anderen Kaiserbäder) steht an der Stelle des im Jahr 1946 abgebrannten großen *Strandcasinos*. Dieses wurde 1948 unter den Sowjets durch das große neoklassizistische *Kulturhaus* ersetzt, welches wiederum in den 1990er-Jahren zum Forum-Komplex ausgebaut wurde. Im Giebel der tempelartigen Vorhalle ist das Relief ›Tanzendes Paar mit Musikanten‹ der Stralsunder Bildhauerin Karla Luise Friedel bemerkenswert. Zu der Anlage gehört der aus der Erbauungszeit des Kulturhauses stammende *Kursaal* (700 Plätze), in dem neben Shows und Revuen alljährlich im Herbst das Eröffnungskonzert des *Usedomer Musikfestivals* stattfindet. Ferner gibt es hier das Maritim Hotel Kaiserhof, die Kurverwaltung und die 1998 eröffnete **Spielbank** 5 [s. S. 30], die nicht nur Roulette sondern auch ein Restaurant in stilvollem Ambiente bietet.

Folgt man der Strandpromenade noch ein Stück weiter nach Norden, erreicht man den **Kunstpavillon** 6 (Tel. 03 83 78/228 77, Mai–Sept. Di–So 12–18 Uhr). In dem verglasten Rundbau von 1973 werden Wechselausstellungen mit Werken meist einheimischer Künstler präsentiert.

Kultureller Mittelpunkt: Das in den 1990er-Jahren neu gestaltete Forum Usedom ist Veranstaltungsort für Shows, Konzerte, Revuen sowie das alljährliche Usedomer Musikfestival

Nobles Domizil: Die 1880 im palladianischen Stil erbaute Villa Oppenheim diente dem Maler Lyonel Feininger und seiner Familie einige Jahre als sommerliche Ferienresidenz

Von der Seebrücke über die Strandpromenade Richtung Südosten gelangt man zur **Volkssternwarte Manfred von Ardenne** 7 (Tel. 03 83 78/47 16 50, www.sternwarte-usedom.de, aktuelle Infos zu Führungen, nur bei klarem Himmel, und Vorträgen). Das kleine Observatorium wurde dem Seebad von dem bedeutenden Physiker und Erfinder *Manfred Baron von Ardenne* (1907–1997) gestiftet, der trotz seiner umfangreichen Forschungen im Bereich Radar-, Elektronen- und Atomphysik Zeit fand, in Heringsdorf Urlaub zu machen und sich hier seinem Hobby, der Astronomie, zu widmen. Zur Beobachtung der Himmelskörper steht das Spiegelteleskop von 1925 aus seinem Besitz zur Verfügung, das sich bis heute durch Abbildungsgüte auszeichnet.

Neben der Sternwarte werden im **Theaterzelt Chapeau Rouge** 8 [s. S. 30] jeden Sommer Theaterstücke, Komödien, Kabarett und ein buntes Kinderprogramm mit Puppenspiel und Märchen geboten.

Der **Bahnhof Seebad Heringsdorf** 9 von 1894 gilt als der kleinste Kopfbahnhof Deutschlands. Wer mit der Usedomer Bäderbahn anreist, wird bemerken, dass die Trasse von Bansin aus in weitem Bogen nach Heringsdorf führt – etliche Villengrundstücke reicher Neu-Heringsdorfer verhinderten die direkte Streckenführung. Im Bahnhof, einem reizvollen restaurierten Backsteinbau, sind das historische Bahnhofsrestaurant und die Zimmervermittlung von Interesse.

TOP TIPP Wilhelminische Bäderarchitektur

In der nach dem ›Seebad-Pionier‹ Hugo Delbrück benannten Delbrückstraße stehen einige der gefälligsten Exemplare der Usedomer Bäderarchitektur. Die **Villa Oechsler** 10 (Nr. 5), nur wenige Schritte hinter dem Kurhotel, war einst Sommersitz des jüdischen Barons Oechsler. Das neoklassizistische Gebäude von 1883 zeichnet sich durch einen eleganten Portikus aus, in dessen Giebel das kostbar schimmernde Glasmosaik ›Badende Grazien‹ des Venezianers Antonio Salviati (1816–1890) prangt. Solcher Schmuck passt gut zu dem heute hier beheimateten Modegeschäft *Maison Vogue* [s. S. 29].

In der **Villa Staudt** 11 (Nr. 6) schräg gegenüber, einer opulenten Residenz (1873) mit Walmdach, Eckturm, Erkern, luftigen Balkonen und elegantem Dekor, pflegte Kaiser Wilhelm II. bei seinen Heringsdorfer Besuchen mit der Witwe des Konsuls Staudt Tee zu trinken. Inzwischen wurde auch diese Gründerzeitvilla, wie so viele andere, zu einem exklusiven Apartmenthaus umgebaut. Auf der Promenade davor erinnert ein auf einem Findling angebrachtes Bronzemedaillon an Hugo Delbrück.

Die **Villa Oppenheim** 12 (Nr. 10) ist mit ihrer zweigeschossigen Säulenfront sichtlich von der Architektur Palladios geprägt. Das Anwesen entstand um 1880, in den Sommermonaten 1909–12 logierte hier der deutsch-amerikanische Maler

Lyonel Feininger [s. S. 58]. Die benachbarte **Residenz Bleichröder** 13 (Nr. 14), auch Villa Diana genannt, war Sommersitz des Bankiersohns Hans von Bleichröder. Der repräsentative Bau von 1890 mit seiner neobarocken Fassade hat schlossartigen Charakter. Nach der Enteignung der jüdischen Bankiersfamilie 1938 diente die Villa als Gästequartier für Reichsmarschall Hermann Göring. Wer heute in den gediegenen Räumen des restaurierten *Hotels* [s. S. 30] logiert, wird sich nur an die guten alten Zeiten erinnert fühlen.

Am südöstlichen Ende der Delbrückstraße erzählt das **Museum am Schmiedehaus** 14 (Nr. 30, Mai Fr–So 15–18, Juni–Sept. Di–Sa 15–18 Uhr) über Ursprünge und Entwicklung des Seebades. Träger der kleinen Ausstellung mit historischen Ortsansichten und Dokumenten ist die *Historische Gesellschaft zu Seebad Heringsdorf*, die auch Vorträge zur Ortsgeschichte organisiert.

Die Keimzelle von Heringsdorf liegt im Westen auf dem *Kulm*, einer einstmals gänzlich bewaldeten Anhöhe über dem Strand. Dort ließ Oberforstmeister von Bülow 1825 als erste Villa im Ort das **Weiße Schloss** 15 (Rudolf-Breitscheid-Str. 3) errichten. Für die Planung engagierte er keinen Geringeren als den Berliner Baumeister *Karl Friedrich Schinkel*, der ein großzügiges Logierhaus im klassizistischen Stil entwarf. Das in einem Park gelegene Anwesen beherbergte im Lauf seiner Geschichte eine illustre Gästeschar, angefangen von Kronprinzessin Viktoria von Preußen mit ihrem Sohn Prinz Wilhelm, dem späteren Kaiser Wilhelm II. bis hin zum Literaten Kurt Tucholsky, der Anfang der 1920er-Jahre hier zweimal seine Ferien verbrachte. In DDR-Zeiten stand das Gebäude in Diensten der Kreisparteischule der SED, heutzutage fungiert es als Hotel [s. S. 30] .

Den höchsten Punkt auf dem Kulm nimmt die **Heringsdorfer Kirche** 16 von 1848 ein. Das Startkapital für den Bau brachte eine Sammelaktion samt einer Spende von König Friedrich Wilhelm IV. zusammen, zunächst genug für eine von einem schlanken Nordturm flankierte einschiffige neogotische Backsteinkirche, die auf einem Sockel aus Feldsteinen ruht. Die Pläne dazu lieferte der preußische Hofbaurat und Schinkel-Schüler *Ludwig Persius*. 1914 erweiterte man den auch *Kirche im Walde* genannten Bau um zwei Seitenschiffe und einen neogotischen Arkadengang. Bemerkenswert im *Inneren* ist die von filigranen Pfeilern getragene Flachdecke. Die *Orgel* stammt aus der Werkstatt des Stettiner Orgelbauers Friedrich Kaltschmidt (1812–1896). Sie wurde 1851 von Carl Loewe, dem Komponisten des ›Erlkönigs‹ eingeweiht.

Unterhalb der Kirche finden sich weitere hübsche Gebäude, etwa die in einem wunderbaren Garten gelegene **Villa Fontane** 17 (Kulmstr. 25), in der Theodor

Wohn- und Schlafstätte für einen Monat: Das im Originalzustand erhaltene Arabische Zimmer der Villa Irmgard erinnert an den Aufenthalt Maxim Gorkis in Heringsdorf 1922

Fontane im Sommer 1863 ein paar Ferientage verlebte. Am Ortsende in Richtung Bansin steht unweit der Strandpromenade die **Villa Irmgard** 18 (Maxim-Gorki-Str. 13). In dem hübschen Jugendstilhaus von 1907 hielt sich im September 1922 der russische Dichter *Maxim Gorki* (1868–1939) auf, um ein Lungenleiden auszukurieren. Heute ist hier das *Museum für Literatur- und Regionalgeschichte* (Tel. 03 83 78/223 61, Mai–Sept. Di–So 10–18 Uhr, Okt.–April Di–So 12–16 Uhr) beheimatet. Am Tage seiner Abreise notierte Gorki den Satz ins Gästebuch: »Und dennoch und trotz alledem werden die Menschen eines Tages wie Brüder leben«. Das Gästebuch ist auf dem Schreibtisch in seinem einstigen *Arbeitszimmer* einsehbar. Dort schrieb er an seinem autobiografischen Roman ›Meine Universitäten‹ (1922). Im Rahmen des Museumsbesuchs ist auch das im Stil von Tausendundeinenacht eingerichtete *Arabische Zimmer* zugänglich, in dem der Literat nächtigte. Anhand von Fotografien und Dokumenten informiert die Sammlung außerdem über andere prominente Gäste des Seebades, darunter Johann Strauß, Heinrich Mann und den russischen Opernsänger Fjodor Schaljapin.

i Praktische Hinweise

Information

Tourist-Information, Kulmstr. 33, Heringsdorf, Tel. 03 83 78/24 51, Fax 03 83 78/24 54, www.drei-kaiserbaeder.de.

Zentrale Zimmervermittlung, im Bahnhof, Heringsdorf, Tel. 0 18 05/58 37 83, Fax 03 83 78/47 71 18, zimmervermittlung@drei-kaiserbaeder.de

Flugzeug

Flughafen Heringsdorf, Airport Touristik Center, Tel. 03 83 76/200 30, www.flughafen-heringsdorf.de [s. S. 56, S. 127]

Bahn

Usedomer Bäderbahn, Am Bahnhof 1, Heringsdorf, Tel. 03 83 78/271 32, www.ubb-online.com

Schiff

Adler-Schiffe, Seebrücke, Heringsdorf, Tel. 03 83 78/477 90, www.adler-schiffe.de. Fahrten zu den anderen Kaiserbädern sowie nach Swinemünde (ganzjährig). Von April bis Okt. Tagesfahrten nach Rügen und Bornholm.

Souvenir zum Sitzen: Heringsdorfer Ambiente fertigt Strandkörbe für jeden Geschmack

Einkaufen

TOP TIPP **Heringsdorfer Ambiente**, Brunnenstr. 10, Heringsdorf, Tel. 03 83 78/335 59, www.heringsdorfer-ambiente.de. Der Traditionsbetrieb stellt seit 1925 Strandkörbe her, die zur Ostsee gehören wie Sand und Wasser, sich aber auch sehr gut im eigenen Garten machen. Der Klassiker der Firma ist ein Korb mit geschwungenen Seiten und rundlicher Haubenform. Er kann nach individuellen Wünschen gestaltet werden, wobei verschiedene Materialien, Farben und Stoffdesigns zur Auswahl stehen. Als Special gibt es Ausführungen mit Bistrotisch, Lektüretasche, Nackenrolle und verstellbaren Fußstützen. Jeden Donnerstag um 10 Uhr findet im Werk am Waldbühnenweg (Tel. 03 83 78/46 50 50) eine einstündige Führung statt.

TOP TIPP **Lutter & Wegner**, Kulmstr. 3, Heringsdorf, Tel. 03 83 78/221 25. Die Dependance des Berliner Gastronomie- und Feinkostbetriebs offeriert rund 300 erlesene Weine, Austern sowie verlockende Käse- und Wurstspezialitäten. Im Bistro kommen Klassiker auf den Tisch, die Renner sind das Wiener Schnitzel mit lauwarmem Kartoffelsalat oder der Kaiserschmarrn mit Zwetschgen und Vanilleeis (im Winter So Brunch).

Maison Vogue, Delbrückstr. 5, Heringsdorf, Tel. 03 83 78/227 10. Im stilvollen Rahmen der klassizistischen Villa Oechsler bietet die Edelboutique teure Haute Couture und Accessoires renommierter Modedesigner (Bogner, Escada etc.).

Nachtleben

Spielbank Heringsdorf, im Forum Usedom, Strandpromenade, Heringsdorf, Tel. 03 83 78/228 18, www.ostsee-spielbanken.de. Gespielt wird American Roulette und Black Jack (tgl. 19–2, Fr/Sa 19–3 Uhr), daneben kann man an 80 Automaten (ab 14 Uhr) sein Glück versuchen. Kein Krawattenzwang .

Theaterzelt Chapeau Rouge, Strandpromenade, Heringsdorf, Tel. 03 83 78/291 71, www.chapeau-rouge.de. Im Zelt der Vorpommerschen Landesbühne Anklam wird im Sommer ein abwechslungsreiches Theater- und Unterhaltungsprogramm geboten.

Pianobar, im Maritim Hotel Kaiserhof, Strandpromenade, Heringsdorf, Tel. 03 83 78/650. Elegante Bar mit Livemusik ab 21 Uhr. Rund 50 exotische Cocktailvariationen, auch ohne Alkohol.

Hotels

******Hotel Oasis**, Puschkinstr. 10/Strandpromenade, Heringsdorf, Tel. 03 83 78/26 50, Fax 03 83 78/265 99, www.villa-oasis.de. Die prachtvolle, frisch renovierte Jugendstilvilla von 1896 thront wie ein kleines Schloss an der Strandpromenade. Beeindruckend das original erhaltene Foyer mit offener Galerietreppe. 20 edel eingerichtete Suiten und Zimmer bieten herrschaftlichen Komfort. Zum Anwesen gehören ein großer Park, das erstklassige Gourmetrestaurant Rossini (s. u.), das Bistro Amadeus und eine Gartenterrasse.

******Strandidyll**, Delbrückstr. 9–11, Heringsdorf, Tel. 03 83 78/47 60, Fax 03 83 78/47 65 55, www.tc-hotels.de. Imposanter Bau im klassizistischen Stil mit 143 schönen Zimmern und Suiten inmitten einer Park- und Gartenlandschaft. Neben Restaurants, Bars und Patisserie gibt eine Poollandschaft und ein großes Wellness-Refugium.

Strahlender Empfang für Glücksritter: die Spielbank Heringsdorf im Abendkleid

******Villa Augusta**, Delbrückstr. 17, Heringsdorf, Tel. 03 83 78/471 60, Fax 03 83 78/47 16 49, www.villaaugusta.de. Stilvolles Haus mit familiärer Note und behaglichem Kaminzimmer. Einige der 23 Zimmer besitzten eine Terrasse. Im Wintergarten wird das Frühstücksbüffet angerichtet. Die Wellness-Oase bietet Sauna, Massage und Beauty Salon.

*****Pommerscher Hof**, Seestr. 41, Heringsdorf, Tel. 03 83 78/610, Fax 03 83 78/611 00, www.seetel.de. Ein solides Drei-Sterne-Haus in zentraler Lage nahe Strand und Seebrücke. Hübsch ist das Wintergarten-Restaurant. Direkter Zugang zur benachbarten *Ostseeresidenz* mit 1200 m^2 großer Bade- und Wellnesslandschaft .

*****Residenz Bleichröder**, Delbrückstr. 14, Heringsdorf, Tel. 03 83 78/36 20, Fax 03 83 78/362 20, www.residenz-bleichroeder.com. Die neobarocke Prachtvilla glänzt mit einem Stuck verzierten Salon und heimeligem Kaminzimmer. Die elf Doppelzimmer, zwei Suiten und vier Apartments sind mit antikem Mobiliar eingerichtet, die Bäder mit Marmor ausgelegt. Ein historischer Rosengarten umgibt die Villa. Hinzu kommen Hallenbad, Sauna und Fitnessbereich.

*****Weißes Schloss**, Rudolf-Breitscheid-Str. 3, Heringsdorf, Tel. 03 83 78/319 84, Fax 03 83 78/319 85. www.usedom.com/urlaub. Der Name ist Programm: Seit 2002 strahlt die Schinkel-Villa wieder sahneweiß auf dem Kulmhügel. Einige der Zimmer und Apartments haben einen hübschen kleinen Salon, von manchen kann man durch die alten Buchen das Meer sehen. Das Restaurant bietet u. a. frischen Fisch, auf der Aussichtsterrasse wird hausgemachter Kuchen serviert.

****Pension Erdmann**, Rudolf-Breitscheid-Str. 7, Heringsdorf, Tel. 03 83 78/316 78, Fax 03 83 78/222 81, www.pension-erdmann.de. Die Frühstückspension in denkmalgeschützter Villa ist eine der preiswertesten Übernachtungsmöglichkeiten des Seebades. Zum Haus gehört ein Wassersportzentrum mit Korbverleih am 400 m entfernten Strand.

Der famose Ausblick ist inklusive: Im Gourmetrestaurant Käpt'n N und dem angeschlossenen Lokal Nauticus auf der Heringsdorfer Seebrücke speist es sich wahrlich maritim

Jugendherberge

Jugendherberge Heringsdorf, Puschkinstr. 7, Heringsdorf, Tel. 03 83 78/223 25, Fax 03 83 78/323 01, www.jh-heringsdorf.de. Eine der schönsten Jugendherbergen der Republik! Es stehen vier Häuser mit insgesamt 167 Betten zur Verfügung, besonders romantisch wohnt es sich im (Fachwerk-) Haus Nr. 1. Auch die Strandlage ist erstklassig.

Restaurants

Des Kaisers Pavillon, Brunnenstr. 1, Heringsdorf, Tel. 03 83 78/227 45. Das Restaurant von 1911 befindet sich in einem nachgebauten Jugendstilhaus und glänzt innen durch verspieltes Holzdekor. Sicherlich nicht die ganz große Küche, dafür bodenständig und bezahlbar. Recht ordentlich ist das Heilbuttsteak mit Waldpilzen und Butterkartoffeln.

Stellwerk, Am Bahnhof 1, Heringsdorf, Tel. 03 83 78/33 63 99. In nostalgischer Bahnhofsatmosphäre werden günstige Tagesgerichte aufgetischt. Eigentlich mehr Kneipe als Restaurant, am Wochenende gibt es Livemusik.

TOP TIPP **Käpt'n N**, Strandpromenade 1, Heringsdorf, Tel. 03 83 78/288 17, ab 18 Uhr. Die außergewöhnliche Lage an der Spitze der Seebrücke spricht auch für die Qualität der gebotenen Speisen – für Gourmets ist das Lokal eine der besten Adresse der Insel. In maritimem Dekor mit klassischer Musikuntermalung zelebriert Chefkoch Marcus Lübke eine französisch inspirierte Feinschmeckerküche. Spezialitäten sind etwa der Strudel von Flusskrebsen oder Nemo's Fischplatte auf Champagnerschaum. Zum Sonnenuntergang der beste Platz im Ort! Wer es nicht ganz so teuer mag, findet im ebenfalls angeschlossenen *Nauticus* (10–21 Uhr) guten Fisch oder einfach nur Kaffee mit einem Stück Schwedischer Mandeltorte. Neu in der Familie ist eine Pizzeria.

TOP TIPP **Rossini**, im Hotel Oasis, Puschkinstr. 10, Heringsdorf, Tel. 03 83 78/26 50. Die elegante stuckverzierte Jugendstilvilla stellt den Rahmen für einen gelungenen Abend. In den Gourmet-Himmel führt Chefkoch Patrick Noack mit seinen Gaumenzaubereien. Zu den edlen Fisch- und Wildgerichten, die frisch zubereitet eine leichte und kreative mediterrane Küche widerspiegeln, gehören z. B. Wildlachs-Steak mit Anis, dazu Rahmzucchini-Gemüse im Papiersäckchen und Kartoffelschnee oder die gebratene Schottische Wildtaube auf Mango-Kaiserschotenfächer mit Granatapfeljus und Rahm-Couscous. Beachtenswert ist die Weinkarte des Hauses, die mit knapp 300 Sorten von den Spitzen-Weingütern dieser Welt zu den besten der gesamten Ostseeküste gehört.

Kulm-Eck, Kulmstr. 17, Heringsdorf, Tel. 03 83 78/225 60. Ein Lokal im Bistrostil mit kleiner, aber feiner Karte. Exotisch nehmen sich die gebratenen Garnelen mit Limonen-Kokosnudeln aus, regional gibt sich das Zanderfilet auf Kürbisragout. Zwischen nicht mehr ganz billig und teuer. Viel gelobt, auch vom ›Feinschmecker‹.

Schmiedehaus, Delbrückstr. 29, Heringsdorf, Tel. 03 83 78/266 11, www.schmiedehaus.de. Ein für die noble Gegend überraschend preiswertes Lokal, das zu einer netten Pension gehört. Familie Zimmermann bietet solide pommersche und internationale Küche aus Topf und Pfanne, empfehlenswert ist der Kapitänsteller.

Cafés

Eisvilla Stein, Kulmstr. 4, Heringsdorf, Tel. 03 83 78/284 52. Die wohl beste Eisdiele der Insel überzeugt dank hausgemachter Eiscreme und Apfelstrudel mit Vanillesauce. Es gibt auch leckere kleine Snacks, etwa Milchreis oder pikant angerichtete Pfannkuchen.

Internet-Café, Seestr. 17, Heringsdorf, Tel. 03 83 78/330 86, www.kaiserbaeder-i-cafe.de. Im alten Postamt kann man surfen, mailen, scannen etc.

Extravaganter Auftritt: die Historische Uhr an der Ahlbecker Strandpromenade

Fröhliche Aussichten auf einen gelungenen Ferientag: Strand und Seebrücke in Ahlbeck

1 Seebad Ahlbeck

Plan hintere Umschlagklappe

Traditionsreiches Familienbad mit Superstrand und Badeparadies mit tropischem Flair.

Wolgastsee – Krebssee – Zierowberg

Schmuckstück im *Seeheilbad* Ahlbeck (3400 Einw.) ist der historische Seebrückenpavillon, der seit über 100 Jahren den Ostseewellen trotzt und zu den beliebtesten Fotomotiven Usedoms gehört. Auch in Ahlbeck hat sich seit der Wiedervereinigung viel getan, zumindest entlang der *Strandpromenade* wohnt und kurt es sich wieder wie zu Kaisers Zeiten. Das neben Heringsdorf und Zinnowitz bekannteste Seebad Usedoms wird von zwei- bis dreigeschossigen Hotels und Palais im typischen Bäderstil geprägt Der Badeort war nie ganz so mondän wie seine Nachbarn und machte sich um 1900 eher als ›Badewanne‹ der kleinen Leute einen Namen. Auch heute ist Ahlbeck vor allem eine Sommerfrische für die ganze Familie, wo nicht gleich jedes Abendessen ein tiefes Loch in der Reisekasse hinterlässt. Der 70 m breite und feinsan-

dige *Strand* lässt keine Wünsche offen und auch das Erlebnisbad *Ostseetherme* gilt als erstklassig. Außerdem ist der polnische Teil Usedoms mit dem Seebad Swinemünde [Nr. 4] nur einen Katzensprung entfernt.

Geschichte Der Name des Seebades geht auf den *Ahlbach* (niederdeutsch: Ahlbeek) zurück, der sich einstmals den Weg vom Thurbruch durch den Gothensee in die Ostsee suchte. Am nördlichen Ufer der Bachmündung errichtete um 1700 der Müller Michael Agner eine *Wassermühle*. Durch den Aalreichtum der Beek angezogen ließen sich neben der Mühle bald Fischer nieder. Die Siedlung unterstand zunächst dem Schloss Mellenthin und wurde auf den Namen *Adlig-Ahlbeck* getauft.

1852 wurde das Fischerdorf als Sommerfrische entdeckt, vornehmlich von Ausflüglern aus dem benachbarten Badeort Swinemünde. Die Gäste quartierte man zunächst in rasch ausgebauten Fischerkaten ein. 1875 eröffnete mit *Wendickes Hotel* (heute Hotel Meereswelle) die erste professionell geführte Herberge, die gleichzeitig auch als Kurhaus fungierte. Der *Eisenbahnanschluss* 1894 schuf die verkehrstechnischen Voraussetzungen für die Entwicklung Ahlbecks zu einem der größten Seebäder an der deutschen Ostseeküste. Es war nun von der preußischen Metropole Berlin in 5,5 Std. erreichbar und zog vor allem Erholungssuchende aus dem Mittelstand an, für die ein Urlaub im mondänen Heringsdorf oder im Modebad Swinemünde zu teuer gewesen wäre.

Nach dem Ersten Weltkrieg folgte in den 1920/30er-Jahren ein neuerlicher Aufschwung des Tourismus, 1933 gab es in Ahlbeck bereits 138 Hotels und Pensionen. Als 1945 der Ostteil der Insel mit der einstigen Hauptstadt Swinemünde an Polen fiel, wurde Ahlbeck Sitz der Usedomer *Kreisverwaltung* (bis 1952). Im real existierenden Sozialismus standen auch Ahlbecks Hotels den Feriengästen des Freien Deutschen Gewerkschaftsbund (FDGB) zur Verfügung. Das 1957 erbaute *Haus der Erholung* diente als Großverpflegungsstelle für bis zu 1000 Feriengäste pro Tag. Nach der Wende nahm Ahlbeck wieder seinen Platz als *Familienbad* ein, und hat sich seither auch als *Reha-Zentrum* einen Namen gemacht, am südöstlichen Ortsrand gibt es eine große Reha-Klinik (Im Kieferngrund 1–10, Ahlbeck, Tel. 03 83 78/78 10) für Onkologie, Orthopädie und Atemwegserkrankungen.

Besichtigung Ein Spaziergang beginnt am besten auf der *Strandpromenade*, die im Nordwesten Ahlbeck mit Heringsdorf verbindet und sich nach Südosten bis zur deutsch-polnischen Grenze erstreckt.

TOP TIPP Weithin sichtbarer Blickfang ist die **Seebrücke** 1, deren 280 m langer Schiffsanleger sich wie ein Finger ins Meer hinaus schiebt. Die einzige *historische* Seebrücke an der Ostsee ist das Wahrzeichen von Usedom schlechthin. Nachdem man bereits 1882 eine erste Aussichtsplattform erstellt hatte, wurde 1898 der *Seebrückenpavillon* mit seinen mattgrünen Ecktürmen und dem roten Dach eingeweiht. Der Schiffsanleger kam 1901 hinzu, doch ein Eisgang zerstörte ihn im Kriegswinter 1940/41. Bis die Badegäste wieder die Aussicht vom Steg auf den Strand genießen konnten, dauerte es bis 1993. Im stimmungsvollen hölzernen Seebrückenpavillon selbst bietet das *Restaurant Seebrücke* (Tel. 03 83 78/283 20) typischen Ostseefisch. Als *Filmkulisse* erlangte das Gebäude zusätzliche Berühmtheit. Victor von Bülow alias *Loriot* drehte hier Teile der Komödie ›Pappa ante Portas‹ (1991) und wandelte damit quasi auf den Spuren seines für die Seebäder so bedeutenden Vorfahren, des Oberforstmeisters von Bülow.

Den angrenzenden Seebrückenplatz ziert seit 1911 die 5,5 m hohe **Historische Uhr** 2. Das gusseiserne Jugendstilmonument schmückt eine Wetterfahne in Form einer Kogge. Ein paar Schritte weiter westlich steht der **Konzertpavillon** 3. Der auf einem massiven Sockel errichtete Holzbau wurde im Jahre 1900 eingeweiht und wird noch heute für Kurkonzerte genutzt.

Das *historische Zentrum* befindet sich südlich der Seebrücke rund um den **Kurpark** 4. Die Gartenanlage mit altem Baumbestand stand immer im Schatten der Strandpromenade, denn zum Flanieren ist sie eher zu klein. Direkt am Kurpark steht das schlichte **Rathaus** 5. Der jüngst um einen gläsernen Fahrstuhl erweiterte Bau beherbergte einst das 1896 eröffnete *Warmbad*. Außer der Gemeindeverwaltung ist hier die Sammlung der *Heimatstube* (zzt. geschlossen, Wiedereröffnung ungewiss) mit Dokumenten zur Orts- und Bädergeschichte untergebracht.

Die **Kirche** 6 gleich gegenüber stammt aus dem Jahr 1895. Der neogotische Backsteinbau mit Holztonnengewölbe verfügt über einen Altar aus Sandstein und drei schöne Fenster mit Glasmalereien im Chor.

Am östlichen Ortsrand liegt der **Jugendferienpark Ahlbeck** 7 (Tel. 03 83 78/25 70, 030/30 00 21 72, www.lsb-berlin.net) Die Bungalows des einstigen Kaiser-Wilhelm-Kinderheims waren 1913 vom Deutschen Kaiserpaar höchstpersönlich eingeweiht worden. Im Zweiten Weltkrieg wurden die Gebäude von der Wehrmacht und nach Kriegsende von der Sowjetarmee okkupiert. 1988 stellte man die historischen Holzbauten unter Denkmalschutz, heute betreibt hier die *Sportjugend Berlin* in Anlehnung an die ursprüngliche Zweckbestimmung eine europäische Jugendbegegnungsstätte.

Vereint die Pracht eleganter Bäderarchitektur und exklusiven Luxus: Das traditionsreiche Romantik Seehotel Ahlbecker Hof ist seit 1890 eine der berühmtesten Adressen Usedoms

Ob Regen oder Sonnenschein: Die Ostseetherme im Seebad Ahlbeck bietet vielfältiges Badevergnügen für die ganze Familie

Besonders schöne Beispiele der Ahlbecker *Bäderarchitektur* gibt es südlich der Seebrücke zu bewundern. An der parallel zur Strandpromenade verlaufenden Dünenstraße ist seit 1890 der *Ahlbecker Hof*, heute **Romantik Seehotel Ahlbecker Hof** 8 (s. u.), die Nummer Eins im Ort. Zu DDR-Zeiten diente das neoklassizistische Prunkstück als Ferienheim, heute ist das originalgetreu restaurierte Fünf-Sterne-Etablissement wieder eine der exklusivsten Herbergen der Insel. Vom Ostseeplatz neben dem Hotel lohnt ein Bummel durch die *Seestraße*. In der Einkaufsmeile Ahlbecks finden sich etliche Lebensmittelgeschäfte, Modeboutiquen, Eiscafés und das Postamt.

An der Ecke zur Friedrichsstraße öffnete im Jahr 1875 Wendickes Hotel, heute **Hotel Meereswelle** 9 (Seestr. 11, Tel. 03 83 78/281 16, Fax 03 83 78/808 50), als erstes Hotel des Seebades seine Pforten. Von dem ursprünglichen Gebäude blieb noch die verglaste Holzveranda erhalten, in der heute das Restaurant untergebracht ist.

Ein weiteres sehenswertes Beispiel der Bäderarchitektur ist die hübsche **Villa Chrissi** 10, (Kaiserstr. 23, Tel. 03 83 78/780 80, Fax 03 83 78/78 08 78, www.villa-chrissi.de). Das Ende des 19. Jh. errichtete neoklassizistische Gebäude, in dem heute Ferienwohnungen zur Verfügung stehen, ziert am Mittelbau ein hübsches Türmchen. Das Portal darunter wird von zwei Atlanten gestützt.

An der Ortsgrenze zu Heringsdorf lädt die **Ostseetherme** 11 (Lindenstr. 60, Tel. 03 83 78/27 30, www.ostseetherme-usedom.de, Mo–Sa 10–22 Uhr, So 10–20 Uhr) zu entspannenden Stunden in tropischem Ambiente ein. Unter der Glaskuppel des 1996 eröffneten *Erlebnisbades* sor-

Attraktive Zeugin hochherrschaftlicher Sommerfrischen: die Seebrücke von Ahlbeck

Uffn Wasser loofen

Für das Badepublikum scheint es seit jeher nichts schöneres zu geben als zum Rhythmus des Wellenschlags weit ins Meer hinaus zu schlendern, dem Geschrei der Möwen zu lauschen und auf Buhnen sitzende Kormorane zu beobachten, wie sie in der Sonne ihre Flügel trocknen. Nach englischem Muster wurde 1885 im **Seebad Misdroy** auf der Insel Wollin die Kaiser-Friedrich-Brücke eröffnet. Die verspielte Architektur des **Seebrückenpavillons** war Vorbild für die in rascher Folge auf Usedom errichteten Piers. Als Mittelpunkt der Strandpromenade waren sie Flanierstrecke und *Schiffsanleger* zugleich, und auf der Landseite beherbergten sie Restaurants, Läden und Schalter für den Fahrkartenverkauf und die Gepäckabfertigung. Unter den Seebädern entwickelte sich ein gesunder Wettbewerb um die Gunst der Sommergäste. Als 1893 in **Heringsdorf** die 500 m lange Kaiser-Wilhelm-Brücke ihrer Bestimmung übergeben wurde, geriet Ahlbeck in Zugzwang. Kaum war die Heringsdorfer Brücke eröffnet, wanderten die Ahlbecker Gäste in Scharen in den Nachbarort und ließen dort in den Restaurants und Fischbuden natürlich auch einen Teil ihrer Ferienkasse. **Ahlbeck** zog 1898 mit einer Seebrücke nach. Ihr Pavillon glänzte mit vier quadratischen Ecktürmchen und über der zum Restaurant gehörigen Tanzfläche schwebte sogar eine angestrahlte Glaskugel.

Bis auf die Ahlbecker Brücke wurden alle Usedomer Stege im Zweiten Weltkrieg durch *Sturmfluten* zerstört. Nach dem Krieg fehlte es für Neubauten zunächst an Geld. Und als 1961 die Ostseeküste zum Grenzland erklärt wurde, bestand seitens der DDR-Instanzen ohnehin kein Interesse den Schiffsverkehr zu begünstigen. Nach der Wiedervereinigung hatten die Ahlbecker mit ihrer historischen Brücke zunächst die Nase vorn. Doch nun zogen die Heringsdorfer nach. Das 1995 eröffnete privat finanzierte (14 Mio. €) Prestigeprojekt mit Shoppingmall, Kinosälen, Museen und einem Gourmetlokal auf dem Brückenkopf gilt seither als das Nonplusultra. Nicht ganz so glanzvoll, doch für den ursprünglichen Zweck mehr als ausreichend, sind die neuen Brücken in **Bansin**, **Koserow** und **Zinnowitz**. Nun können die Berliner und andere Gäste wieder auf fünf Usedomer Seebrücken »uffn Wasser loofen«.

gen auf 5000 m² sechs Schwimmbecken, ein römisches Dampfbad, ein Luftsprudelbad und eine Saunalandschaft für Badespaß. In vier der Becken und im modernen Kurmittelhaus kommt die aus 408 m Tiefe geförderte *Heringsdorfer Jodsole* zur Anwendung, die sich vor allem bei Hautleiden und rheumatischen Erkrankungen bewährt hat. Kinder sind bestens auf dem Spieldeck oder im Wasserspielgarten aufgehoben. Einen herrlichen Panoramablick über die Kaiserbäder und den Ostseestrand erlaubt der *Aussichtsturm* der Therme. Inklusive der Spitze erreicht der Stahlturm eine Höhe von 48 m, zur Plattform in 30 m Höhe gelangt man per Fahrstuhl oder über 171 Stufen.

Ausflüge

3 km südlich von Ahlbeck an der Straße nach Zirchow schimmert zwischen den ausgedehnten Rotbuchenbeständen des *Ahlbecker Forsts* die Wasserfläche des **Wolgastsees**. An seinem Westufer liegt der viel besuchte Ausflugsort *Korswandt*. Besonders hübsch sitzt es sich auf der zum See gewandten Terrasse des Hotel-Restaurants *Idyll am Wolgastsee* (Hauptstr. 9, s. u.) bei einem Glas Holundersaft oder Sanddornwein. Nebenan kann man an dem kleinen Badeplatz verweilen oder sich ein Boot mieten. Auf einem knapp 4 km langen markierten *Wanderweg* lässt sich der Waldsee in weniger als 1 Std. umrunden, zu beobachten gibt es Haubentaucher und andere Wasservögel. Das 16 m tiefe Gewässer ist der Rest eines alten Wasserarms der Swine, die Usedom von der Insel Wollin trennt. An seiner Ostseite liegt ein sumpfiges Moor, das man auf einem Steg überqueren kann.

TOP TIPP

Ebenfalls etwa 4 km misst der Wanderweg zum winzigen **Krebssee** südlich von Korswandt, um den ein Spazierweg führt. Wer sich einen Überblick über die waldreiche Region verschaffen möchte, kann vom Bahnhof Ahlbeck auf einem markierten Wanderweg zum **Zierowberg** (56 m) im Ahlbecker Forst aufsteigen. Vom dortigen Aussichtsturm bietet sich ein Rundblick bis ins polnische Usedom.

Praktische Hinweise

Information

Tourist-Information, Dünenstr. 45, Ahlbeck, Tel. 03 83 78/244 97, Fax 03 83 78/244 18, www.drei-kaiserbaeder.de

Bahn

Usedomer Bäderbahn, Bahnhofstr., Ahlbeck, Tel. 03 83 78/271 32, www.ubb-online.com. Es gibt drei Stationen: Ahlbeck Ostseetherme, Seebad Ahlbeck und Ahlbeck-Grenze.

Bus

Ostseebus, An der Feuerwehr 3–4, Ahlbeck, Tel. 03 83 78/336 30, www.ostseebus.de. Das Busunternehmen verbindet die Kaiserbäder mit Usedom, Kamminke und Anklam.

Schiff

Adler-Schiffe, Seebrücke, Heringsdorf, Tel. 03 83 78/477 90, www.adler-schiffe.de. Fahrten zu den anderen Kaiserbädern sowie nach Swinemünde.

Sport

Pferdehof Will, Gothenweg 14, Ahlbeck, Tel. 03 83 78/284 50, Tel. 03 83 78/479 54, www.pferdehof-will.de. Der bekannte Reiterhof bietet Reitkurse und Ausritte, Ponyreiten für die Kleinen sowie Kutschen- und Kremserfahrten.

Einkaufen

TOP TIPP

Bürgelhaus, Seestr. 16, Ahlbeck, Tel. 03 83 78/806 70, www.buergelhaus.de. Die Thüringer Traditionstöpferei stellt mit rund 400 verschiedenen Stücken ein riesiges Keramiksortiment für Küche und Haushalt bereit.

Stadterkundung auf die ganz gemütliche Art: mit der Bimmelbahn durch Ahlbeck

Charakteristisch für die handgemachte Bürgelkeramik ist das volkstümliche Design in blau-weiß. Passend zur Keramik wird Tischwäsche angeboten.

Hotels

TOP TIPP ****Hotel Ostende, Dünenstr. 24, Ahlbeck, Tel. 03 83 78/510, Fax 03 83 78/514 03, www.hotel-ostende.de. Die 100 Jahre alte Strandvilla an der autofreien Strandpromenade gehört zu den beliebtesten Hotels im Ort. Von den Nordzimmern mit Wintergarten und Sitzgruppe genießt man einen tollen Meerblick, die Zimmer landeinwärts sind sonnig und verfügen über einen Balkon. Direktor Achim Görlich organisiert regelmäßig Kunstausstellungen im Haus, gelegentlich finden auch Lesungen statt. Besonders stimmungsvoll wird Weihnachten gefeiert. Es gibt ein Galadinner und Punsch. Außerdem wird nach altem pommerschen Brauch eine Kutschenfahrt in den Wald unternommen und dort für die Tiere ein Lichterbaum geschmückt.

****Villa Auguste Viktoria, Bismarckstr. 1–2, Ahlbeck, Tel. 03 83 78/24 10, Fax 03 83 78/241 44, www.auguste-viktoria.de. Die Zwillingsvilla von 1900 verfügt über 11 Zimmer und 6 Suiten und hat einen lauschigen Innenhof. Jugendstildekor, elegantes Mobiliar und gemütliche Sitzecken sorgen für Atmosphäre. Das Romantik Restaurant und ein Café im Rosengarten bieten kulinarische Genüsse.

TOP TIPP ****Romantik Seehotel Ahlbecker Hof, Dünenstr. 47, Ahlbeck, Tel. 03 83 78/620, Fax 03 83 78/621 00, www.seetel.de. Das Prunkstück klassizistischer Bäderarchitektur vereint nostalgisches Flair mit luxuriösem Komfort. Nahe der Seebrücke erwarten den Gast 70 edel gestaltete Räume und Suiten. Am schönsten (und teuersten) sind die Balkonzimmer zur Seeseite. Für die Ausstattung wurde großzügig auf Edelhölzer, Marmor und feine Stoffe zurückgegriffen. Die Bäder haben Fußbodenheizung und Handtuchwärmer. Der Blaue Salon und das mit antiken Polstermöbeln eingerichtete Kaminzimmer schaffen behagliche Ruhepunkte. Stilvoll ist auch der 550 m^2 große Wellnessbereich mit Hallenbad, Beauty Salon und Sauna.

**Idyll am Wolgastsee, Hauptstr. 9, Korswandt, Tel. 03 83 78/2 21 16, Fax 03 83 78/225 46, www. idyll-am-wolgastsee.de. Das Traditionshotel von 1924 wurde modernisiert und offeriert 18 freundliche Zimmer und 1 Suite. Mit kleiner Wellnessabteilung, zwei Restaurants und sehr schöner Caféterrasse.

**Pension Kastanienhof, Schulweg 1, Ahlbeck, Tel. 03 83 78/283 68, Fax 03 83 78/301 41, www.kastanienhof-ahlbeck.de. Recht günstige Frühstückspension, Zimmer und Ferienwohnung sind mit Kabel-TV und Kühlschrank ausgestattet.

**Villa Luna, Dünenstr. 55, Ahlbeck, Tel. 03 83 78/802 76, Fax 03 83 78/802 77,

Noblesse, Ambiente, Kulinarisches: das Restaurant des Romantik Hotels Ahlbecker Hofs

Kaiserlicher Glanz und stilvoller Komfort: das heutige Apartmenthotel Haus Am Meer (rechts) und sein Nachbar, das Ostseehotel, sind Prachtexemplare der Bäderarchitektur

www.ferienwohnungen-ahlbeck.de. Hübsche Strandvilla direkt an der Promenade. Die zwölf Ferienwohnungen sind zweckmäßig möbliert, haben TV und komplett eingerichtete Küche.

Restaurants

Carl's Kneipe, Seestr. 6, Ahlbeck, Tel. 03 83 78/304 37. Das Lokal liegt etwas von der Straße zurückversetzt gegenüber der Post. Geboten wird pommersche Fischküche nach Omas Rezepten mit hausgemachter Remoulade. Einfach und preiswert.

Fischers Fritz, Dünenstr. 39, Ahlbeck, Tel. 03 83 78/807 05. In der schmucken Backsteinvilla ist Fisch die Hauptsache. Das Ambiente wirkt schlicht, dafür sind Wels, Steinbutt und Zander nicht teuer. Mit Klönbar und schöner Terrasse an der Strandpromenade.

Happy Diner & Winner's Sportsbar, Am Bahnhof 1, Ahlbeck, Tel. 03 83 78/49 93 90. Im alten Bahnhof ein Stück Amerika: Frühstück und dann Fast Food bietet der Diner (bis 19 Uhr) und weiter geht's dann im Winner's (ab 18 Uhr) mit Burgern, Cocktails und Sport-TV im großen Stil.

Leopold's Bayernstüberl, Dünenstr. 57, Ahlbeck, Tel. 03 83 78/333 44. Wer Abwechslung zu pommerscher Hausmannskost sucht, wird bei Leopold's bestens bedient. In dem verspielten Holzhaus mit großem Biergarten davor werden Weißwürste, Allgäuer Kässpatzen und Bierkutscher-Steaks aufgetischt (Nov.–Mitte Dez. geschl.).

La Mer, Dünenstr. 19–21, Ahlbeck, Tel. 03 83 78/520. Das Feinschmecker- und Panoramalokal befindet sich im 6. Stock des Strandhotels Ahlbeck und nennt sich stolz das höchst gelegene Restaurant der Insel. Es bietet einen stimmungsvollen Ausblick auf die Seebrücken der drei Kaiserbäder. Das Küchenteam kreiert gepflegte Gerichte von internationalem Zuschnitt, empfehlenswert sind die Meeresspezialitäten. Dienstags gibt es Aal, der auf traditionelle Weise gebraten und mit Piment und Lorbeer abgeschmeckten sog. Fischkartoffeln gereicht wird.

Ostende, im Hotel Ostende, Dünenstr. 24, Ahlbeck, Tel. 03 83 78/510. Die Küche von Chefkoch Matthias Fricke ist mediterran inspiriert. Empfehlenswert ist das täglich wechselnde Drei-Gänge-Menü, als Spezialität wird auf Vorbestellung eine köstliche Bouillabaisse von Ostsee- und Mittelmeerfischen zubereitet. Mit Musikuntermalung und Anekdoten gewürzt werden auf speziellem Tafelgeschirr stilvolle Themendinner arrangiert, etwa ›Essen mit Theodor Fontane‹ oder ›Tafeln wie zu Kaisers Zeiten‹.

Uznam und Wollin – das polnische Usedom und seine Schwesterinsel

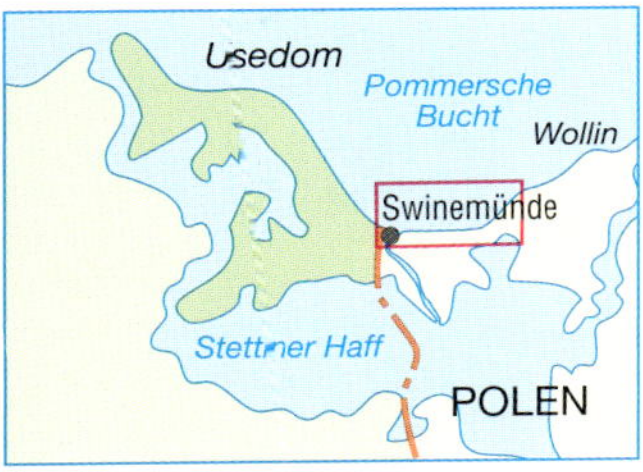

Für die meisten Gäste der Kaiserbäder gehört eine Tagestour in den polnischen Teil Usedoms, nach **Świnoujście** (Swinemünde) zum obligatorischen Ferienprogramm. Es war einst das größte Seebad Deutschlands und administratives Zentrum der Insel und sieht seit dem EU-Beitritt Polens 2004 die Chance bald wieder ganz vorne mit dabei zu sein. Zu den Attraktionen der Hafenstadt zählen das waldgerahmte Kurviertel mit den gediegenen Bauten des 19. Jh. und der große Flohmarkt an der polnisch-deutschen Grenze, ein Magnet für Schnäppchenjäger.

Die Świna, ein Mündungsarm der Oder, trennt Usedom von der östlich gelegenen **Wyspa Wolin** (Insel Wollin). Mit einer Fläche von 247 km² ist das noch weitgehend ursprüngliche Eiland gut halb so groß wie Usedom. Der Fremdenverkehr konzentriert sich im Seebad **Międzyzdroje** (Misdroy), das mit seinem 4 km langen Sandstrand neben Gästen aus Warschau und Krakau auch zunehmend internationales Publikum anzieht. Aus der Blütezeit des Badeortes vom Ende des 19. Jh. bis zum Zweiten Weltkrieg sind etliche hübsche Beispiele der Bäderarchitektur erhalten. Nur einen Katzensprung von Międzyzdroje entfernt lädt der **Woliński Park Narodowy** (Wolliner Nationalpark) zu erlebnisreichen Exkursionen ein. Viel besucht sind die 95 m hohe Kliffküste des Gora Gosan und das Wisentreservat, in dem urwüchsige Wildrinder bestaunt werden können.

4 Świnoujście/ Swinemünde

Plan Seite 44

Bedeutender Hafen, zugleich Seebad und Kurort im polnischen Teil Usedoms.

»Swinemünde war, als wir im Sommer 1827 dort einzogen, ein unschönes Nest, aber zugleich auch wieder ein Ort von ganz besonderem Reiz«, schrieb der Dichter *Theodor Fontane* in seinen Lebenserinnerungen. Glanz und Elend sind in der Hafenstadt im östlichen, seit 1945 polnischen Teil Usedoms, *Uznam*, aufs Engste miteinander verknüpft. Während des 19. Jh. war sie das größte Seebad der Ostseeküste und Treffpunkt gekrönter Häupter. Im Zweiten Weltkrieg verwandelte dann ein Luftangriff der Amerikaner den Ort in ein Meer der Flammen. Von den Zerstörungen hat sich die Stadt bis heute noch nicht ganz erholt. Die Świna *(Swine)* teilt Swinemünde in zwei Hälften. Am Usedomer Ufer liegen das Zentrum und das Kurviertel, während weitere Wohnviertel, der Industriehafen und der Bahnhof sich auf der Insel Wollin (*Wolin*) befinden. Das Stadtbild wird allenthalben von aus der Not geborenen Bausünden funktionaler Architektur geprägt. Vieles Historisches wirkt verfallen, an allen Ecken und Enden fehlt Geld. Doch mit dem Beitritt Polens zur EU 2004 wurden die Weichen für Aufschwung und Verschönerung der Stadt gestellt.

Oben: *Liebe fürs Detail – das Kurviertel von Swinemünde bietet reizvolle Entdeckungen*
Unten: *Beeindruckendes Naturerlebnis – Vom Strand des Wolliner Nationalparks blickt man auf die begrünte, bis zu 100 m hohe Kliffküste*

Geschichte Swinemünde verdankt seinen Aufstieg zu einer bedeutenden Hafenstadt der strategisch günstigen Lage zwischen Oder und Ostsee. Der Ort wurde 1748 von Friedrich II., dem Großen (1712–1786) am Westufer der Swine gegründet, doch erst unter Friedrich Wilhelm III. (1770–1840) begann man 1818 diesen *Hauptmündungsarm* der Oder in die Ostsee auszubaggern und schiffbar zu machen. Als Baumaterial für die beiden insgesamt fast 2,5 km langen Molen diente u. a. das vor Koserow abgetragene Vineta-Riff. Zehn Jahre nach Baubeginn stand dem Königreich Preußen ein geschützter Seehafen zur Verfügung, zusätzlich abgesichert durch Wälle und Kasematten.

Am attraktiven *Sandstrand* westlich der Swinemündung wurde 1824 die erste *Badesaison* eröffnet. Hier zu kuren war beim Adel und wohlhabenden Bürgertum bald en vogue, es kam alles, was Rang und Namen hatte. Kurz vor der Wende zum 19. Jh. entstand das neue *Kurviertel* mit komfortablen Hotels und Sanatorien in der für die Ostseeküste typischen Bäderarchitektur. Swinemünde blieb bis zum Ausbruch des Zweiten Weltkriegs das bedeutendste deutsche Seebad.

Bereits während der Weimarer Republik wurde der Hafen *Marinestandort*. Die Nazis bauten die militärische Präsenz weiter aus, in Kaseburg (*Karsibór*) südlich der Stadt wurde ein U-Boot-Stützpunkt eingerichtet, Swinemünde diente als Basis für Torpedoschiffe. So war es keine Überraschung, dass die Hafenstadt am 12. März 1945 zum Ziel eines amerikanischen Luftangriffs wurde. Damals waren hier Tausende von Soldaten und Flüchtlingen aus den deutschen Ostgebieten versammelt. Sie alle warteten auf eine Gelegenheit mit einem Schiff vor der zügig heranrückenden Roten Armee weiter in den Westen zu fliehen. Der Angriff der Amerikaner traf Swinemünde ins Mark. In der Mittagsstunde entluden 671 Bomber ihre tödliche Fracht – 23 000 Menschen verloren dabei ihr Leben, der größte Teil von ihnen waren Zivilisten.

Der Neuanfang war mehr als schwierig. Bislang war Swinemünde Verwaltungszentrum des Kreises Usedom-Wollin gewesen. Mit dem *Potsdamer Abkommen* vom 2. August 1945 kam die östlichste Ecke Usedoms dann unter polnische Verwaltung. Die deutsche Bevölkerung wurde vertrieben, in der größtenteils zerstörten Stadt wurden Polen aus dem Osten des Landes angesiedelt. Der Kurbetrieb und die Wirtschaft erholten sich nur langsam. Von der Öffnung Polens nach Europa in den 1990er-Jahren profitierte zunächst der *Hochseehafen*, der sich heute durch den Standort nahe Deutschland und Skandinavien zum viertgrößten Hafenplatz Polens hochgearbeitet hat. Fähren gehen von hier nach Malmö und Ystad in Schweden, nach Kopenhagen und Bornholm in Dänemark, aber auch zu den Usedomer Kaiserbädern und nach Sassnitz auf Rügen.

Das Sol- und Kurbad ist ein *beliebter Ferienort* der Polen und wird wegen des günstigen Preisniveaus zunehmend auch von deutschen, österreichischen und skandinavischen Gästen besucht. Die Bevöl-

Hübscher Blickfang und fotogenes Wahrzeichen: Die weithin sichtbare Mühlenbake auf der Westmole von Swinemünde dient als Navigationszeichen an der Hafeneinfahrt

Hafenstadt auf zwei Inseln: Die Swine als größter schiffbarer Mündungsarm der Oder trennt Swinemündes Stadtgebiet in einen Usedomer und einen Golliner Teil

kerung hat mittlerweile den Vorkriegsstand überschritten, mit 42 000 Einwohnern leben heute in Swinemünde mehr Menschen als im gesamten deutschen Teil von Usedom.

Anreise Für einen Tagesausflug in den polnischen Teil Usedoms bieten sich folgende Möglichkeiten an. Von Ahlbeck aus erreicht man auf der *Bundesstraße 111* nach 3 km die deutsch-polnische Staatsgrenze. Der Übergang ist bislang nur für Fußgänger und Radfahrer geöffnet. Autofahrer parken auf dem kostenpflichtigen Parkplatz vor der Grenze, der trotz der 400 Stellplätze in der Saison allerdings meist hoffnungslos überfüllt ist. Stressfrei fährt es sich mit der *Usedomer Bäderbahn* (UBB) bis zur vorläufigen Endstation Ahlbeck-Grenze (die Trasse bis Swinemünde soll 2007 fertig sein). Vom Haltepunkt sind es nur 2 Min. bis zur Kontrollstelle (Personalausweis oder Reisepass nicht vergessen. Der Euro wird vielerorts als Zahlungsmittel akzeptiert). Auf der polnischen Seite stehen Taxis und Pferdedroschken bereit, mit denen man das 3 km entfernte Zentrum bzw. das Kurviertel von Swinemünde erreicht. Die *Buslinie 8* fährt ebenfalls ins Zentrum, bis zum Fähranleger. Am schönsten ist jedoch die Anreise per *Schiff*. Ab den Seebrücken Bansin, Heringsdorf und Ahlbeck gehen ganzjährig Fahrgastschiffe (Infos: Tel. 03 83 78/477 90, www.adler-schiffe.de) zum Hafen von Swinemünde.

Besichtigung Bei der *Einfahrt* in den Hafen und in die Swine erschließen sich etliche der Sehenswürdigkeiten. Auf der Westmole grüßt zunächst die **Mühlenbake** 1 (*Stawa Młyny*). Das Navigationszeichen in Form eines weißen Rundturms mit aufgesetzten Windmühlenflügeln ist das pittoreske Wahrzeichen der Stadt. Nicht unmittelbar einsehbar liegen ein Stück weiter südlich an den Ufern der Swine die beiden 1848 und 1863 errichteten Seefestungen einander gegenüber. Auf der Usedomer Seite versteckt sich hinter bewaldeten Dünen die **Engelsburg** 2 (*Zachodni Fort*, jederzeit zugänglich). Die Backsteinfestung diente dem preußischen Militär zur Abwehr möglicher Angreifer. Sie war genauso mit Kasematten bestückt wie das **Fort Gerhard** 3 (*Fort Gerharda*, Mai–Sept. tgl. 9–18 Uhr) auf der Wolliner Seite. Die Festungsanlagen wurden in den 1930er-Jahren von der Reichsmarine ausgebaut und mit Flakstellungen versehen. Nach dem Krieg übernahm sie die Rote Armee.

Auf der Ostseite zieht der **Leuchtturm** 4 (*Latarnia Morska*) von 1858 die Aufmerksamkeit auf sich. Mit 68 m Höhe war er seinerzeit einer der höchsten des Kontinents. Fast genauso hoch recken sich die Ladekräne des **Handelshafens** 5 (*Port Handlowy*) in den Himmel. An den Kais können Schüttfrachter mit einem Ladevermögen von bis zu 80 000 t abgefertigt werden. Umgeschlagen werden vor allem Steinkohle, Erze und Baustoffe.

Unweit der *Anlegestelle* der Usedomer Seebäderlinie am Westufer befindet sich die **Touristeninformation** 6 (Centrum Informacji Turystycznej, Mo–Fr 9–17 Uhr, im Sommer auch Sa/So 10–16 Uhr). Von dort pendelt Tag und Nacht eine kostenlose Fähre über die 300 m breite Swine auf die Wolliner Seite der Stadt, auf der außer dem Handelshafen auch das Fährterminal und der Bahnhof liegen. Wer unternehmungslustig ist, kann vom Anleger mit einem Bus die Insel Wollin erkunden, lohnend ist ein Ausflug in den Badeort *Międzyzdroje* [Nr. 5] und den *Woliński Park Narodowy* [Nr. 6].

Vom Touristenbüro ist es nicht weit zum einstigen *Rathaus* am Plac Rybaka. Das zweigeschossige spätklassizistische Gebäude von 1806 mit aufgesetztem oktogonalen Uhrenturm hat den Luftangriff von 1945 so gut wie unbeschadet überstanden. Heute ist hier das sehenswerte **Museum für Hochseefischerei** 7 (*Muzeum Rybołówstwa Morskiego*, Plac Rybacka, Tel. 091/321 24 26, Di–Fr 9–16, Sa/So

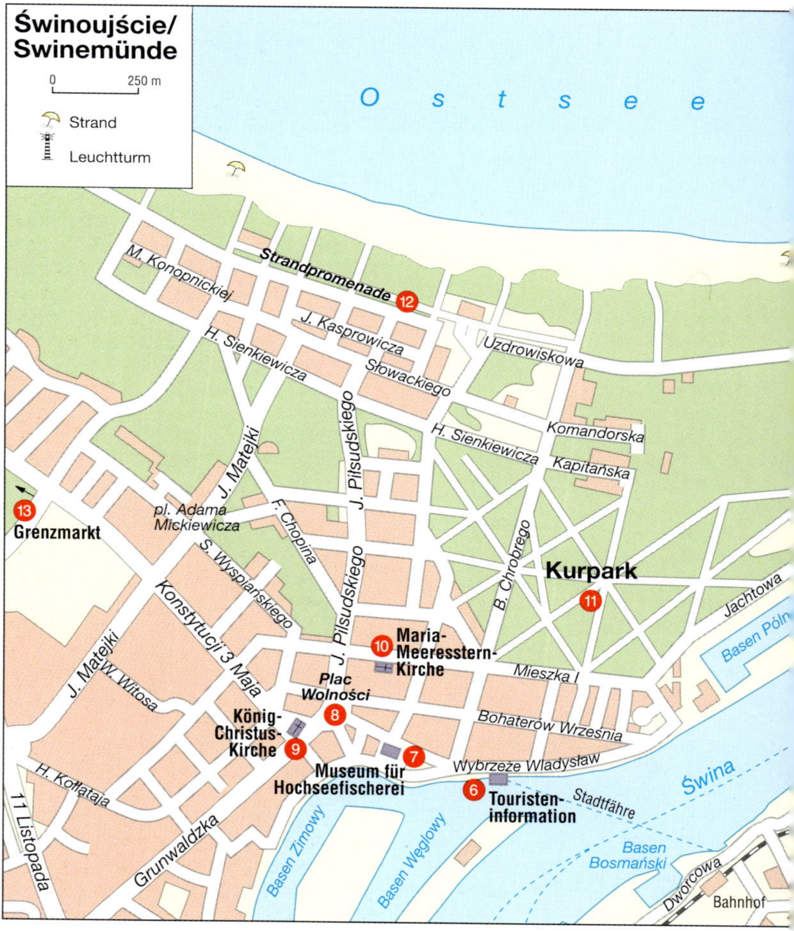

Schnäppchenjagd – auf dem Grenzmarkt locken vielerlei Waren zu Schleuderpreisen

11–16 Uhr) untergebracht. Anhand von Schiffsmodellen, Navigationsgeräten und anderen maritimen Ausstellungstücken wird die Geschichte der Hochseefischerei dokumentiert. Eine weitere Abteilung ist der Meeresfauna gewidmet. Interessant sind ferner die Exponate zur Stadtgeschichte, auf alten Postkarten kann man sich ein Bild machen, wie Swinemünde in seiner Glanzzeit vor dem Zweiten Weltkriegs ausgesehen hat.

Der **Plac Wolności** 8 ist der Hauptverkehrsknotenpunkt der Stadt, von dem sternförmig Straßen in alle Himmelsrichtungen abgehen. Neben einigen wenigen erhaltenen klassizistischen Wohn- und Geschäftshäusern dominiert recht schmucklose Nachkriegsarchitektur den Platz. Westlich davon schließt sich der *Plac Koscielny* mit der **König-Christus-Kirche** 9 (*Kosciół Chrystusa Króla*) an. Die Attraktion in dem neogotischen Backsteinbau (1788–92) ist ein 2 m langes *Votivschiff*, das von der mit floralen Motiven geschmückten Kassettendecke hängt. Im *Chor* sind auf einem 6 x 2,5 m großen modernen Wandbild die Passion und Kreuzigung Christi dargestellt.

Schräg gegenüber der Kirche in der Ul. Marynarzy 7 wohnte in den Jahren 1827–32 *Theodor Fontane* (1819–1898). Seine Swinemünder Eindrücke und Erlebnisse schilderte der aus Neuruppin stammende Schriftsteller in dem 1884 erschienen

Werk ›Meine Kinderjahre‹. Wo sich einst das Haus mit der väterlichen Apotheke befand, steht heute ein modernes Geschäftsgebäude. Eine Gedenktafel an seiner rechter Flanke ist Fontane gewidmet.

Das Kurviertel von Swinemünde erreicht man auf direktem Weg über die *Ul. Marszalka Jósefa Pilsudskiego*. Alternativ bietet sich ein Abstecher zur östlich gelegenen **Maria-Meeresstern-Kirche** 10 (*Kosciol Stella Maris*) an. Der neogotische Ziegelsteinbau wurde 1896 als Andachtsstätte für die polnischen Saisonarbeiter errichtet, die im Seebad- und Kurbetrieb Arbeit fanden. Die einschiffige Hallenkirche gefällt durch Fenster mit farbenfroher *Glasmalerei* (1980). Die Fensterrose über dem Hauptportal stammt noch aus der ersten Bauphase, dargestellt ist ein Boot mit Maria und Christuskind an Bord.

Der weitläufige **Kurpark** 11 (*Park Zdrojowy*) breitet sich nordöstlich der Kirche aus, zu erreichen über die Ul. Piastowska. Er zieht sich bis zur Westmole hin und trennt das Bäderviertel von der City. Der berühmte Landschaftsarchitekt *Peter Josef Lenné* (1789–1866) gestaltete ihn 1826/27 im Stil englischer Parkanlagen. Von der ursprünglichen Konzeption ist allerdings nicht mehr allzu viel übrig geblieben. Schattige Wege zwischen Buchen, Eichen und bis zu 150 Jahre alten Platanen laden dennoch zu einem netten Spaziergang ein.

Durch den Park über die Ul. Chrobrego gelangt man gen Norden zur **Strandpro-**

Oben: *Baustilkunde: Im Kurviertel sind viele prächtige Gründerzeitbauten erhalten*

Unten: *Schwungvoll ins kühle Nass: Der Swinemünder Sandstrand bietet reichlich Abwechslung*

menade ⓬ (*Promenada*), die auf der Landseite von ansprechender Bäderarchitektur gesäumt wird. Bis zur Grenzziehung 1945 konnte man auf der Promenade von Swinemünde über Ahlbeck und Heringsdorf bis ins 12 km entfernte Bansin spazieren. Das angrenzende großzügig angelegte *Kurviertel* blieb weitgehend von der Zerstörung im Zweiten Weltkrieg verschont, und doch haben sich zwischen die in ausgedehnten Parks gelegenen Villen einige gesichtslose Nachkriegsbauten geschmuggelt. Während an einigen Fassaden noch der Putz abblättert, hat man schon etliche andere Gründerzeitbauten saniert. Auf der Flaniermeile laden Restaurants, Snackbars und Souvenirstände zum Verweilen ein. Sie verläuft entlang eines Dünengürtels, hinter dem sich der 4 km lange *Ostseestrand* erstreckt. Zwar gibt es hier keine Strandkörbe, doch auch so kann man den bis zu 70 m breiten Sandstrand in vollen Zügen genießen.

Vom Strand aus kann man entweder in östlicher Richtung am Meer entlang zur bereits erwähnten Mühlenbake wandern und erreicht von dort auf der Westmole wieder den Schiffsanleger. Kürzer ist der Weg über die Ul. Moniuszki zum **Grenzmarkt** ⓭ (tgl. bis 15 Uhr) in der Ul. Wojska Polskiego, von dem aus dann in wenigen Minuten die UBB-Haltestelle Ahlbeck-Grenze erreichbar ist. Der auch *Polenmarkt* genannte Straßenbasar ist der eigentliche Besuchermagnet Swinemündes. Schnäppchenjäger kommen hier voll auf ihre Kosten. Zu Schleuderpreisen werden Textilien, Schuhe und raubkopierte CDs angeboten. Mit etwas Glück kann man inmitten von viel Kitsch und Ramsch auch das eine oder andere gute Stück an *Kunsthandwerk* entdecken, etwa eine Bernsteinkette oder handgeflochtene Korbwaren. Für westliche Verhältnisse äußerst günstig sind auch Lebensmittel, etwa Käse, Krakauer und Lachsschinken. Handelswährung ist der Euro.

i Praktische Hinweise

Landesvorwahl Polen: 00 48

Information

Centrum Informacji Turystycznej, Wybrzeze Wladyslawa IV, Świnoujście, Tel. 091/322 49 99, Fax 091/327 16 29, www.swinoujscie.pl

Hotels

***__Hotel Delfin__, Ul. Pilsudskiego 35, Świnoujście, Tel. 091/321 39 17, Fax 091/ 322 23 93, www.hotel-delfin.pl. Die hübsche Villa unweit des Kurparks und 10 Gehminuten vom Strand entfernt gehört zu den Häusern mit gehobenem Standard. Die Zimmer und Studios sind in zarten Blautönen gehalten und geschmackvoll mit Holzmöbeln eingerichtet. Sie haben Sat-TV und Telefon.

**__Willa 4 Pory Roku__ , Ul. Ujejskiego 8, Świnoujście, Tel./Fax 091/321 16 94, www.4poryroku.com.pl. Die kinderfreundliche *Villa Vier Jahreszeiten* liegt ruhig und in Strandnähe. Die Zimmer sind mit Massivholzmöbeln und Sat-TV ausgestattet. Im Kaminzimmer finden gelegentlich Musikabende statt. Die Wirtsleute Lucyna und Jan Michalczyszyn sind gerne bei der Organisation von Ausflügen ins Umland behilflich.

Top Tipp **__Willa Pod Debami__, Ul. B. Prusa 9, Świnoujście, Tel. 091/321 93 68, Fax 091/322 06 86, www.pod-debami.pl. Die schmucke *Villa unter den Eichen* im Stil der Bäderarchitektur liegt in einer ruhigen Seitenstraße der Kurpromenade. Die Zimmer sind farbenfroh eingerichtet und verfügen über Kühlschrank, TV, Telefon und Internetzugang. Im Haus befinden sich eine kleine Sauna und ein Fitnessraum, im Garten kann man Grillen. Die Villa wird überwiegend von deutschen Gästen gebucht, die das Angebot zu schätzen wissen. Wegen des günstigen Preis-Leistungs-Verhältnisses empfiehlt es sich für die Sommersaison bereits ein halbes Jahr im voraus zu buchen.

5 Międzyzdroje/Misdroy

Quirliger Badeort auf Usedoms Nachbarinsel Wollin.

12 km östlich von Swinemünde liegt das *Seebad* Międzyzdroje (6000 Einw.) auf *Wyspa Wolin*, der Insel Wollin (per Bahn, Bus, Schiff von dort erreichbar, per Schiff auch von den Usedomer Kaiserbädern). Es ist einer der beliebtesten und größten Ferienorte an der polnischen Ostseeküste. Der Aufstieg des 1550 erstmals urkundlich erwähnten Misdroy zur Sommerfrische begann bereits um 1835, als man die ersten Badehütten auf den bis dato unberührten 4 km langen Strand setzte. Noch heute wird das Ortsbild der seit 1945 polnischen Kleinstadt von etlichen Villen, Pensionen und Sanatorien im Stil der *Bäderarchitektur* geprägt, so mancher Bau hätte allerdings eine Sanierung dringend nötig. Am Ostrand trüben einige nüchterne Betriebsferienheime und funktionale Hotelburgen aus den 1960/70er-Jahren das ansonsten homogene Erscheinungsbild. Als Kulturevent hat die Stadt seit 1965 das *Internationale Festival der Chormusik* zu bieten, seit 1997 findet jeweils im Juli ein kleines *Filmfestival* mit vornehmlich osteuropäischen Produktionen statt.

Betriebsamer Mittelpunkt Misdroys ist die gut 3 km lange **Strandpromenade,** an der sich zahllose Restaurants, Terrassencafés und Fischbratereien aneinander reihen. An Ständen werden frische Waffeln mit Blaubeeren und Sahne offeriert. In der Hochsaison sind die Kinderkarussells und Autoscooter voll besetzt, auch geben dann Pantomimen, Straßenmusi-

Internationaler Pendelverkehr: Fähren verbinden Swinemünde mit wichtigen Ostseehäfen

Traditionsreich und lebhaft: Die neue Seebrücke von Misdroy ist wieder ein beliebter Treffpunkt

kanten und Feuerschlucker ihre Kunst zum Besten. Zentraler Blickfang an der Promenade ist die neue **Seebrücke**. Anstelle der 1885 und 1913 erbauten, jedoch durch Sturmfluten zerstörten Vorgängerbauten ragt seit 1988 wieder ein 120 m langer Steg ins Meer. Die Brücke soll auf 360 m verlängert werden, sodass auch Fahrgastschiffe von Usedom festmachen können. An der Landseite der Seebrücke werden in einer überdachten Shoppingzeile Andenken verkauft, vor allem Muscheln und Bernsteinschmuck in allen Größen und Formen.

Der hübsche **Kurpark** ein paar Schritte östlich der Seebrücke wurde Anfang des 20. Jh. angelegt und 1972 verschönert. Im Schatten von Ulmen, Weißbuchen und prächtigen Platanen lässt sich von einer Sitzbank aus das bunte Treiben in den umliegenden Straßen beobachten. An Sommerabenden werden die dort etablierten Discos und Bars von der polnischen Jugend in Beschlag genommen.

Die **Paulskirche** südlich vom Kurpark entstand Mitte des 19. Jh. nach einem Entwurf des preußischen Baumeisters *Friedrich August Stüler* (1800–1865). Das Säulenportal an der Frontseite zeigt eine Skulptur des Apostels Paulus. Weniger gelungen ist der Betonanbau, eine Kapelle aus den 1980er-Jahren. Seit 1965 ist die Kirche jeden Sommer Bühne für das *Internationale Festival der Chormusik*.

Am östlichen Ortsrand beginnt bereits der Wolliner Nationalpark, hier liegt auch das informative *Naturkundemuseum* [s. S. 51] der Parkverwaltung.

i Praktische Hinweise

Information

Biuro Obslugi Ruchu Turystycznego, Ul. Kolejowa 2, Międzyzdroje, Tel. 091/328 03 82, Fax 091/328 00 86, www.miedzyzdroje.pl

Hotels

*****Amber Baltic**, Promenada Gwiazdi 1, Międzyzdroje, Tel. 091/322 85 00, Fax 091/328 10 22, www.hotel-amber-baltic.pl. Der etwas klotzige Bau nimmt sich nicht gerade wie eine Augenweide aus, doch was Komfort und Service angeht ist das moderne Haus direkt am Strand eine der besten Adressen an der polnischen Ostseeküste. Es gibt Hallen- und Freibad, Kegelbahnen und Tennisplätze. Ein Shuttlebus verbindet mit dem hauseigenen 18-Loch-Golfplatz im 12 km entfernten Kolczewo.

****Nautilus**, Promenada Gwiazdi 8, Międzyzdroje, Tel. 091/328 09 99, Fax 091/328 23 27. Gründerzeitvilla unter deutscher Leitung in zentraler Lage an der Strandpromenade. Die Apartments verfügen über Bad, Teeküche, Sat-TV und Balkon.

Restaurant

Marina, Ul. Gryfa Pomorskiego, Międzyzdroje, Tel. 091/328 04 49. Das zum gleichnamigen Hotel gehörige Restaurant bietet in nachgebautem Jugendstildekor neben polnischer Küche auch leichte mediterrane Kost. Eine Empfehlung ist der in Folie gebackene Zander blau.

Café

Wiedeńska, im Hotel Amber Baltic, Promenada Gwiazdi 1, Międzyzdroje, Tel. 091/328 10 00. Das Wiener Kaffeehaus bietet neben einer guten Tortenauswahl auch eine Mittagskarte mit kleinen Gerichten.

6 Woliński Park Narodowy/Wolliner Nationalpark

Waldreiches Schutzgebiet mit imposanter Kliffküste und urtümlichen Wisenten.

Die landschaftliche Attraktion auf Usedoms Schwesterinsel Wollin ist der bereits 1960 gegründete Wolliner Nationalpark, Woliński Park Narodowy (www.wolinpn.pl). Das 1996 auf 110 km² erweiterte Schutzgebiet erstreckt sich von der Pommerschen Bucht quer über die Insel bis zum Stettiner Haff und schließt auch Küstenareal von einer Seemeile Breite sowie den östlichen Teil des Mündungsdeltas der Swina ein. Im Westen grenzt der Nationalpark an den Stadtrand von Misdroy [Nr. 5]. Besonders reizvoll ist die mit lichten Buchen- und Eichenmischwäldern besetzte bis zu 100 m hohe **Steilküste**, im Hinterland verstecken sich eiszeitliche Seen und sumpfige Torfmoore. Die *Vo-*

Die riesigen Wälder des Wolliner Nationalpark sind ein idealer Lebensraum für Wisente

Die Steilküste des Gosanbergs im Wolliner Nationalpark bietet eine malerische Kulisse für Strandwanderungen

gelwelt, sie ist mit rund 230 Arten vertreten, zieht Ornithologen aus ganz Europa an. Das Wappentier des Nationalparks ist der *Seeadler*, etwa 30 Paare brüten im Gebiet. In der Kernzone leben Rothirsche, Dachse und Baummarder, ein wahrer Besuchermagnet ist das Wisentgehege.

Idealer Standort für *Exkursionen* durch den Park ist das Seebad Misdroy. Allgemeine Informationen erhält man dort, im Büro der Parkverwaltung mit dem angeschlossenen **Naturkundemuseum** (*Muzeum Pryrodnicze Wolienskiego Parku Narodowy*, Ul. Niedpodleglosci 3, Międzyzdroje, Tel. 091/328 07 37. Mai–Sept. Di–So 9–17, Okt.–April Di–Sa 9–15 Uhr) am östlichen Ortsrand. Die permanente Ausstellung informiert anhand von Tierpräparaten, Bildtafeln und geologischen Exponaten über das sensible Ökosystem des Schutzgebiets. Im Garten können gestrandete Seeadler in Volieren aus nächster Nähe beobachtet werden.

Drei markierte *Wanderwege* mit einer Länge von insgesamt 40 km machen mit den wichtigsten Sehenswürdigkeiten im Gebiet bekannt. Vom Naturkundemuseum aus führt ein grün markierter Weg ins 20 Min. entfernte **Wisentreservat** (*Rezerwat Zubrów*, Mai–Sept. Di–So 10–18, sonst Di–Sa 8–16 Uhr). In dem Schaugehege sind neben Rotwild und Wildschweinen natürlich vor allem die Wisente interessant. Der Erhalt der vom Aussterben bedrohten langmähnigen Wildrinder wird in einem 1976 angelaufenen Zuchtprogramm gefördert. Seither ist die Herde auf gut zwei Dutzend der zotteligen Tiere angewachsen.

Auf der rot markierten Route erreicht man nordöstlich von Misdroy den **Gosanberg** (*Gora Gosan*). Von der 95 m hohen Kliffküste reicht die Aussicht bis hinüber nach Swinemünde und zu den Seebädern im deutschen Teil Usedoms. Leider nagt permanent das Meer an dem malersichen Kliff und bricht jedes Jahr durchschnittlich 80 cm der Landmasse ab.

Vom Misdroyer Bahnhof aus lässt sich entlang der blauen Route auf einem Waldweg (15 km hin und zurück) der südliche Teil des Nationalparks erkunden. Das Highlight dieser Tour ist der **Türkissee** (*Jezioro Turkusowe*) bei Wapnice, der seinem Namen alle Ehre macht: Das Wasser des einstigen Kalksteinbruchs schimmert durch den Sonneneinfall in satten Türkistönen.

Das südliche Hinterland – stille Winkel zwischen Achterwasser, Peenestrom und Stettiner Haff

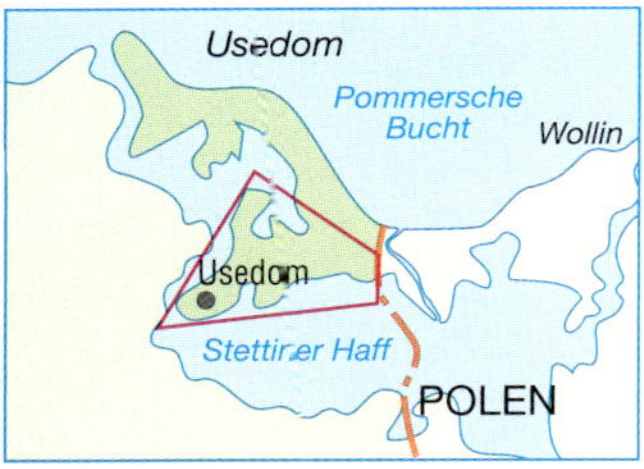

Die ruhigen Ufer des Achterwassers, Peenestroms und Stettiner Haffs sind idyllische Alternativen zu den lebhaften Seebädern an der Usedomer Außenküste. Diese Wasserstraßen geben den Rahmen für das südlich der Kaiserbäder gelegene sog. Hinterland, eine sanft gewellte Hügelkulisse mit zahlreichen größeren und kleineren Seen. Aufgrund ihrer landschaftlichen Reize wird diese Region auch **Usedomer Schweiz** genannt. Etwa im Mittelpunkt liegt am Südufer des Schmollensees das Bauerndorf **Benz**, ein beliebtes Ausflugsziel mit pittoresker Windmühle und spätmittelalterlicher Feldsteinkirche. Auch kleine Ortschaften weiter westlich wie **Mellenthin** mit seinem Wasserschloss oder das wegen seiner Töpferei bekannte **Morgenitz** lohnen einen Besuch. Fernab vom touristischen Getriebe ragt der **Lieper Winkel** ins Achterwasser hinein. Auf der weltabgeschiedenen Halbinsel sagen sich noch Fuchs und Hase gute Nacht, in den Schilfgürteln nisten zahlreiche Greif- und Wasservögel. Das für die Insel namengebende Landstädtchen **Usedom** im Südwesten zwischen Peenestrom und Haff gelegen, hat ein mittelalterliches Stadttor vorzuweisen, außerdem den Marktplatz mit Rathaus und großer Backsteinkirche, ein gefälliges Ensemble Usedomer Baukunst. Bei einem Bummel durch die kopfsteingepflasterten Gassen kann man in etlichen Trödel- und Souvenirläden so manch nettes Mitbringsel entdecken. Anlaufpunkt für Eisenbahnfans schließlich ist **Karnin** an der Südwestspitze der Insel, denn hier stehen Reste der einst größten Eisenbahnhubbrücke Europas. Im Osten schließlich locken das **Thurbruch**, eine faszinierende Moor- und Wiesenlandschaft, und das stille Fischerdorf **Kamminke** unweit der polnischen Grenze.

7 Golm

Mahn- und Gedenkstätte für die Opfer des Zweiten Weltkriegs.

Von Zirchow aus erreicht man über die B 110 den *Moränenhügel* Golm nahe der Grenze zu Polen. Mit 69 m ist er die höchste Erhebung Usedoms. Wegen seiner strategisch wichtigen Lage waren er und das umliegende Hügelland schon in der Frühgeschichte besiedelt. Um 700 v. Chr., während der Bronzezeit, befand sich auf dem Golm eine **Festung** von der aus die Handelsstraße an der Odermündung überwacht wurde. Heute sind nur noch einige unscheinbare Reste des Walls erhalten.

Usedomer Schweiz: Das südliche Hinterland der Insel bezaubert mit verträumten Landstrichen wie am Balmer See bei Neppermin (**oben**) *und wunderschönen alten Alleen wie im Usedomer Winkel* (**unten**)

Die reizvolle Landschaft mit ausgedehnten Rotbuchenbeständen machte den Golm im Hinterland der Hafen- und Bäderstadt Swinemünde im 19. Jh. zu einem erstrangigen *Ausflugsziel*. 1852 wurde als erste Pflasterstraße auf Usedom die *Golmchaussee* von Swinemünde am Golm vorbei nach Westen bis Zirchow angelegt. Außerdem führte hier die alte Bahntrasse entlang, und es gab eine Haltestelle, von der aus die Ausflügler zum *Aussichtsturm* hinaufstiegen, um den viel gerühmten Panoramablick auf Swinemünde und das Stettiner Haff zu genießen. Nahebei konnte man sich dann im Gasthof *Onkel Toms Hütte* verköstigen. Den hölzernen Turm und das Lokal gibt es seit dem Zweiten Weltkrieg nicht mehr, und der dichte Baumbestand erlaubt heute nur noch an wenigen Stellen den Blick auf die Vororte von Swinemünde. Der Golm ist inzwischen einer der größten **Kriegsopferfriedhöfe** Deutschlands. Schon 1943 wurden auf ihm Marinesoldaten und Angehörige anderer Waffengattungen bestattet. Nach dem verheerenden Luftangriff der Alliierten auf Swinemünde wurden die 23 000 Todesopfer hier auf dem Golm begraben. Eine **Gedenkstätte** erinnert seit 1975 an das schreckliche Ereignis. Der Rostocker Bildhauer *Wolfgang Eckard* entwarf den zweigeteilten nach oben offenen runden Betonbau von 12 m Durchmesser. Im Innenhof steht die Inschrift: »Dreiundzwanzigtausend Tote des Zweiten Weltkrieges mahnen«. Und an der Ostwand sieht man die Worte des Lyrikers *Johannes Robert Becher:* »Dass nie eine Mutter mehr ihren Sohn beweint«. Am Aufgang zum Rundbau steht die Steinplastik ›*Weg ins Leben*‹ (1952) von Rudolf Leptien (1907–1977), eine trauernde Frau im Soldatenmantel darstellend. Seit 2000 erhebt sich am Eingang der Gedenkstätte ein *Pavillon* (Mitte März–Mitte Nov. tgl. 9–18 Uhr) mit einer Dokumentation zur bewegten Geschichte des Golm. Seit 1995, dem 50. Jahrestag des Luftangriffs auf Swinemünde, findet alljährlich am 12. März und am Volkstrauertag auf dem Golm eine Gedenkfeier zu Ehren der Kriegsopfer statt.

Als sei die Zeit stehen geblieben: zum Trocknen aufgehängte Fischernetze in Kamminke

2005 wurde die *Jugendbegnungsstätte Golm* des Volksbundes Deutsche Kriegsgräberfürsorge eröffnet. Gefördert werden soll hier vor allem die Kommunikation zwischen deutschen und polnischen Jugendlichen.

i Praktische Hinweise

Information

Interessengemeinschaft Gedenkstätte Golm, Wiesengrund 12, Korswandt, Tel. 03 83 78/330 30. Golm-Führungen auf Voranmeldung.

8 Kamminke

Fischeridyll am Stettiner Haff.

Das ebenfalls nahe der polnischen Grenze am Stettiner Haff gelegene Fischerdorf Kamminke (300 Einw.) erreicht man von Garz aus über eine Stichstraße. Im Sommer ist Kamminke ein beliebtes Ausflugsziel, außerhalb der Saison findet der Besucher einen properen Ort vor, der wie aus einer anderen Welt scheint. Kleine einstöckige reetgedeckte Fischerkaten säumen die Dorfstraße, auf dem brackigen Haffwasser dümpeln ein paar Fischkutter, auf Holzstangen aufgehängte Netze und Reusen trocknen im Wind.

Die slawische Gründung am Südostrand Usedoms wurde 1263 erstmals erwähnt, als ein Einwohner des Dorfes ein Stückchen Land an das Kloster Grobe veräußerte. Die Einwohner Kamminkes lebten vorwiegend vom Fischreichtum des Haffs. Im 19. Jh. lieferten sie ihre Ware ins nahe Seebad Swinemünde und brachten es so zu bescheidenem Wohlstand. 1938 wurde der **Hafen** ausgebaut, sodass nun auch größere Kutter an der Mole festmachen konnten. Doch nach dem Zweiten Weltkrieg kappte die neue deutsch-polnische Grenze die Verbindung zum Absatzmarkt Swinemünde und Kamminke fiel in einen Dornröschenschlaf. Um nicht völlig ins Hintertreffen zu geraten, schlossen sich die Kamminker Fischer 1947 zu einer Genossenschaft zusammen. Einen neuerlicher Rückschlag erlebte der Ort im April 1970, als Eisschollen die Mole zertrümmerten, doch konnte der Schaden mit tatkräftiger Hilfe der Nachbarorte bald wieder behoben werden.

Nach der Wiedervereinigung avancierte Kamminke zu einem Anlaufpunkt für Schnäppchenjäger. Bis zum EU-Beitritt

Polens im Mai 2004 verkehrten von hier täglich Fahrgastschiffe quer übers Stettiner Haff zum polnischen Festland, nach *Trzebrez* (Ziegenort). Auf diesen Einkaufsfahrten bestand die Möglichkeit zollfreie Ware wie Zigaretten, Schnaps und Parfum einzukaufen. Seither ist es in Kamminke wieder etwas stiller geworden, und man kann die Hafenatmosphäre in aller Ruhe genießen, sofern nicht gerade ein Ausflugsschiff nach Stettin ablegt. An der Mole steht seit 1938 die Plastik *›Für den unbekannten Fischer‹* von Ludwig Engelhardt. Sie ist all jenen Fischern gewidmet, die auf See ums Leben kamen.

Praktische Hinweise

Schiff

Adler-Schiffe, Tel. 03 83 78/479 90, www.adler-schiffe.de. Mehrmals wöchentlich gibt es einen kombinierten Schiff-Bus-Ausflug nach Stettin (Szczecin) inkl. Stadtrundfahrt. Außerdem verkehrt einmal die Woche ein Ausflugsschiff über das Haff und durch die Passage der Kaiserfahrt nach Swinemünde.

Unterkunft

**Haffblick, Wiekstr. 12, Kamminke, Tel. 03 83 76/202 03, Fax 03 83 76/291 65, www.haffblick-kamminke.de. Die kleine Pension am Haff hat fünf gemütliche Zimmer mit Bad und TV. Das angeschlossene Restaurant mit Kamin ist eine gute Adresse für Fisch, zu empfehlen ist die Haffscholle an Dillsauce mit Salzkartoffeln.

Stiller Winkel abseits des Seebadtrubels – das Fischerdorf Kamminke am Oderhaff

9 Thurbruch

Einsame Sumpflandschaft, gerahmt von kleinen Dörfern.

Ulrichshorst – Zirchow – Kachlin – Dargen

Zwischen Gothensee und Stettiner Haff liegt die etwa 1800 ha große **Moor- und Wiesenlandschaft** des Thurbruch. Die von Endmoränenzügen eingefasste weite Ebene war nach der letzten Eiszeit eine Bucht der Ostsee, die durch einen neu entstandenen Dünengürtel allmählich vom Meer abgetrennt wurde. In Folge entstand hier ein Sumpfgebiet mit dichter Vegetation. Trotz starker Eingriffe von Menschenhand ist das Thurbruch noch heute eines der größten Niedermoor-Gebiete Ostdeutschlands, z. T. ist sogar noch ursprüngliche Flora erhalten. Häufig anzutreffen sind Ohrweiden, Binsen und Lungenenzian, an trockenen Stellen dominiert Heidekraut und Moosbeere, auch Orchideen gibt es zu entdecken. Hier brüten Graureiher und Eisvögel, mitunter lässt sich sogar der Herr der Lüfte, der *Seeadler*, blicken. Ein weites Feld eröffnet sich *Schmetterlings*-Forschern, knapp 40 Arten sind im Thurbruch nachgewiesen, darunter Feuerfalter, Perlmutterfalter und etliche Bläulingsarten.

Das Thurbruch ist menschenleer, lediglich an den Rändern liegen kleine Ortschaften. 1771 begann unter Friedrich II., dem Großen die Regulierung des Thurbruch. Am Nordwestrand des Sumpfgebiets ließ er Kolonisten ansiedeln. Sie gründeten den Ort **Ulrichshorst**. Etliche der in Reihe und Glied errichteten Häuser stehen noch heute, alle an der nördlichen Straßenseite und zum Bruch hin ausgerichtet. Zur Entwässerung wurde das Moor mit schnurgeraden Gräben durchzogen und so hatte man bald etliche Morgen Neuland gewonnen.

Auf schmalen Dämmen und Radwegen kann das Moor heute erkundet werden. Ein guter Ausgangspunkt für Touren ist **Zirchow** am südöstlichen Rand des Thurbruch. Es ist der älteste und mit knapp 800 Einwohnern auch der größte Ort der Region. Auf einem steilen Hügel über dem Dorf wacht seit dem frühen 14. Jh. die Kirche *St. Jacobus*. Mit dem

200 Jahre später erbauten wehrhaft-quadratischen Glockenturm bildet sie ein reizendes Motiv für Fotografen und Maler, dem sich auch Lyonel Feininger [s. S. 58] nicht entziehen konnte. Im Inneren der Kirche sind Reste mittelalterlicher Fresken erhalten, vom Hügel selbst bietet sich ein schöner Blick über die flache Moorlandschaft.

Der **Flughafen Heringsdorf** 3 km südlich von Zirchow verbindet im Linienverkehr Usedom mit verschiedenen deutschen Großstädten [s. S. 127]. Auf der im Ersten Weltkrieg angelegten Piste landeten erstmals 1919 Passagierflugzeuge. 1936–45 befand sich hier der Fliegerhorst Garz, 1962 baute ihn die DDR zum Regionalflughafen aus. Heute kann man von hier auch *Inselrundflüge* unternehmen [s. S. 137].

Die Trockenlegung des Thurbruch wurde im 20. Jh. durch von Windrädern angetriebene Schöpfwerke beschleunigt, die den Grundwasserspiegel weiter absenkten. Als einziges von ihnen blieb das **Kachliner Windrad** 500 m südwestlich vom Kachliner See erhalten. Es war bis in die 1960er-Jahre hinein in Betrieb und wurde 1995 als technisches Denkmal rekonstruiert.

Südlich vom Weiler Kachlin lohnt in **Dargen** (600 Einw.) der Besuch des *Technik- und Zweiradmuseums* (Bahnhofstr. 1, www.museum-dargen.de, April–Nov. tgl. 10–18 Uhr). Es besteht seit 1995 und zeigt auf dem Gelände der früheren Bäuerlichen Handelsgenossenschaft eine Sammlung von in der DDR hergestellten Fahrzeugen. Neben Jawas, Simsons und Wartburgs darf natürlich auch der Trabant nicht fehlen, ein Highlight ist ein Trabi mit Zeltaufbau. Der Museumsverein veranstaltet mehrmals im Jahr *Ostalgietreffen*, bei denen sich Motorsportfreunde aus dem ganzen Land ein Stelldichein geben. Nostalgische Gefühle kommen auch im nachgebauten *Tante-Emma-Laden* im Hauptgebäude auf, dessen Regale mit Lebensmitteln und Drogerieartikeln made in DDR vollgestopft sind.

Schlichte Schönheit: Die Kirche St. Petri in Benz ziert eine prächtige Kassettendecke

i Praktische Hinweise

Restaurant

Gasthof to'n Eikbom, Haffstr. 19, Dargen, Tel. 03 83 76/204 21. Der Landgasthof bietet bodenständige pommersche Küche, etwa Schweinerippchen mit Backpflaumen und Rotkraut. Außerdem werden einfache, preiswerte Doppelzimmer vermietet.

10 Benz

Windmühlenidyll im Herzen der Usedomer Schweiz.

Das Bauerndorf Benz (600 Einw.) am Südufer des *Schmollensees* liegt in einer der malerischsten Gegenden der Insel. Die bewaldeten Hügel rund um den Ort laden zu Wanderungen, Radtouren und Ausritten ein, der Schmollensee bietet gute Angelmöglichkeiten. Mit der reizvollen Dorfkirche und der hübsch restaurierten Holländerwindmühle hat Benz auch zwei attraktive Sehenswürdigkeiten vorzuweisen. Die liebliche Landschaft der *Usedomer Schweiz* zog von jeher kunstsinnige Menschen an. *Lyonel Feininger* fand hier außer Ruhe vielfältige Inspirationen für seine ausdrucksstarke Malerei. Der deutschstämmige Amerikaner, Schöpfer eines expressiv-prismatischen Kubismus, weilte Anfang des 20. Jh. mehrfach auf Usedom und fand in Benz wie in den Dörfern des Hinterlandes einige seiner Lieblingsmotive [s. S. 58]. Auch der Maler *Otto Niemeyer-Holstein* (1896–1984) war mit dem Ort verbunden, er legte testamentarisch fest, auf dem Dorffriedhof begraben zu werden.

Mit 30 000 frischen Buchenschindeln und neuen Flügeln versehen ist die Holländerwindmühle heute ein malerisches technisches Denkmal und das Bilderbuch-Wahrzeichen von Benz

Benz gehört nachweislich zum ältesten Siedlungsgebiet Usedoms. Während der slawischen Epoche kreuzten sich hier die Handelswege vom Festland zur Außenküste, zum Haff und Achterwasser. Erstmals erwähnt wurde der Ort 1224, fünf Jahre später tauchte der Name der Kirche **St. Petri** in den Dorfannalen auf. Das Langhaus und der untere Teil des Turms sind noch auf den Feldsteinmauern dieses ersten Gebäudes errichtet. Im Dreißigjährigen Krieg wurde die zweite Kirche des frühen 17. Jh. von der kaiserlichen Kavallerie als Pferdestall zweckentfremdet, dann unter schwedischer Herrschaft wieder hergerichtet. Der *Turm* erhielt seine barocke Haube mit aufgesetzter Laterne um 1740. In dem 1881/82 restaurierten *Innenraum* beeindruckt vor allem die Kassettendecke aus dem 19. Jh. mit den 135 in leuchtenden Farben gemalten Sternbildern. Den Altar schmückt eine *Kopie* der ›Beweinung Christi‹ von Anthonis van Dyck (1616/17; München, Alte Pinakothek). Mit dem *Benzer Kirchensommer* [s. S. 133] hat sich St. Petri in den letzten Jahren zu einem bedeutenden Kulturforum entwickelt.

Das **Kunst-Kabinett Usedom** (April–Okt. Mi–So 11–18 Uhr, s. u.) neben der Kirche ist eine der besten Adressen für zeitgenössische Kunst auf Usedom. In der ausgebauten Scheune werden Wechselausstellungen mit Arbeiten vorwiegend norddeutscher Künstler gezeigt.

Aufgespielt: Zum Mühlenfest im Juli sorgen regionale Musikgruppen für gute Stimmung

Zwischen Gegenständlichkeit und Abstraktion: Lyonel Feiningers Bild ›Dorf Alt Sallenthin‹ von 1913 dokumentiert seine künstlerische Entwicklung

Feininger in der Usedomer Schweiz

Schon etliche Jahre bevor sich in den 1930er-Jahren in Ückeritz und Lütten Ort Künstlerkolonien etablierten, besuchte ein Maler die Insel, der sich gerade anschickte ein ganz großer seiner Zunft zu werden. Der Deutsch-Amerikaner **Lyonel Feininger** (1871–1956), hatte 1887–91 an der Hamburger Kunstgewerbeschule und der Berliner Akademie studiert und war in der Hauptstadt als Karikaturist tätig. Ein weiterführendes Studium in Paris 1892/93 und sein Kontakt mit den französischen Kubisten dort 1906/07 bildeten die Grundlagen für Feiningers weitere künstlerische Entwicklung. Vor allem aber markierten die Sommeraufenthalte der Jahre 1909–12 in Heringsdorf, Benz, Zirchow und Neppermin einen Wendepunkt in seinem Schaffen. Vom **Kubismus** inspiriert begann er seine Usedomer Skizzen in eine neue Bildsprache zu übertragen. Idyllische Strand- und Dorfszenen wurden nun in geheimnisvolle Kompositionen sich überlagernder prismatisch gebrochener Formen und transparenter Farbflächen verwandelt. Gemälde wie ›Angler mit blauen Fisch‹ (1912, Privatbesitz) und ›Badende am Strand‹ (1912, Busch-Reisinger Museum, Cambridge, Mass.) zählen zu den bedeutendsten Frühwerken Feiningers. 1913 stellte er gemeinsam mit der Expressionisten-Gruppe ›*Der Blaue Reiter*‹ im Berliner Herbstsalon aus. Eines der Spitzenwerke der Ausstellung war sein im Hinterland von Bansin gemaltes ›Dorf Alt Sallenthin‹ (1913, Museum Folkwang, Essen), das den Wechsel vom gegenständlichen, naturnahen Stil zur abstrahierenden Darstellung von Architektur und Landschaft widerspiegelt. In den Jahren 1919–33 lehrte Feininger am **Bauhaus** in Weimar und Dessau, 1928 kam er nochmals auf die Insel, nach Heringsdorf. Auch in späteren Jahren griff er seine Usedomer Skizzen immer wieder auf und setzte sie in seine unverkennbare, kristalline Formensprache um. Nachdem die Nazis sein Werk 1933 als entartete Kunst diffamiert hatten, kehrte der Künstler Deutschland 1936 den Rücken und ging zurück nach Amerika.

TOP TIPP

Auf dem Mühlenberg im Süden thront die **Holländerwindmühle** (in der Regel Pfingstmontag–Sept. Sa/So 10–17 Uhr oder auf Voranmeldung, Tel. 03 83 79/203 07). Das Benzer Wahrzeichen steht seit 1830 auf dem Mühlenhügel und verrichtete bis 1971 seinen Dienst. 1974 erwarb der Maler Otto Niemeyer-Holstein die Mühle und ließ das vom Verfall bedrohte gute Stück sorgfältig restaurieren. Für die Außenverkleidung waren rund 30 000 Buchenschindeln erforderlich, auch die Flügel mussten erneuert werden. Der Künstler nutzte die Mühle zeitweise als Atelier und Unterrichtsraum für seine Schüler. Heute ist sie als technisches Denkmal geschützt. Zum *Mühlenfest* im Juli finden hier kleine Kunstausstellungen statt.

Mit Blick zur Mühle fand der eigentlich nahe dem Seebad Zempin, in Lütten Ort [s. S. 84], ansässige Otto Niemeyer-Holstein auf dem **Friedhof** unterhalb vom Mühlenberg seine letzte Ruhestätte. Das Grab ist leicht an der darauf stehenden Plastik *›Der Knabe‹* auszumachen, eine Arbeit seines langjährigen Künstlerfreundes Waldemar Grzimek. Unweit von Niemeyer-Holstein ist der Schauspieler *Rolf Ludwig* (1925–1999) beigesetzt. Der Berliner mit Zweitwohnsitz am Schmollensee war einer der großen Charakterdarsteller des DDR-Theaters. Zuletzt machten ihn kauzig-komische Rollen zu einem populären TV-Star.

Die schönste Gesamtansicht von Benz und Schmollensee bietet sich vom **Kückelsberg** (58 m) südöstlich des Ortes. Von der nach Labömitz führenden Landstraße kann man in wenigen Minuten zum im Jahr 2000 errichteten Aussichtsturm hinaufsteigen.

i Praktische Hinweise

Einkaufen

Kunst-Kabinett Usedom, Kirchstr. 14 a, Benz, Tel. 03 83 79/201 84, www.kunstkabinett.de. Die Galerie präsentiert u. a. Gemälde von Oscar Manigk, Siebdrucke des Berliner Malers Moritz Götze und Terrakotta-Skulpturen von Robert Metzkes. Auch gibt es eine eigene Plakatedition von den in Benz ausgestellten Künstlern.

Unterkunft

Pension Schwalbennest, Fritz-Behn-Str. 30, Benz, Tel. 03 83 79/203 03, Fax 03 83 79/200 60. Familiäre Herberge mit einfachen Gästezimmern und recht preiswerten Ferienhäuschen.

Reit- und Ferienhof Benz, Labömitzer Str. 3, Benz, Tel. 03 83 79/25 30, Fax 03 83 79/253 99, www.benzer-ferienhof.de. In dem Reiterhof kann man sich wahlweise in großzügig geschnittenen Zimmern oder in einer der für vier Personen ausgelegten Ferienwohnungen einmieten. Mit Reithalle (20 x 40 m) und Pensionsboxen für Pferde.

11 Pudagla

Altes Klosterdorf mit Schloss und Bockwindmühle.

Im einstigen Klosterdorf Pudagla (400 Einw.) auf einer Landbrücke zwischen Achterwasser und Schmollensee erinnert kaum noch etwas daran, dass von hier aus einstmals fast die ganze Insel kontrolliert wurde. Der Stern von Pudagla begann im ausgehenden Mittelalter zu leuchten, als 1309 die *Prämonstratensermönche* ihr **Kloster** von Grobe an den Schmollensee verlegten. Durch Schenkungen und Kauf stiegen die geschäftigen Mönche bald zu den größten Land-

Einzelstück – die Bockwindmühle von Pudagla ist die letzte ihrer Art in Usedom

besitzern Usedoms auf. Unter der 40-jährigen Regentschaft von Abt Heinrich (1394–1434) übte der Konvent faktisch die weltliche Macht aus. Mit Wege-, Brücken- und Schiffszöllen kontrollierte das Kloster die Wirtschaft, es verfügte über das Fischereirecht in den Boddengewässern und sprach sogar Recht.

Nach der Säkularisierung 1535 fiel der Klosterbesitz an die Pommernherzöge. Herzog Ernst Ludwig ließ 1574 auf den Resten der alten Konventsgebäude das **Schloss Pudagla** errichten. Wäre da nicht über dem Hauptportal eine dekorierte Steinplatte eingelassen, könnte man den ansonsten schmucklosen zweistöckigen Bau für ein ganz normales Bürgerhaus halten. Das im Aufbau an ein Wandgrabmal erinnernde *Relief* zeigt das Wappen der Herzöge von Pommern-Wolgast, gehalten von zwei mit Keulen bewaffneten bärtigen Männern. Die Inschrift unter dem Wappen gibt darüber Auskunft, dass das Schloss als Witwensitz für Maria von Sachsen, die Mutter von Herzog Ernst Ludwig, erbaut wurde.

Vom Schloss aus bietet sich ein Spaziergang vorbei am Konker Berg (16 m) zum **Teufelsstein**. Der mächtige Findling ragt etwa 100 m vom Ufer entfernt aus dem Achterwasser. Einer Sage nach wollte ihn der Teufel auf das Kloster Pudagla schleudern, der Felsbrocken entglitt ihm jedoch und kullerte in die Bucht.

Östlich von Pudagla schiebt sich der Glaubenskeil weit in den **Schmollensee** hinein. Die Landzunge teilt bis auf einen schmalen Durchgang, die Teufelsbrücke, das Gewässer in zwei Hälften. Den besten Überblick über den zweitgrößten See Usedoms hat man vom 39 m hohen *Glaubensberg,* der von Pudagla über einen markierten Weg zu erreichen ist.

Etwa 800 m südlich vom Ort steht an der Straße nach Neppermin die einzige erhaltene **Bockwindmühle** Mecklenburg-Vorpommerns. Sie wurde Anfang des 18. Jh. erbaut und verrichtete bis 1937 ihren Dienst. Im Gegensatz zum Typ der Holländerwindmühlen (wie etwa in Benz, s. S. 59) drehen sich die Flügel hier mit dem ganzen Gehäuse um den Bock. 1997 machte man sie wieder funktionsbereit, seither wird zum Erntedankfest ein Schaumahlen veranstaltet – vorausgesetzt der Wind steht günstig.

12 Neppermin

Golf-Dorado und Vogelreservate am Achterwasser.

Was mag wohl den Maler Lyonel Feininger dazu veranlasst haben, sich im Sommer 1910 für zwei Monate gerade in Neppermin (400 Einw.) einzumieten? Bei einem Bummel durch das Dorf macht es bis

Hier schlagen Golfer-Herzen höher! Der 27-Loch-Parcour am Balmer See zählt zu den schönsten des Landes, eine stilvolle Unterkunft mit Verwöhnprogramm liegt in Sichtweite

Stiller Zauber unberührter Natur: Die kleinen Eilande Böhmke und Werder im Nepperminer See sind dem Schutz einheimischer Vogelarten vorbehalten

auf ein paar reetgedeckte Häuser nicht allzu viel her. Doch es liegt recht reizvoll an der Bucht des Achterwassers, die *Nepperminer See* genannt wird. Am Ufer kann man heute auf der Promenade geruhsam flanieren. Der Bucht sind die beiden Inselchen **Böhmke** und **Werder** vorgelagert. Sie stehen als bedeutendes *Vogelschutzgebiet* unter strengem Naturschutz und sind nicht zugänglich. Neben riesigen Kolonien von Lach- und Silbermöwen, ihre Population wird auf jährlich über 10 000 Brutpaare geschätzt, nisten auf den Inseln auch Flussseeschwalben und etliche Entenarten, etwa Schnatterente, Stockente und Tafelente. Zur Pflege des Biotops siedelte man eine kleine Herde von Gotlandschafen an.

Ein guter Blick auf die Vogelinseln ergibt sich von **Balm**. Das am erhöhten Ufer des *Balmer Sees* (ebenfalls Teil des Achterwassers) gelegene Dörfchen hat sich mit dem 1998 eröffneten *Golfplatz* [s. S. 135] schnell einen Namen unter Sportlern gemacht – der 27-Loch-Parcour gilt als einer der schönsten Norddeutschlands. Das dazugehörige Golfhotel fügt sich mit seinen im Gutshofstil gehaltenen, reetgedeckten Gebäuden harmonisch in die Landschaft ein. Im Norden begrenzt den Balmer See die ins Achterwasser ragende **Halbinsel Cosim**. Das 90 ha große Areal ist ebenfalls als Naturschutzgebiet ausgewiesen, doch öffentlich zugänglich. Mit einem Quentchen Glück kann man von einem Feldweg aus hier Kiebitze und Sumpfschnepfen bei der Balz beobachten.

i Praktische Hinweise

Camping

Campingplatz Neppermin, Dorfstr. 30, Neppermin, Tel. 03 83 79/200 44, Fax 03 83 79/287 52. Mit nur 50 Stellflächen ein recht kleiner, dafür umso ruhigerer Platz an der Westseite des Nepperminer Sees. Es können Bungalows, Caravans und Boote gemietet werden.

Hotel

****__Golf- und Wellnesshotel Balmer See__, Drewinscher Weg 1, Neppermin-Balm, Tel. 03 83 79/280, Fax 03 83 79/282 22, www.golfhotel-usedom.de. Die architektonisch sehr geschmackvolle Anlage aus fünf reetgedeckten Häusern liegt 15 Autominuten von Heringsdorf entfernt auf einer kleinen Anhöhe direkt über dem Achterwasser. Zu dem Resort gehören eine Sporthalle und ein 800 m² großer Wellnessbereich mit Hallenbad, Sauna, Dampfgrotte und Thalassotherapie. Der 27-Loch-Platz liegt vor der Haustür.

13 Mellenthin

Altes Gutsdorf mit Wasserschloss und reizvoller Kirche.

Rund um das frühere Gutsdorf Mellenthin (270 Einw.) prägen Wiesen, Weiden und fruchtbares Ackerland das Hinterland zwischen der Stadt Usedom und den Kaiserbädern. Hier, am Nordrand der *Mellenthiner Heide*, war über Jahrhunderte ein Adelsgeschlecht ansässig, das eines der größten Landgüter der Insel besaß. Die *Familie von Neuenkirchen* kam bereits 1336 nach Usedom. Von ihrem Stammsitz in Mellenthin kontrollierten sie u. a. die Güter Balm, Dargen, Gothen und Neuhof. Aus der feudalen Epoche ist noch ein herrschaftliches Wasserschloss mit sehenswerten Wirtschaftsgebäuden erhalten.

TOP TIPP Viel besucht ist die **Mellenthiner Kirche** mit ihren mittelalterlichen Fresken. Die Turmspitze setzt in der sanften Hügellandschaft ein weithin sichtbares Zeichen. Die Kirche steht neben knorrigen Eichen inmitten des von einer Backsteinmauer gerahmten Friedhofs. Ihre Baugeschichte reicht bis in die erste Hälfte des 14. Jh. zurück. Als älteste Teile blieben der aus Feldsteinen errichtete rechteckige Chor und die Sakristei erhalten. Im 15. Jh. kamen Langhaus und Turm hinzu, in der für die norddeutsche Gotik typischen Backsteinbauweise. Barocke Haube und Helm erhielt der Turm um 1755. Kunstgeschichtlich interessant ist die reiche *Innenausstattung*. Gleich neben dem Eingangsportal befindet sich eine in die Wand eingelassene *Grabplatte* von 1594. Ein farbiges Relief zeigt den Bauherrn des Mellenthiner Schlosses, Rüdiger von Neuenkirchen, in Turnierausrüstung zusammen mit seiner Gemahlin Ilsabe von Eickstedt. Im Jahr 1931 wurden die *Fresken* im Chor freigelegt, sie stammen vermutlich aus dem 14. Jh. Am besten erhalten ist die Darstellung Christi als Weltenrichter, ihm zu Seiten Maria und Johannes. Beachtenswert sind ferner der Opferstock (15. Jh.) sowie die aufwendigen Holzarbeiten an Altar und Empore (1755). An der Kanzel (17. Jh.) sieht man Figuren der vier Evangelisten.

Sie gilt als eine der schönsten Usedoms – die grazil wirkende Mellenthiner Kirche

Von der Kirche aus gelangt man über die Dorfstraße zunächst zum ehemaligen **Gutshof** des Mellenthiner Schlosses. Der lang gestreckte wuchtige Backsteinbau beherbergt heute ein *Hotel* (s. u.) mit einem einladenden Café-Restaurant. Das Pyramidendach des früheren Gesindehauses wird alljährlich im Sommer von einem Weißstorchenpaar bewohnt.

Das **Wasserschloss Mellenthin** selbst liegt auf einem von einem Wassergraben umgebenen Inselchen mit Park. Es besteht aus einem dreistöckigen Hauptgebäude und zwei niedrigeren Seitenflügeln. Bauherr war Rüdiger von Neuenkirchen, die Pläne für die Renaissance-Anlage (1575–80) lieferte der italienische Baumeister *Antonio Wilhelmi*, der auch maßgeblichen Anteil am Bau des Stettiner Stadtschlosses hatte. 1641 erlosch mit dem Ableben Christophs von Neuenkirchen die Adelslinie, in der Folgezeit sah das Schloss ständig wechselnde Herren. Mit der Gründung der DDR kam es in Staatsbesitz, wurde einer LPG angeschlossen und beherbergte bis kurz nach der Wiedervereinigung einen Kindergarten. Von der kostbaren Innenausstattung ist fast nichts erhalten. In der Eingangshalle des Mittelbaus überdauerte ein reich geschmückter *Kamin* von 1613. Sein farbiges Relief zeigt den einstigen Schlossherrn Rüdiger von Neuenkirchen in einem vom Teufel gelenkten goldenen Streitwagen. Seit 2001 ist das Schloss im Privatbesitz der Familie Fidora, die es von Grund auf saniert und in absehbarer Zeit für die Öffentlichkeit zugänglich machen will. Die Seitenflügel sollen ein Hotel und eine Schaubrauerei aufnehmen. Im alten Rittersaal steht Gästen bereits ein gutes *Restaurant* (s. u.) zur Verfügung.

Schmuckes Backsteinambiente: Der einstige Gutshof des Mellenthiner Schlosses ist heute ein beliebtes Landhotel mit viel Komfort und einem bioorientierten Restaurant

Nördlich vom Schloss lässt sich auf einem von Weiden und Eichen gesäumten Weg ein halbstündiger Spaziergang zur **Schwedenschanze** im Borgwald machen. Die von den Schweden im Dreißigjährigen Krieg ausgebaute Befestigungsanlage war ursprünglich ein von Palisaden bewehrter slawischer Rundwall, 20 m hoch und mit 400 m Umfang. Er bot den Bewohnern der umliegenden Ortschaften im Ernstfall Zuflucht. Noch heute geben die aufgeworfenen Wälle samt Zugängen ein anschauliches Bild von der einstigen Funktion der Schanze.

Am Südostrand der *Mellenthiner Heide* lädt das 2004 eröffnete **Wisentgehege** (Prätenow bei Dargen, Tel. 01 62/16 37 79, www.wisentgehege-usedom.de, Mai–Okt. tgl. 10–17 Uhr) zur Tierbeobachtung von der Besucherplattform ein. Anschließend bietet sich eine Wanderung durch die Heide an.

Zünftig speisen mit Mittelalterflair: Rittersaal des Restaurants Wasserschloss Mellenthin

i Praktische Hinweise

Hotel

*****Gutshof Insel Usedom**, Dorfstr. 24, Mellenthin, Tel. 03 83 79/207 00, Fax 03 83 79/288 30, www.gutshof-usedom.de. Die einstigen Wirtschaftsgebäude des Mellenthiner Schlosses wurden 2001 komplett restauriert und zu einem komfortablen Landhotel mit 20 hübsch eingerichteten Zimmern und vier Maisonette-Ferienwohnungen ausgebaut. Hinzu kommen Sauna und Solarium. In dem nettem Café-Restaurant gibt es außer kleinen Gerichten wie Frischkornwaffeln mit heißen Himbeeren auch gesunde Vollkornpizza und ein herzhaftes Bio-Lamm mit Püree und grünen Bohnen.

Restaurant

Wasserschloss Mellenthin, Dorfstr. 25, Mellenthin, Tel. 03 83 79/289 30. Im historischen Ambiente des 200 m² großen Rittersaals wird gutbürgerliche Küche kredenzt, etwa deftige Schweinshaxe, Schnitzel oder ein sämiger Kartoffeleintopf. An Fischgerichten ist das Lachsfilet im Sesammantel zu empfeh-

len. In der Hauptsaison gibt es zweimal in der Woche ein mittelalterliches Ritterbüffet, dazu Gaukler und Livemusik.
Bei schönem Wetter sitzt man auf der Terrasse und schaut in den Schlosspark.

14 Morgenitz

Verträumtes Töpferdorf mit hübscher Backsteinkirche.

Das Bauerndorf Morgenitz (230 Einw.) am Nordrand des Usedomer Stadtforstes und südlich des Krienker Sees ist ein Stück ländliches Idyll in Reinkultur. Reetgedeckte Gehöfte aus rotem Backstein säumen schmale gepflasterte Straßen. Weidende Pferde, gackerndes Federvieh und herumstolzierende Katzen beleben die malerische Kulisse. Von den Slawen *Murignevitz* genannt tauchte der Ort erstmals 1270 in den Quellen auf, als das Kloster Grobe hier niedersächsische Bauern ansiedeln ließ.

Die **Dorfkirche** am westlichen Ortsrand ist ein hübscher Backsteinbau mit weit heruntergezogenem Dach, der anstelle eines spätmittelalterlichen Vorgängerbaus im 15. Jh. errichtet wurde. Wie viele Usedomer Sakralbauten hat auch die Morgenitzer Kirche keinen Turm, sondern einen frei stehenden hölzernen *Glockenstuhl*. Sechs hohe Blendbögen strukturieren die spätgotische Westfassade der Kirche. Die barocke *Innenausstattung* stammt aus dem 18. Jh., die ornamentalen *Malereien* (1777) an Kanzel, Altar und Gestühl sind Arbeiten von Peter Christoph Hiert. In der zugänglichen Gruft unter dem Altar steht ein *Prunksarg* von 1699. Es ist die Grabstätte des schwedischen Oberst Paul Weedeke von Borcke und seiner Gemahlin.

Die Dorfkirche von Morgenitz hat einen frei stehenden hölzernen Glockenstuhl

Die Kirche steht mitten auf dem interessanten alten **Friedhof**. Unter Linden und Maulbeerbäumen – sie wurden unter Preußenkönig Friedrich II. angepflanzt, der auf Usedom die Seidenraupenzucht heimisch machen wollte – berichten gusseiserne *Kreuze* mittels z. T. kaum noch entzifferbaren Inschriften vom Schicksal der Verstorbenen. So wurde etwa Ilse Farrenzin 1823 von ihrem Knecht umgebracht, und der Fischer Gotthard Oberländer ertrank 1874 in Ausübung seines Berufs im Krienker See. Wie ein kleines Freilichtmuseum muten zwischen den Gräbern liegende slawischen *Mahltröge* samt Reibesteinen an. Die rund 20 Exponate verdankt die Gemeinde dem rührigen Pfarrer Hörstel, der die alten Steine vor dem Zweiten Weltkrieg in den umliegenden Wäldern fand. Auf dem Kirchhof steht auch ein riesiger *Findling* aus einer Kiesgrube am Gothensee. Für den Transport des Kolosses nach Morgenitz sollen 16 Pferde notwendig gewesen sein.

In der Dorfmitte beherbergt ein großes reetgedecktes Gehöft die **Keramikwerkstatt Dannegger** (Dorfstr. 8, Tel. 03 83 72/709 10, Mo–Sa 11–13 und 14–18 Uhr). Das Künstlerehepaar Astrid und Manfred Dannegger fertigt traditionelle Fayencen, Terrakottaware für den Garten und formschönes Gebrauchsgeschirr, etwa Töpfe, Kannen, Krüge und Schüsseln. Besonders hübsch ist das *Steinzeug* mit blauer Kobaltoxidmalerei. Funktional und geradlinig präsentiert sich das lehmglasierte Braungeschirr im Stil der *Bunzlauer Keramik*, es wird im Holzofen bei Temperaturen von 1300° C etwa 20 Std. gebrannt. Das besondere Metier von Astrid Dannegger sind figürliche Dekorationsstücke, die sich durch ihren skurrilen Formenreichtum auszeichnen.

Die Danneggers sind zugleich die Organisatoren des **Morgenitzer Töpfermarktes**. Jeweils am letzten Wochenende im Juli stellen etwa 30 Werkstätten aus ganz Deutschland hier ihre Arbeiten aus. Die kopfsteingepflasterte Dorfstraße verwandelt sich dann in einen großen Basar, der jedes Jahr Tausende von Besuchern anzieht und mit

Livemusik, Getränkebuden und Imbissständen zunehmend Volksfestcharakter annimmt.

2,5 km südwestlich von Morgenitz ist die **Suckower Sockeleiche** ein gerne besuchtes Ausflugsziel. Das Naturdenkmal steht 500 m außerhalb von Suckow an der Landstraße nach Rankwitz auf einem bronzezeitlichen *Hügelgrab*. Dem Baum wird ein Alter von 1000 Jahren zugesprochen, er wurde bereits 1298 als Grenzmarke in einer Urkunde des Pommernherzogs Bogislaw IV. erwähnt. Die Jahre sind an dem Methusalem nicht spurlos vorübergegangen. Der in Brusthöhe heute 6,50 m dicke Stamm muss mittlerweile von zwei Eisenringen zusammengehalten werden. Im Sommer 1997 brach ein Sturm einen Hauptast ab, doch noch immer macht das 15 m hohe Naturdenkmal mit seiner weit ausladenden Krone einen imposanten Eindruck.

Fundgrube für Töpferwarenfans: Keramikwerkstatt Dannegger in Morgenitz

i Praktische Hinweise

Hotel

****Residenz am Gutshaus Dewichow**, Dorfstr. 8, Dewichow, Tel. 03 83 77/710, Fax 03 83 77/712 00, www.residenz-am-gutshaus.de. Ruhige Ferienanlage 3 km nördlich von Morgenitz am Krienker See. Vermietet werden 20 geräumige Apartments (50–70 m^2) mit Platz für max. 6 Personen. Zur Ausstattung gehören Spülmaschine, Sat-TV und Telefon. Das 4000 m^2 große Wassergrundstück verfügt über einen eigenen Badesteg und einen Anleger für Ruderboote.

Restaurant

Bauernstube, Dorfstr. 32, Morgenitz, Tel. 03 83 72/709 24, www.bauernstube-morgenitz.de. Gemütlicher Landgasthof mit preiswerter pommerscher Küche vom Frühstück bis zum Fisch am Abend. Es gibt auch 6 Ferienapartments.

15 Lieper Winkel

Landleben pur in einer der stillsten Ecken Usedoms.

Rankwitz – Quilitz – Liepe –Warthe

Wie eine geballte Faust ragt die *Halbinsel* Lieper Winkel nördlich von Morgenitz ins Achterwasser hinein. An dem von dichtem Schilf gesäumten Westufer fließt gemächlich der breite *Peenestrom* vorbei, die anderen Ufer gehören dem Achterwasser. Noch im Mittelalter bedeckten unzugängliche Urwälder und Sümpfe den menschenleeren Winkel und bis heute gehört er zu den am dünnsten besiedelten Regionen Usedoms. Acht Minidörfer mit insgesamt weniger als 700 Einwohnern verteilen sich auf 33 km^2. Anstelle der Mischwälder von einst prägen heute Wiesen und sumpfige Niederungen das Bild. Das überwiegend flache Terrain wird von Alleen und Feldwegen erschlossen und lädt zu Entdeckungen zu Fuß oder per Rad ein.

Von der B 110 geht es gen Norden nach *Krienke* und weiter durch eine prächtige Kastanienallee zum Fischerhafen **Rankwitz**. Kleine Fischerkaten und reetgedeckte Fachwerkhäuschen machen den Ort am Westufer der Halbinsel überaus anziehend. Zu DDR-Zeiten waren die Rankwitzer Fischer in einer Produktionsgenossenschaft zusammengeschlossen, die nicht nur auf dem Achterwasser fischte, sondern auch Karpfen und Forellen züchtete. In einer alten Fachwerkscheune informiert der *Heimathof* (geöffnet nach Vereinbarung, Tel. 03 83 72/705 35) über die Arbeit der Fischer, Tischler und Weber. Ferner werden Volkstrachten aus dem Lieper Winkel, Spinnräder und ein 200 Jahre alter Handwebstuhl präsentiert. Eine nachgebaute Bauernküche gibt einen Einblick in die Wohnkultur von anno dazumal. Ein Idyll ist der kleine *Hafen*. Netze hängen zum Trocknen aus, an der Mole liegen ein paar Fischerboote

Bezaubernde Ausblicke auf die Seenlandschaft des Achterwassers bietet das malerische grüne Hochufer des Peenestroms zwischen Rankwitz und Grüsow

und Segeljachten auf dem Wasser, nahebei kann man sich in der *Fischräucherei* mit Räucherware eindecken.

Von Rankwitz auf kann man auf einem markierten **Radweg** am Achterwasser entlang den Lieper Winkel umfahren. Erste Station der 15 km langen Rundtour ist **Quilitz** 1,5 km nördlich von Rankwitz. In dem stillen Weiler mit einer Bungalowsiedlung an der Uferfront lädt ein feinsandiger schmaler Strand zu einem erfrischenden Bad im Peenestrom ein. Von Quilitz fährt man am Peenestrom entlang bis Warthe [s. S. 67] und von dort weiter am Nordufer des Lieper Winkels nach Grüsow. Hier schwenkt die Route wieder ins Landesinnere und läuft über Liepe zurück nach Rankwitz.

Der Moränenhügel namens **Jungfernberg** 1 km nördlich von Rankwitz an der

Dornröschenträume: Das pittoreske ›Blaue Haus‹ in Warthe ist fotogener Inbegriff der Landlebenidylle des Lieper Winkels

Straße nach Liepe ist mit 18 m die höchste Erhebung der Halbinsel, er bietet einen schönen Ausblick über den Peenestrom auf die Festlandküste.

Das namengebende **Liepe** im Zentrum der Halbinsel war über Jahrhunderte der Hauptort des Lieper Winkels. Der slawische Name *Lipa* deutet darauf hin, dass die Siedlung einstmals von Linden gesäumt war. Das Ortsbild wirkt recht geschlossen, reetgedeckte Häuschen und große Backsteinscheunen scharen sich dicht um die Kirche *St. Johannes*. Sie wurde 1216 erstmals erwähnt und gilt als eine der ältesten Kirchen Usedoms. Mit dem hübschen, aus Feld- und Backsteinen in lebendiger Mixtur bestehenden Gebäude wurde gleich nach der Christianisierung der Insel begonnen. Im Inneren, an der Ostwand, zeigen *Wandmalereien* (Ende 15. Jh.) Kreuzigung und Auferstehung Christi. Die Kirche ist Bühne für Konzerte und Lesungen sowie Spielstätte des Usedomer Musikfestivals.

In **Warthe** an der nordwestlichsten Ecke der Halbinsel sorgen schmucke Reetdachkaten und Fachwerkhäuser für das gewisse Etwas. Quasi ein Wahrzeichen ist das *Blaue Haus,* das außer dem himmelblauen Anstrich auch eine hübsch bemalte Holztür vorweisen kann. Von dem recht bescheidenen *Badeplatz* am Ende des Peeneweges bietet sich eine schöne Aussicht über den Peenestrom aufs Festland und auf die Marienkirche von Lassan [Nr. 31].

i Praktische Hinweise

Hotels

******Am Achterwasser**, Dorfstr. 12, Warthe, Tel. 03 83 72/75 20, Fax 03 83 72/752 52, www.am-achterwasser.de. Die Ferienanlage besteht aus vier 1996 erbauten hübschen Fachwerkhäusern. Im Parterre befindet sich der Wohnraum mit Kochnische, im Obergeschoss liegen ein oder zwei Schlafzimmer und das Bad. Sehr idyllische und ruhige Lage. Angeschlossen sind Restaurant und Café.

****Ferienanlage Hafen Rankwitz**, Am Hafen, Rankwitz, Tel. 03 83 72/705 21, Fax 03 83 72/705 28, www.usedomer-feinfisch.de. Vermietet werden vier schlichte Ferienhäuschen mit einer jeweils auf zwei Etagen verteilten Wohnfläche von 42 m^2 Aussichtsreiche Lage direkt am Peenestrom.

Gemütliche Landpartie: Für eine Erkundung des Usedomer Winkels ist das Fahrrad ideal

Restaurants

Rankwitzer Hof, Dorfstr. 15, Rankwitz, Tel. 03 83 72/705 63. Fangfrischer Fisch aus dem Peenestrom kombiniert mit regionalen Produkten sichern dem einfachen Dorfgasthof ein treues Stammpublikum.

Zur Alten Fischräucherei, Am Hafen, Rankwitz, Tel. 03 83 72/705 21. Fisch in allen Variationen – geräuchert, gebraten oder gedünstet. Spezialitäten des Hauses sind Räucheraal und Forellen aus eigener Zucht, die als Forelle blau oder nach Müllerin Art auf den Tisch kommen. Man sitzt direkt neben dem Bootsanleger am Peenestrom.

16 Usedom

Plan Seite 68

Die Stadt, die der Insel ihren Namen gab.

Schön, dass die B 110 am Rand der Kleinstadt Usedom (2000 Einw.) vorbeiläuft! So bleibt ihr die Autolawine erspart, die sich jeden Sommer vom Festland kommend durch den *Usedomer Winkel*, die Südwestspitze der Insel, in Richtung Seebäder wälzt. Das hübsche Landstädtchen am *Usedomer See* ist eigentlich nicht mehr als ein größeres Dorf. Als Namensgeber der Insel kommt dem Ort ein besonderer Stellenwert zu. Der *mittelalterliche Kern* und eine Hand voll interessanter Geschäfte machen einen Bummel durch die kopfsteingepflasterten Gassen überaus lohnend.

Geschichte Dass der Inselname wie vielfach kolportiert aus dem Spruch »O so dumm« entstanden sei, darf getrost ins Reich der Legenden verbannt werden. Usedom leitet sich von *Uznam* ab, im Slawischen bedeutet dies Mündung, was ursprünglich wohl auf den schmalen Mündungsarm des Usedomer Sees ins Stettiner Haff gemünzt war. Die älteste Siedlung der Insel wurde im Zuge der Völkerwanderung von slawischen Stämmen gegründet, die sich im 7. Jh. im Gebiet der Odermündung niederließen. Ein bedeutsames Jahr in der Geschichte des Ortes war 1128, als *Bischof Otto von Bamberg* auf dem heutigen Schlossberg die slawischen Stammesfürsten zum Christentum bekehrte.

Bald kamen neue Siedler ins Land, rodeten die Wälder und kultivierten Getreide und Hülsenfrüchte. 1155 gründeten Prämonstratensermönche nahe Usedom das *Kloster Grobe*. Um die Burg auf dem heutigen Schlossberg entwickelte sich ab 1250 Usedom zur Stadt, 1298 erhielt sie von Pommernherzog Bogislaw IV. formell das Stadtrecht. Außerdem war sie ein bedeutender Handelsplatz im südlichen Ostseeraum. Die Burg wurde im 14. Jh. zum Schloss umgebaut, das als Witwensitz der Herzoginnen diente.

Ein herber Rückschlag ging mit dem großen *Stadtbrand* von 1475 einher, von dem sich Usedom nur langsam erholte. Fortan stand es im Schatten der Städte Wolgast und Anklam [Nr 30, 32]. Im Westfälischen Frieden von 1648 fielen Ort und Insel an die Schweden, die bis 1720 im Rathaus das Sagen hatten. Ab 1876 verhalf der Anschluss an die Bahntrasse Berlin–Swinemünde dem Landstädtchen zu einem bescheidenen wirtschaftlichen Aufschwung. Doch ist Usedom bis heute eher verträumt geblieben, wenngleich es im Sommer zahlreiche Ausflügler anlockt.

Besichtigung Bester Ausgangspunkt für einen Stadtrundgang ist das **Klaus-Bahlsen-Haus** ❶ an der Bäderstraße (B 110). Das hübsch restaurierte Backsteingebäude von 1876 war bis 1945 der Bahnhof, seit 2003 beherbergt es die Stadtinformation und das Büro von *Naturpark Insel Usedom* (Bäderstr. 5, Tel. 03 83 72/76 30, Mai–Sept. Mo–Fr 10–18, Sa 10–15 Uhr, Okt.–April Mo–Fr 10–16 Uhr). In den freundlichen Räumen erfährt der Besucher Wissenswertes über die geologische Geschichte der Insel und die verschiedenen Ökosysteme im Naturpark Usedom. Die permanente Ausstellung konzentriert sich auf das Thema Wasser als Lebensraum für Pflanzen und Tiere. Im Sommerhalbjahr werden geführte *Radtouren* und *Wanderungen* durch den Naturpark angeboten.

TOP TIPP Vom Alten Bahnhof ist es nur ein Katzensprung zum **Anklamer Tor** ❷ am Rand der Altstadt. Das Wahr-

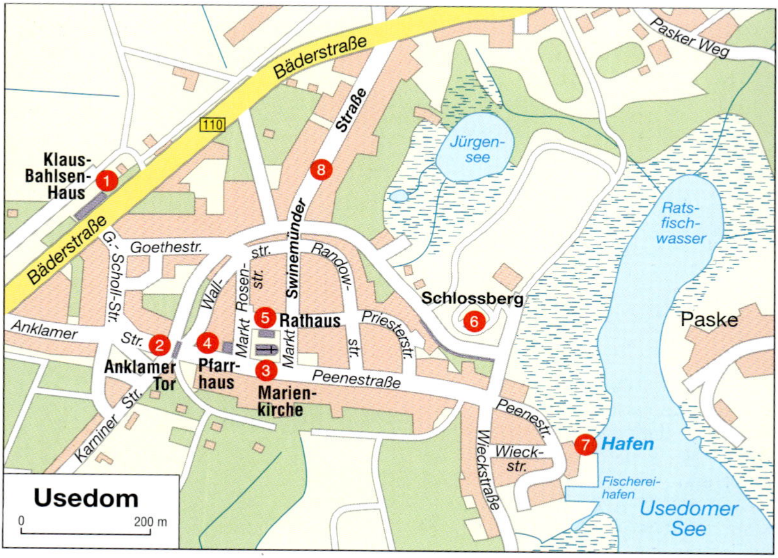

Schmucke Backsteinarchitektur: Das Klaus-Bahlsen-Haus, einst der städtische Bahnhof, ist heute Sitz der Naturparkverwaltung Usedom sowie der Stadtinformation

zeichen von Usedom ist eines von ursprünglich drei mittelalterlichen Stadttoren, die durch eine Ringmauer miteinander verbunden waren. Das Peenetor, das Swinetor und die Stadtmauer wurden im 19. Jh. abgerissen. Der erhaltene gotische Backsteinturm von 1450 imponiert durch seine *Fassade*, die von schmalen Blendbögen und eine Fallgitternische gegliedert wird und in einem Walmdach gipfelt. An der Südseite des Turms führt eine Stahltreppe zum niedrigen Eingang der *Heimatstube* (Tel. 03 83 72/708 90, in der Regel Mai–Sept. tgl. 10–12 und 13.30–15.30 Uhr) hinauf. Das kleine Museum informiert über die Arbeit der Bauern, Handwerker und Fischer. Hier werden z. B. Gerätschaften zur *Flachsverarbeitung* gezeigt, die einstmals eine der wirtschaftlichen Stützen der Region war.

Vom Anklamer Tor erreicht man in wenigen Schritten den **Marktplatz**. Der etwa 100 x 100 m große Platz ist das Herzstück der mittelalterlichen Stadtanlage. Überragt wird er von der imposanten **Marienkirche** 3. Sie hat von den ursprünglich fünf Stadtkirchen als einzige die Zeiten überdauert. Ihre Ursprünge gehen auf den Anfang des 14. Jh. zurück, die heutige dreischiffige Hallenkirche im spätgotischen Stil entstand nach dem verheerenden Stadtbrand von 1475. 1891–93 wurde der Chor des Backsteinbaus erneuert, auch der obere Teil des gewaltigen Turmes mit der schlanken Laterne und die wenig spektakuläre Innenausstattung stammen aus dieser Zeit.

Das **Pfarrhaus** 4 vis-à-vis der Marienkirche fällt durch sein in Fachwerk ausgeführtes Obergeschoss ins Auge. Der um 1800 errichtete wuchtige Bau hat außerdem eine schöne Holztür.

Neben der riesigen Kirche nimmt sich das **Rathaus** 5 Usedoms trotz seiner zwei Geschosse fast wie ein Spielzeuggebäude aus. An der marktseitigen Fassade des von einem Mittelrisalit gegliederten Traufenhauses (Ende 18. Jh.) prangt das

Stattliches Wahrzeichen: Das als einziges Stadttor erhaltene Anklamer Tor in Usedom

Markante Erscheinung: Die imposante Marienkirche dominiert das Stadtbild Usedoms

Usedomer Stadtwappen. Von diesem Gemeindesitz aus wird der Usedomer Winkel verwaltet.

Vom Marktplatz führt die kopfsteingepflasterte *Peenestraße* in Richtung Hafen. Nach 250 m weist ein Schild nach links zum **Schlossberg** 6, der sich gerade mal 10 m über der Stadt erhebt. Vorbei an Gemüsegärten und Hühnerställen steigt man hinauf zu dieser *Keimzelle* der Stadt. Anstelle des im 17. Jh. zu Grunde gegangenen Schlosses befindet sich heute ein 5 m hohes Granitkreuz, das im Jahr 1928 anlässlich der 800-jährigen Wiederkehr der *Christianisierung* der Slawen errichtet wurde. Am Backsteinsockel steht als Inschrift das bedeutsame Zitat des Bischofs Otto von Bamberg: »Gott will nicht erzwungenen, sondern freiwilligen Dienst«.

Weiter geht es über die Peenestraße zum **Hafen** 7 am Usedomer See. Hier liegen einige Fischer- und Segelboote vertäut und die einfache *Hafenkneipe* hält für den kleinen Hunger Fischbrötchen oder eine Portion Räucherfisch bereit. Anstelle des beschaulichen Bootsanlegers soll hier bald eine schicke Marina für Sportboote entstehen, auch will man einen Fußgängersteg über die Enge ans andere Seeufer, zum Nachbarort Paske, legen. Und damit an der Mole auch Fahrgastschiffe anlegen können, muss die Wasserrinne ausgebaggert werden. Das alles kann noch dauern, zumal Umweltschützer bei dem ambitionierten Projekt ebenfalls ein Wörtchen mitreden wollen.

Nun geht es wieder zurück in die Altstadt, wo sich nördlich vom Markt die **Swinemünder Straße** 8 zu einer netten Flaniermeile gemausert hat. In einigen der niedrigen *Ackerbürgerhäuser* befinden sich heute Boutiquen und Antiquitätengeschäfte. Hier kann man nach Herzenslust stöbern, etwa nach altem Porzellan, Bilderrahmen, Lampen und Kunsthandwerk.

i Praktische Hinweise

Information

Stadtinformation, Klaus-Bahlsen-Haus, Bäderstr. 5, Usedom, Tel. 03 83 72/708 90, Fax 03 83 72/710 72, www.stadtinfo-usedom.de

Schiff

Zeesenbootsegeln, vom Hafen, Usedom, Tel. 01 73/607 97 68. Etwa 2-std. Auflug auf dem Usedomer See und Stippvisite im Stettiner Haff an Bord der ›Romantik‹, einem historischen Arbeitssegler der Küstenfischer (1950). Weitere (Tages-)Touren nach Absprache.

Einkaufen

Antiquitäten & Lebensart, Swinemünder Str. 68, Usedom, Tel. 03 83 72/705 69. In zwei ausgebauten Scheunen werden antike Möbel, wilhelminisches Tafelsilber, historische Postkarten und Bücher präsentiert. Interessant ist die Kombination von Antiquitäten mit Feinkost, Antipasti, Trüffeln, Pralinen, Whisky, Zigarren und Wein. Kaffee und Teekultur werden im neuen Kaminzimmer oder auf der Terrasse am Teich gepflegt. Dazu kommen kleine Gerichte nach alten Rezepten.

TOP TIPP **De Spinndönz**, Swinemünder Str. 20, Usedom, Tel. 03 83 72/763 90. In dem 2003 eröffneten Geschäft von Annelene Lühmann dreht sich alles um Naturwaren. In den Regalen stapeln sich Pullis aus Merinowolle, Strickjacken im Norwegermuster, Decken, Felle, Wolle sowie feine Tischwäsche aus Leinen – alle Produkte sind naturfarben. Auf historischen Webstühlen kann man in einem Schnupperkurs das alte Handwerk erlernen, auch werden Spinnkurse angeboten.

Usedomer Kaleidoskop, Swinemünder Str. 4, Usedom, Tel. 03 83 72/761 66.
Im Angebot sind Kaleidoskope, Bernsteinschmuck sowie handgesponnene und handgefärbte Wolle aus eigener Schafhaltung, dazu Kleidung, Kunsthandwerk und hübsche Mitbringsel aus Keramik, Glas, Holz und Seide.

Hotel

****Norddeutscher Hof**, Markt 12, Usedom, Tel. 03 83 72/702 66, Fax 03 83 72/707 12. Solides Haus in zentraler und doch ruhiger Lage am Marktplatz. Einige der 13 Zimmer haben Wasserbetten. Der dazugehörige Gasthof bietet gute regionale und internationale Küche. Von den Fischgerichten sind z. B. das Haffzanderfilet und die Rankwitzer Forelle empfehlenswert.

17 Stolpe

Altes Bauernland, Störche und ein Schloss, das auf bessere Tage wartet.

Nahe Usedom führt von der B 110 eine Landstraße nach Südosten ins Bauerndorf Stolpe (400 Einw.). Die kleine Gemeinde ist der Mittelpunkt einer ansonsten nur dünn besiedelten Region. Im Sommer nisten auf den Dächern einiger Höfe Storchenpaare, drum herum gibt es viele grüne Wiesen und Weiden mit friedlich grasendem Fleckvieh.

Die Geschicke des seit 1233 schriftlich belegten Ortes wurden über Jahrhunderte vom Adelsgeschlecht derer *von Schwerin* bestimmt, erst 1817 hob man hier die Leibeigenschaft auf. Als Stammsitz der Feudaldynastie diente das **Schloss Stolpe** neben dem Dorfweiher. Der eher schlichte dreigeschossige Renaissancebau aus dem 17. Jh. erlebte unter Friedrich von Schwerin seine beste Zeit. Dieser ließ etwa 1905 das Anwesen um zwei Rundtürme erweitern, die durch einen vorgebauten Arkadengang miteinander verbunden waren. Kurz vor dem Ende des Zweiten Weltkriegs floh die letzte des Geschlechts, Gräfin Edda von Schwerin, in den Westen und das Schloss blieb sich selbst überlassen. Etliche Gebäudeteile dienten fortan als Steinbruch. Das Anwesen gehört heute der Gemeinde und wird derzeit saniert.

Die Geschichte der unscheinbaren **Dorfkirche** reicht bis ins Spätmittelalter zurück. 1867 wurde das Gebäude durch Blitzschlag zerstört. Der heutige neogotische Backsteinbau mit quadratischem Turm entstand 1871–73 und wurde weitgehend von ortsansässigen Handwerkern errichtet.

i Praktische Hinweise

Hotel

****Stolperhof**, Ausbau 1, Stolpe, Tel. 03 83 72/710 81, Fax 03 83 72/710 82, www.stolperhof.de. Der etwas andere Ferienhof knapp 2 km außerhalb von Stolpe ist ökologisch orientiert: Sonnenkollektoren sorgen für Warmwasser und Heizung, Trinkwasser kommt aus der eigenen Anlage, die Küche serviert Bioprodukte aus dem Garten. Gewohnt wird in einem hübschen Fachwerkhaus mit 14 einfachen Zimmer, die für zwei bis sechs Personen eingerichtet sind. Eine große Bauernküche steht allen Gästen offen. Wer möchte, darf auch gerne in Hof, Stall und Garten mit Hand anlegen. Hafflinger Pferde, Kühe, Schafe, Ziegen, Federvieh und im Sommer reichlich Schwalben schaffen Landidylle. Zum kleinen Badeplatz am Haff sind es mit dem Rad 20 Min.

18 Karnin

Ein technisches Denkmal ist Pilgerort für Eisenbahnfans.

Mönchow – Zecherin

Westlich der Stadt Usedom, in der äußersten Ecke des Usedomer Winkels, liegt das winzige Dorf Karnin. Es zieht jährlich Tausende von Besuchern an, denn schon von weitem sichtbar erhebt sich hier ein gewaltiges Stahlskelett aus dem Peenestrom. Es handelt sich um das 33 m hohe Hubgerüst, Rest der Eisenbahnhubbrücke. Schon 1876 führte eine 360 m lange *Drehbrücke* vom Festland über den Peenestrom zur Insel. Der preußische Kriegs- und Handelshafen Swinemünde war damit von Berlin aus durchgehend auf der Schiene erreichbar. Die Brücke hatte folglich strategisch, wirtschaftlich und touristisch große Bedeutung, doch bald war sie dem steigenden Verkehrsaufkommen nicht mehr gewachsen. Nach zweijähriger Bauzeit konnte 1934 schließlich die neue, zu jener Zeit modernste

Die Zecheriner Klappbrücke zwischen Usedom und Festland hat 330 m Spannweite ▷

und mit 600 m längste **Eisenbahnhubbrücke** auf dem Kontinent ihrer Bestimmung übergeben werden. Sie verband Kamp auf dem Festland mit Karnin. Dank der dem Funktionsprinzip eines Fahrstuhls entsprechenden neuen *Hubtechnik* war es möglich die Gleise binnen max. drei Minuten zu heben bzw. zu senken. So blieb der Peenestrom selbst für große Frachtschiffe befahrbar und ansonsten konnten nun Züge die Brücke sogar mit einer Spitzengeschwindigkeit von 100 km/h befahren. Laut Sommerfahrplan 1935 brausten täglich 52 Züge über die Karniner Brücke, davon 12 Schnellzüge, die von Berlin bis Swinemünde genau 2 Std. 36 Min. unterwegs waren, eine Fahrzeit, von der Bahnpassagiere heute nur noch träumen können. Im Zweiten Weltkrieg beförderten die Züge weniger Badegäste als vielmehr kriegswichtige Güter nach Swinemünde. Am *29. April 1945* sprengte die Deutsche Wehrmacht auf dem Rückzug vor den russischen Truppen die Brücke und unterbrach damit für mehr als 50 Jahre die Bahnverbindung nach Usedom. Übrig blieb einzig und allein das Hubgerüst. Die 45,5 km langen Gleisanlagen zwischen Ducherow und Swinemünde wurden 1946/47 demontiert und als Reparationsleistung an Russland geliefert.

1990 wollte die Reichsbahn das Hubgerüst abreißen lassen, doch es formierte sich eine Bürgerinitiative gegen das Vorhaben, und das Zeugnis deutscher Eisenbahngeschichte wurde noch im gleichen Jahr unter Denkmalschutz gestellt. Der aus der Bürgerinitiative hervorgegangene *Verein Usedomer Eisenbahnfreunde* engagiert sich seither für den Wiederaufbau der Brücke und die Wiederherstellung der Bahnstrecke Ducherow–Swinemünde, was angesichts der hohen Kosten allerdings recht unwahrscheinlich sein dürfte – die Bahn AG hat das Projekt bereits ad acta gelegt.

1998 erwarben die Eisenbahnfreunde den vom Verfall bedrohten **Bahnhof Karnin** (um 1900). Der historische Fachwerkbau auf rotem Backsteinsockel ist seither

Einzig das Hubgerüst in Karnin blieb von der einst modernsten Eisenbahnbrücke Europas

hübsch saniert worden und beherbergt heute das *Infocenter* (Mitte April–Okt. tgl. 10–19 Uhr, Nov.–Mitte April Mi–Mo 10–17 Uhr, s. u.) des Vereins. Eine ständige Ausstellung informiert über Historie und Technik der Karniner Hubbrücke. Außerdem wird ein teils antiquarisches Buchsortiment zur Eisenbahn- und Regionalgeschichte Vorpommerns angeboten. Auch ein Café lädt zum Verweilen ein.

Mit dem weißen **Lotsenturm** hat Karnin noch eine weitere Attraktion zu bieten. Der viergeschossige Rundbau mit seinem von roten Schindeln gedeckten Kegeldach und einer umlaufenden Galerie entstand 1938. Er wies bis 1945 als einziger Lotsenturm der vorpommerschen Küste den Schiffen den Weg durch den Peenestrom ins Stettiner Haff.

Ausflüge

Im Weiler **Mönchow** 1 km östlich von Karnin steht eine der hübschesten *Dorfkirchen* Usedoms. 1342 erstmals erwähnt und im Dreißigjährigen Krieg stark beschädigt wurde der Bau im 17. Jh. erneuert. Der Kirchturm erfreut mit einem schmucken Fachwerkaufsatz, der von einer Spitzhaube abgeschlossen wird. Auf dem *Friedhof* gegenüber steht ein bemerkenswertes *Mausoleum*. Den Backsteinbau mit neobarocken Stilelementen ließ die wohlhabende Familie Dannenfeld um 1900 errichten. Die Kuppel über dem Portal wird von vier kleinen Obelisken eingefasst.

Der alte Fährort **Zecherin** 3 km nordwestlich von Karnin war wahrscheinlich schon in der Frühzeit eine bedeutende Anlaufsstelle vom Festland. Ab 1861 wurde hier an einer 500 m langen Eisenkette ein Prahm mittels einer von Hand betriebenen Kurbel über den Peenestrom gezogen – vier starke Männer waren dazu nötig. Im Jahr 1914 übernahm ein Motor die Schweiß treibende Arbeit, 1931 löste die 330 m lange *Zecheriner Klappbrücke* diese Art von Fährbetrieb ab. In den letzten Kriegstagen wurde sie von den Nazis gesprengt, konnte jedoch bereits 1950 wieder hergestellt und in Betrieb genommen werden. Sie ist neben der Brücke von Wolgast die einzige Verbindung zwischen Usedom und dem Festland.

i Praktische Hinweise

Information

Infocenter, Bahnhof, Dorfstr. 12, Karnin, Tel. 03 83 72/714 46, Fax 03 83 72/761 38, www.infocenter-karnin.de

Restaurants

Haffschänke, Dorfstr. 19, Karnin, Tel. 03 83 72/703 75. Einfaches Lokal direkt am Peenestrom. Im Sommer sitzt man im Garten neben dem Bootsanleger und genießt frischen Fisch und deftige Hausmannskost.

Peene-Idyll, An der Zecheriner Brücke, Zecherin, Tel. 03 83 72/708 32. Das Lokal am Peenestrom ist bereits ab 9 Uhr morgens für eine Tasse Kaffee gut, ab Mittag gibt es preiswerte gutbürgerliche Kost, etwa hausgemachte Sülze, Schnitzel und natürlich auch frischen Fisch (im Winter Mo geschl.).

Café

Hubbrückencafé, Bahnhof, Dorfstr. 12, Karnin, Tel. 03 83 72/761 37. Im einstigen Wartesaal des Bahnhofs gibt es kleine Gerichte, etwa Erbsensuppe und Soljanka, oder einfach nur eine Tasse Kaffee mit Kuchen (im Winter Mo/Di geschl.).

Usedoms Wespentaille – wo die Insel am schmalsten ist

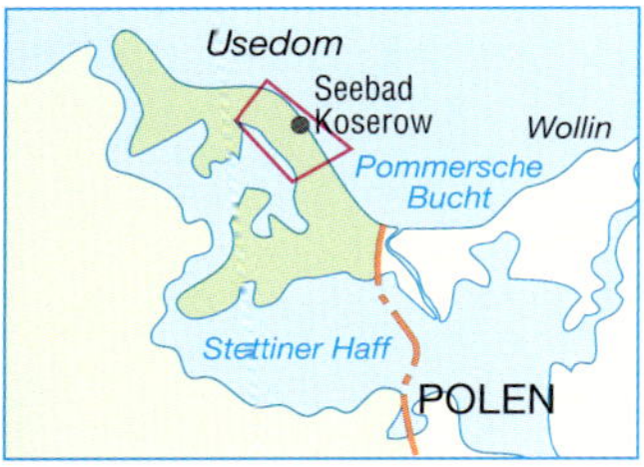

Eine schmale *Landbrücke* verbindet den Südteil Usedoms mit dem kleineren Nordteil. An der engsten Stelle misst der Isthmus kaum mehr als 300 m. Die Naturgewalten setzen der Insel hier besonders zu, immer wieder richten Sturmfluten schwere Schäden an. An Usedoms Taille reihen sich die *Seebäder* Ückeritz, Kölpinsee, Koserow und Zempin aneinander. Die Ortschaften orientierten sich ursprünglich alle nach Westen, zum Achterwasser. Erst durch den Tourismus entstanden dann auch Ortsteile an der Ostseeküste. Das hübsche **Ückeritz** hat einige kleinere Hotels, Pensionen und Privatzimmer vorzuweisen, vor allem aber den größten Campingplatz Usedoms, der sich auf über 4 km Länge am bis zu 60 m breiten feinen Sandstrand erstreckt. Als Attraktion gilt der *Usedomer Gesteinsgarten* im nahen Forsthaus Neu Pudagla. **Kölpinsee** war in den 1920er-Jahren der Treffpunkt deutscher Filmstars. Heute geht es in dem mit **Loddin** am Achterwasser zusammengeschlossenen Ort recht geruhsam zu. Ein idealer Ferienort für alle Gäste, die auf Erholung aus sind und auch das waldreiche Umland zu schätzen wissen. Sehr idyllisch nimmt sich der *Kölpinsee* aus, den nur eine Düne vom Meer trennt. Auf einem schönen Wanderweg kann man ihn umrunden. Das größte der vier Seebäder ist **Koserow**. Mit seiner mittelalterlichen Dorfkirche, dem Atelier des Malers Otto Niemeyer-Holstein, heute Museum, und dem Steilkliff am *Streckelsberg* vereint es zugleich die wichtigsten touristischen Attraktionen dieser Region auf sich. In **Zempin,** dem kleinsten Badeort der gesamten Insel, konzentriert sich der Ferienalltag ganz auf das Wesentliche und Schönste, den Strand.

19 Seebad Ückeritz

Camper-Dorado und waldreichstes Seebad der Insel.

Wockninsee – Neu Pudagla – Stagnieß

Das Seebad Ückeritz (1000 Einw.) zwischen Ostseestrand und Achterwasser gehört zu den ruhigeren Ferienorten auf Usedom. Das Fischerdorf liegt in einer der waldreichsten Gegenden der Insel, die zu ausgedehnten *Wanderungen* einlädt. Im Frühjahr bezaubert das frische Grün der Buchen, noch prächtiger zeigt sich die Natur im Herbst, wenn sich das Laub golden färbt. Und im Sommer lockt natürlich das Wasser.

1 *Faszinierendes Küstenpanorama: Die bis zu 60 m hohe Steilküste des Streckelsberges bei Koserow ist einer der schönsten Aussichtspunkte Usedoms*

1270 erstmals im Pommerschen Urkundenbuch als *Ukerz* (Grenzdorf) erwähnt ist Ückeritz eines der ältesten Dörfer der Insel. Es unterstand wie die meisten anderen Weiler zu jener Zeit dem Kloster Grobe. Nach dem Umzug der Mönche nach Pudagla regten diese 1388 an, man möge am Wockninsee eine Herberge für durchreisende Mönche und Kaufleute errichten. Der *Krug* am Wockninsee war somit das erste Gästehaus auf Usedom. Im Dreißigjährigen Krieg jedoch wurden Schänke und Dorf dem Erdboden gleichgemacht. Erst um 1660 siedelten sich wieder Bauern und Fischer in Ückeritz an.

Die ersten Sommergäste kamen 1893 hierher. Sie logierten im Gasthaus *Zum Deutschen Kaiser,* doch trotz des schönen Strandes und waldreichen Hinterlandes fasste der Badetourismus im Folgenden nur zögerlich Fuß. In den 1930er-Jahren schließlich kamen etliche Künstler, angezogen von der malerischen Lage des Ortes. Der Maler Otto Manigk (1902–1972) begründete 1932 die Ückeritzer **Künstlerkolonie**, zu der auch Herbert Wegehaupt (1905–1959) und ab 1941 Karen Schacht (1900–1988) gehörten. Mit Oscar Manigk und Matthias Wegehaupt, beide ebenfalls Maler, lebt heute bereits die zweite Künstlergeneration in Ückeritz.

Abgesehen vom einstigen Erholungsheim der Nationalen Volksarmee, das 1995 zur Reha-Klinik Ostseeblick umgebaut wurde, beschränkt sich das hiesige Übernachtungsangebot auf kleine Pensionen und Ferienwohnungen. In der DDR-Zeit war Ückeritz vor allem wegen seines riesigen **Campingplatzes** bekannt. Die Zelt- und Wohnwagenstadt mit Platz für 18 000 Urlauber erstreckte sich bis zum Langen Berg beim Seebad Bansin [Nr. 1]. Entsprechend turbulent ging es mitunter am Strand zu. Obwohl der Bansiner Teil des Platzes nach 1990 geschlossen wurde, ist der Ückeritzer Campingplatz nach wie vor der größte auf Usedom. Jedes Jahr kommen etwa 35 000 Camper hierher und im Sommer ist der Platz regelmäßig ausgebucht.

Die B 111 trennt das alte Ückeritz vom *Villenviertel*, durch einen stattlichen Buchenwald geht es dann noch 2 km weiter bis zur Ostsee. Hier wechseln sich über 7 km Steil- und Flachküste miteinander ab, davor liegt der feine **Sandstrand** mit seiner ausgedehnten Flachwasserzone, in der Kinder ausgiebig plantschen können. Auf dem 60 m breiten Strand findet jeden Sommer ein großes Beachvolleyball-Turnier statt.

Ausflüge

Vom östlichen Ortsrand führt ein Naturlehrpfad ins **Naturschutzgebiet Wockninsee**. Schautafeln machen mit der Flora und Fauna des seit 1967 geschützten 50 ha großen Biotops bekannt. Im Zentrum liegt der See, der seit der letzten Eiszeit zunehmend verlandet und inzwischen durch einem Schilfgürtel zweigeteilt ist. Die Wasserflächen werden von einem Flachmoorgürtel und einem Erlenbruchwald gerahmt. Hier haben sich seltene Pflanzen, etwa die Moorbirke, die Kriechweide und der Faulbaum, angesiedelt. Das Seeufer selbst ist nicht zugänglich, doch eine erhöht angelegte *Kanzel* erlaubt eine schöne Aussicht auf das Naturidyll. Im Gebiet nisten Wildgänse, ab und an zeigt sich die selten gewordene Sumpfschildkröte, und mitunter kann man auch eine harmlose Ringelnatter über den Weg schlängeln sehen.

TOP TIPP

2 km südlich von Ückeritz zweigt von der B 111 eine Straße zum **Forstamt Neu Pudagla** (Tel. 03 83 75/291 10, tgl. 7 Uhr bis Sonnenuntergang) ab, das alle Wälder im deutschen Teil Usedoms betreut. Zu dem Gebäudekomplex von 1849 gehört auch die frühere Forstscheune, heute *Waldkabinett* genannt. Hier werden eine interessante Pilz- und

Zurück zu den Ursprüngen: In dem teils wie verzaubert wirkenden Naturschutzgebiet Wockninsee gibt es ein herrliches unberührtes Waldbiotop zu erkunden

Fossiliensammlung sowie heimische Hölzer gezeigt. Von jeder der rund 45 auf Usedom vertretenen Baumarten werden Blüten, Blätter und Früchte vorgestellt. Am Waldkabinett beginnt ein *Lehrpfad,* der mit einem Insektenhotel, einer Fledermausburg und zahlreichen Frühlingsblütlern bekannt macht. Das Forstamt bietet zwischen Mai und September jeweils am letzten Freitag des Monats *Führungen* (Voranmeldung, s. o.) durch die waldreiche Region an. Eine besondere Attraktion am Forsthaus ist der **Usedomer Gesteinsgarten** (jederzeit zugänglich), in dem rund 140 *Geschiebe* aufgestellt sind. Es handelt sich um Findlinge, die eiszeitliche Gletscher von Skandinavien nach Usedom transportiert haben. Alle Geschiebe sind nach Gesteinsart, Herkunft und Fundort benannt, die meisten stammen aus Finnland, Südschweden und von Bornholm. Der älteste Findling hat fast 2 Milliarden Jahre auf dem Buckel, der schwerste bringt es auf ein Gewicht von 7 t.

Westlich von Neu Pudagla erreicht man auf einem Teersträßchen den Hafen **Stagnieß** am Achterwasser. Abgesehen von dem hübschen kleinen *Naturcampingplatz* (s. u.) geht es hier recht ruhig zu. Vom Sportboothafen aus kann man während der Saison einen Ausflug auf dem Achterwasser unternehmen.

Praktische Hinweise

Information

Kurverwaltung, Bäderstr. 5, Ückeritz, Tel. 03 83 75/25 20, Fax 03 83 75/252 18, www.ueckeritz.de

Schiff

Ückeritzer Personenschifffahrt, Waldstr. 26, Ückeritz, Tel. 03 83 75/203 29, www.ms-astor.m-vp.de. Von April bis Oktober läuft die ›MS Astor‹ täglich zu zweistündigen Achterwasserrundfahrten aus, mehrmals die Woche stehen auch romantische Mondscheinfahrten auf dem Programm.

Sport

Segel- und Surfschule Ückeritz, Am Achterwasser, Ückeritz, Tel. 03 83 75/206 41, www.windsport-usedom.de. In dem für Anfänger idealen Flachwasserbereich des Achterwassers werden Segel-, Kite- und Surfkurse angeboten. Segel- und Surfausrüstung gibt es leihweise, man kann Tret- und Ruderboote

Geschiebe und andere Findlinge: Der Usedomer Gesteinsgarten zeigt Spuren der Eiszeit

mieten und auch den amtlichen Sportbootschein machen.

Camping

Naturcampingplatz Am Strand, Ückeritz, Tel. 03 83 75/209 23, Fax 03 83 75/252 18, www.ueckeritz.de. Das weitläufige Areal mit 700 Stellplätzen erstreckt sich direkt hinter dem Waldgürtel am 100 m entfernten Strand. Zum Platz gehören auch einfache Bungalows. Mehrere Gaststätten, ein Supermarkt, Spielplätze und ein Kino gehören zur Infrastruktur.

Naturcampingplatz Stagnieß, Stagnieß, Tel. 03 83 75/204 23, Fax 03 83 75/292 06. Der sehr schöne Wiesenplatz am Achterwasser ist ideal für Angler und auf Ruhe bedachte Camper, denen es am Ostseestrand zu überlaufen ist.

Hotels

*****Hotel Nussbaumhof**, Feldstr. 2, Ückeritz, Tel. 03 83 75/23 80, Fax 03 83 75/238 88, www.nussbaumhof.de. Neben den geräumigen 14 Nichtraucherzimmern des familiär geführten Hauses sind die Maisonette-Wohnungen mit zwei Schlafzimmern besonders hübsch. Gefrühstückt wird im Wintergarten unter einem großen Nussbaum.

****Pension am Achterwasser**, Hauptstr. 35, Ückeritz, Tel. 03 83 75/206 00, Fax 03 83 75/206 43, www.pension-achterwasser.de. Familiäres Haus mit fünf Zimmern nahe dem Sportboothafen. Mit kleiner Liegewiese und Grillplatz. In dem zugehörigen Wintergarten-Café gibt es leckere Eiscreme.

Restaurants

Deutsches Haus, Nebenstr. 1, Ückeritz, Tel. 03 83 75/209 40. Der Landgasthof ist für gute pommersche und deutsche Küche bekannt und bietet auch eine zünftige Vesper, das *Burenbrett* mit Landschinken und Hausmacher Wurst. Jeden Donnerstag Abend gibt es kross gebackenes Spanferkel aus dem Ofen. Das urige Lokal ist mit allerlei altem Hausrat dekoriert, man sitzt fast wie in einem Heimatmuseum (im Winter Di geschl.).

Utkiek, Am Strand, Ückeritz, Tel. 03 83 75/ 204 08. Recht preiswerte Fischküche, darunter Dorschfilet mit Sahne-Lauchgemüse, und leckere Kuchen aus eigener Konditorei. Von der Terrasse aus hat man einen zauberhaften Blick auf die Ostsee.

20 Seebad Loddin-Kölpinsee

Doppelort zwischen Bodden und Außenküste.

Der Doppelort Loddin-Kölpinsee (1000 Einw.) liegt quer über Usedoms Wespentaille. Keimzelle der Siedlung ist das einstige Fischer- und Bauerndorf Loddin am Achterwasser, der dazugehörige Ortsteil Kölpinsee liegt 2 km weiter nördlich an der Ostseeküste. Zu ihm gehört auch der gleichnamige See. Dritter und kleinster Ortsteil ist *Stubbenfelde* am Südufer des Kölpinsees. Mit dem Achterwasser, der Ostsee und dem Kölpinsee hat die Gemeinde Wasser satt – der Gast kann je nach Gusto sein Lieblingsrevier wählen.

Die slawische Gründung **Loddin** hieß früher *Loddino,* was frei übersetzt ›Dorf

Einladung zu flotter Bootspartie und beschaulicher Rast: Mit schönem Blick auf das Achterwasser lockt der Biergarten von Kiki's Bootsverleih am Loddiner Sportboothafen

Stille Idylle: Die Seenlandschaft des Achterwassers ist eine Augenweide für Romantiker

an der Lachsbucht‹ bedeutet, ein Zeichen dafür, dass das Achterwasser einst reich an Lachs gewesen sein muss. Im Dreißigjährigen Krieg zerstörten Wallensteins Truppen das Dorf. 1720 kam es zu Preußen und wurde Staatsdomäne. Nach der Revolution von 1848 teilte man das Land zwischen den Bauern auf.

Bei einem Spaziergang durch den *alten Ortskern* ist noch viel von dem ursprünglichen Charakter zu spüren, wenngleich Fischfang und Landwirtschaft schon lange keine große Rolle mehr spielen. Etliche der Fischerkaten und Gehöfte bestehen seit dem 17. Jh., manche tragen noch das typische Reetdach. Beschaulich nimmt sich der geschützt am Achterwasser gelegene *Sportboothafen* aus, an dem man Ruder- und Tretboote mieten kann. Vom Fischlokal *Waterblick* aus lässt sich der Sonnenuntergang über dem Achterwasser bei einen guten Abendessen genießen. Nahe dem Hafen stehen noch einige *Korbweiden*, deren Zweige früher das Rohmaterial für die Korbflechterei lieferten. Heute sind die Höhlungen der uralten Bäume ein idealer Nistplatz für Vögel.

Südlich des Ortes ragt das als Naturschutzgebiet ausgewiesene **Loddiner Höft** weit ins Achterwasser hinein. Vom oben erwähnten Waterblick führt ein schöner *Rundweg* um die sanft gewellte Landzunge. Die *Steilküste* über dem Westufer bietet einen großartigen Panoramablick auf die Halbinseln Gnitz und Lieper Winkel, am westlichen Horizont gewahrt man die vorpommersche Festlandküste.

Der *Badetourismus* spielt sich wohlgemerkt nicht auf der Loddiner Seite, sondern in **Kölpinsee** ab. Auf einer Inselkarte des 17. Jh. war an dieser Stelle eine Siedlung namens *Colpa* eingetragen, die im Dreißigjährigen Krieg allerdings dem Erdboden gleichgemacht wurde. Das heutige Seebad am südöstlichen Ausläufer des Streckelsberges entstand als Loddiner Kolonie Ende des 19. Jh. Der erste Beherbergungsbetrieb, das *Hotel Wald und See,* öffnete seine Pforten 1896 (nicht erhalten). 1911 wurden mit der Anbindung an das Bahnnetz und dem Bau eines Schiffsanlegers die verkehrstechnischen Voraussetzungen für den weiteren Aufschwung geschaffen, der allerdings durch den Ersten Weltkrieg ein vorläufiges Ende fand. Seine Blütezeit erlebte Kölpinsee dann in den 1920/30er-Jahren, als sich das idyllisch auf dem Steilufer platzierte *Strandhotel Seerose* (1897 eröffnet) zu einem Treff der deutschen *Filmwelt* entwickelte. Auf der Gästeliste standen die Namen berühmter UFA-Stars, allen voran Hans Söhnker, Grete Weiser, Willy Fritsch und Lilian Harvey.

Mit der Klinik Klaus Störtebeker und dem IFA Kurheim Usedom hat sich das Seebad Kölpinsee heute auch als *Reha-Zentrum* für Kinder und Jugendliche sowie mit Mutter-Kind-Kuren einen Namen gemacht. Die therapeutischen Einrichtungen sind u. a. auf Erkrankungen der Atemwege und der Haut spezialisiert.

Mehr zur Ortsgeschichte erzählt das **Museum Heimatstube** (Tel. 03 83 75/247 77, Mai–Sept. Mi, Sa 15–17 Uhr, im Winter nach Vereinbarung) im Bahnhof Kölpinsee an der B 111. Ausgestellt werden Arbeitsgeräte der Bauern und Fischer und eine hübsche Bernsteinsammlung. Einblicke in die Wohnkultur um 1900 bieten Küche und Wohnzimmer dank ihrer originalgetreuen Inszenierung.

Badegäste schätzen außer der reizvollen Lage vor allem die ruhige Atmosphäre von Kölpinsee. Der auf Familienferien eingestellte Ort ist weitaus weniger trubelig als etwa die Kaiserbäder. Eine *Konzertmuschel* für musikalische Darbietungen darf dennoch nicht fehlen, sie steht in dem hübsch gestalteten *Kurpark* oberhalb des *Kölpinsees*. Eine Düne trennt das idyllische Gewässer vom Meer, man kann es auf einem Wanderweg umrunden.

Das Badeleben konzentriert sich an dem etwa 30 m breiten feinen **Ostseestrand** südlich vom Strandhotel Seerose (der Abschnitt unterhalb des Hotels ist den Fischern vorbehalten). Viel Trubel mit Sport und Spiel herrscht beim *Strandfest* der DLRG im August.

Einen inoffiziellen FKK-Abschnitt gibt es nördlich in Richtung Koserow. Der Campingplatz in Richtung Stubbenfelde verfügt ebenfalls über eine Zone für textilfreies Baden.

i Praktische Hinweise

Information

Kurverwaltung,
Strandstr. 23, Loddin-Kölpinsee,
Tel. 03 83 75/204 26, Fax 03 83 75/206 12,
www.seebad-loddin.de

Wassersport

Kiki's Bootsverleih, Dorfstr. 23, Loddin-Kölpinsee, Tel. 03 83 75/208 02. In dem Verleih von Rainer Kikiernicki am Achterwasser kann man fast alles mieten, was sich auf dem Wasser fortbewegt, von Tret-, Ruder- und Paddelbooten über Segel- und Motorbooten bis zu Katamaranen. Angeschlossen ist ein gemütlicher Biergarten.

Einkaufen

Bernsteinbasar Schwarzenholz, Waldsiedlung 4, Loddin-Kölpinsee, Tel. 03 83 75/206 49. Werkstatt und Verkauf von Bernstein. Außerdem kann die Privatsammlung des Betreibers besichtigt werden, unter den Exponaten findet sich auch Bernstein mit Einschlüssen von Insekten (tgl. 16–19 Uhr).

Camping

Campingplatz Stubbenfelde, Waldstr., Loddin-Kölpinsee, Tel. 03 83 75/206 06, Fax 03 83 75/221 86, www.stubbenfelde.de. Ein vor allem bei FKK-Fans beliebter Platz in einem meernahen Buchenwald mit direktem Strandzugang. Neben 275 Stellplätzen gibt es auch sechs Blockhäuser sowie Zimmer in einem hübschen Holzhaus zu mieten. Mit Gaststätte, Volleyballplatz, Sauna, Radverleih und komfortablen Sanitärgebäuden.

Hotels

*****Strandhotel Seerose**, Strandstr. 1, Loddin-Kölpinsee, Tel. 03 83 75/540, Fax 03 83 75/541 99, www.strandhotel-seerose.de. Die Superlage direkt am Ostseestrand garantiert Einschlafen bei Wellenrauschen. Man logiert wahlweise im Doppelzimmer mit französischem Bett oder im geräumigen Studio mit Platz für bis zu vier Personen. Der Wellnessbereich mit Sauna, Pool und Solarium erstreckt sich über 400 m^2, außerdem gibt es einen Fitnessraum.

****Alte Scheune**, Dorfstr. 30, Loddin-Kölpinsee, Tel. 0 78 32/99 92 25, Fax 0 78 32/99 92 26 (Verwaltung), www.alte-scheune-loddin.de. In der originell ausgebauten Reetdachscheune mit verglaster Giebelfront werden moderne Ferienwohnungen unterschiedlicher Größe vermietet. Direkt am Achterwasser gelegen, eine große Spielwiese befindet sich vor dem Haus.

****Haus Nixe**, Waldstr. 2, Loddin-Kölpinsee, Tel. 03 83 75/201 77, Fax 03 83 75/201 79, scholastik6@aol.com. Das modernisierte Jugendstilhaus von 1913 liegt sehr ruhig im Wald etwa 300 m vom Strand entfernt und verfügt über sechs individuell gestaltete Zimmer. Hinzu kommt ein gutes Restaurant.

Restaurants

Kellerrestaurant Nixe, im Haus Nixe, Waldstr. 2, Loddin-Kölpinsee, Tel. 03 83 75/223 09. In dem Lokal mit rustikaler

Bohlendecke gibt es Steaks vom Grill und wechselnde Tagesgerichte. Im Sommer lockt der Biergarten (tgl. ab 17 Uhr).

TOP TIPP **Waterblick**, Am Mühlenberg 5, Loddin-Kölpinsee, Tel. 03 83 75/20 29. In dem rustikalen Panoramalokal überm Achterwasser kommt Fisch aus der eigenen Räucherei auf den Tisch. Sehr gefragt ist der Bratfischteller mit süß-saurer Sauce und Salzkartoffeln, klassisch der gekochte Zander in Dillsauce. Dazu trinkt man einen hausgekelterten Cabernet-Sauvignon von Deutschlands nördlichstem Weinberg – von den Gästen wurde der rare Tropfen ›Loddiner Abendrot‹ getauft. In der Hauptsaison ist Tischreservierung zu empfehlen.

21 Seebad Koserow

Sagenumwobenes Fischerdorf an der schmalsten Stelle von Usedom.

Das Seebad Koserow (1700 Einw.) liegt an der Stelle, wo sich Ostsee und Achterwasser bis auf 300 m nahe kommen. Das beschauliche Fischerdorf am Fuß des *Streckelsberges* hat außer herrlichem Wasser, schönem Strand, imposanter Steilküste und der neuen Seebrücke ein hübsches kleines Maritimmuseum und das viel besuchte Atelier des Malers Otto Niemeyer-Holstein zu bieten. Die Dorfkirche gehört zu den ältesten Sakralbauten auf Usedom.

Geschichte Koserow, 1347 als *Cuzerowe* erstmalig erwähnt, ist eine der ältesten Ortschaften an der Usedomer Außenküste. Mehr als vage sind allerdings die Hinweise auf die angeblich vor Koserow untergegangene sagenhaft reiche, frühmittelalterliche Stadt *Vineta*. Außerdem soll an der Steilküste des Streckelsberges der Freibeuter Klaus Störtebeker († 1402) in einer Höhle, der Volksmund nennt sie *Räuberkuhle*, einen Unterschlupf gehabt haben, in dem auch Beutestücke von gekaperten Hanseschiffen versteckt waren. Zweifelsfrei erwiesen ist hingegen, dass *Wilhelm Meinhold* 1821–27 in der Koserower Kirche predigte. Der Pfarrer erlangte mit der fingierten Chronik ›*Die Bernsteinhexe*‹ [s. S. 13] landesweite Berühmtheit.

Koserow begrüßte 1846 die ersten Badegäste, so manche fühlten sich von Vineta und Bernsteinhexe angezogen und wollten die Legenden am Originalschau-

Da sind die Mühen des Alltags schnell vergessen: Der hübsche Sandstrand von Koserow mit Blick auf die neue Seebrücke lädt ein zu unbeschwerten Sommertagen

Sagenumwoben und geheimnisvoll: Vineta als Holzstich-Fantasie von 1881

Vom Mythos einer versunkenen Stadt

Im frühen Mittelalter soll **Vineta** die prächtigste und größte Metropole an der ganzen Ostseeküste gewesen sein. Eine pommersche Sage erzählt von Häusern mit goldenen Dächern und Einwohnern, die darin in Saus und Braus lebten. Sie glaubten nicht an Gott, sondern an die *Macht des Geldes*. Ihre Gottlosigkeit und Raffgier wurde den Bewohnern schließlich zum Verhängnis – der Allmächtige ließ das ›**Atlantis der Ostsee**‹ kurzer Hand in den Meeresfluten untergehen. Doch rund um diese Legende ranken sich zahllose Fragen und Vermutungen. Manche bezweifeln die Existenz von Vineta überhaupt und meinen, die Stadt sei bloß ein Hirngespinst von Fantasten. Andere streiten darüber, wann und wo sie bestanden haben könnte. Als eines der wenigen Zeugnisse über die versunkenen Stadt ist ein Dokument des Chronisten *Adam von Bremen* zur Hamburger Kirchengeschichte von 1075 überliefert, das Vineta als Stadt an der Odermündung in Nachbarschaft zu Rügen erwähnt. Lange galt als ausgemacht, dass Vineta auf Usedom vor **Koserow** gelegen habe. Auf der 1618 publizierten *Karte* des Rostocker Geografen Eilhard Lubin (eine Kopie befindet sich im Heimatmuseum Zinnowitz, s. S. 91) ist Vineta denn auch als Insel vor Koserow eingezeichnet. Noch im 19. Jh. ragte hier das sog. **Vineta-Riff** aus der Brandung, auf dem der Koserower Pfarrer *Wilhelm Meinhold* beim Empfang des preußischen Kronprinzen und späteren Königs Friedrich Wilhelm IV. diesen mit den Worten »Willkommen auf den Trümmern von Vineta« begrüßte. Das Usedomer Vineta wurde aber spätestens ab 1953 in Zweifel gezogen, als polnische Wissenschaftler auf der Nachbarinsel **Wollin** die Überreste einer mittelalterlichen Stadt ausgruben. Diese soll 1184 von den Dänen geschleift worden sein. Und als aktuellster Standort ist heutzutage der **Barther Bodden** westlich von Stralsund im Gespräch. Der Wissenschaftler Klaus Goldmann hat herausgefunden, dass das weit verzweigte Delta der Oder vor 1000 Jahren einen weiteren Mündungsarm hatte und da nach Aussage der zeitgenössischen Chronisten Vineta an der Odermündung lag, könnte die Stadt also im Schlamm des Barther Bodden liegen (dazu erschienen: Klaus Goldmann, Günter Wermusch, ›Vineta‹, 2001). Die pfiffigen Touristikmanager des Städtchen *Barth* nahmen dies zum Anlass, den Beinamen Vineta-Stadt beim Patentamt rechtlich schützen zu lassen und seitdem empfangen sie zahlreiche neugierige Besucher, obgleich man auch hier bislang nicht mit erhellenden Dokumentationen aufwarten kann.

platz auf sich wirken lassen. Eine Genossenschaft baute 1853 am Strand eine erste Badeanstalt, die allerdings vier Jahre später einer Sturmflut zum Opfer fiel. Kurz darauf zog der Gasthof *Zur Stadt Vineta* neue Gäste nach Koserow. Einen Aufschwung nahm der Badebetrieb nach 1925, als dank des neuen 100 m langen Schiffsanlegers immer mehr Ausflügler nach Koserow kamen. 1928 ließ der Siemens-Halske-Konzern ein Erholungsheim für seine Mitarbeiter bauen und ab 1930 ermöglichte ein Salzwasser-Warmbad Badebetrieb auch bei kühler Witterung. Nach dem Krieg brachten der 1956 eröffnete *Campingplatz* und ein Ferienlager für Kinder neue Gäste. Seit 1993 ist Koserow staatlich anerkanntes Seebad.

Reich verziert: Der interessante Schnitzaltar in der Evangelischen Dorfkirche von Koserow blieb als einziger seiner Art auf Usedom vollständig erhalten

Besichtigung Den Anziehungspunkt des alten Ortes bildet die **Evangelische Dorfkirche** (Fischerstr.), die als einziges Gotteshaus im Umkreis lange Zeit auch für die Nachbarsiedlungen zuständig war. Die *Baugeschichte* der von einem Ring aus Findlingen umschlossenen Feldsteinkirche reicht bis ins 13. Jh. zurück. Sie wurde um 1230 geweiht und im 15. Jh. um Chor und Westturm erweitert. Gotische Stilelemente sind noch am alten Portal an der Nordseite und am Turmeingang erhalten. Das wertvollste Stück der Innenausstattung ist ein kunstvoll geschnitzter *Flügelaltar* aus dem 15. Jh., die Mitteltafel zeigt Christus am Kreuz flankiert von Maria und Johannes. Das überlebensgroße Kruzifix daneben bargen Fischer aus dem Meer. Es wurde *Vinetakreuz* genannt, da man davon überzeugt war, es könne nur aus der versunkenen Stadt Vineta stammen. Experten wiesen jedoch nach, dass die etwa 600 Jahre alte Holzarbeit aus einer schwedischen Werkstatt stammt. Beachtenswert ist ferner ein *Votivschiff*, das der Fischer Labahn aus Ückeritz 1823 stiftete. In den Sommermonaten ist die Kirche ein Forum für Lesungen und für die Konzertreihe *Klassik am Meer*.

Über die Hauptstraße kommt man an Post und Kurverwaltung vorbei zur **Seebrücke**. Sie wurde 1993 eingeweiht und ersetzt die durch eine Sturmflut im Zweiten Weltkrieg zerstörte erste Mole. Der 261 m lange Steg ist ein beliebter Parcours zum Flanieren und Schauen, im Sommer legen hier Fahrgastschiffe nach Zinnowitz und zu den Kaiserbädern ab. Neben dem Zugang zur Seebrücke stehen sechs hübsch restaurierte **Salzhütten**. Die niedrigen Fachwerkhäuschen mit Rohrdach ließ der preußische Staat 1820 errichten. Sie dienten der Lagerung des groben Salzes, das zur Konservierung der Heringe benötigt wurde. In einer der Katen informiert das Museum *Uns Fischers Arbeitshütt* (Mai–Sept. Di–Sa 10–15 Uhr) über die traditionelle Arbeit der Fischer. Inmitten des maritimen Ambientes werden gelegentlich auch Paare getraut (Auskunft bei der Kurverwaltung, s. u.). Nebenan, in dem inselbekannten hervorragenden Restaurant *Koserower Salzhütte*, kann man den Fang des Tages kosten.

Folgt man der Promenade und geht dann weiter am Strand entlang in Richtung Kölpinsee, gewahrt man bald die faszinierende, bis zu 60 m hohe Steilküste des **Streckelsberges**. Die nach dem Golm zweithöchste Erhebung Usedoms ist seit 1961 Naturschutzgebiet. Schon im 19. Jh. begann man die bis dato unbewaldete *Kliffranddüne* mit Rotbuchen aufzuforsten, um so den vom Wind auf die Felder getragenen Sand zu stoppen und gleichzeitig das sensible Ökosystem zu festigen. Später kam eine schützende Brandungsmauer hinzu. Dennoch setzt sich der Abtragungsprozess weiter fort, Sturmfluten brechen immer wieder Teile des Kliffs ab. Vom Strand aus kann der Streckelsberg in wenigen Minuten bestiegen werden. Durch das Fernrohr auf der *Aussichtsplattform* bietet sich eine herrliche Schau auf die Insel Greifswalder Oie, in südöstlicher Richtung sind die Steilufer der Insel Wollin auszumachen. Auch in botanischer Hinsicht lohnt der Aufstieg. Rote Heckenkirschen, Schwarzer Holunder und Sanddorn stellen im Buchenwald die Strauchschicht, im Frühjahr sind *Orchideen* zu bewundern, etwa die Breitblättrige Sitter, das Rote Waldvögelein und die Waldhyazinthe.

TOP TIPP Für Liebhaber der Schönen Künste ist das **Atelier Otto Niemeyer-Holstein** (Tel. 03 83 75/202 13, www.atelier-otto-niemeyer-holstein.de, 15. April–15. Okt. tgl. 10–18 Uhr, 16. Okt.–14. April Mi/Do, Sa/So 10–16 Uhr; Wohnhaus nur mit Führung 11, 12 und 14 Uhr, aktuelle Infos vorab einholen) an der B 111 zwischen Koserow und Zempin ein Wallfahrtsort ersten Ranges. Das Gedenkatelier befindet sich an der schmalsten Stelle der Insel, an der das Land zwischen Ostsee und Achterwasser etwa 300 m breit ist. Das von dem Maler Otto Niemeyer-Holstein (1896–1984) *Lütten Ort* getaufte Anwesen präsentiert sich als ein kleines Gesamtkunstwerk, in dem Malerei und Plastik auf geradezu spielerische Weise eine Synthese mit Architektur und Gartenbaukunst eingehen. Niemeyer-Holstein verfügte, man möge nach seinem Tod Atelier, Haus und Garten so belassen wie zu seinen Lebzeiten. Sein Wille wurde respektiert – im Atelier steht auf der Staffelei seine letzte Arbeit, ein unvollendetes Selbstporträt. Die *Neue Galerie* zeigt wechselnde Ausstellungen mit Werken von Niemeyer-Holstein und dem Usedomer Künstlerkreis. Aus seinem Œuvre seien als wichtigste Arbeiten ›Winter am Usedomer Strand‹ (1964), ›Obstgarten mit Leiter‹ (1968/69) und ›Buhnenpfähle‹ (1974) erwähnt. Im *Skulpturengarten* stehen etwa 30 Plastiken von namhaften Bildhauern und Freunden des Künstlers, z. B. die ›Große Marina‹ (1957) von Gustav Seitz oder der ›Mongolische Steppenreiter‹ (1967) von Jo Jastram. Gleich im Eingangsbereich wacht die ›Große Stehende‹ (1968) von Milan Förster, von Niemeyer-Holstein scherzhaft Empfangsdame genannt. Der Kunstverein organisiert hier regelmäßig Autorenlesungen und Konzerte klassischer Musik. In Tageskursen werden Anfänger und Fortgeschrittene in die Malerei eingeführt. Jeden Mittwoch um 18 Uhr (im Winter 16 Uhr) wird der noch zu Niemeyer-Holsteins Lebzeiten gedrehte TV-Film ›Und der Strand ist meine große Geliebte‹ (1982) gezeigt.

i Praktische Hinweise

Information

Kurverwaltung, Hauptstr. 34, Koserow, Tel. 03 83 75/204 15, Fax 03 83 75/204 17, www.seebad-koserow.de

Camping

Campingplatz Am Sandfeld, Koserow, Tel. 03 83 75/207 59, Fax 03 83 75/214 05, www.amsandfeld.de. Der Platz mit 150 Stellflächen liegt am südlichen Ortsrand in einem lichten Kiefernwald etwa 500 m vom Ostseestrand entfernt. Zur Ausstattung gehört auch ein Abenteuerspielplatz.

Hotels

*****Hotel Forsthaus Damerow**, Tel. 03 83 75/560, Fax 03 83 75/564 00, www.usedom.com/urlaub. Das gepflegte Resort in Alleinlage zwischen Koserow und Zempin umfasst zwei architektonisch attraktive Wohntrakte. Außerdem geboten werden Ferienhäuser, Restaurants, Biergarten, ein schönes Hallenbad, zwei Tennisplätze sowie Rad- und Kanuverleih.

****Nautic**, Triftweg 4, Koserow, Tel. 03 83 75/25 50, Fax 03 83 75/255 55, www.hotel-nautic.de. Das moderne Haus liegt am Dorfplatz, wenige Gehminuten vom Ostseestrand entfernt. Die Zimmer und Suiten sind freundlich eingerichtet. Zum Haus gehören auch hübsche Dünenhäuser mit Ferienwohnungen, ferner ein kleines Hallenbad mit Gegenstromanlage und eine Sauna sowie Internetcafé und Biergarten.

Restaurants

Grafenstube, im Hotel Forsthaus Damerow, Tel. 03 83 75/560. Das im Landhausstil ausstaffierte Lokal bietet Wildspezialitäten vom Reh, Hirsch und Wildschwein.

Kelch's Fischrestaurant, Karlstr. 9, Koserow, Tel. 03 83 75/204 58, www.kelchs.de.

Altehrwürdiger Reetdachcharme: Die Ferienanlage des Hotels Forsthaus Damerow lockt abseits vom Koserower Seebadtrubel mit gepflegtem Komfort und erholsamer Ruhe

Das Traditionslokal ist seit 1896 eine feste Burg der pommerschen Küche. Man sitzt gemütlich in maritimem Dekor und genießt fangfrischen Fisch aus Topf und Pfanne. Für den großen Appetit empfiehlt sich die Fischplatte nach Art des Hauses. Mit Nichtraucherbereich und im Sommer mit Terrasse.

TOP TIPP **Koserower Salzhütte**, an der Seebrücke, Koserow, Tel. 03 83 75/ 206 80. In dem kleinen, wegen des großen Andrangs häufig ausgebuchten Lokal dreht sich alles um Fisch, wahlweise gebraten, gedünstet oder geräuchert. Die Gerichte sind nicht allzu teuer und kommen in üppigen Portionen auf den Tisch. Die Räucherware gibt es auch zum Mitnehmen. Vom ›Feinschmecker‹ hoch gelobt. Im Sommer sitzt man gemütlich auf der Terrasse. Reservierung unbedingt empfohlen.

22 Seebad Zempin

Das kleinste Seebad der Insel, ein Idyll mit viel Strand und Ruhe.

Zwischen Zinnowitz und Koserow liegt dem Achterwasser zugewandt das Seebad Zempin (850 Einw.). Zur Ostsee hin schützt den Ort ein breiter Waldstreifen vor den mitunter ungestümen Meereswinden. Die Wege vom Achterwasser zur Ostsee sind kurz, gerade mal 15 Min. Fußweg sind es von der See zum Bodden. In dem einstigen Fischer- und Bauerndorf ist Hektik bis heute ein Fremdwort. Wer Unterhaltung sucht, hat es dennoch nicht weit – die Bäderbahn verbindet Zempin mit Zinnowitz (Fahrzeit 6 Min.).

Beim Fremdenverkehrsamt in der Fischerstraße beginnt ein 9 km langer **Orts- und Naturlehrpfad**, auf dem man Wissenswertes zur Geschichte und zu den Naturbesonderheiten von Zempin erfährt. Das Ortsbild wird von über 40 reetgedeckten Häusern geprägt, etliche davon waren ursprünglich kleine Fischerkaten. Die meisten stehen in der Dorf-, Rieck- und Peenestraße. Am Ende der Peenestraße, am Achterwasser, erinnert eine alte **Fischräucherei** an den Haupterwerbszweig früherer Zeiten. Bis zum Ende des Zweiten Weltkriegs gab es in Zempin sechs Fisch verarbeitende Betriebe, die Räucherware wurde mit der Bahn bis nach Berlin versandt. Heute widmen sich nur noch zwei Familien dem alten Gewerbe, eine davon gehört zum Traditionslokal *Tau'n Fischer un sin Fru* (s. u.) in der Waldstraße.

Historische Details über den 1571 erstmals erwähnten Ort hat der *Heimatverein Zempin* zusammengetragen. Im Vereinshaus **Uns olle Schaul** (Fischerstr. 11, Tel.

Als hätte der Maler nur eine kurze kreative Pause eingelegt: Das Atelier von Otto Niemeyer-Holstein in Lütten Ort blieb im Originalzustand erhalten

Und der Strand ist meine große Geliebte

Der Berliner Kollege Max Liebermann bemerkte über den jungen **Otto Niemeyer-Holstein**: »Aus dem wird wat, denn der klaut sich de Farben aus'm Meer«. Doch der 1898 in Kiel als Sohn des Völkerrechtlers Theodor Niemeyer geborene Maler hatte es recht schwer, bis eine breitere Öffentlichkeit Notiz von ihm nahm und das Kürzel ›ONH‹, mit dem er seine Bilder signierte, bekannt wurde. Im politischen Spannungsfeld zwischen Ost und West war sein Lebensweg von poltischen Rahmenbedingungen bestimmt, die ihn über Jahrzehnte hinweg isolierten. Dabei ließ sich zunächst eigentlich alles ganz gut an. Seine ersten Malschritte machte Niemeyer-Holstein in der *Schweiz*. In Ascona lernte er 1918 die Künstlergruppe um **Alexej von Jawlensky** und **Marianne von Werefkin** kennen, denen er wichtige Anregungen verdankte. Gemeinsam mit ihnen stellte er in Zürich 1919 und 1924 erste Arbeiten aus. 1925 wurde er in *Berlin* ansässig, doch als man 1933 seine Bilder in deutschen Galerien abhängte, zog sich ONH in einen ausrangierten S-Bahn-Waggon zurück, den er eigens nach *Usedom* hatte transportieren lassen. 1939 ließ er sich mit seiner Familie hier endgültig nieder und überstand den Krieg unbehelligt.

Auch mit der DDR hatte ONH so seine Probleme. Er verweigerte sich dem neuen System und hatte zunächst keine Chance seine Werke auszustellen. Anfang der 1950er-Jahre schipperte der Maler auf seinem Segelboot Sommergäste über den Bodden und hielt sich und seine Familie damit über Wasser. Offizielle Anerkennung erfuhr Niemeyer-Holstein erstmals 1961 zu seinem 65. Geburtstag, als die *Nationalgalerie Berlin* (Ost) sein Œuvre in einer umfassenden **Retrospektive** präsentierte. 1974 erhielt er den Nationalpreis für Kunst, ein Jahr darauf wurde er Ehrenpräsident der Ostsee-Biennale.

Niemeyer-Holsteins Hauptthema war die **Ostsee**, die er in Lütten Ort praktisch vor der Haustür hatte und ein halbes Jahrhundert lang studieren konnte. Seine Bilder, die dem *Impressionismus* nahe stehen, zeigen die Küste in all ihren Facetten. Zudem porträtierte er Fischer und Bauern der Umgebung. Lütten Ort war zugleich die Keimzelle der **Usedomer Künstlerkolonie**. Fast zeitgleich mit ONH ließen sich in Ückeritz die Maler *Otto Manigk* (1902–1972) und *Herbert Wegehaupt* (1905–1959), ein Schüler des Bauhauses, nieder. Als Nachbarn und Künstlerfreunde diskutierten und musizierten sie zusammen oder unternahmen Malreisen ins sozialistische Ausland. ONH verstarb in Lütten Ort am 24. Februar 1984 – er hinterließ ein 4500 Arbeiten umfassendes Werkverzeichnis.

03 83 75/204 15, Mi, Sa 14–17 Uhr) werden von dem ortsansässigen Fischer Konrad Tiefert gefertigte Schiffsmodelle ausgestellt. Außerdem erinnert ein originalgetreu rekonstruierter Kaufmannsladen mit einer Registrierkasse an die guten alten Zeiten.

Der kleine **Hafen** am Achterwasser gehört zu den beschaulichsten Winkeln von Zempin. Ein paar Fischerboote dümpeln am dicht von Schilf bewachsenen Ufer. Nahe der Angelstelle steht die älteste *Eiche* im Ort. Ihr Alter wird auf 350 Jahre geschätzt, der Stammumfang misst beachtliche 4,3 m.

Am 30 m breiten Ostseestrand liegen hinter Dünen versteckt die Zempiner **Salzhütten** Im 19. Jh. lagerte man hier das Salz zur Konservierung der Heringe. Folgt man dem Strand in Richtung Koserow, erreicht man nahe Lütten Ort die mit 330 m schmalste Stelle Usedoms. Beim Forsthaus Damerow dokumentiert ein *Gedenkstein* die schwere Sturmflut vom 9./10. Februar 1874, als das Wasser den Damm wegriss und die Insel in zwei Hälften zerlegte. Dank der tatkräftigen Hilfe der Zempiner und Koserower Bevölkerung konnte die Lücke wieder geschlossen werden. Heute verläuft ein schöner *Radweg* über den Deich.

Der **Kurplatz** mit dem neuen Musikpavillon und einer kleinen Promenade befindet sich oberhalb vom Strand in Richtung Zinnowitz. Neben dem Pavillon trotzt eine krumme Kiefer Sturm und Wind. Den arg gebeutelten Windflüchter bedachte der Maler *Hugo Scheele* (1881–1960) mit dem hübschen Reim: »Vom Sturmwinde geknickt/ Leb ich gebückt/ Doch strebend zum Licht/ Ergeb ich mich nicht.« Scheele kam 1921 als erster Maler nach Zempin. Er wusste die ruhige Lage abseits vom Trubel der großen Badeorte zu schätzen. Ihm folgten bald weitere Kreative. 1980 ließ sich *Kurt-Heinz Sieger* (1917–2002) hier nieder. In den 1950/60er-Jahren verkörperte er die volksverbundene neue Kunst in der DDR. Seit 1952 lebt die schlesische Kunstmalerin *Rosa Kühn* (* 1928) in Zempin. Die Schülerin von Otto Niemeyer-Holstein widmet sich vor allem der Aquarell- und Keramikmalerei.

i Praktische Hinweise

Information

Fremdenverkehrsamt, Fischerstr. 1, Zempin, Tel. 03 83 77/421 62, Fax 03 83 77/424 15, www.seebad-zempin.de

Camping

Camping Am Dünengelände, Campingweg 1, Zempin, Tel. 03 83 77/413 63, Fax 03 83 77/413 63, www.camping-zempin.de. Der schöne Platz mit 350 Stellplätzen für Zelt und Caravan liegt in einem lichten Mischwald am 20 m breiten Ostseestrand zwischen Zempin und Zinnowitz. Mit Gaststätte und eigener Bäckerei.

Hotels

****Hotel Wikinger**, Seestr. 6, Zempin, Tel. 03 83 77/750, Fax 03 83 77/751 15, www.hotel-wikinger.de. Der fünfgeschossige funktionale Bau aus der DDR-Zeit wurde nach der Wiedervereinigung komplett saniert und neu eingerichtet. Mit 68 Zimmern und Apartments ist er der größte Beherbergungsbetrieb im Ort. Das Haus liegt mitten im Wald etwa 100 m vom Ostseestrand entfernt. Es gibt das Restaurant Wallhall, Bowlingbahn, Sauna und Fitnessraum.

***Inselhof-Zempin**, Dorfstr. 6 a, Zempin, Tel. 03 83 77/427 49, Fax 03 83 77/413 32, www.inselhof.de. Der Ferienpark befindet sich am Achterwasser und hat eine eigene Bootsanlegestelle. Die schlicht möblierten Zimmer, Ferienwohnungen und Apartments bieten sich vor allem für Familienurlaub an. Geboten werden auch Restaurant, Fitness-Studio mit Sauna, Fahrradverleih und Spielplatz.

***Pension Zum Achterwasser**, Fischerstr. 10, Zempin, Tel. 03 83 77/403 71, Fax 03 83 77/361 99, www.zum-achterwasser.de. Kleine Frühstückspension nahe dem Bodden mit netten Zimmern verschiedener Größe und Bettenzahl. Hinzu kommen Ferienwohnungen.

Restaurants

Inselhof-Zempin, Dorfstr. 6 a, Zempin, Tel. 03 83 77/427 49. Auf zwei Terrassen mit Achterwasser-Blick genießt man hausgebackenen Kuchen und gutbürgerliche Kost, vorzugsweise Fisch und Wildgerichte. Im Sommer gibt es täglich wechselnde Büfetts, angefangen von Grill- und Räucherabenden bis hin zu Spezialitäten aus der Mittelmeerküche.

Tau'n Fischer un sin Fru, Waldstr. 11, Zempin, Tel. 03 83 77/400 54. In dem Familienbetrieb kommt Fisch aus eigenem Fang und eigener Räucherei auf den Tisch. Spezialitäten sind die Fischplatte mit drei Sorten Bratfisch und die hausgemachte Fischsülze. Im Sommer mit Biergarten.

Usedoms Norden – von Zinnowitz bis Peenemünde

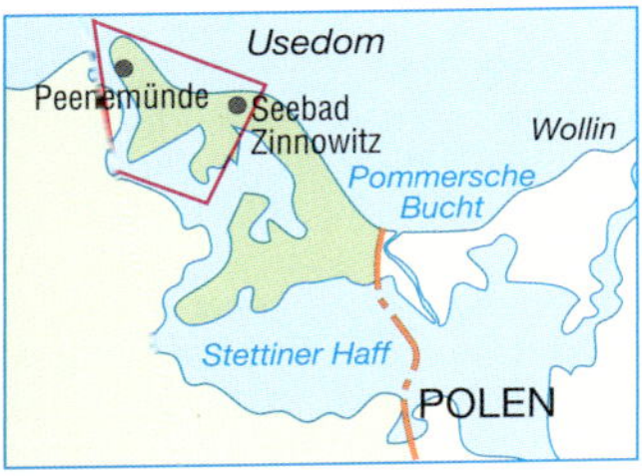

Die Nordhälfte Usedoms war bis kurz nach der Wiedervereinigung militärisches Sperrgebiet und hatte daher lange nicht allzu viel vom touristischen Kuchen abbekommen. Eine Ausnahme war und ist das **Seebad Zinnowitz**, das heute als einer der größten Badeorte der Insel durch eine gepflegte Hotellerie, viel Kultur und Sport den boomenden Kaiserbädern im Süden Paroli bieten kann. Wer jedoch lieber in aller Ruhe Ferien machen möchte, findet nördlich von Zinnowitz in den **Seebädern Trassenheide** und **Karlshagen** die dafür geeigneten einsamen Strände. Ausgesprochen ruhig geht es auch im Hinterland der Ostseeküste zu. Zwischen Achterwasser und Krumminer Wiek entfaltet sich die liebliche Hügellandschaft der **Halbinsel Gnitz**, auf einer Exkursion lässt sich dort etwa das steinzeitliche *Megalithgrab* von Lütow oder das romantische Steilufer am *Weißen Berg* entdecken. Betont ländlich gibt sich in **Mölschow** der *Kulturhof*, in dem alte Handwerkskunst demonstriert wird. Im hohen Norden schließlich liegt **Peenemünde**, der auch auf internationaler Ebene bekannteste Ort Usedoms – dem kleinen Hafenplatz verhalf Hitlers Versuchsgelände für ferngesteuerte, bombenbestückte Raketen zu zweifelhaftem Ruhm. Seit 1991 dokumentiert hier das *Historisch-Technische Informationszentrum* das dunkle Kapitel deutscher Geschichte und hat sich seither zu einem Besuchermagneten ersten Ranges entwickelt.

23 Seebad Zinnowitz

Plan Seite 90

Ferienort mit urbanem Flair und lebendiger Kulturszene.

Mit 6500 Gästebetten und 135000 Besuchern jährlich ist Zinnowitz (3700 Einw.) nach Heringsdorf das *zweitgrößte* Seebad Usedoms. Es besitzt alles, was ein Ferienort von Rang heute braucht: einen feinen Sandstrand mit breiter Kurpromenade und eine neue Seebrücke zum Flanieren. Auch kulturell hat die Kleinstadt etliches zu bieten. Zur Zinnowitzer ›Kulturmeile‹ gehören ein ganzjährig bespieltes *Theater*, das *Usedomer Kunsthaus* und als Highlight im Veranstaltungskalender die *Vineta-Festspiele*. In der Theaterakademie der Vorpommerschen Landesbühne wird seit 2000 der künstlerische Nachwuchs in Stimmbildung, Ballett, Tanz und Pantomime ausgebildet. Auch in sportlicher Hinsicht tut sich einiges. Leichtathletikanlage und Sportschule werden von Profis genutzt, Wasserratten steht ein *Segelzentrum* zur Verfügung.

◁ *Mit traditionsreichen schmucken Hotels wie dem Preußenhof in Zinnowitz* (**oben**) *und einem vielfältigen Kulturangebot wie den Vorführungen alter Handwerkskunst im Kulturhof von Mölschow* (**unten**) *bietet Usedoms Norden den Kaiserbädern Paroli*

Geschichte Das erste gesicherte Datum zu Zinnowitz ist eine Schenkungsurkunde aus dem Jahr 1309, in der der pommersche Herzog Bogislaw IV. dem Zisterzienserinnenkloster am Krumminer Wiek neben den Weilern Krummin und Mahlzow auch *Tzys* überließ. Der slawische Name Tzys, man leitet ihn von Korn oder Schilfrohr ab, wurde bald durch das deutsche *Zitz* ersetzt. Im Dreißigjährigen Krieg zerstört fiel der Ort nach dem Westfälischen Frieden an die Schweden und wurde 1721 nach dem Zweiten Nordischen Krieg preußisch. Friedrich II., der Große ließ in dem Bauerndorf 1751 eine

Domäne errichten, wo er acht Familien aus Mecklenburg, Schweden und Neuvorpommern ansiedelte. Der Milchbetrieb wurde seither Zinnowitz genannt. Geldmangel zwang den preußischen Staat 1811 die Anlage an den wohlhabenden Swinemünder Kommerzienrat F. W. Krause zu verkaufen. Dieser ließ den nur wenig Gewinn abwerfenden Besitz in Parzellen aufteilen und stieß diese an Zinnowitzer Bauern ab.

Der **Badetourismus** begann in Zinnowitz 1851 mit dem Bau von Badehütten und der Einrichtung einer Badedirektion. Die ersten Gäste logierten in einfachen Bauernhäusern, sie mussten sich selbst verpflegen und hatten auch eigenes Bettzeug mitzubringen. Der Durchbruch kam 1876 mit der Eröffnung der Bahnlinie Ducherow–Swinemünde. Ab dem Bahnhof Karnin verkehrten nun Boote über den Peenestrom und das Achterwasser bis Zinnowitz. Vor allem ein ab 1886 eingesetzter Raddampfer stellte für viele Gäste eine beliebte Anreisemöglichkeit dar. Auf dem *Glienberg* oberhalb der Dünen setzte ein rege Bautätigkeit ein, prächtige Villen und Hotels beherbergten in der Saison 1891 bereits 3000 Gäste. Mit dem Bau eines *Warmbades* (1892), der 400 m langen *Seebrücke* (1909), von Tennisplätzen und Reitwegen entwickelte sich Zinnowitz bis zum Ersten Weltkrieg zu einem der populärsten Seebäder an der Ostsee.

Bald machte Zinnowitz keinen Hehl mehr aus seiner deutsch-nationalen Gesinnung. In dem 1920 gegründeten ›Zweckverband zur Reinhaltung des Ostseebades Zinnowitz‹ wurde unmissverständlich klar, dass jüdische Gäste unerwünscht waren. 1922 schrieb der Satiriker *Kurt Tucholsky* (1890–1935): »Zinnowitz lässt auf dem Gemeindehaus ein großes blank poliertes Hakenkreuz anbringen. Ein Herz erfrischender Wind pfeift brausend über den judenreinen Strand des anmutigen Badeortes, seine Toiletten sind sämtlich schwarz-weiß-rot angestrichen und mit frommen Wünschen für die Monarchie versehen«. In der Weimarer Republik flatterten an der Strandpromenade Hakenkreuzfahnen und auch viele Hoteliers schmückten ihre Werbeprospekte mit dem unrühmlichen Symbol der aufkeimenden Naziherrschaft. Nach der Machtergreifung 1933 scherte der ›Führer‹ sich jedoch wenig um die linientreue Gesinnung der Zinnowitzer. 1936 wurde wegen der im Bau befindlichen *Heeresversuchsanstalt* in Peenemünde [Nr. 29] der ganze Inselnorden samt Zinnowitz hermetisch von der Außenwelt abgeriegelt. Im Seebad quartierten sich hochrangige Militärs und Wissenschaftler ein, unter ihnen der technische Leiter des Projekts *Wernher von Braun*.

Eine neuerliche Blüte begann ab 1953, als durch die ›Aktion Rose‹ der größte

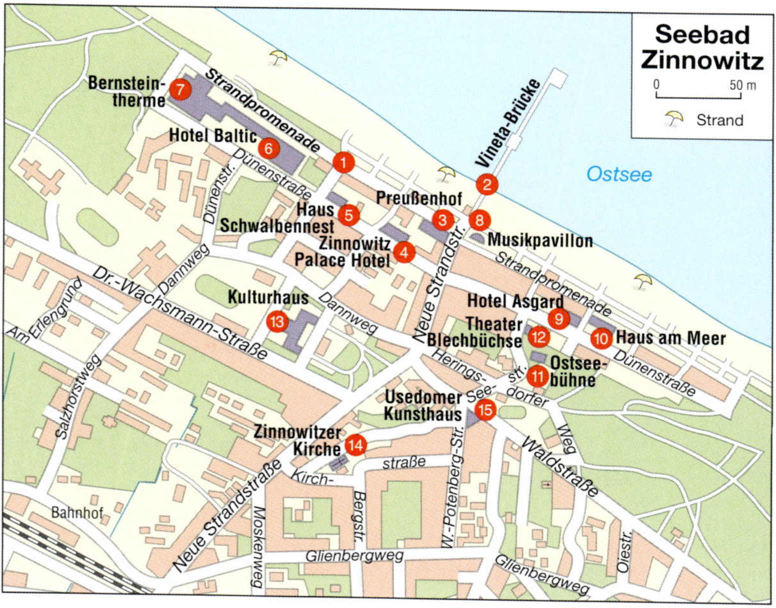

Kulturspektakel unter freiem Himmel: Aufstieg und Fall der legendären Stadt Vineta werden auf der Zinnowitzer Ostseebühne jeden Sommer neu in Szene gesetzt

Teil der Hotellerie an die Sowjetisch-Deutsche Aktiengesellschaft Wismut überging. Der prosperierende Bergbaubetrieb ließ für seine Kumpel *Wohnheime* errichten und investierte mit dem Bau einer neuen Schwimmhalle auch in die Infrastruktur. Auch das 1957 eröffnete *Kulturhaus* entstand unter maßgeblicher Beteiligung der SDAG Wismut. Hier gastierten zahlreiche Künstler von Weltrang, etwa das Indische Nationalballett oder die Ensembles der Mailänder Scala und der Opéra National von Paris. Zinnowitz gehörte nun zu den beliebtesten Ferienorten der DDR und avancierte zu einem Zentrum des *Massentourismus*. Nach der Wiedervereinigung baute man das touristische Angebot weiter aus. Die neue Seebrücke von 1993 setzt einen architektonischen Akzent, kulturelles Event ist das seit 1997 alljährlich veranstaltete Vineta-Festival.

Besichtigung Für eine Ortsbegehung ist die **Strandpromenade** 1 der beste Einstieg. Die Flaniermeile wurde jüngst verbreitert, hat überraschend viel Grün, einen schmucken Rosengarten und wird von prachtvollen Hotels und Villen im Stil der *Bäderarchitektur* gesäumt. Der neue Schiffsanleger, er trägt den Namen **Vineta-Brücke** 2, schiebt sich 315 m ins flach abfallende Meer hinaus. Vom Brückenkopf aus genießt man den weiten Blick bis zur Insel Greifswalder Oie und bei klarem Wetter sogar bis hinüber zu den Rügener Kreidefelsen.

Gegenüber steht das Traditionshotel **Preußenhof** 3 (Dünenstr. 10, Tel. 03 83 77/390, Fax 03 83 77/395 10, www.schoener-inseln.de). Der durch Runderker und einen eleganten Eckturm gegliederte viergeschossige Bau wurde 1890 als *Kurhaus Strandhöhe* eröffnet und nach 1925, als der preußische Kronprinz Wilhelm darin Quartier bezog, in Preußenhof umbenannt. 1953–89 hieß das von der SDAG Wismut betriebene noble Haus *Glück Auf* und war ein Erholungsheim für Arbeiter aus dem sächsischen Uranbergwerk. Im Erdgeschoss des Hotels, es bietet heute Luxusapartments und ein Belleness-Zentrum, zeigt das **Heimatmuseum** (in der Regel Mo–Fr 13–17 Uhr, Sa/So 15–18 Uhr, vorher anrufen) Wissenswertes zur Ortsgeschichte. Hübsch ist die *Bernstein sammlung*, manche der Steine haben Einschlüsse von Insekten oder Farnen. Eine *Fotoausstellung* der beiden Naturfotografen Siegfried Trieglaff und Wolfgang Nehls zeigt wunderschöne Tieraufnahmen. Historische Postkarten informieren über die Geschichte der Dampfschifffahrt auf der Ostsee, und in Fotoalben kann

Architekturschauspiel: Elegante Bädervillen säumen die Zinnowitzer Strandpromenade

man das Ausmaß der jüngsten Sturmflutschäden an der Ostseeküste begutachten. Das *Museumscafé* [s. S. 95] im Preußenhof ist ein beliebter Treff, in dem außer Kaffee und Torten auch feine Küche geboten wird.

Das **Zinnowitz Palace Hotel** 4 (Dünenstr. 8, s. u.) westlich vom Preußenhof kann in seiner mehr als hundertjährigen Geschichte ebenfalls auf eine illustre Gästeliste verweisen, u. a. logierten hier der Greifswalder Romancier Hans Fallada, die Schriftstellerin Hedwig Courths-Mahler und der Politiker Walther Rathenau. Der 1900 eröffnete Prachtbau, ein Höhepunkt der Bäderarchitektur, strahlt seit 2000 wieder in kaiserlichem Glanz und möchte mit Fünf-Sterne-Komfort an die wilhelminische Ära anknüpfen. Den Hauptturm der schlossartigen Anlage schmückt eine pyramidenförmige Lichtkuppel, von der sich Hotelgästen eine prächtige Aussicht auf Ort und Strand bietet.

Neben diesem Komplex nimmt sich das **Haus Schwalbennest** 5 (Dünenstr. 6, www.haus-schwalbennest.de) recht winzig aus. Mit seiner Fachwerkfassade, dem Erkerturm und den zur See ausgerichteten Wintergartenzimmern macht die hübsche Villa mit Ferienwohnungen einen ausgesprochen ländlich-verspielten Eindruck.

Aus diesem rundum attraktiven Rahmen fällt die einfallslose Architektur des **Hotels Baltic** 6 (Dünenstr., Tel. 03 83 77/70 00, www.baltichotel.de). Den lang gestreckten monströsen Bau über den Dünen ließ die SDAG Wismut 1977 erbauen. Bis zur Wiedervereinigung hieß es *Roter Oktober* und beherbergte viel Prominenz, darunter Olympiasieger und Weltmeister, die die Trainingsanlagen des benachbarten Leistungszentrums nutzten. Mit 332 Zimmern gehört das Sport- und Wellness-Hotel heute zu den größten Ferienanlagen an der mecklenburg-vorpommerschen Ostseeküste.

In unmittelbarer Nachbarschaft zum Baltic verfügt Zinnowitz seit 2001 mit der **Bernsteintherme** 7 (Dünenstr., Tel. 03 83 77/355 00, www.bernsteintherme.de, tgl. 10–22 Uhr) über ein erstklassiges Badezentrum. Das Hallenbad umfasst eine 850 m² große Meerwasserbadelandschaft inklusive Kinder- und Strömungsbecken sowie ein 450 m² großes Solebecken mit behaglichen 32° C. In den Außenbecken gibt es Sprudelbänke und einen 10 m hohen Geysir. Der Clou der Therme ist die Sauna, von der man durch einen Glastunnel direkten Zugang zur Ostsee hat.

Östlich der Vineta-Brücke setzt sich neben dem 1935 erbauten **Musikpavillon** 8 die hübsche Zinnowitzer Bäderarchitektur fort. Zu den interessantesten Gebäuden gehört das um 1900 errichtete **Hotel Asgard** 9 (Dünenstr. 20, Tel. 03 83 77/46 70, www.hotelasgard.de). Mit seinen verputzten Fachwerkgiebeln, Erkern und Türmchen wirkt der einst *Baltisches Haus* genannte Bau äußerst anziehend. Wunderschön ist auch das benachbarte **Haus Am Meer** 10 (Dünenstr. 22, Tel. 03 83 77/45 20, www.haus-am-meer-zinnowitz.de), anmutig sind die hölzernen Dekorelemente und der pittoreske Aussichtsturm.

Die **Ostseebühne** 11 ist seit 1997 alljährlich im Sommer Schauplatz der beim Publikum äußerst beliebten *Vineta-Festspiele* (Tel. 03 83 77/409 36, www.vineta-festspiele.de), einer multimedialen Theatershow. Die von der SDAG Wismut erbaute Freilichtbühne mit 1400 Plätzen bildet zusammen mit dem benachbarten **Theater Blechbüchse** 12 (s. u.) den kulturellen Mittelpunkt von Zinnowitz. Dieser auffällige gelb getünchte Bau diente früher als Lagerhalle für Strandkörbe, heute wird er von der Vorpommerschen Landesbühne Anklam bespielt.

Zu DDR-Zeiten hatte der Kulturbetrieb im **Kulturhaus** 13 im Stadtpark seine Bühne. Nach der Einweihung 1957 war der 900 Personen fassende Saal ein Forum für Auftritte weltbekannter Solisten und Ensembles aus Ost und West. Der neoklassizistische Monumentalbau, es ist der größte seiner Art auf der Insel, steht seit der Wiedervereinigung mangels Investoren leer und verfällt zusehends – auf der zum Eingangsportal führenden Freitreppe wachsen bereits junge Birken.

Das Ortsbild wird von der ein Stück landeinwärts gelegenen **Zinnowitzer Kirche** 14 (Kirchstr.) dominiert. Die vierjochige Saalkirche wurde 1895 nach Plänen der Berliner Architekten Frank und Hoßfeld im neobarocken Stil erbaut. An den großen Backsteinbau mit seinem steilen Pyramidendach lehnt sich der schlanke Turm an, den zwei kleine Treppentürmchen flankieren. Über dem Westportal schmückt eine fünfteilige Fensterrose die Fassade.

Für Freunde der Schönen Künste ist das **Usedomer Kunsthaus** 15 (Wilhelm-Potenberg-Str. 1, Tel. 03 83 77/422 34, tgl. 14–18 Uhr, Winter Di–Fr Sa 15–17 Uhr) eine gute Adresse. Die Villa des Malerehepaares Brigitte und Reinhard Meyer ist ganzjährig ein Forum für Ausstellungen aus den Bereichen Malerei, Grafik, Plastik und Skulptur.

Praktische Hinweise

Information

Kurverwaltung, im Haus des Gastes, Neue Strandstr. 30, Zinnowitz, Tel. 07 00/07 70 88 00 (24 Std.), 03 83 77/49 20, Fax 03 83 77/422 29, www.zinnowitz.de

Schiff

Adler-Schiffe, Seebrücke, Zinnowitz, Tel. 03 83 78/477 90, www.adler-schiffe.de. Tagesausflüge ab der Seebrücke nach Rügen, Bornholm und Swinemünde.

FGS Flicka, Jachthafen, Zinnowitz, Tel. 01 72/3 10 33 31. Das Fahrgastschiff bietet im Sommer Rundtrips auf dem Achterwasser an.

Sport

Minigolfanlage, Dünenstr. 2 a, Zinnowitz, Tel. 01 72/993 37 60, www.minigolf-zinnowitz.de. Golfspaß für die ganze Familie, gespielt wird auf Schwedenfilz (im Sommer tgl. 10–21 Uhr, ansonsten nach Bedarf).

Sail Away Usedom, Zinnowitz, Tel. 03 83 77/360 18, www.sail-away-usedom.de. Die Segel- und Surfschule ist sowohl am Ostseestrand (nahe Bernsteintherme) als auch am Achterwasser (Hafenstraße, neben dem Bootsanleger) präsent. Neben Katamaran- und Surfkursen (auch für Kinder) gibt es einen Brettverleih. Außerdem kann man Segelboote und Kanus mieten. Geführte Kajaktouren auf dem Achterwasser werden ebenfalls angeboten.

Sportpark Barge, Möskenweg 24, Zinnowitz, Tel. 03 83 77/430 50, www.barge.de. Das etwa 10 000 m² große Sportzentrum verfügt über Tennisplätze, Badminton Courts, eine Squashhalle und Kegelbahnen. Außerdem gibt es Sauna, Solarium und ein Fitnessstudio.

Einkaufen

Boots- und Angelcenter Niepel, Ahlbecker Str. 30, Zinnowitz, Tel. 03 83 77/402 98. Außer Angelbedarf findet man hier auch Boots- und Campingzubehör.

Buchhandlung Philip Otto Runge, Neue Strandstraße 25, Zinnowitz, Tel. 03 83 77/418 49. Belletristik, Bildbän-

Kaiserliches Plätzchen: Wilhelminisches Flair hat das Museumscafé im Hotel Preußenhof

de und historische Abhandlungen zu Usedom, und natürlich ist auch ›Die Bernsteinhexe‹ vorrätig.

Nachtleben

Tanzlokal Hühnerstall, im Sportpark Barge, Möskenweg 24, Zinnowitz, Tel. 03 83 77/430 50, www.tanzlokal-huehnerstall.de. In der Großdisco wird Dancefloor und House Music aufgelegt. Es gibt zwei Bars und ein Bistro (Do–Sa ab 22 Uhr).

Sinatra Cocktailbar, im Hotel Asgard, Dünenstr. 20, Zinnowitz, Tel. 03 83 77/ 46 70. Kleine, aber feine Bar im vierten Stock. Von den bequemen Ledersesseln lässt sich durch die Fensterfront der Sonnenuntergang über dem Peenemünder Haken genießen.

Theater Blechbüchse, Heringsdorfer Weg, Zinnowitz, Tel. 03 83 77/409 36, www.blechbuechse.de. Ganzjährig bespielte Bühne mit einem bunten Programm von Theaterinszenierungen, Varieté und Kleinkunst.

Camping

Familien-Campingplatz Pommernland, Dr.-Wachsmann-Str. 40, Zinnowitz, Tel. 03 83 77/403 48, Fax 03 83 77/403 49, www.camping-pommernland.m-vp.de. Der 7,5 ha große Platz verfügt über 500 Stellplätze und liegt am westlichen Ortsrand im Kiefernwand hinter den Dünen. Zum Ostseestrand mit großem FKK-Bereich sind es lediglich 200 m. Der Platz ist ganzjährig geöffnet, außer Wohnwagen werden auch recht komfortable finnische Blockhäuser (sog. Spechthäuser) mit Dusche, Kochecke und TV vermietet. Mit zwei Abenteuerspielplätzen, Radverleih, Restaurant und Supermarkt.

Hotels

*******Zinnowitz Palace-Hotel**, Dünenstr. 8, Zinnowitz, Tel. 03 83 77/39 60, Fax 03 83 77/396 99, www.zinnowitz-palacehotel.de. Luxuriöses Haus in imposanter Bäderarchitektur mit direktem Strandzugang. Die 40 Zimmer sind mit allem Komfort ausgestattet, teuer und besonders schön sind die zur Seeseite ausgerichteten Balkonzimmer. Das schmucke Hallenbad verfügt über eine Gegenstromanlage.

TOP TIPP ******Strandhotel Zinnowitz**, Dünenstr. 11, Zinnowitz, Tel. 03 83 77/380 00, Fax 03 83 77/ 385 55, www.tc-hotels.de. Das in bester Strandlage 2002 eröffnete Hotel hat sich schnell einen guten Namen gemacht. Zwei Uhrtürme bilden den optischen Blickfang, in einem davon logierte Gerhard Schröder während seiner Wahlkampftournee durch Mecklenburg-Vorpommern. Der Aufpreis für die Seezimmer lohnt, landeinwärts hat man zwar mehr Sonne, schaut jedoch auf den Parkplatz hinab. Für Familien sind die Maisonette-Wohnungen mit zusätzlichem Schlafraum im ausgebauten Dachstuhl ideal.

******Aparthotel Seeschlösschen**, Dünenstr. 15, Zinnowitz, Tel. 03 83 77/ 48 00, Fax 03 83 77/480 49, www.seeschloesschen-zinnowitz.de. Das stilvolle Haus von 1897 in Superlage an der autofreien Strandpromenade vereint den Flair der Gründerzeit mit modernem Komfort. Die Apartments zur Seeseite haben einen getrennten Wohn- und Schlafbereich sowie Marmorbäder. Nostalgisch möbliert sind die Kaiser-Wilhelm-Zimmer.

*****Hotel Dünenschloss**, Neue Strandstr. 27, Zinnowitz, Tel. 03 83 77/790, Fax 03 83 77/ 792 59, www.hotel-duenenschloss.de. Strandnahes Jugendstilhaus in zentraler Lage mit 32 Zimmern. Im Souterrain gibt es Beauty Salon, Sauna und Solarium.

****Hotel Sonneneck**, Wilhelm-Potenberg-Str. 12, Zinnowitz, Tel. 03 83 77/420 63, Fax 03 83 77/437 80, www.hotel-sonneneck.m-vp.de. Das familiär geführte 100 Jahre alte Haus liegt etwas ab vom Schuss am Fuß des Glienberges, zum Strand sind es 10 Gehminuten. Die 22 Einzel-, Doppel- und Mehrbettzimmer sind alle mit Kabel-TV ausgestattet, gefrühstückt wird auf der kleinen Gartenterrasse. Angeschlossen ist eine öffentliche Sauna.

Restaurants

Belle Époque, im Hotel Preußenhof, Dünenstr. 10, Zinnowitz, Tel. 03 83 77/394 60. Deutsche und internationale Küche, die trotz des pompösen Rahmens gar nicht mal so teuer ist. Auf dem Parkett kann man auch das Tanzbein schwingen.

Nautilus, Waldstr. 30, Zinnowitz, Tel. 03 83 77/424 31. Das kleine maritime Fischlokal offeriert gutbürgerliche Küche in gemütlichem Rahmen. Fisch von Aal bis Zander, Spezialitäten sind die Fischterrine und die Speckscholle nach Art des Hauses (tgl. ab 17 Uhr).

Besinnliche Landscnaft : Sanft geschwungene Hügel bilden das Herz der Halbinsel Gnitz

Ristorante Primavera, Neue Strandstr. 24, Zinnowitz, Tel. 03 83 77/420 46. Der Italiener hat rund ums Jahr täglich durchgehend geöffnet und bietet Klassiker wie Saltimbocca a la Romana und einer großen Auswahl an Pizza und Nudelgerichten. Außerdem locken Eisspezialitäten, etwa Zabaglione, Cassata und Tartuffo.

Cafés

Marimar, Waldstr. 1, Zinnowitz, Tel. 03 83 77/409 33. Das Kaffeehaus ist ein Mix aus Konditorei und Bistro. Unbedingt probieren sollte man die Pralinen, die ebenso aus eigener Herstellung stammen wie die ›Usedomer Strandkiesel‹ aus Marzipan und Mandeln. Auch Außer-Haus-Verkauf.

Museumscafé, im Hotel Preußenhof, Neue Strandstr./Strandpromenade, Zinnowitz, Tel. 03 83 77/394 50. In wilhelminischem Flair werden sehr gute internationale Gerichte und Torten aus der eigenen Konditorei zelebriert. Das Lokal wurde bereits zweimal mit dem *Tüftenpokal* [s. S. 129] ausgezeichnet.

24 Halbinsel Gnitz

Paradies für Naturliebhaber und Wanderer.

Neuendorf – Insel Görmitz – Netzelkow – Lütow – NSG Südspitze Gnitz

Der Gnitz im Hinterland von Zinnowitz ist einer der landschaftlich reizvollsten Naturräume Usedoms. Die sanft geschwungene *Hügellandschaft* der Halbinsel wird am Westufer von der *Krumminer Wiek*, einer großen Bucht zwischen Peenestrom und Achterwasser, eingefasst. Auf engstem Raum begeistern bewaldete Steilküsten, kleine Salzwiesen sowie Feuchtbiotope mit einer nicht nur für Botaniker interessanten Flora. Bis ins 19. Jh. hinein war der Gnitz eine Insel für sich. Der *Große Strumminsee* bildet noch ein Relikt des heute fast verlandeten Wasserarms, der als schmaler Schlauch von der Krumminer Wiek bis zum Fuß des Zissberges südlich von Zinnowitz verläuft. Gleichzeitig ist der Gnitz einer der ältesten Siedlungsräume auf Usedom. Archäologische Funde und *Megalithgräber* belegen,

Eine schöne Aussicht bietet der Weiße Berg im Naturschutzgebiet Südspitze Gnitz

dass die Halbinsel schon vor 4000 Jahren besiedelt war.

Ausgangspunkt für eine Exkursion auf die Halbinsel ist Zinnowitz. Am südlichen Ortsrand des Seebades führt jenseits der B 111 ein Sträßchen durch die Kappenwiesen und den Eichholzer Forst nach **Neuendorf**. Das Minidorf war von 1367 bis

Refugium für Eigenbrötler: Auf der Halbinsel Gnitz kann man noch Seeadler beobachten

1945 der Stammsitz der pommerschen Großgrundbesitzer *von Lepel*, die von hier den ganzen Gnitz kontrollierten. Nach 1945 führte eine LPG das Gut weiter, bis man Anfang der 1960er-Jahre auf dem Gnitz *Erdöl* entdeckte. Rund um Neuendorf förderten 20 Pumpen aus 2000 m Tiefe das schwarze Gold zutage, bis 1994 das Vorkommen erschöpft war. Von dem kurzen Ölboom zeugen noch einige der ›Pferdeköpfe‹ genannten Förderanlagen.

Östlich von Neuendorf verbindet ein Damm den Gnitz mit der **Insel Görmitz**. Das *Vogelschutzgebiet* ist ab dem Damm nur zu Fuß oder per Rad zugänglich. An den schilfbewachsenen Ufern nisten Haubentaucher, und im seichten Achterwasser können Watvögel und Reiher bei der Futtersuche beobachtet werden.

Von Neuendorf aus erreicht man über ein schmales Sträßchen den Weiler **Netzelkow** am Ostufer des Gnitz. Sehenswert ist hier die spätmittelalterliche Kirche *St. Marien*. Der turmlose gotische Backsteinbau geht auf das 15. Jh. zurück, der frei stehende hölzerne Glockenstuhl davor entstand im 17. Jh. Die Marienkirche ist Grablege der Familie von Lepel. In einem restaurierten *Holzsarkophag* ruht Christian Carl von Lepel (1668–1747), die Liegefigur auf dem Deckel zeigt den Baron im Harnisch und mit Trophäenbündel. Der *Taufstein* stammt aus dem 14. Jh. und gilt als der älteste auf ganz Usedom.

Einer der Hauptanziehungspunkte auf dem Gnitz ist das steinzeitliche *Megalithgrab* von **Lütow.** Am Ortseingang von Lütow weist ein Schild zu der unter Eichen versteckten Begräbnisstätte. Ihr Alter wird auf etwa 4000 Jahre geschätzt. Die Dolmen des Steinkreises waren ursprünglich mit schweren Steinplatten abgedeckt – sie mussten 1911 für das Fundament des neuen Pfarrhauses von Netzelkow herhalten. Bei Ausgrabungen kamen 1936 etliche steinzeitliche Fundstücke ans Tageslicht, darunter Bernsteinschmuck und Tongefäße.

Der Ort Lütow (370 Einw.) selbst gefällt durch seine hübschen reetgedeckten Häuser. In den 1990er-Jahren entstand hier der große Komplex *Ferienparadies Lütow* (s. u.), dessen Sportanlagen auch Nicht-Gästen offen stehen.

TOP TIPP Vom Naturcampingplatz Lütow führt ein Wanderweg ins **Naturschutzgebiet Südspitze Gnitz**. Das 61 ha große Areal ist das landschaftliche Aushängeschild des Gnitz und steht seit 1994 unter besonderem Schutz. In den

Sandklippen haben Uferschwalben ihre Nisthöhlen gebaut und mit etwas Glück zeigen sich über der Landspitze kreisende Seeadler. Auch der selten gewordene *Fischotter* hat hier ein Rückzugsgebiet gefunden. In den Feuchtgebieten quaken Moor- und Springfrösche, auf den Wiesen blühen im Frühling Orchideen wie das Breitblättrige Knabenkraut. Vom Steilufer am 32 m hohen *Weißen Berg* genießt man eine grandiose Aussicht auf den Lieper Winkel und über die Krumminer Wiek bis nach Wolgast. Nördlich vom Weißen Berg ragt ein Tonnen schwerer Findling, der *Rieke-Stein*, aus dem Wasser. Der südliche Zipfel der Halbinsel bildet eine *Möwenort* genannte Schwemmsandebene, auf der sich anspruchslose, Salz liebende Pflanzen angesiedelt haben.

i Praktische Hinweise

Camping

Natur-Camping-Usedom, Zeltplatzstr. 20, Lütow, Tel. 03 83 77/405 81, Fax 03 83 77/ 415 53, www.natur-camping-usedom.de. Der 18 ha große Platz mit 450 Stellplätzen befindet sich in landschaftlich sehr reizvoller Lage am Steilufer des Krumminer Wiek. Es können auch Blockhäuser gemietet werden, am Achterwasser gibt es eine große Badestelle und einen Kanuverleih.

Hotel

****Ferienparadies Lütow**, Zeltplatzstr. 1, Lütow, Tel. 03 83 77/49 30, Fax 03 83 77/ 493 19, www.ferien-paradies.de. Das beliebte Resort liegt 7 km südlich von Zinnowitz auf einem 50 km2 großen Wiesen- und Waldstück. Die 1994 errichtete Anlage umfasst 44 Doppelhaushälften mit jeweils 80 m2 großen Apartments für max. fünf Personen. Für Sport und Zerstreuung sorgen Pools, ein Hallenbad, eine Sauna, ein Kunstrasenfußballplatz, Tennisplätze und eine Beautyfarm.

Restaurants

Achterwasser, Am Jachthafen, Netzelkow, Tel. 03 83 77/405 75. Die Schifferkneipe ist Treff von Seglern und Ausflüglern, die bei einer Portion Barsch- oder Hechtfilet den Blick auf Hafen und Achterwasser genießen.

Galeriegarten-Café, Zum Möwenort 22, Lütow, Tel. 03 83 77/401 90. In dem urigen Gartenlokal werden auch handgemachte Keramik und Schafswollpullis angeboten (April–Okt. geöffnet).

Lebensraum für seltene Tiere: Die Südspitze Gnitz bietet Fischottern ein sicheres Revier

25 Halbinsel Wolgaster Ort

Stille Dörfer abseits der touristischen Pfade.

Ziemitz – Neeberg – Krummin

Wer über die *Zecheriner Brücke* nach Usedom anreist, kennt zumindest von der Durchfahrt auf dem Weg in die Seebäder die Halbinsel Wolgaster Ort. Nur die Wenigsten nehmen sich die Zeit von der B 111 abzubiegen, um die auf den ersten Blick unspektakuläre Region näher kennen zu lernen. Auf der Ostseite der Krumminer Wiek schlummern hier stille Weiler im Dornröschenschlaf. Aus der überwiegend flachen Landschaft ragt als höchste Erhebung die gerade mal 26 m hohe *Gazberge* heraus.

Gleich hinter der Klappbrücke zweigt in *Wolgaster Fähre* ein Landsträßchen von der B 111 ab, auf dem man über Sauzin nach **Ziemitz** an der Südspitze des Wolgaster Ortes kommt. Beschaulich liegt die kleine Siedlung am Peenestrom. Am Ufer dümpeln ein paar Boote auf dem Wasser, vom Ausflugslokal *Zur Reuse* genießt man die schöne Aussicht über den Strom aufs Festland. Am Bootsanleger gibt es einen der wenigen Badeplätze an den überwiegend von dichtem Schilf gesäumten Ufern der Halbinsel.

Ganz weltabgeschieden liegt das Fischernest **Neeberg** im Osten an der Krumminer Wiek. Große Entdeckungen dürfen hier nicht erwartet werden, doch gibt es ein schönes Reetdachhaus und im

Die Krumminer Kirche St. Michael ist der einzige erhaltene klösterliche Bau Usedoms

Erhabenes Blätterwerk: 300 alte Linden säumen den Weg nach Krummin

Fischerstübchen am kleinen Hafen ein ordentliches Mittagessen. Wanderer können auf dem hübschen Uferweg in südlicher Richtung zum *Erischowort* spazieren, einer Landzunge östlich von Ziemitz, vor deren Küste ein riesiger Findling aus dem Wasser ragt.

Ein geschichtsträchtiger Ort ist das nordöstlich gelegene frühere Klosterdorf **Krummin** (250 Einw.), das der flachen Bucht zwischen den beiden Halbinseln Wolgaster Ort und Gnitz zum Namen verholfen hat. Man erreicht es über eine von der B 111 bei Bannemin abgehende *Lindenallee.* Rund 300 alte Linden mit wie zu einem Tunnel verdichteten Kronen machen die als Naturschutzdenkmal ausgewiesene knapp 2 km lange Allee zu einer der schönsten an der Ostseeküste. Die Keimzelle von Krummin war das 1304 von Zisterzienserinnen gegründetes *Kloster.* Den Nonnen unterstanden neben Krummin auch die Landgüter Mahlzow und Tzys (heute Zinnowitz). Nach der Reformation wurde das Kloster säkularisiert und der Besitz fiel an die Stadt Wolgast. Das mittelalterliche Konventsgebäude wurde im Dreißigjährigen Krieg von kaiserlichen Truppen dem Erdboden gleichgemacht. Übrig blieb die heutige Pfarrkirche *St. Michael,* deren älteste Bauteile auf das 16. Jh. zurückgehen. Seither hat man den Backsteinbau mehrmals erwei-

tert, das heutige Gesicht erhielt er nach umfassendem Umbau 1857. Aus dieser Zeit stammen der quadratische *Turm* und die seitlichen Anbauten. Das wertvollste Stück der Innenausstattung ist ein mittelalterliches *Kruzifix* im Chor. In der Kirche predigte 1827–44 Usedoms berühmter Pfarrer Wilhelm Meinhold, der durch seine Chronik ›Die Bernsteinhexe‹ bekannt wurde.

Praktische Hinweise

Hotel

*****Gutshaus Ziemitz**, Hauptstr. 19, Sauzin, Tel. 0 38 36/237 39 77, Fax 0 38 36/ 237 39 78. Das große Gutshaus mit ausgebautem Dachgeschoss liegt direkt an einem kleinen Badeplatz am Peenestrom. Die großzügig geschnittenen Ferienwohnungen (55–70 m^2) sind mit modernen Küchen (inkl. Spülmaschine) ausgestatteten und zur Südseite mit Blick aufs Wasser ausgerichtet.

Restaurants

Jagdstübchen Krummin, Schwarzer Weg 4 a, Krummin, Tel. 0 38 36/20 65 74. In dem rustikalen Gasthaus an der Straße nach Neeberg sind besonders die Wildgerichte zu empfehlen.

Zur Reuse, Peenestr. 2, Ziemitz, Tel. 0 38 36/60 28 55. Spezialität des Landgasthofs ist der gemischte Fischteller. Nicht allzu teuer (März–Okt. geöffnet).

26 Mölschow

Landwirtschaftlicher Erlebnisbereich und alte Handwerkskunst im Kulturhof.

Fährt man vom Wolgaster Ort wieder Richtung Ostsee gelangt man inmitten einer flachen Wiesenlandschaft nach Mölschow (850 Einw.). In dem Bauerndorf, zu dem auch die Weiler Zecherin und Bannemin gehören, ist der **Kulturhof** (Trassenheider Str. 7, Tel. 03 83 77/ 414 23, www.usedom-aktiv.de, Mai–Okt. Mo–Fr 10–18, Sa/So 11–18 Uhr, Nov.–April Di–Fr 10–16, Sa 11–16 Uhr, So/Mo nach Vereinbarung) ein viel besuchtes Ausflugsziel. Das alte Gutshaus vom Ende des 19. Jh. steht mitten im Ort und beherbergt auf 560 m^2 etliche Schauwerkstätten. In den Ateliers zeigen Handwerker, wie aus Weidenruten Körbe entstehen und wie Wolle gesponnen, gewebt oder gefilzt

Sonnenschutz nach alter Manier: Flechthandwerk live im Kulturhof von Mölschow

wird. In der Töpferei werden Tassen, Teekannen, Krüge und anderes Gebrauchsgeschirr gebrannt und glasiert. Wer sich nicht nur auf das Zuschauen beschränken will, kann im Rahmen eines *Kurses* eine der traditionellen Arbeitstechniken Schnitzen, Filzen oder Weben erlernen, Unterbringungsmöglichkeiten sind vorhanden. Im *Galerie-Café* stellen Künstler aus Mecklenburg-Vorpommern und aus dem Nachbarland Polen ihre Arbeiten aus.

Dem Kulturhof ist der **Landwirtschaftliche Erlebnisbereich** (Hauptstr. 5 a, Tel. 03 83 77/406 30, Mai–Okt. Mo–Fr 10–18, Sa/So 11–18 Uhr, Winter bis 16 Uhr, So/Mo nach Vereinbarung) angegliedert. Das knapp 4 ha große Areal einer früheren LPG liegt 1 km südlich von Mölschow an der Straße nach Krummin. Im alten *Schweinestall* sind allerlei bäuerliche Arbeitsgeräte ausgestellt, etwa ein Dreschkasten und ein Butterfass. Auf dem Freigelände davor haben ausgediente Pflüge und Eggen, ein Traktor und andere Landmaschinen ihren Platz gefunden. Im *Bauerngarten* werden verschiedene Heilpflanzen, Kräuter und Biogemüse kultiviert. Selbstverständlich dürfen auf einem richtigen Gutshof auch Tiere, etwa Schafe, Ponys, Kaninchen und gackerndes Federvieh, nicht fehlen.

Praktische Hinweise

Sport

Reiterhof Bannemin, Trassenheider Str. 1, Bannemin, Tel. 03 83 77/411 78, Fax 03 83 77/ 426 35, www.reiterhof-bannemin.m-vp.de. Eine gute Adresse für Urlaub im Sattel. Für Anfänger und Fortgeschrittene werden Reit- und Dressurkurse angeboten, Profis können im Dressurstall eine Ausbildung absolvieren. Für Kinder gibt es Ponyreiten und Kutschfahrten.

Einkaufen

Kleine Galerie im Garten, Trassenheider Str. 7, Mölschow, Tel. 03 83 77/407 47. Der Maler Hans Seifert verkauft Aquarelle mit schönen Landschaftsmotiven und führt auf Voranmeldung auch durch sein Atelier.

Restaurant

Banneminer Krug, Zinnowitzer Str. 9, Bannemin, Tel. 03 83 77/398 31, www.banneminer-krug.de. Der Traditionsgasthof wartet mit einem gemütlichen Bauerngarten und einer großen Speisekarte auf. Außer Fischspezialitäten wie der Ostseeplatte sind die Steaks vom Lavagrill zu empfehlen. Zu besonderen Anlässen gibt es Spanferkel aus dem Holzofen.

27 Seebad Trassenheide

Ruhiger Badeort zwischen Moor, Heidekraut, Wald und herrlichem Strand.

Im Süden des Peenemünder Hakens zwischen Karlshagen und Zinnowitz liegt das Seebad Trassenheide (900 Einw.), durch eine breiten Waldstreifen ist es von Dünen und Ostsee getrennt. Trotz des *Superstrandes* von fast 4 km Länge ist Trassenheide ein eher ruhiger Ferienort. Im Hinterland laden Wander-, Rad- und Reitwege zu Ausflügen in die von Wiesen und Mooren geprägte *Heidelandschaft* ein. Wer auf viel Natur wert legt und auf mondänes Flair verzichten kann, liegt mit Trassenheide genau richtig.

Der Ort wurde erstmals 1786 im Kirchbuch von Krummin erwähnt. Dort ist von einem Platz namens *Hammelstall* die Rede, der aus nicht viel mehr als einem großen Schafstall bestand. Die eigentliche Ortsgründung geht auf den Oberpräsidenten von Pommern-Stettin *Johann August Sack* (1764–1831) zurück, dieser siedelte 1823 in dem bis dato unbewohnten Landstrich ein gutes Dutzend Fischerfamilien an.

Als 1905 am Strand die ersten *Sommergäste* Erholung suchten, erschien den Einwohnern von Hammelstall ihr Ortsname nicht mehr die geeignete Werbung für einen Ferienort zu sein, ein neuer Name musste her. Man verständigte sich auf die Bezeichnung *Trassenheide*. Sie erinnert an einen Förster namens Trassen, der im Moor unweit des Dorfes umgekommen sein soll. Aufgrund der abgeschiedenen Lage und fehlender finanzkräftiger Investoren wollte das Geschäft mit den Fremden jedoch nicht so recht anlaufen und kam schließlich sogar völlig zum Erliegen, als die Nazis den Peenemünder Haken 1936 zum *militärischen Sperrgebiet* erklärten. Für den Arbeitskräftebedarf der Heeresversuchsanstalt in Peenemünde entstand in Trassenheide ein Zwangsarbeiter-Lager, es wurde 1943 beim britischen Bombenangriff zerstört.

Nach dem Krieg brachten einige neue Betriebsferienheime bescheidenen Badetourismus, ein verhaltener Aufschwung stellte sich aber erst nach der Wiedervereinigung ein. Seit 1997 ist Trassenheide staatlich anerkanntes *Seebad*. Der feinkörnige Sandstrand gehört zu den natürlichsten Strandabschnitten Usedoms und bietet selbst in der Hochsaison genügend Platz und Ruhe. Der ausgedehnte Flachwasserbereich empfiehlt sich besonders für Familien mit Kleinkindern, die hier nach Herzenslust spielen und plantschen können. In Richtung Karlshagen schließt sich dann ein FKK-Strand an.

Praktische Hinweise

Information

Kurverwaltung, Strandstr. 36, Trassenheide, Tel. 03 83 71/209 28, Fax 03 83 71/ 209 13, www.seebad-trassenheide.de

Sport

Friesenhof, Bahnhofstr. 48, Trassenheide, Tel. 03 83 71/26 10, Fax 03 83 71/261 11, www.friesenhof-trassenheide.de. Der moderne rohrgedeckte Hof mit Hotel verfügt über einen Reitplatz und eine 20 x 60 m große Reithalle. Zum Angebot zählen Kurse und geführte Ausritte, Kinder können auf Ponys reiten oder sich in einer Kutsche chauffieren lassen.

Sportpoint, Wiesenweg 5, Trassenheide, Tel. 03 83 71/282 18. Großes Sportzentrum

Urlaub der ruhigen Art: Ferienhäuser im inseltypischen Stil im Seebad Karlshagen

mit 6 Tennis-, 3 Squash- und 4 Badmintonplätzen sowie 6 Bowlingbahnen. Ergänzt wird der Sportpark durch Fitnesscenter, Sauna und Solarium.

Hotels

****Hotel Kaliebe**, Zeltplatzstr. 5, Trassenheide, Tel. 08 00/525 43 23 (gebührenfrei), Fax 03 83 71/522 99, www.kaliebe.de. Herrliche Lage inmitten des ausgedehnten Waldgebiets mit eigenem Zugang zum 250 m entfernten Ostseestrand. Das Hauptgebäude verfügt über 35 geräumige Zimmern, außerdem werden sechs Blockhäuser vermietet. Angeschlossen sind Fahrradverleih und Sauna.

****Strandhotel Sanddorn**, Strandstr. 10, Trassenheide, Tel. 03 83 71/5 30, Fax 03 83 71/53 23, www.strandhotel-sanddorn.m-vp.de. Modernes Haus im Küstenwald nahe dem Strand. Die 16 Zimmer sind hübsch eingerichtet, auf Wunsch kann man auch in einem Wasserbett nächtigen.

Restaurants

Kaliebe, im gleichnamigen Hotel, Zeltplatzstr. 5, Trassenheide, Tel. 03 83 71/520. Die bereits mehrfach prämierte Gaststätte mit schönem Wintergarten wartet mit deftiger pommerscher Küche auf, hervorragend sind vor allem die Wildgerichte.

Sanddorn, im gleichnamigen Hotel, Strandstr. 10, Trassenheide, Tel. 03 83 71/530. Nomen est omen – das Restaurant nimmt seinen Namen wörtlich und verfeinert die Gerichte mit Sanddornbeilagen, so gibt es etwa Filetstreifen auf Sanddornnudeln oder Wurzelgemüse mit Sanddorn-Vinaigrette.

28 Seebad Karlshagen

Usedoms jüngster und nördlichster Badeort.

Das im Norden zwischen Ostseestrand und Peenestrom – ein gutes Stück abseits der berühmten Bäderstrecke – gelegene Seebad Karlshagen (3200 Einw.) gilt als einer der stilleren Ferienorte. Der feine Sandstrand ist zwar selten überfüllt, doch ein bisschen enger zusammenrücken muss man neuerdings schon. Seit 2001 darf sich der Ort nun auch Ostseebad nennen. Karlshagen hat sich besonders als *sportlerfreundliches Ferienziel* einen Namen gemacht. Eine Surf- und Segelschule bietet Kurse an und der alljährlich veranstaltete Beachvolleyball-Cup findet reges Interesse. Das stille Hinterland lädt zu Radtouren und Reitausflügen ein. Naturverbundene Feriengäste wissen auch den hübsch in den Dünen gelegenen *Campingplatz* zu schätzen.

Karlshagen verdankt seine Entstehung einer Initiative des Stettiner Regierungsrats *Karl Triest*, der 1837 auf dem staatseigenen Land ein Fischerdorf anlegen ließ. Das bis an die Dünen heranreichende Waldgebiet wurde parzellenweise an Neukolonisten verkauft. 1885 wollte man auch in Karlshagen vom einsetzenden Badetourismus profitieren und errichtete eine Strandhalle (Badehaus) und einen 100 m ins Meer ragenden Bootsanleger. Als 1936 der ganze Inselnorden zum *militärischen Sperrgebiet* erklärt wurde, kam der Tourismus schlagartig zum Erliegen. Der Fischerhafen wurde zum *Marinehafen* ausgebaut, am Ortsrand entstand eine große Wohnsiedlung für die in Peenemünde beschäftigten Zwangsarbeiter. Der Luftangriff britischer Verbände zerstörte 1943 einen Teil der Siedlung.

Seit der Wiedervereinigung bemüht sich Karlshagen recht erfolgreich um eine Steigerung der Besucherzahlen. Als eine Schönheit kann der Ort zwar nicht bezeichnet werden, denn etliche Plattenbauten aus DDR-Zeiten verunzieren das Ortsbild, doch am Strand entstanden moderne Ferienanlagen und auch die *Strandpromenade* hat nach einer Rundumerneuerung an Charme gewonnen. Der frühere Marinehafen am Ostufer des Peenestromes stellt sich heute als moderner **Jacht- und Fischereihafen** (03 83 71/200 66) dar. Mit 112 Liegeplätzen ist er zugleich Usedoms größter Hafen. Von der *Mole* legen Fahrgastschiffe zu den kleinen Inseln Ruden und Greifswalder Oie ab.

An der Strandpromenade, nördlich der Konzertmuschel und des hübschen Kurparks mit altem Buchenbestand, informiert das **Naturschutzzentrum Karlshagen** (Tel. 03 83 71/217 49, Mai–Okt. Di–Fr 10–18, Sa/So 10–17 Uhr, Nov.–April Di–So 10–16 Uhr) über den Naturpark Usedom. Eine ständige Ausstellung erläutert das Ökosystem der Insel, und in einem Diorama werden rund 100 Seevögel präsentiert. Wer will, kann sich nach telefonischer Anmeldung einer fachkundigen Führung oder auch organisierten Pilz- und Radwanderungen anschließen.

Vom Naturschutzzentrum aus bietet sich ein Spaziergang zum Ende des TOP TIPP **Ostseestrands** von Usedom an, der sich nach 5 km schließlich am Nordzipfel des Peenemünder Hakens in reizvollen flachen Strandwiesen verliert. Schön ist auch der Blick übers Meer zu den Inseln Ruden, Rügen und Greifswalder Oie. Dies ist der ruhigste Strandabschnitt der über 40 km langen Usedomer Außenküste. Der Ufersaum ist feinsandig, fällt flach ins Meer ab und angesichts der abgeschiedenen Lage ist er prädestiniert für hüllenloses Badevergnügen.

Am südlichen Ortsrand, an der Straße nach Trassenheide, erinnert seit 1970 eine **Gedenkstätte** an den verheerenden Luftangriff von 1943. Auf dem nahe gelegenen Friedhof sind mehr als 2000 Opfer aus dem Zweiten Weltkrieg beigesetzt.

i Praktische Hinweise

Information

Tourist-Information, Hauptstr. 16, Karlshagen, Tel. 03 83 71/207 58, Fax 03 83 71/285 37, www.karlshagen.de

Sport

Sportschule Kürbis, Campingplatz Dünencamp Karlshagen, Zeltplatzstr., Karlshagen, Tel. 07 00/34 34 10 00, www.sportstrand.de. Die Surf- und Segelschule bietet verschiedene Kurse an und verleiht neben Boards, Riggs und Neoprenanzügen auch Kajaks und Katamarane.

Camping

Campingplatz Dünencamp, Zeltplatzstr., Karlshagen, Tel. 03 83 71/2 02 91, Fax 03 83 71/203 10, campingplatz@karlshagen.de. Der Platz liegt geschützt hinter einer großen Düne am Rand des Küstenwaldes. Die rund 300 Stellplätze für Zelte und Wohnmobile sind vornehmlich von FKK-Fans belegt.

Hotels

****Strandhotel Ostseebad Karlshagen**, Strandpromenade 1, Karlshagen, Tel. 03 83 71/26 90, Fax 03 83 71/26 91 99. www.strandhotel-usedom.de. Das 2002 eröffnete Haus gefällt durch seine Lage in der ersten Reihe. Es verfügt über elegante Zimmer sowie mit viel Holz ausgestattete Studios und Maisonette-Wohnungen. Die Bäder glänzen mit Marmorfließen und Fußbodenheizung. Der hübsche Wohlfühlbereich umfasst einen Whirlpool, Kneipeinrichtungen und eine finnische Sauna.

Dünenresidenz Usedom, Am Maiglöckchenberg 21, Karlshagen, Tel. 03 83 71/260 65, Fax 03 83 71/212 73, www.wob-karlshagen.de. Die neuen Ferienhäuser liegen in unmittelbarer

Sommergast aus dem Norden: Die Mantelmöwe ist die größte Möwenart Europas

TOP TIPP Greifswalder Oie und Ruden – zwei Vogelinseln vor Usedom

Gut 5 sm nördlich vom Peenemünder Haken scheint das Inselchen **Greifswalder Oie** etwas verloren in der See zu schwimmen. 1936–91 war das 55 ha große Eiland militärisches Sperrgebiet, seit der Wiedervereinigung hat es sich zu einem beliebten Ausflugsziel (90 Min. per Schiff) entwickelt. Die als *Naturschutzgebiet* ausgewiesene Insel ist ein Paradies für Ornithologen, an manchen Tagen rasten hier über 10 000 *Seevögel*. Seit 1994 gibt es eine Vogelwarte, die die Zugvögel beringt und dokumentiert. Eine weitere Attraktion für Besucher sind die in den 1970er-Jahren hier ausgewilderten *Shetlandponys*, die jüngst von einer Herde Gotlandschafe Gesellschaft bekommen haben. Vom Bootsanleger kann man auf einem *Rundweg* zum Inselhof (früher Pension, heute Vogelwarte), und zum 38 m hohen Leuchtturm von 1855 wandern.

Die Bootsfahrt zur nur halb so großen Insel **Ruden** (27 ha) dauert etwa 30 Min. Das Mini-Eiland ist der letzte Rest der alten *Landbrücke* zwischen Rügen und Usedom. Es verlor in den letzten 300 Jahren rund zwei Drittel seiner Fläche, heute versucht man durch Uferschutzbauten den weiteren ›Landraub‹ der See aufzuhalten. Auch Ruden ist ein wichtiger Lebensraum für Wasservögel und gleichzeitig ein *Biotop* für Strandastern, Orchideen und andere seltene Wildblumen. Von dem 1906 erbauten Lotsenturm aus wurden bis 1972 die Schiffe durch den Flachwasserbereich des Greifswalder Boddens dirigiert. Ein zweiter Turm im Inselsüden hatte einen ganz anderen Zweck: Von ihm aus beobachteten die Peenemünder Raketenbauer die Flugbahn ihrer Versuchsprojektile.

Von den Häfen Peenemünde und Karlshagen setzen im Sommer ein- bis zweimal täglich Fahrgastschiffe zu den beiden kleinen Schwesterinseln Usedoms über. Infos:

Apollo Fahrgastreederei, Zum Hafen 1, Peenemünde, Tel. 03 83 71/208 29, www.schifffahrt-usedom.de

Die grazile Strandaster ist die einzige wildwachsende Asternart Norddeutschlands

Der farbenkräftig blühende braunrote Stendelwurz gehört zur Familie der Orchideen

Dinner mit Stil: Das Restaurant Strandhotel Ostseebad Karlshagen bittet stimmungsvoll und mit künstlerischem Touch zu Tisch

Strandnähe direkt an den Dünen. Besonders hübsch sind die reetgedeckten Villen an der Promenade, drei Schlafzimmer bieten Platz für max. sechs Personen. Mit komplett ausgestatteter Küche, Balkon oder Terrasse und Pkw-Stellplatz.

Restaurants

Dünenschloss, im gleichnamigen Hotel, Strandstr. 11, Karlshagen, Tel. 03 83 71/26 20. Das Restaurant offeriert nicht allzu teure Fischgerichte, etwa die Rankwitzer Mandelforelle oder das Rotbarschfilet in Bierteig.

Peenemünder Eck, Strandstr. 1a, Karlshagen, Tel. 03 83 71/218 15. Der Gasthof direkt an der Durchgangsstraße bietet Wild- und Fischgerichte und zur Kaffeezeit hausgebackenen Quark- und Streuselkuchen.

Restaurant Strandhotel Ostseebad Karlshagen, Strandpromenade 1, Karlshagen, Tel. 03 83 71/26 90. Geboten wird schmackhafte Fischküche, etwa Filet vom Haffzander auf Rahmsauerkraut. Daneben gibt es auch vegetarische Gerichte und spezielle Kindermenüs (tgl. ab 17.30 Uhr).

29 Peenemünde

Plan Seite 106

Museumsdorf mit Welt bewegender Historie.

Den Norden Usedoms nimmt der *Peenemünder Haken* ein, ein von Niedermooren und Feuchtwiesen geprägter flacher Landstrich zwischen der Ostsee und der Mündung des Peenestroms. Der vorgelagerte Flachwasserbereich mit etlichen Sandbänken sowie der Halbinsel Struck und der Insel Ruden wurde aufrgund der bedeutenden Vogelkolonien bereits 1925 als Naturschutzgebiet ausgewiesen.

Der Hafenort Peenemünde (340 Einw.) selbst liegt am zum Festland ausgerichteten Westufer des Peenemünder Hakens und ist die nördlichste Siedlung Usedoms. Eine Schönheit ist er aber nicht, denn die fast 50-jährige Militärpräsenz hinterließ tiefe Narben. Außerdem vermitteln alte Kasernen und verödete Brachflächen eine nüchterne Atmosphäre. Peenemünde war einst ein Ort des Schreckens, hier in einem Hochtechnologiepark entwickelten die Nazis *Massenvernichtungswaffen*. Wären nach der Wiedervereinigung nicht ein paar zugkräftige Museen entstanden, würde sich wohl kaum ein Feriengast auf den Weg nach Peenemünde machen.

Geschichte Kein anderer Ort Usedoms blickt auf eine so bewegte Historie zurück wie das kleine Peenemünde. Das Fischer- und Bauerndorf wurde 1282 im Pommerschen Urkundenbuch erstmals erwähnt, als Herzog Bogislaw IV. seiner Residenzstadt Wolgast ein Stück Weideland am Peenemünder Haken stiftete. Im Mittelalter war der Peenestrom der alleinige Schifffahrtsweg von der Ostsee ins *Stettiner Haff* mit seinen aufblühenden Hafenstädten und zur Odermündung. Wer den nördlichen Zugang zum Peenestrom beherrschte, kontrollierte folglich das *Einfallstor* nach Pommern. Der kaiserliche Oberbefehlshabers *Albrecht von Wallenstein* (1583–1634) ließ 1628 während des Dreißigjährigen Krieges nahe der heutigen Peenemünder Hafenmole mit Erdwällen eine *Sternschanze* aufwerfen. Zwei Jahre darauf landete der Schwedenkönig *Gustav II. Adolf* mit einem 15 000 Mann starken Heer bei Peenemünde und eroberte von dort aus, ohne auf nennenswerten Widerstand zu stoßen, ganz Usedom. In den folgenden zwei

Museumsmagnet Usedoms: das Historisch-Technische Informationszentrum in Peenemünde mit dem riesigen ehemaligen Kohlekraftwerk und dem Museumsschiff Tarantul 1

Jahrhunderten wechselte die Kontrolle über die Peenemünder Schanze mehrmals zwischen Schweden, Dänemark und Preußen, immer wieder kam es in der Region zu Kämpfen.

Eine folgenschwere Zeit brach für Peenemünde 1936 an, als die Nazis mit dem Bau der **Heeresversuchsanstalt** (HVA) begannen. Der ganze Norden Usedoms wurde ab 1942 zum *Sperrgebiet* erklärt. Das Dorf hatte man 1940 kurzer Hand abgerissen und errichtete an der Stelle ein Kohlekraftwerk, das die Energie für das aufwendige Versuchsprogramm zu liefern hatte. Nach der Kapitulation wurden bis auf das Kraftwerk alle übrigen etwa 70 Gebäude der HVA gesprengt. Auch nach der Gründung der DDR blieb Peenemünde weiterhin Sperrgebiet. Im Hafen stationierte die Nationale Volksarmee einen *Flottenverband*. Nach der Wiedervereinigung zog dann die Bundeswehr in die Barackensiedlung ein, blieb aber nur bis 1994. Seither ist Peenemünde frei von Militär.

Von Raketen und Wissenschaftlern

Gleich an der Ortseinfahrt steht wie ein Mahnmal das monströse Gerippe der alten **Sauerstofffabrik** 1, die selbst die Sprengversuche der Sowjets überstand. In der Fabrikhalle produzierte die HVA flüssigen Treibstoff für ihre Raketen. Vom Maschinenpark ist nichts mehr übrig, denn alles was nicht niet- und nagelfest war, nahmen die Russen mit. Betreten werden darf die Ruine nicht – es herrscht Einsturzgefahr.

TOP TIPP Am großen Hafenbecken befindet sich das Areal des **Historisch-Technischen Informationszentrums** 2 (HTI, Bahnhofstr. 28, Tel. 03 83 71/50 50, www.peenemuende.de, April–Sept. tgl. 9–18 Uhr, Okt. tgl. 10–16 Uhr, Nov.–März Di–So 10–16 Uhr). Zu dem weitläufigen Komplex gehören das frühere Kohlekraftwerk, das heute das Museum des HTI beherbergt, ein Museumsschiff und das Freigelände mit martialischem Kriegsgerät. Im *Kesselhaus* und in der *Turbinenhalle* des Kraftwerks finden im Sommer Vorträge, Theateraufführungen und Konzerte statt. Trotz oder vielleicht auch gerade wegen der schwierigen Themenstellung stößt die 1991 eröffnete Sammlung auf überaus großes Interesse. Mit mehr als 300 000 Besuchern im Jahr gehört sie zu den bedeutendsten Museen in Deutschland.

Das gigantische **Kohlekraftwerk** wurde 1938–42 erbaut und war damals mit einer Leistung von 30 Megawatt das modernste in ganz Europa. Es überstand den Krieg so gut wie unbeschadet und wurde erst 1990 abgeschaltet. Der Backsteinbau entspricht ganz der für Industriebetriebe

Blickfang ersten Ranges: Modell der Rakete A4 auf dem Freigelände des HTI in Peenemünde

im Dritten Reich üblichen sachlichen Formensprache. Der rechteckige Kubus mit einer Grundfläche von 93 x 64 m ruht auf einem Fundament von 3500 Stahlbetonpfählen und ist aus etwa 22 Mio. Ziegeln errichtet. Der *Bekohlungskran* steht am Ende eines etwa 130 m langen Transportbandes über dem Brecherhaus. Dort wurde die Steinkohle zu max. 40 mm großen Stückchen zerkleinert und über ein weiteres Förderband in die Verbrennungskessel geleitet.

Die **Ausstellung** im Kraftwerk gibt auf zwei Etagen einen Einblick in die *Geschichte* der Raketenforschung und -produktion seit 1920, insbesondere im Zusammenhang mit den hier entwickelten V1- und V2-Raketen, die im Zweiten Weltkrieg als Massenvernichtungswaffen eingesetzt wurden. Wand füllende Fotos zeigen die Einschlagstellen der Raketen während der Angriffe auf London 1944/45. Aufschlussreich ist auch das Kurzporträt des leitenden HVA-Ingenieurs *Wernher von Braun*, der nach dem Krieg mit seinem ganzen Team von den USA übernommen wurde und die dortigen Raumfahrt- und Satellitenprogramme maßgeblich mitgestaltete. Außerdem wird die Fliegerin Hanna Reitsch vorgestellt, die als freiwillige Testpilotin in Peenemünde tätig war. Bewegend sind die Dokumentationen zu den Einzelschicksa-

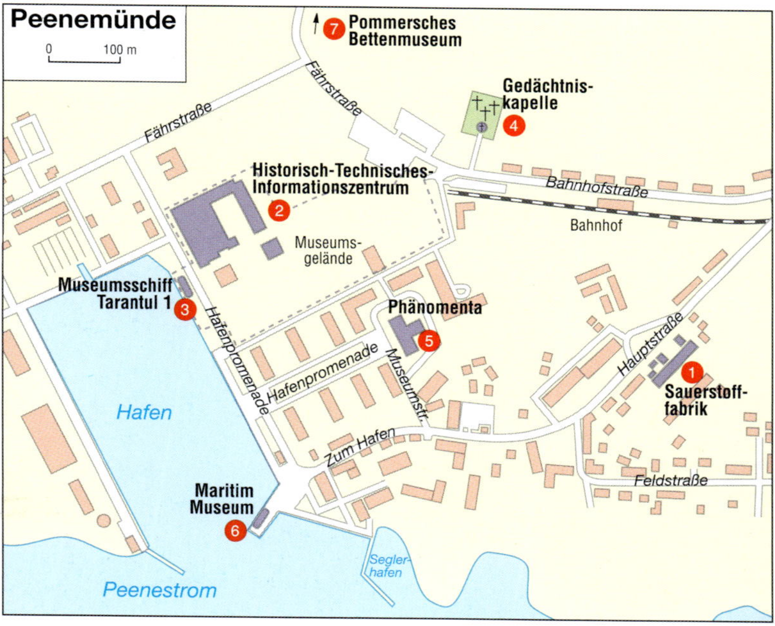

Staatsgeheimnis als Ausstellungsthema: Im Historisch-Technischen Informationszentrum in Peenemünde wird die Operation Hydra der Heeresversuchsanstalt dokumentiert

Alptraum Heeresversuchsanstalt

Auf der Suche nach einem günstigen Standort für ein Forschungszentrum überflog Ende 1935 der junge Ingenieur **Wernher von Braun** (1912–1977) den Norden Usedoms. Seine Wahl fiel auf den abgeschiedenen und eher dünn besiedelten Peenemünder Haken. Wenig später wurde der Fischerort **Peenemünde** zwangsgeräumt und der Nordteil der Insel als Sperrgebiet abgeschirmt.

Bereits im August 1936 begann der Aufbau der **Heeresversuchsanstalt** (HVA). Spätestens seit Kriegsbeginn wurde hier nun unter dem Deckmantel der Forschung zur Raumfahrt an der Erprobung von *Massenvernichtungswaffen* gearbeitet. In das Peenemünder Projekt waren 10 000–15 000 Menschen eingespannt: Techniker, Wissenschaftler, Militärs und vor allem Zwangsarbeiter und KZ-Häftlinge aus ganz Europa. Am 3. Oktober 1942 konnte die erste Rakete erfolgreich gezündet werden. Sie erreichte eine Höhe von 84,5 km, verließ damit als erste die Erdatmosphäre, und brachte es auf eine Reichweite von 90,6 km.

Trotz noch so strenger Geheimhaltung bekamen die Engländer schließlich Wind von der Sache. Im Rahmen der **Operation Hydra** flog in der Nacht vom 17. auf den 18. August 1943 fast die gesamte britische Bomberflotte mit 596 Maschinen einen Angriff auf Peenemünde. Wegen falscher Zielmarkierungen traf es aber vornehmlich die Wohnlager in Trassenheide, unter den 730 Toten waren über 500 Zwangsarbeiter. Die Schäden in der HVA aber hielten sich in Grenzen. Als Folge der Angriffe lagerten die Nazis die *Produktion* in eine unterirdische Fabrik bei Nordhausen im Harz aus, die Forschungsabteilung blieb aber weiterhin in Peenemünde. Im Sommer 1944 waren die ersten mit Bomben bestückten Raketen einsatzfähig. Kriegsentscheidend waren sie nicht mehr, Schaden richteten sie dennoch mehr als genug an. Bis zur Kapitulation wurden rund 3000 V1- und 22 000 V2-Raketen auf belgische, französische und englische Städte abgeschossen. Allein in London fielen zwischen Juni 1944 und März 1945 dem Raketenbeschuss über 8000 Menschen zum Opfer.

len der Zwangsarbeiter und KZ-Häftlinge. Eindrucksvolle Bilder zeigt auch der *Dokumentarfilm* ›Peenemünde – Schatten eines Mythos‹. Frühere Mitarbeiter der HVA berichten darin von Leben und Arbeit in der Waffenschmiede. Historische Aufnahmen von den Raketenversuchen runden das Gesamtbild ab.

Eine zweite Abteilung der Ausstellung widmet sich der *Weltraumforschung nach 1945,* wobei der Wettlauf zwischen dem Sputnik-Programm der Russen und den Apollo-Flügen der Amerikaner einen breiten Raum einnimmt.

Auf dem **Freigelände** vor der Bunkerwarte, der Schaltzentrale des Kraftwerks, steht ein originalgetreues Modell der 14 m hohen *Rakete A4* (d. h. Aggregat 4, später als Vergeltungswaffe V2 bezeichnet). Diese erste Fernrakete der Welt wurde von Wernher von Braun entwickelt und am 3. Oktober 1942 erstmals erfolgreich gezündet. Desweiteren sind hier aus dem DDR-Nachlass der Nationalen Volksarmee etliche Hubschrauber, Bodenluftraketen und sowjetische Jagdflugzeuge vom Typ MIG versammelt.

Im Hafen liegt vor dem früheren Siebhaus das **Museumsschiff Tarantul 1** 3. Das russische Raketenschnellboot Baujahr 1986 war bis 1990 im Dienst der DDR-Volksmarine in Dranske auf Rügen stationiert, seit 1994 gehört es zur Sammlung des HTI. Ein Gang über das 56 m lange Schiff führt zu den Aufbewahrungsmagazinen der Flugabwehrraketen, zu den Offizierskammern und auf die Brücke.

Von Experimenten, U-Booten und Betten

Nahe dem Parkplatz des Museumsgeländes steht die einstige Friedhofskapelle von Peenemünde. Der achteckige Fachwerkbau von 1876 wurde 1993 zum 50. Jahrestag des Bombenangriffes auf die HVA von Grund auf restauriert und dient seither als **Gedächtniskapelle** 4 für die Kriegsopfer. Vor der Kapelle erinnert ein *Gedenkstein* an den Schwedenkönig Gustav II. Adolf, dessen Truppen im Dreißigjährigen Krieg in Peenemünde an Land gingen und Usedom besetzten.

Östlich des HTI bietet das seit dem Jahr 2000 bestehende interaktive Museum **Phänomenta** 5 (Museumsstr. 12, Tel. 03 83 71/260 66, www.phaenomenta-peenemuende.de, Mitte März–Okt. tgl. 10–18, 20. Dez.–4. Jan. , 6.–13. Febr. tgl. 11–16 Uhr) Erlebnisse für Jung und Alt. Rund 250 Experimentierstationen und Exponate aus Physik und Technik laden zum Mitmachen und Ausprobieren ein, die meisten davon begeisterten auf der EXPO 2000 in Hannover ein Millionenpublikum. Eine besondere Attraktion ist der *Astronautentrainer*, in dem die Schwerelosigkeit des Weltraums erfahrbar wird. Ferner kann man mit einem Paukenschlag eine Kerze ausblasen, in eine Seifenblase kriechen oder sich in einem Spiegel von hinten sehen. Mit dem Trabi-Heber schließlich kann jedes Kind mühelos einen 770 kg schwerer Trabant hochstemmen. Das Museum organisiert übrigens äußerst spannende Kindergeburtstage, die den kleinen Gästen noch lange in Erinnerung bleiben, schließlich können sie dann in der Sammlung nach Herzenslust spielen.

Die Attraktion im Peenemünder Hafen ist das **Maritim Museum** 6 (Tel. 03 83 71/ 285 65, April–Juni, Mitte Sept.–Okt tgl. 10–18 Uhr, Juli–Mitte Sept. tgl. 9–21 Uhr, Nov.–März tgl. 10–16 Uhr). Am Pier des einstigen Marinestützpunktes der DDR liegt das russische *Unterseeboot Juliett U-461* vertäut. Es wurde 1961 gebaut und führte im Dienst der Baltischen Rotbannerflotte bis 1991 Übungs- und Patrouillenfahrten im Nordatlantik durch. Seit 1998 befindet sich die U-461 im ›Ruhestand‹ in Peenemünde. Allein die *technischen Daten* des 86 m langen und 10 m breiten und damit weltweit größten U-Boots sind beeindruckend. Der Koloss wiegt 4127 t, angetrieben wurde er von zwei Dieselmotoren mit jeweils 4000 PS. Das Boot hatte eine Reichweite von 18 000 sm, konnte bis zu 300 m tief tauchen und war mit Torpedos und Marschflugkörpern bestückt. Der *Rundgang* durch das Innenleben des Museumsschiffs empfiehlt sich nur für gelenkige und nicht allzu korpulente Personen, da etliche Luken mit einem Durchmesser von 80 cm durchstiegen werden müssen. Die beengenden Verhältnisse sind es dann auch, die besonders auffallen, sei es in den Mannschaftsquartieren, der Offiziersmesse oder der Kombüse, unvorstellbar, dass eine Besatzung von 80 Mann hier leben und arbeiten konnte. Das Schaltpult und die Steuerautomatik für das Horizontalruder vermitteln einen Eindruck von der komplizierten Funktionsweise des U-Boots, auch wenn die Technik naturgemäß nicht modernem Standard entspricht.

Eine humoristische Note erhält die alles in allem nachdenklich stimmenge Peenemünder Museumslandschaft durch das **Pommersche Bettenmuseum** 7 (Am Flugplatz 2, Tel. 03 83 71/282 95, April–Okt. 10–17 Uhr). Hier wird unterhaltsam aufgezeigt, wie man sich zu Uromas Zeiten bettete. Von verschiedenen Bettgestellen über Nachtgewänder, Nachtgeschirr und Wärmflaschen ist alles rund um den Schlaf zusammengetragen. Dabei werden so wichtige Fragen beantwortet, wie auf was Erich Honecker schlief und wie man als Astronaut im Weltall zur Ruhe kommt. Wer möchte, kann sich in Schlummerposition bekleidet mit einem nostalgischen Nachtkostüm für ein Erinnerungsfoto ablichten lassen.

Praktische Hinweise

Einkaufen

Alte Wache, Zum Hafen 4, Peenemünde, Tel./Fax 03 83 71/214 64, www.altewache-peenemuende.de. Der Buchladen im Wachgebäude des früheren Marinestützpunktes lässt keine Fragen zu Usedom und der Raketenversuchsanstalt offen. Nebenan gibt es ein kleine Cafébar.

Hotels

****Haus Arielle**, Feldstr. 13, Peenemünde, Tel. 03 83 71/265 97, Fax 03 83 71/265 98, www.haus-arielle.de. Das hübsche neue Reetdachhaus beherbergt sechs großzügig geschnittene Ferienwohnungen mit wahlweise einem oder zwei Schlafzimmern, Küchenzeile sowie Terrasse bzw. Balkon. Die Apartments im Obergeschoss sind über eine Außentreppe zugänglich. Im Garten gibt es einen Grillplatz. Haustiere sind willkommen, werden jedoch extra berechnet. Nichtraucher-Unterkunft.

****Pension am Deich**, Feldstr. 1a, Peenemünde, Tel. 03 83 71/285 82, Fax 03 83 71/286 12, www.usedom-hotel.de. Das kleine familiäre Haus verfügt über sechs hübsch mit Polster- und Korbmöbeln eingerichtete Zimmer mit TV sowie eine geräumige Ferienwohnung mit zwei Schlafzimmern, Wohnbereich und großer Küche.

Restaurants

Feldsalonwagen, auf dem Museumsgelände des HTI. Der frühere Manöver-Verpflegungswagen für Minister und Generäle der NVA stellt das originelle Ambiente. Offeriert werden Kaffee und Kuchen sowie kleine Gerichte, etwa

Das begehbare Unterseeboot Juliett U-461 ist die größte Sensation des Maritim Museum

milchsauer eingelegter Brathering oder ukrainische Krautsuppe.

Flunder, Hafenpromenade 7, Peenemünde, Tel. 03 83 71/219 95. In dem nicht allzu teuren Fischlokal gibt es Flunder in allen Variationen: geschnetzelt, gebraten mit Speckstippe (Specksauce) oder als Filet im Bierteig. Man sitzt auf Plastikstühlen im geschützten Wintergarten mit Blick auf das Museums-U-Boot.

Zur Zwiebel, Peeneplatz 3, Peenemünde, Tel. 03 83 71/264 39, www.zwiebelseiten.de. In dem Traditionslokal stillten früher die Matrosen der 1. Flottille ihren Durst, heute genießen Museumsbesucher deftige Hausmannskost. Eine Spezialität ist die Edelfischplatte aus der Pfanne. Zum Gasthof gehören auch eine Fischräucherei und ein kleines Hotel.

Café

Café am Deich, Feldstr. 1 a, Peenemünde, Tel. 03 83 71/285 82. In dem gemütlichen Café hat man die Qual der Wahl zwischen 92 Kaffeevariationen, dazu gibt es hausgemachten Kuchen (Mo geschl.).

Besuch auf dem Festland – Brückenpfeiler zur Insel Usedom

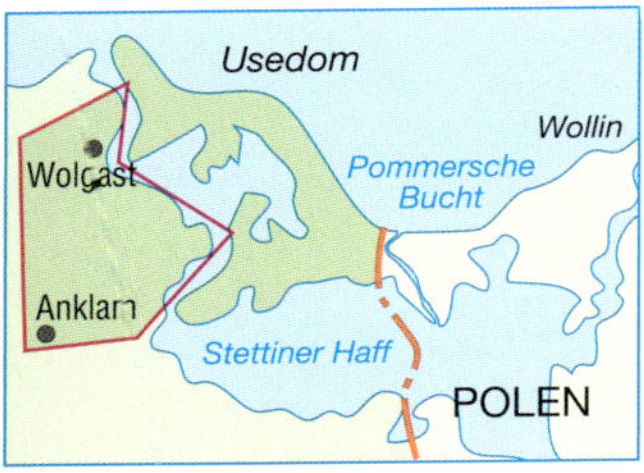

Die Insel Usedom ist vom Festland durch den **Peenestrom** getrennt, einen breiten Mündungsarm der Oder, der am Peenemünder Haken in die Ostsee fließt. Die Festlandküste ist größtenteils in den *Naturpark Usedom* integriert, das sensible Ökosystem im Mündungsbereich des Stroms steht ebenso unter besonderem Schutz wie die angrenzenden Niedermoore und Heidegebiete. Auf der Festlandseite der Wasserstraße markieren die beiden alten Hansestädte Wolgast und Anklam die Eingangstore nach Usedom. **Wolgast** im Norden ist durch die *›Blaues Wunder‹* genannte Brücke mit der Ferieninsel verbunden. Die Hafenstadt gefällt durch ihr hübsch saniertes barockes Zentrum, vom Turm der *St.-Petri-Kirche* bietet sich über den Peenestrom hinweg ein eindrucksvoller Blick auf Usedom. Etwa auf halber Strecke nach Süden, vis-à-vis vom Usedomer Lieper Winkel, ist das Landstädtchen **Lassan** einen Besuch wert. Der proper wirkende Ort erzählt vom alten Handwerk der Fischer, Müller und Tischler. Vor allem letztere haben es hier zu einer hohen Kunstfertigkeit gebracht, was allein die hübschen Türen der *Ackerbürgerhäuser* unter Beweis stellen. **Anklam,** der südliche Brückenpfeiler nach Usedom, steht ganz im Zeichen des Flugpioniers Otto Lilienthal. Das dem berühmtesten Sohn der Stadt gewidmete *Museum* lässt keine Frage zum Thema Fliegen offen und erklärt wie ein Traum der Menschheit in Erfüllung ging.

30 Wolgast

Plan Seite 112

Alte Pommernresidenz am Peenestrom, das nördliche Eingangstor nach Usedom.

Die Hafen- und Werftstadt Wolgast (13 000 Einw.) ist für viele Usedom-Urlauber ein Ausflugsziel für einen Regentag. Schade, denn gerade bei schönem Wetter entfaltet die einstige Herzogsresidenz ihren Charme. Die Kleinstadt am Peenestrom hat in den letzten Jahren erfolgreich ihr graues DDR-Erbe abgestreift und präsentiert sich mit frisch herausgeputzten barocken Kaufmanns- und Kapitänshäusern sowie alten Getreidespeichern in neuem Gewand. Modernes Wahrzeichen von Wolgast ist die 1996 eingeweihte *Hebebrücke*, die dem Autoverkehr nach Usedom zur Verfügung steht. Über die wegen ihres auffälligen Anstrichs ›Blaues Wunder‹ genannte Brücke verbindet seit 2000, nach 55-jähriger Unterbrechung, auch wieder eine Bahnlinie das Festland mit der Insel.

*Highlights vor den Toren Usedoms: Das ›Blaue Wunder‹ von Wolgast (**oben**) und das eindrucksvolle Otto-Lilienthal-Museum in Anklam (**unten**)*

Kleinstadt mit großer Vergangenheit

Im 7. Jh. gründete der slawische Stamm der Liutizen am Peenestrom einen Ort namens *Hologost*. Von der Burg auf der heutigen Schlossinsel kontrollierten die Liutizen die Zufahrt ins Stettiner Haff. Wegen seiner strategisch bedeutsamen Lage überfielen 919 die Dänen den damals *Castrum Wolgast* genannten Ort, gut 200 Jahre darauf eroberte der Pommernkönig Wartislaw I. (um 1100–1153) die Siedlung. Dieser ließ sich 1128 von Bischof Otto von Bamberg taufen und errichtete auf der Anhöhe gegenüber der Schlossinsel eine Kirche über den Resten eines geschleiften Tempels.

Wolgast erhielt 1282 das Stadtrecht und wurde 1295 *Hauptstadt* des Herzogtums Pommern-Wolgast. Der Marktflecken schloss sich der Hanse an und stieg zu einem überregionalen Handelszentrum auf. Die alte slawische Burg wurde zu einem der prächtigsten *Schlösser* Norddeutschlands ausgebaut und bestimmte über Jahrhunderte die Silhouette der Stadt. Wolgast blieb für 330 Jahre Residenzstadt, bis 1625 mit dem Tode von Herzog Philipp Julius das Wolgaster Adelsgeschlecht ausstarb und sich die politische Macht nach Stettin verlagerte. Im Dreißigjährigen Krieg fiel die Stadt an die Schweden, im Zweiten Nordischen Krieg wurde sie 1713 von den Russen nahezu komplett eingeäschert. Unter Beibehaltung des mittelalterlichen Grundrisses machten sich die Bewohner unverdrossen an den Wiederaufbau. Im aufstrebenden Hafen wurde bald ein Großteil der pommerschen Getreideernte umgeschlagen. Eine Werftindustrie entstand, Wolgaster Segler waren fortan auf allen Weltmeeren zuhause. Mitte des 19. Jh. wurden dieses jedoch von der aufkommenden Dampfschifffahrt ins Abseits gedrängt und der Wolgaster Hafen musste seine Führungsrolle an den neuen Seehafen Swinemünde abgeben.

Nach dem Zweiten Weltkrieg, in der Zeispanne von 1952 bis 1993, war Wolgast *Kreisstadt*, ihr unterstand auch der deutsche Teil Usedoms. Wichtigster Wirtschaftsfaktor ist heute die *Peenewerft*, die bis zur Wiedervereinigung Marinewerft der DDR war und auch nach der Privatisierung volle Auftragsbücher schreibt. Die sanierten Kaianlagen des Stadthafens sind auch ein beliebtes Ziel von Flusskreuzfahrten.

Schlossinsel, Museumsmeile und barocke Altstadt

Wolgast erschließt sich am besten von der östlich der Altstadt vorgelagerten **Schlossinsel** 1, auf der es in der Regel gute Parkmöglichkeiten gibt. An das Residenzschloss der Pommernherzöge erinnert heute nur noch der Name der Insel. Der Renaissancebau selbst wurde im Dreißigjährigen Krieg stark beschädigt und verfiel zunehmend, sodass die Ruine 1798, noch unter der Herrschaft der Schweden, als Steinbruch freigegeben wurde. 1995 konnten bei Räumungsarbeiten lediglich die Kellergewölbe freigelegt werden.

Die Attraktion auf der Schlossinsel ist der **Museumshafen** 2. An der Mole vor einem restaurierten Kornspeicher ankert seit 1997 das *Dampffährschiff ›Stralsund‹* (Tel. 038 36/20 30 41, Sept.–Mai Di–Fr 10–17, Sa 10–14 Uhr, Juni–Aug. Di–Fr 10–18, Sa/So 10–14 Uhr, Winter nach Vereinbarung). Eine Ausstellung informiert über die wichtigsten Einsatzgebiete des 1890 vom Stapel gelaufenen Schiffes. Kurz nach ihrem hundertjährigen Jubiläum wurde die ›Stralsund‹ 1990 in den Ruhe-

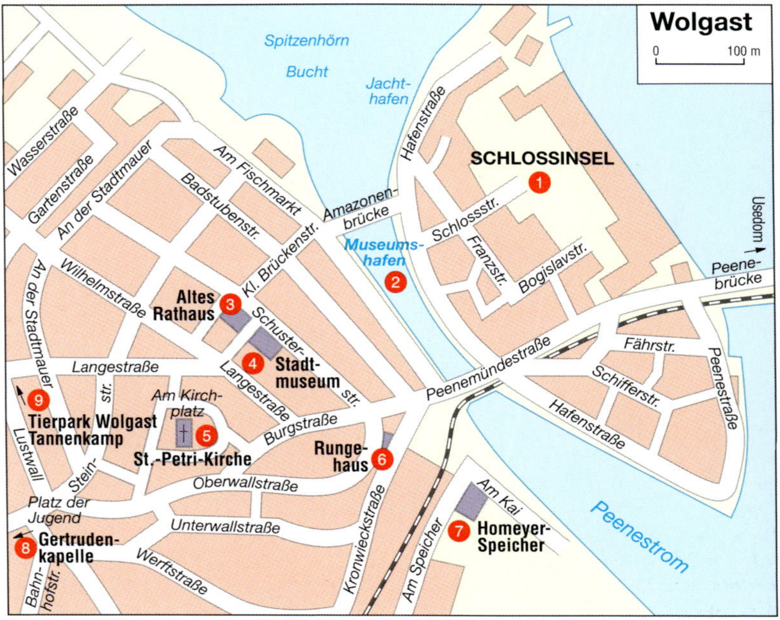

Einst Pommernresidenz und Hansestadt: Wolgast hat sich mit seinen schmucken Barockhäusern und mittelalterlichen Straßen seinen unverwechselbaren Charme bewahrt

stand versetzt. Das technische Denkmal gilt als die weltweit älteste Fähre ihrer Art. Während der Besichtigung stehen die Kapitänskammer und der Maschinenraum offen. Im Jahr 2000 bekam die ›Stralsund‹ durch den ausgemusterten *Schlepper ›Steppke‹* (Baujahr 1888, nicht zugänglich) Gesellschaft, der bis dato im Dienst der Peenewerft stand.

Vom Museumshafen erreicht man über die *Amazonenbrücke* die überschaubare **Altstadt**. Sie war im Mittelalter von einem Mauerring eingefasst, von dem noch Reste in der Oberwallstraße und am Lustwall erhalten sind. Die drei Stadttore riss man 1850 aus verkehrstechnischen Gründen ab. Auf dem *Marktplatz* zieht das hübsche **Alte Rathaus** 3 die Aufmerksamkeit auf sich. Seine ältesten Bauteile stammen aus dem frühen 15. Jh. Den barocken Giebel mit dem aufgesetzten Turmreiter erhielt der Repräsentationsbau nach dem Stadtbrand von 1713. Die beiden über drei Geschosse schrittweise zurückgestuften Pfeiler zuseiten des hübsch bemalten Rundbogenportals stammen vom Vorgängerbau. In den Räumlichkeiten des denkmalgeschützten Hauses sind heute die Wolgast-Information und das Standesamt untergebracht. Der *Brunnen* (1936) vor dem Rathaus ist eine Arbeit von Kurt Baer. Er ist mit zehn Reliefs geschmückt, die

Szenen aus der Stadtgeschichte zeigen. Rund um den Brunnen werden jeden Donnerstag auf dem *Altstadtmarkt* überwiegend Frischprodukte aus der Region angeboten.

Schräg neben dem Rathaus ist im ältesten Profanbau von Wolgast, einem Kornspeicher aus dem 17. Jh., das **Stadtmuseum** 4 (Tel. 038 36/20 30 41, Juni–Aug. Di–Fr 10–18, Sa/So 10–16 Uhr, Sept.–Mai Di–Fr 10–17, Sa 10–14 Uhr) untergebracht. Er ist eines von wenigen Gebäuden, die wie durch ein Wunder die Feuersbrunst von 1713 überstanden. Das Fachwerkhaus mit seiner Dachhaube im holländischen Stil ähnelt entfernt einer alten *Kaffeemühle* und wird von den Wolgastern auch als solche bezeichnet. 1955 hat man das zwischenzeitlich als Wohn- und Gasthaus genutzte Gebäude zum Museum umgebaut. Hier wird die Geschichte der Peenestadt präsentiert. Auf dem einstigen *Kornboden* befinden sich die historische Werkstatt eines Schuhmachers, eine alte Apotheke und eine Knüpfstube, in der einige Freester (Fischerteppiche) gezeigt werden. Schön anzusehen ist auch die kleine Bernsteinsammlung. Im *Museumsshop* auf dem Dachboden wird Kunsthandwerk der Region zum Kauf angeboten.

Oberhalb vom Marktplatz, auf der höchsten Erhebung der Stadt, thront die

TOP TIPP

imposante spätgotische **St.-Petri-Kirche** 5 (tgl. 9–17 Uhr, Winter Mo–Fr 10–12.30 und 13.30–16 Uhr). Sie steht an der Stelle des Tempels, der nach der Christianisierung der Slawen im 12. Jh. zerstört wurde. Die dreischiffige Backsteinbasilika erhielt ihr heutiges Aussehen im 14./15. Jh. Zwei slawische Steine aus dem 12. Jh. wurde in die Kirche übernommen. Der eine links neben dem Portal zeigt den auf der Weltenkugel thronenden Christus. Der andere an der Ostwand im Inneren, der *Gerovitstein,* zeigt den mit einer Lanze bewaffneten slawischen Hauptgott Gerovit, dem der Tempel geweiht war. Vom 55 m langen Mittelschiff der Kirche haben zumindest die Grundmauern den Brand von 1713 überstanden. Am massigen Turm musste das Dach erneuert werden, es erhielt eine barocke Haube, in die allerdings 1925 der Blitz einschlug. Seither deckt ein schlichtes Pultdach den quadratischen Turm.

Das *Innere* von St. Petri brannte dagegen so gut wie vollständig aus, Reste mittelalterlicher Fresken sind im Gewölbe des Chorumgangs erhalten. Zur ansonsten eher sparsamen Ausstattung gehört der interessante *Totentanzzyklus* (1698–1700) an den Wänden der beiden Seitenschiffe, der ursprünglich an der Empore der Gertrudenkapelle (s. u.) angebracht war. Das Bildprogramm nach

Heilsame Wässerchen von anno dazumal: Das Wolgaster Stadtmuseum dokumentiert mit seiner alten Apotheke ein Stück regionaler Zeitgeschichte

Als imposanter Blickfang beherrscht die wuchtige St.-Petri-Kirche das Stadtbild von Wolgast

Holzschnitten von Hans Holbein d. J. schuf Caspar Sigmund Köppe, die Zweizeiler steuerte Adrian Diedrich Bentschneider bei. Die 24 Szenen zeichnen sich durch ihren überaus lebendigen Erzählstil und mitunter beißenden Humor aus. Sie zeigen den Tod als Skelett, wie er die Menschen ungeachtet ihres Standes und Alters überrascht und mitten aus dem Leben reißt.

Mit graziler Schlichtheit und erhabener Höhe beeindruckt die spätgotische St.-Petri-Kirche in ihrem Inneren

In der *Gruft* unter dem Hochchor befindet sich hinter einer Glasscheibe die Grablege der pommerschen Herzöge. Von den neun *Prunksarkophagen* aus Zinn wurden 1688 alle bis auf zwei Kindersärge von Grabräubern aufgebrochen und dabei stark beschädigt. Von der Herzogsfamilie wurden hier u. a. Philipp I. († 1560) und seine Frau Maria († 1583) sowie der letzte Wolgaster Herzog Philipp Julius († 1625) beigesetzt.

Als Abschluss der Kirchenbesichtigung empfiehlt sich die Besteigung des 56 m hohen *Turmes*. Über eine Wendeltreppe mit 184 Stufen gelangt man zur 40 m hohen Aussichtsplattform. Der mühevolle Aufstieg wird mit einem grandiosen Panorama belohnt – über das barocke Rathaus schaut man auf den Peenestrom und gar bis zur Außenküste Usedoms.

Anschließend geht es über die Oberwallstraße zum **Rungehaus** 6 (Kronwiekstr. 45, Tel. 038 36/20 20 00, Juni–Aug. Di–Fr 10–18, Sa/So 10–16 Uhr, Sept.–Mai Di–Fr 10–17, Sa 10–14 Uhr). Das spätbarocke zweistöckige Traufenhaus aus der zweiten Hälfte des 18. Jh. war einst Kapitänsdomizil. Hier erblickte *Philipp Otto Runge* (1777–1810) das Licht der Welt. Er gilt zusammen mit dem Greifswalder Caspar David Friedrich als Begründer der deutschen Romantik auf dem Gebiet der Malerei. Der berühmteste Sohn der Stadt wird in seinem Geburtshaus mit einer permanenten Ausstellung geehrt. Seine Gemälde sind allerdings nur als *Reproduktionen* präsent, die meisten Originale befinden sich in der Hamburger Kunsthalle. In der Wolgaster Sammlung werden ganz andere Seiten des multitalentierten Malers gezeigt. Vorgestellt wird z. B. die *Runge'sche Farbenlehre*, die bis heute Gültigkeit hat. Runge entwickelte ein dreidimensionales Farbsystem in Form eine Kugel, das die Farben in ihrer Beziehung zueinander dokumentiert. Ferner schrieb er Abhandlungen über die *Landschaftsmalerei*, zeichnete aber auch die beiden pommerschen *Märchen* ›Vom Fischer un syner Fru‹ und ›Von dem Machandelboom‹ für die Gebrüder Grimm auf. Ebenfalls kaum bekannt ist, dass Runge das gespiegelte Kartenbild im französischen *Spielkartenblatt* entworfen hat. Im Bastelraum des Museums können sich Kinder am *Scherenschnitt* versuchen, eine weitere Kunstfertigkeit, die Runge meisterhaft beherrschte.

Der Schrecken des Todes macht nicht Halt vor Stand und Alter: Der Totentanzzyklus an den Seitenschiffwänden der St.-Petri-Kirche entstand nach einem Vorbild von Hans Holbein

Ein ganz anderes Bild bietet sich am Kai des Nordhafens, wo der imposante **Homeyer-Speicher** 7 die Blicke auf sich zieht. Der 1835 errichtete dreigeschossige Ziegelfachwerkbau war mit 80 m Länge und 18 m Breite seinerzeit das größte Speichergebäude an der Ostseeküste und bot auf sechs Schüttböden Platz für 5000 t Getreide. Wegen des sumpfigen Untergrundes im Hafengelände setzte man das Lagerhaus vorsorglich auf 99 Eichenpfähle – sie haben bis heute gehalten.

Südöstlich des Zentrums lohnt die **Gertrudenkapelle** 8 (Feldstr., nach Vereinbarung beim Stadtmuseum, Tel. 038 36/20 30 41) auf dem alten Friedhof einen Besuch. Die 1420 vor den Toren der Stadt erbaute zwölfeckige Kapelle war ursprünglich Teil eines Hospizes und später Begräbniskapelle. Unter ihrem Zeltdach birgt dieses besonders hübsche Beispiel norddeutscher Backsteingotik ein prächtiges Sterngewölbe, das einzig auf dem Mittelpfeiler ruht. Im Stil erinnert die Kapelle entfernt an die viel größere Erlöserkirche in Jerusalem.

Der **Tierpark Wolgast Tannenkamp** 9 (Tel. 038 36/20 37 13, www.tierparkwolgast.de, Mai–Sept. tgl. 9–18, Okt.–April tgl. 9–16 Uhr) am nördlichen Stadtrand präsentiert seit 1960 auf einem 10 ha großen Areal in naturbelassener Waldkulisse etwa 400 Tiere. Zu den 52 Arten gehören neben heimischen Hirschen, Wildschweinen und Bibern auch etliche außereuropäische Arten, darunter südamerikanische Nasenbären und afrikanische Zwergziegen. Besondere Publikumslieblingen sind Paviane, Kapuzineraffen und Weißbüscheläffchen im Affengehege.

i Praktische Hinweise

Information

Wolgast-Information, Rathausplatz 10, Wolgast, Tel./Fax 038 36/60 01 18, www.wolgast.de

Schiff

Nord-Ost-Reederei Wolgast, Hafenstr. 1 b, Wolgast, Tel./Fax 038 36/20 32 20. Auf einer 60-minütigen Rundfahrt ab dem Wolgaster Hafen können die Hebebrücke ›Blaues Wunder‹ und die Werftanlagen vom Wasser aus betrachtet werden. Ferner werden Ausflüge auf dem Achterwasser und zur Insel Ruden angeboten.

Gemütlicher Ausklang eines Stadtbummels: Restaurant Alter Speicher im Museumshafen

Sport

Angeln-Exklusiv, Am Fischmarkt, im Museumshafen, Wolgast, Tel. 01 71/721 97 12, www.angeln-exklusiv.de. Zu den Fischgründen im Peenestrom werden Angelfahrten organisiert. Wer auf eigene Faust los will, kann sich ein Außenborderboot mieten, auch Angelausrüstung und Regenzeug können ausgeliehen werden.

Segelschule Rückenwind, Hafenstr. 4, Wolgast, Tel. 038 36/60 00 13, Fax 038 36/23 47 50, www.segelschule-rueckenwind.de. Die renommierte Schule bietet ein komplettes Kursprogramm für Segler und Motorbootfahrer, angefangen von Kinder- und Schnupperkursen in der Optimistenklassen bis hin zur Abnahme des amtlichen Sportbootführerscheins.

Hotels

****Petris Garten**, Langestr. 1, Wolgast, Tel./Fax 038 36/23 77 35, www.hotel-petris-garten.de. Die freundliche Familienpension in einem alten Fachwerkhaus bietet sieben einfache Zimmer, im angeschlossenen Restaurant gibt deutsche und italienische Küche. Bei Radfahrern sehr beliebt.

**Weidehof, Tannenkampweg 52, Wolgast, Tel. 038 36/23 40 20, Fax 038 36/23 40 22. Der einstige Gutshof 4 km nördlich von Wolgast ist vor allem für Pferdenarren interessant. Man kann Reitunterricht nehmen und Ausritte entlang des Peenestroms machen. Die hellen Zimmer in dem reetgedeckten Bauernhaus sind mit Massivholzmöbeln eingerichtet und verfügen über moderne Bäder.

Restaurants

Alter Speicher, Hafenstr. 4, Wolgast, Tel. 038 36/20 59 94. Das urige Gasthaus mit maritimem Flair befindet sich im ersten Stock des früheren Kornspeichers am Museumshafen. Mit eigener Fischräucherei und im Sommer mit Hofbewirtschaftung. Am Wochenende gibt es gelegentlich Livemusik.

Zum Alten Schweden, Breite Str. 18 b, Wolgast, Tel. 038 36/273 70, www.zum-alten-schweden.de. In dem gemütlich eingerichteten kleinen Gastraum wird nicht allzu teure gutbürgerliche Küche geboten. Spezialitäten sind Grillgerichte, etwa der Filetteller mit Champignons und Kroketten (Mo geschl.).

31 Lassan

Sympathischer Fischerort vis-à-vis des Usedomer Lieper Winkels.

Die Kleinstadt Lassan (1600 Einw.) liegt beschaulich auf einer lang gestreckten Endmoräne, die sanft abfallend in eine Ausbuchtung des Peenestroms mündet. Das Erscheinungsbild des Ortes hat sich in den letzten 200 Jahren kaum verändert. Die einstöckigen Ackerbürgerhäuser gruppieren sich um zwei parallele Straßenzüge, die am Hafenplatz zusammenlaufen. Dank der Aufnahme in das Städteförderungsprogramm des Landes Mecklenburg-Vorpommern wirkt Lassan heute wie aus dem Ei gepellt. Seit 1991 wurde der Ort grundlegend saniert und hat sich zu einem der attraktivsten der Region gemausert. In der *Wendenstraße* und der *Langen Straße* reihen sich in heiteren Farben gehaltene Fassaden, darunter auch schmucke Fachwerkbauten, aneinander. Hier wurde so manches Detail sorgfältig herausgearbeitet, attraktive Hingucker sind etwa die hübsch bemalten Haustüren und die in das Straßenpflaster eingelassene Klinkerspuren.

Die niedrigen Häuserzeilen werden von der Stadtkirche **St. Johannes** überragt. Der quadratische Backsteinchor der dreischiffigen ansonsten spätgotischen Hallenkirche entstand Mitte des 13. Jh. Der wuchtige *Westturm* hat im Obergeschoss hübsche zweiteilige Blendbögen, sein mit Schindeln gedecktes achteckiges Pyramidendach erhielt er im 17. Jh. Von dem ursprünglich vierstimmigen Geläut hat nur die 1731 in Stralsund gegossene große Glocke überlebt, die anderen wurden im Zweiten Weltkrieg eingeschmolzen und erst 2001 ersetzt. Von der *Innenausstattung* ist der Schnitzaltar im Chor mit den vier Evangelisten hervorzuheben. Es ist eine Arbeit des Stralsunder Meisters Elias Keßler, eines der bekanntesten Bildschnitzer des norddeutschen Barock. Von ihm stammt auch die mit Putten besetzte Kanzel.

Westlich der Kirche lohnt die denkmalgeschützte **Lassaner Mühle** den Besuch. Der Standort der Wassermühle ist bereits seit 1410 bezeugt, der heutige zweigeschossige Fachwerkbau entstand 1907. Seit 1988 beherbergt er das **Heimatmuseum** (Mühlenstr. 2 a, Tel. 039 71/24 55 00, Juni–Sept. Mo–Fr 10–12 und 13–16, Sa 10–12 und 14–16, So 10–12 Uhr, ansonsten nach Vereinbarung, Tel. 039 71/802 34). Im Hochparterre wird die Stadtgeschichte aufgezeigt. Das Obergeschoss macht mit verschiedenen Erwerbszweigen bekannt, wobei dem Tischlerhandwerk eine besondere Bedeutung zukommt. Ein Schmuckstück des Museums ist das Zunftgeschirr der Schreinerinnung von 1786. Im Keller werden mit einer alten Schmiede und Exponaten zum Stellmacherhandwerk weitere Berufsgruppen der Lassaner vorgestellt.

Im Rahmen der Stadtsanierung wurde auch der **Hafen** erneuert, mit 42 Liegeplätzen ist er heute ein beliebter Anleger für Kanuten und Ruderer auf Wasserwanderung. In den Sommermonaten verbindet ein Fahrgastschiff mit den Usedomer Häfen im Lieper Winkel und mit Netzelkow auf dem Usedomer Gnitz. Direkt am Hafen soll künftig eine Apartmentanlage das bislang bescheidene Unterkunftsangebot erweitern. Am Koppelbusch östlich vom Bootsanleger sind in einem kleinen *Freilichtmuseum* Reusen, Netze und anderes Handwerkszeug der Fischer ausgestellt.

Viel ist also seit der Wiedervereinigung angepackt und umgesetzt worden. Als nächstes ist die Sanierung des alten *Pfarrhauses* geplant, einem Backsteinfachwerkbau aus der Mitte des 18. Jh. Auch wird erwogen die Reste der um 1300 errichten *Stadtmauer* zu restaurieren, welche im Spätmittelalter die landseitige Flanke der Stadt sicherte.

Praktische Hinweise

Information

Fremdenverkehrsverein, Lange Str. 55–57, Lassan, Tel. 03 83 74/51 11, Fax 03 83 74/51 12, www.lassan.de

Schiff

Peeneströper, Lassan, Tel. 039 71/25 98 85, peenestroeper-anklam@t-online.de. Die ›MS Felix‹ verbindet in den Sommermonaten dreimal wöchentlich mit Usedom: Es geht nach Pankwitz und Netzelkow und auf eine Rundfahrt zur Karniner Brücke.

Hotel

*__Ackerbürgerei__, Lange Str. 55–57, Lassan, Tel. 03 83 74/51 11, Fax 03 83 74/51 12, www.ackerbuergerei.de. Gemütliche Gaststätte mit regionaler Küche, der Renner ist Boddenzander mit Blattspinat. Es gibt einen lauschigen Innenhof und eine Caféterrasse. Es werden auch komfortable Ferienwohnungen vermietet. Geboten werden Bootsverleih aller Art sowie ein vielseitiges Kursprogramm.

Wie ein Vogel durch die Lüfte gleiten: Mit dem Großen Doppeldecker und anderen Flugapparaten erzählt das Otto-Lilienthal-Museum in Anklam von den großen Taten des Flugpioniers

32 Anklam

Hansestadt und Industriestandort an der Peene, Geburtsort des Flugpioniers Otto Lilienthal und südliches Tor nach Usedom.

Die Kreisstadt Anklam (16 500 Einw.) ist nicht gerade hübsch. Der Ort hat im Zweiten Weltkrieg stark gelitten, Luftangriffe zerstörten mehr als zwei Drittel der Altstadt, und die Architektur der Nachkriegszeit gehorchte mehr der Not als ästhetischen Erwägungen. Der Schnittpunkt der Bundesstraßen 109, 110, 197 und 199 sowie ein Haltepunkt an der Bahnstrecke Berlin–Stralsund, ein Regionalflughafen und der kleine Hafen machen die alte Hansestadt zu einem bedeutsamen Verkehrsknotenpunkt. Von Anklam aus wird seit 1994 die Insel Usedom verwaltet.

Geschichte In strategischer Lage auf einem Moränenhügel im Urstromtal der Peene wurde vor etwa 1000 Jahren eine slawische Burg errichtet. 1243 als *Tachlim* erstmals erwähnt erhielt der aufstrebende Marktflecken 1264 von dem Pommernherzog Barnem I. das Lübische Stadtrecht. Wiederum knapp 20 Jahre später trat Anklam der *Hanse* bei und zog mit ihr 1361–69 in den Krieg gegen die Dänen. Im Sog der Hanse erlebte Anklam in den folgenden zwei Jahrhunderten eine wirtschaftliche Blüte. Kaufleute und Handwerker aus ganz Europa bevölkerten die Stadt, prächtige Kirchen und Stadttore im Stil der Backsteingotik entstanden. Doch es gab auch Rückschläge, etwa den großen Brand von 1377, der fast die gesamte Stadt zerstörte, oder die Pestepidemie von 1565, bei der 1600 Menschen (ein Drittel der Einwohner) den Tod fanden.

Im Dreißigjährigen Krieg fiel Anklam an die Schweden. Sie ließen im Laufe des 17. Jh. die mittelalterlichen Verteidigungsanlagen verstärken. Unter den preußischen Königen entwickelte sich Anklam zum Industriestandort. Die Nazionalsozialisten machten es schließlich 1936 zur Garnisonsstadt. Dies war der Grund für die mehrmalige Bombardierung durch die Alliierten im Zweiten Weltkrieg. Die größte Zerstörung ging jedoch auf das Konto der Nazis selbst. Als am 29. April 1945 die Rote Armee in die Altstadt eindrang, wusste sich die deutsche Luftwaffe nur dadurch zu helfen, dass sie die Innenstadt in Trümmer legte. Der Wiederaufbau ließ keinen Raum für städtebauliche Experimente und auch mit den Gewerbegebieten an der Peripherie ist kein Schönheitspreis zu gewinnen. Neben klein- und mittelständischen Unternehmen der Bau- und Dienstleistungsbranche sind heute eine Zuckerfabrik und ein Möbelwerk die größten Arbeitgeber.

TOP TIPP ***Besichtigung*** Anklams größte Attraktion ist das **Otto-Lilienthal-Museum** (Ellenbogenstr. 1, Tel. 039 71/ 24 55 00, www.lilienthal-museum.de, Juni–Sept. tgl. 10–17, Nov.–April Mi–Fr 10–15.30, So 14–17 Uhr, sonst und während der Schulferien Di–Fr 10–17 (winter 16), Sa/So 14–17 Uhr) unweit des Bahnhofs. Auf spannende Weise wird hier für Jung und Alt der Traum vom Fliegen in all seinen Facetten beleuchtet. Im Mittelpunkt steht dabei das Lebenswerk des in Anklam geborenen *Flugpioniers* Otto Lilienthal. Highlight der Ausstellung sind die zahlreichen von Lilienthal entwickelten *Flugapparate* in Originalgröße, angefangen vom Derwitzer Apparat (1891), dem ersten erfolgreichen manntragenden Flugzeug, bis hin zum Großen Doppeldecker (1895) und dem mit einem Motor versehenen Großen Schlagflügelapparat (1896), der durch den tragischen Absturz des Flugpioniers nicht mehr zur Erprobung kam. Kurios sind auch die wesentlich älteren Luftschiffmodelle ›La Paserola‹ (1709) und ›Minerva‹ (1784), die als Persiflagen auf die um sich greifende Flugbegeisterung im 18. Jh. verstanden werden wollen. Das Museum erwarb außerdem im Jahr 2000 eine 160 Apparate umfassende *Hängegleitersammlung,* mangels Platz ruhen die meisten noch im Depot, besonders schöne Stücke werden im Rahmen von Sonderausstellungen gezeigt. Für Jugendliche steht ein Experimentierraum zur Verfügung, Kinder können sich im Spielzimmer die Zeit vertreiben. Im *Museumsshop* finden Leseratten umfangreiche Literatur zum Thema Fliegen. Dazu werden Modelle von Lilienthals Flugapparaten im Maßstab 1 : 15 angeboten, auch gibt es eine große Auswahl an Bastelsätzen und Faltanweisungen für Papierflieger. 1999 erhielt das Museum als erstes ostdeutsches Museum den ›European Museum of the Year Award‹, 2001 wurde es von der Bundesregierung als ›Kultureller Gedächnisort von nationaler Bedeutung‹ eingestuft.

Das **Aeronauticon** (Tel. 039 71/24 55 00) des Museums auf dem Flugplatz von Anklam ist ein museumspädagogischer Natur- und Erlebnispark rund ums Fliegen für Kinder.

Etwas im Schatten der Lilienthal-Sammlung steht das **Museum im Steintor** (Schulstr. 1, Tel. 039 71/24 55 03, www.museum-im-steintor.de, Mai–Sept. Di–Fr 10–17, Sa/So 14–17 Uhr, Okt.–April Di–Fr 10–16, So 14–17 Uhr), doch lohnt der Besuch allein schon wegen des historischen Bauwerks, in dem es untergebracht ist. Der *Torturm*, er gilt als Wahrzeichen der Stadt, ist mit seinem Staffelgiebel ein schönes Beispiel norddeutscher Backsteingotik und das einzige von ursprünglich sechs Anklamer Stadttoren, das die Wechselfälle der Geschichte überdauerte. Er wurde vermutlich um 1250 errichtet und 200 Jahre später im Rahmen der Verstärkung der mittelalterlichen Stadtmauer auf die heutige Höhe von 32 m aufge-

Schwerelos wie ein Vogel: Otto Lilienthal 1896 bei einem seiner zahlreichen Flugversuche

Lilienthal und der große Traum des Menschen

Man stelle sich jemanden mit selbst gebastelten Flügeln ausgerüstet auf einem Hügel stehend vor. Bei den ›Flügeln‹ aber handelt es sich um mit Baumwolle bespannte Weidenruten, die ganze Konstruktion erinnert eher an eine überdimensionale Fledermaus als an ein *Fluggerät*. Der Erfinder, Konstrukteur und Testpilot ist von seinem Apparat voll und ganz überzeugt. Muss er auch sein. Schon der erste Flug hat erfolgreich zu sein – Sicherheitsvorkehrungen gibt es nicht. Der Mann heißt **Otto Lilienthal**, 1848 in Anklam geboren und seit seiner frühen Kindheit vom Traum des Fliegens besessen. Seine Methode: vom Sprung zum Flug. 1891 glitt er in Derwitz bei Potsdam im sog. *Derwitzer Apparat* einen Berg hinab – 25 m weit. Der Traum war wahr geworden, Lilienthals Flug war der erste eines Menschen überhaupt. Auf das Derwitzer Experiment folgten 2000 Flugversuche mit immer ausgefeilteren **Gleitapparaten**. Manche davon waren ganz nach dem Vorbild der Natur mit Schlagflügeln und Schwanzstabilisierungsflossen ausgestattet. Dem allen voraus gingen jahrelange *Vogelbeobachtungen*, 1889 in seinem Bericht ›Der Vogelflug als Grundlage der Fliegekunst‹ veröffentlicht. Der größte von Lilienthals insgesamt 18 Flugapparaten brachte es auf 9 m Spannweite mit einer Tragfläche von 20 m^2. Die ersten Probesprünge erfolgten von einer 4 m hohen Rampe, in Berlin-Lichterfelde richtete er sich schließlich ein **Übungsgelände** mit einem künstlich aufgeworfenen 15 m hohen Berg ein. Lilienthals größte erreichte Weite waren stolze 25 m, er blieb dabei 30 Sekunden in der Luft. Doch es kam schließlich, wie es kommen musste. Bei einem missglückten Versuch am 9. August 1896 brach sich der Flugpionier einen Halswirbel und starb einen Tag später an den Folgen des Absturzes. Sieben Jahre nach seinem Tod begann mit den amerikanischen Gebrüdern **Orville und Wilbur Wright** die Ära des *Motorflugs* – ein 12 PS-Motor hielt Orville im Dezember 1903 beim ersten Flug 12 Sek. in der Luft ,über eine Distanz von 53 m.

stockt. Nach dem Siebenjährigen Krieg (1756–63) diente der Turm bis 1900 als Gefängnis – die letzte öffentliche Hinrichtung fand 1853 auf dem heutigen Museumsvorplatz statt. Seit 1989 werden im Inneren auf fünf Etagen Exponate zur Regional- und Stadtgeschichte ausgestellt. Das bedeutendste ist der *Anklamer Münzschatz*, der 1995 zufällig bei Grabungsarbeiten im Stadtgebiet entdeckt wurde. In einem 45 x 20 cm großen Kästchen waren neben Silberlöffeln und Schmuck rund 2500 Münzen verwahrt. Darunter befinden sich Geldstücke aus

Wuchtiges Mittelalter: der Westturm der Nikolaikirche, die wieder aufgebaut wird

dem gesamten Ostseeraum wie auch Tiroler, Hamburger und skandinavische Münzen, die ältesten tragen ein Prägedatum aus der ersten Hälfte des 16. Jh. Über 111 Stufen geht es hinauf zur obersten Etage des Museumsturms, von der man einen wunderbaren *Rundblick* über die Stadt genießen kann (wer über 70 Jahre alt ist, darf sich nach dem Aufstieg sogar ins Gipfelbuch eintragen).

Die Hallenkirche **St. Marien** (Baustr. 33, Tel. 039 71/21 02 76, Mo–Fr 10–12 und 14–16 Uhr) mit ihren spätromanischen und gotischen Bauelementen geht auf die Mitte des 13. Jh. zurück, wurde aber später mehrfach verändert. Im dreischiffigen Langhaus aus dem 14. Jh. sind an den Pfeilern und Gurtbögen der Gewölbe noch Reste der originalen *Fresken* erhalten. Von der Ausstattung ist ein frühgotischer *Taufstein* erhalten. Sehenswert sind auch Teile des *Chorgestühls*, das aus der im Zweiten Weltkrieg schwer beschädigten Kirche **St. Nikolai** (1280–1498, www.nikolaikircheanklam.de) stammt. Deren eindrucksvolle Ruine ist seit 1999 zugänglich, das Langhaus wurde mit einem Notdach gedeckt und 2004 konnte das Nikolaifenster eingebaut werden. Mit den beliebten Wiederaufbaukonzerten wird Geld für die Restaurierung der Kirche gesammelt.

Ausflüge

Kaum hat der Reisende den wenig attraktiven Industriegürtel von Anklam hinter sich gelassen, nimmt ihn der Zauber des urtümlichen **Peenetals** gefangen. Die 110 km lange Peene mit ihren drei Quellflüssen strömt nach dem Austritt aus dem Kummerower See nach Osten weiter und mündet vis-à-vis vom Usedomer Winkel in den Peenestrom. Mit seinen ausgedehnten Auenwiesen und Mooren gehört dieses Küstengewässer zu den schönsten Flusslandschaften Norddeutschlands und ist zugleich ein wichtiges *Vogelbrutgebiet*. Sogar der selten gewordene Biber kann hier ungestört seine Knüppelburgen bauen. Ein Großteil des naturnahen und regelmäßig überfluteten Tals steht unter Naturschutz. Das *Peenemoor* zwischen Anklam und der Flussmündung ist mit 1478 ha das größte zusammenhängende Niedermoorgebiet Deutschlands. Die Moorflächen mit ihren Seggen (Riedgräser) und dichten Röhrichtbeständen erschließen sich am schönsten im Rahmen einer Bootsfahrt ab Anklam. Wanderer können vom Weiler Relzow aus in Richtung *Rotes Meer* in das ansonsten nur schwer zugängliche Gebiet vordringen. Teil des Naturschutzgebiets ist auch die Insel *Schadefähre* an der Mündung der Peene, sie kann am besten von der Zecheriner Brücke eingesehen werden.

Im **Alten Lager** westlich von Anklam sind aus der Wikingerzeit stammende Steinsetzungen in Form eines Bootes interessant. Der rund 1000 Jahre Siedlungsplatz am Nordufer der Peene ist von Menzlin aus erreichbar.

In **Stolpe** am südlichen Peeneufer stiftete der Pommernherzog Ratibor I. im Jahr 1153 eines der ersten Klöster Mecklenburg-Vorpommerns. Die romanische Benediktinerabtei hatte bis zur Reformation Bestand und war seither praktisch sich selbst überlassen. Erhalten blieb lediglich das Turmfundament der Klosterkirche. Der Ausflug lässt sich mit einer Einkehr im noblen Gutshaus Stolpe oder dem einfacheren Stolper Fährkrug verbinden (s. u.).

i Praktische Hinweise

Information

Anklam-Information, Rathaus, Markt 3, Anklam, Tel. 039 71/83 51 54, Fax 039 71/83 51 55, www.anklam.de

Sport

Kanustation Anklam, Werftstr. 6, Anklam, Tel. 039 71/24 28 39. www.kanustation-anklam.de. Geführte Kanutouren bis zur Peenemündung und durch das Untere Peenetal zur Klosterruine Stolpe. Auch Verleih von Kanus, Kajaks, Ruder- und Motorbooten.

Theater

Vorpommersche Landesbühne, Leipziger Allee 34, Anklam, Tel. 039 71/20 89 25, www.theater-anklam.de. Geboten wird ein breites Programm, angefangen von plattdeutschen Mundartstücken bis zu Theaterklassikern. In den Räumlichkeiten finden auch Konzerte, Vorträge und Ausstellungen statt.

Hotel

****Landhotel Bömitz**, Dorfstr. 14, Bömitz, 10 km nördlich von Anklam, Tel. 03 97 21/225 40, Fax 03 97 21/225 41, www.landhotel-boemitz.de. Zu dem einstigen Rittergut aus dem 18. Jh. gehören ein Rhododendrongarten mit Teepavillon und zwei gute Restaurants. Die prächtige Eingangshalle des dreiflügeligen Ensembles mit Freitreppe und Galerie zeugt vom gediegenen Geschmack des alten Landadels. Die Zimmer sind hübsch im Landhausstil möbliert. In der Jägerstube isst man erschwingliche Wildgerichte, etwa Rehrücken, Wildschweinbraten und Hirschsteak. Auch eine gute Adresse für Reiter, Pensionsboxen für Pferde sind vorhanden.

Restaurants

TOP TIPP **Gourmetrestaurant Gutshaus Stolpe**, Stolpe, Tel. 03 97 21/55 00 Fax 03 97 21/550 99, www.gutshaus-stolpe.de. Das elegante Lokal im englischen Landhausstil gilt als die beste Adresse der Region (10 km westlich von Anklam). Aufgetragen wird allerfeinste Küche, die 2004 den Testern von Michelin einen Stern wert war. Die ambitionierte Speisekarte kombiniert Regionales mit französisch-mediterranem Touch, hervorzuheben sind etwa Hummer mit weißem Trüffelschaum, hausgemachte Pasta und das Pommernreh an Blutorangensauce (Mo geschl.). Das komfortable *Hotel* (Mitglied von Relaix & Chateaux) verfügt über 33 individuell mit antikem Mobilar eingerichtete Zimmer. Zum Besitz gehört ferner ein eigener Tagungsbereich sowie ein großer Park mit altem Baumbestand.

Stolper Fährkrug, Dorfstr. 25, Stolpe, Tel. 03 97 21/522 25. Das reetgedeckte Fachwerkhaus steht bereits seit 300 Jahren am Peeneufer. Ganz ungewöhnlich: Über dem Eingang stört keine Bierreklame das hübsche Gesamtbild des denkmalgeschützten Gasthofs. Geboten wird moderne Küche mit Spareribs, Rumpsteaks und Boddenzander. Auch für einen Latte macchiato gut (Okt.–März Di/Mi geschl.).

Vis-à-vis, Kleiner Wall 11, Anklam, Tel. 039 71/21 15 57. Nettes Bistro nahe dem Steintor mit kleinen Gerichten sowie Kaffee und Kuchen.

Ambitioniertes Ambiente für erlesenen Genuss: Gourmetrestaurant Gutshaus Stolpe

Usedom aktuell A bis Z

Vor Reiseantritt

ADAC Informationsservice:
Tel. 0 18 05/10 11 12, Fax 0 18 05/30 29 28 (0,12 €/Min.)

ADAC im Internet:
www.adac.de
www.adac.de/reisefuehrer

Usedom im Internet:
www.usedom.de
www.nun-usedom.de

Allgemeine Informationen erteilt:

Usedom Tourismus, Bäderstr. 5, 17459 Seebad Ückeritz, Tel. 03 83 75/234 10, Fax 03 83 75/234 29, www.usedom.de. Der Verband gibt ein jährlich erscheinendes umfangreiches Gastgeberverzeichnis heraus, das auch viele andere nützliche Informationen über die Insel bietet.

Zweckverband Kaiserbäder, Dünenstr. 45, 17419 Seebad Ahlbeck, Tel. 03 83 78/2 44 97, Fax 2 44 55, www.drei-kaiserbaeder.de. Infos zu Ahlbeck, Heringsdorf und Bansin.

Tourismusverband Mecklenburg-Vorpommern, Platz der Freundschaft 1, 18059 Rostock, Tel. 03 81/403 05 00, Fax 03 81/403 05 55, www.auf-nach-mv.de

Inselmagazin
Das monatlich erscheinende Magazin ›Usedom aktuell‹ (Neuendorf Verlag, Tel. 03 95/707 23 39, www.usedom-aktuell.de) informiert über Neuigkeiten und Veranstaltungen. Jeder Ausgabe liegt außerdem ein aktueller Fahrplan der Usedomer Bäderbahn und der Kaiserbäder-Linie bei.

Allgemeine Informationen

Tourismusämter

Fremdenverkehrsbüros und Kurverwaltungen sind im Haupttext unter ›*Praktische Hinweise*‹ bei den jeweiligen Orten zu finden.

Notrufnummern und Adressen

Polizei: Tel. 110

Feuerwehr, Notarzt: Tel. 112

ADAC-Pannenhilfe:
Tel. 0 18 02/22 22 22 (rund um die Uhr, 0,06 €/Anruf), Mobil-Tel. 22 22 22 (Verbindungskosten)

ADAC StauInfo. Mobil-Tel. 224 99 (0,51 €/Anruf plus Verbindungskosten)

ADAC VerkehrsService:
T-Mobile, Vodafone, O_2: Tel. 224 11 (1,10 €/Min. plus Verbindungskosten), E-Plus: Tel. 114 11 (1,10 €/Min. plus Verbindungskosten). Individuelle Verkehrsberatung für unterwegs, z. B. zu Staugefahr, Ausweichrouten, Schneehöhen, Wasserqualität, Tankstellen in der Nähe und vieles mehr.

ADAC-Geschäftsstelle: Frankenstr. 1, 18439 Stralsund, Tel. 0 38 31/61 23 11, Fax 0 38 31/61 23 16

Österreichischer Automobil Motorrad und Touring Club
ÖAMTC Schutzbrief-Nothilfe:
Tel. 00 43/(0)1/2 51 20 00

Touring Club Schweiz
TCS Zentrale Hilfsstelle:
Tel. 00 41/(0)2 24 17 22 20

Gesundheit

Die ärztliche Versorgung auf Usedom ist auch dank der zahlreichen Kureinrichtungen ausgezeichnet. Notärzte stehen jederzeit zur Verfügung.

Grenzübergänge

Für Schiffsausflüge zur Insel Bornholm (Dänemark) empfiehlt sich die Mitnahme von Reisepass oder Personalausweis. Zahlungsmittel in Dänemark ist die Dänische Krone. Bei Ausflügen in den polnischen Teil Usedoms und zur Nachbarinsel Wollin (Polen) muss man Personalausweis oder Reisepass mitnehmen. Zahlungsmittel in Polen ist der Zloty, Hotels und Restaurants akzeptieren auch Euro.

Anreise

Auto

Umfangreiches **Informations- und Kartenmaterial** können Mitglieder des ADAC kostenlos bei den ADAC-Geschäftsstellen oder unter Tel. 0 18 05/10 11 12 (0,12 €/Min.) anfordern. Außerdem sind im ADAC Verlag (www.adac-verlag.de) die AutoKarte *Mecklenburg-Vorpommern* (1:200 000), die LänderKarte *Mecklenburg-Vorpommern* (1:300 000), die FreizeitKarte *Rügen, Usedom, Vorpommern* (1:100 000), der FreizeitAtlas *Mecklenburg-Vorpommern* (1:100 000), der StadtAtlas *Usedom, Greifswald, Neubrandenburg* (1:20 000) (www.adac.de/karten) sowie der Reiseführer, der Reiseführer plus und das Reisemagazin *Mecklenburg-Vorpommern* erschienen.

Von **Westen** führt die Ostseeautobahn A 20 von Lübeck nach Stettin. Anschlüsse nach Usedom bestehen ab Jarmen auf der B 96 und B 111 nach Wolgast oder auf der B 110 nach Anklam. Die schnellste Verbindung von **Süden** (Berlin) aus ist die A 11 bis zum Dreieck Uckermark, von dort fährt man auf der A 20 bis Pasewalk und weiter auf der B 109 nach Anklam, von dort B 110 nach Usedom.

Achtung: Der **Grenzübergang** *Ahlbeck–Swinemünde* ist nur für Fußgänger und Radfahrer geöffnet. Will man mit dem Pkw nach Swinemünde in den polnischen Teil Usedoms einreisen, fährt man auf der B 110, ab Anklam über B 109, zum Grenzübergang *Pomellen* und weiter auf der E 65 bis Karsibór. Von dort pendelt eine kostenlose Autofähre über die Swine (die Swinemünder Stadtfähre zwischen Wollin und Usedom befördert lediglich polnische Autofahrer).

Brückensperrungen

Die **Wolgaster Brücke** (B 111) nach Usedom ist tgl. für die Dauer von max. 30 Min. nicht befahrbar um: 5.20, 7.40 (bis 6. Okt.), 8.40 (ab 7. Okt.), 12.40, 16.40, 20.40 und 23.30 Uhr (bei Bedarf).

Die **Zecheriner Brücke** (B 110) bleibt ebenfalls tgl. für jeweils 30 Min. gesperrt um: 5.35, 8.35, 12.35, 16.35 und 20.35 Uhr.

Vor beiden Brücken ist außerdem im Sommer mit teils erheblichen Staus zu rechnen.

Bahn

Von **Berlin** aus verkehrt von April bis Oktober der *Usedom Express* der Deutschen Bahn via Züssow nach Heringsdorf. In der übrigen Zeit des Jahres fährt man mit dem Regionalexpress Berlin–Stralsund bis Züssow und von dort weiter mit der Usedomer Bäderbahn [s. S. 138]. Von **Köln** fährt von Mai bis Oktober jeden Samstag der *Urlaubsexpress* nach Heringsdorf, Zustiegsmöglichkeiten u. a. in Düsseldorf, Dortmund, Bremen und Hamburg. Im Sommer verkehren auch Nachtzüge.

Autozüge gibt es von Stuttgart, Frankfurt und Dortmund nach Rostock und von Stuttgart und Frankfurt nach Sassnitz auf Rügen.

Fahrplanauskunft

Deutsche Bahn, Tel. 118 61 (gebührenpflichtig), Tel. 08 00/150 70 90 (sprachgesteuert), www.bahn.de

Deutsche Bahn AutoZug,
Tel. 0 18 05/24 12 24, www.autozug.de

DB Nachtzug, Tel. 0 18 05/14 15 14,
www.dbnachtzug.de

City Night Line, Tel. 0 18 05/21 34 21,
www.citynightline.ch

Österreich
Österreichische Bundesbahn,
Tel. 05 17 17, www.oebb.at

Schweiz
Schweizerische Bundesbahnen,
Tel. 09 00 30 03 00, www.sbb.ch

Die Privatbahn Connex bedient mit dem Ostseeland Express die Strecke Dresden-Neustadt–Berlin-Lichtenberg–Züssow–Greifswald. Ab Züssow besteht Anschluss nach Usedom. Infos:

Connex-Service, Tel. 0 18 05/10 16 16,
www.interconnex.info

Bus

Von Hamburg, Berlin und Dresden gibt es recht preisgünstige Busverbindungen nach Usedom:

Hamburg–Heringsdorf (via Zinnowitz):
Von Ende April bis Mitte Oktober einmal wöchentlich mit Globetrotter Reisen,
Tel. 0 41 08/43 03 30,
www.globetrotter-reisen.de

Berlin–Heringsdorf (via Zinnowitz):
Mit dem Usedom Express auf die Insel,
Tel. 0 30/86 09 60,
www.berlinlinienbus.de

Dresden–Zinnowitz (via Ahlbeck):
Ganzjährig einmal wöchentlich mit

dem *Ostsee-Express* von Regionalverkehr Dresden, Tel. 0 18 02/44 34 43, 03 51/492 13 56, www.rvd.de

Flugzeug

Usedom verfügt über den regionalen *Flughafen Heringsdorf*. Er liegt südlich von Heringsdorf zwischen den Orten Zirchow und Garz. Linienflüge gibt es von Berlin, Mannheim, Mönchengladbach, Stettin, Münster/Osnabrück. Im Sommer bietet Cirrus Airlines (www.cirrus-airlines.de) zweimal wöchentlich Direktflüge ab Berlin-Tempelhof. Zwischen dem Flughafen und den Kaiserbädern gibt es zu/von allen Linienflügen Bustransfer.

Flughafen Heringsdorf, Airport Touristik Center, Tel. 03 83 76/2 00 30, www.flughafen-heringsdorf.de

Bank und Post

Bank

Banken sind in der Regel Mo–Fr 8.30–12.30 und 14–16 Uhr geöffnet. Geldautomaten findet man in allen größeren Orten auf Usedom.

Post

Postämter sind Mo–Fr 8–12 und 14–18, Sa 8–12 Uhr geöffnet. Auf den Dörfern sind die Schalterzeiten oft eingeschränkt.

Einkaufen

Die offiziellen *Ladenöffnungszeiten* sind Mo–Sa 6–20 Uhr. Geschäfte haben in der Regel Mo–Fr 8–18.30 Uhr (in den Einkaufsstraßen der Seebäder teils bis 20 Uhr) geöffnet. Nach der *Bäderregelung* dürfen die Läden zusätzlich Febr.–Nov. So/Fei 12–18.30 Uhr öffnen. Davon machen vornehmlich Supermärkte und Souvenirgeschäfte im Zentrum der Seebäder Gebrauch. Im Winter sind viele Geschäfte Mo/Di geschlossen.

An *kulinarischen Mitbringseln* steht Fisch an erster Stelle, vorzugsweise Räucherware wie Aal, Heilbutt und Forelle. Von einigen Fischräuchereien wird die Ware gleich in Folie eingeschweißt. Typisch für die Ostseeregion sind auch Sanddornprodukte, etwa Saft, Marmelade und Fruchtaufstrich. Schinken, Wurst und Käse, aber auch Gemüse, Pilze und Früchte der Saison werden besonders günstig

Beliebtes Souvenir: Töpferware aus der Keramikwerkstatt Dannegger in Morgenitz

auf dem Grenzmarkt in Swinemünde (bis 15 Uhr) angeboten.

Maritime Souvenirs wie Muscheln oder Hühnergötter (Meeressteine mit einem kleinen Loch) lassen sich bei Strandspaziergängen entdecken, ausgefallene Muscheln und Korallen aus aller Welt hat z. B. das Muschelmuseum [s. S. 25] an der Heringsdorfer Seebrücke im Angebot. *Bernsteinschmuck* von unterschiedlicher Qualität ist in vielen Schmuck- und Andenkenläden erhältlich, das ›Gold der Ostsee‹ gibt es vornehmlich in Form von Anhängern, Halsketten und (Ohr-)Ringen. Auch dürfen die altbekannten *Buddelschiffe* nicht fehlen. Die Nachbauten historischer Segler in der Flasche sind auch als handliche Miniaturausgaben zu haben. Etwas sperriger ist ein *Strandkorb* made in Usedom, zu bestellen beim Heringsdorfer Ambiente [s. S. 29]. Man kann sich das gute Stück selbstverständlich auch per Spedition anliefern lassen.

Kunsthandwerk, etwa formschöne Töpferware, kauft man am besten vom Hersteller, z. B. in der Keramikwerkstatt Dannegger [s. S. 64] von Morgenitz. Für *Antiquitäten* sind die Trödelläden in Usedom Stadt eine gute Adresse. Nicht ganz billig sind Bilder und Plastiken von Usedomer Künstlern. Man findet sie etwa im Kunstpavillon [s. S. 26] von Heringsdorf, im Kunst-Kabinett Usedom [s. S. 57] in Benz oder im Usedomer Kunsthaus [s. S. 93] in Zinnowitz.

Essen und Trinken

Feinschmecker und angehende Gourmets tun sich mit der pommerschen Küche recht schwer. Handelt es sich dabei doch um eine deftige **Hausmannskost**, für die kalorienarm ein Fremdwort ist und die zu allem Überfluss in ausgesprochen üppigen Portionen auf den Tisch kommt. Zu DDR-Zeiten war dies der Standard. Die Küche in den Ferienheimen wurde von Bratwurst, Broiler und Bouletten sowie ukrainischer Soljanka und Ungarischem Gulasch dominiert. Seit der Wiedervereinigung hat eine Riege kreativer junger Köche neuen Schwung in die angestaubte Esskultur gebracht. Die **Neue Küche** setzt zunehmend Glanzpunkte, vor allem in den Restaurants gehobener Hotels. Sie schöpft aus dem Repertoire von Großmutters Rezepten, bringt diese allerdings mit weniger schweren Saucen oder Remouladen auf den Tisch. Mittlerweile kommen selbst die Gourmetpäpste von Michelin und Gault Millau nicht umhin, das eine oder andere Lokal mit einem Stern oder einer Kochmütze auszeichnen. Spitzengastronomie darf man etwa im *Käpt'n N* [s. S. 31] in Heringsdorf oder im *La Mer* [s. S. 39] in Ahlbeck erwarten.

Fisch ist Trumpf

Usedoms Insellage bestimmt wesentlich die Gastronomie. Vor allem die Gäste aus dem Binnenland sind geradezu auf Fisch programmiert. So sind es gerade die ausgesprochenen Fischlokale, die sich in dem mittlerweile breiten Angebot am besten behaupten können. Inselbekannte Lokale etwa der *Waterblick* [s. S. 81] in Loddin mit seiner berühmten Specksauce oder die urige *Koserower Salzhütte* [s. S. 85] können sich über mangelnden Zulauf nicht beklagen. Fisch wird hier in allen Variationen serviert, sei es frisch gebraten, gekocht, mariniert oder geräuchert. Aus der Ostsee kommen Hering, Flunder, Dorsch und Wildlachs, in den Binnengewässern fängt man Süßwasserfische wie Barsch, Hecht und Haffzander, aus den Teichkulturen bereichern Lachs- und Regenbogenforellen das Angebot. Eine steile Karriere hat der *Haffzander* hinter sich, der typische Brackwasserfisch steht in fast jedem Restaurant auf der Karte. Typisch und sehr beliebt ist auch *Aal*, auf Usedom gibt es ihn vorzugsweise geräuchert oder in Aspik. Etliche Lokale verfügen sogar über eine eigene Räucherei. – Und wer in der Hochsaison keinen Tisch im Restaurant mehr bekommt, muss nicht hungrig ins Bett gehen. In einer der einfachen *Fischbuden* an der Strandpromenade findet sich bestimmt ein leckeres Fischbrötchen mit einem Stück Räucherware dazwischen.

Fisch und Kartoffeln sind Usedoms populärste Zutaten – Matjesfilet Hausfrauenart

Wild und Geflügel

Schon die Pommernherzöge hatten ein Faible für Wild. Im Thurbruch jagten sie Auerochsen, Hirsche, Wildschweine und Fasane. Die Usedomer Wälder sind auch heute noch reich an Rotwild. Etliche Gasthöfe, etwa das *Hotel Forsthaus Damerow* [s. S. 84] haben sich auf Wildgerichte wie Rehrücken und Hirschragout spezialisiert. Wie anderenorts auch gibt es auf Usedom zu Weihnachten *Gans*, in der Regel ist sie mit Maronen oder Backpflaumen gefüllt. Das ganze Jahr über ist *Pommernente* zu haben, als klassische Beilage reicht man dazu Apfelrotkohl und Butterkartoffeln.

Spezialitäten

Ahlbecker Fischsuppe: Die Zutaten dazu sind gewürfeltes Dorschfilet, Kartoffeln, Weißkohl, Zwiebeln, Brühe und etwas Milch. Angedickt wird mit Mehl, garniert mit frischem Dill.

Bismarckhering: Der nach dem Reichskanzler Otto Fürst von Bismarck benannte Fisch war urspünglich ein Armeleuteessen, gewann aber durch Bismarcks Vorliebe und eine verfeinerte Zubereitung neue Liebhaber: Der Hering wird dazu in Essig mit Zwiebeln, Senfkörnern und Lorbeer mariniert.

Hornfisch: Eigentlich ein Atlantikfisch, der die Ostsee im Mai zum Laichen be-

Ob eingelegt mit Lorbeerblatt, Zwiebel und Gewürzen, ob gerollt und gespießt, gebraten oder gebacken – der Hering spielt auf Usedoms Speisekarte eine Hauptrolle

Usedom kulinarisch – Heringswochen und Tüftentage

Der Ostseefisch schlechthin ist der *Hering*, in Usedom verhalf er gar dem bekanntesten Seebad zu seinem Namen. Im Frühjahr taucht er in riesigen Schwärmen vor der Küste auf um zu laichen. Für die Fischer bedeutete früher die Heringszeit immer das Ende des entbehrungsreichen Winters. Gebraten, eingelegt oder als Salat angerichtet ist er seit Jahrhunderten das tägliche Brot an der Ostsee.

Seit 1996 lädt die Usedomer Gastronomie jeweils im April zu den **Usedomer Heringswochen** ein. Sie werden von den Gästen begeistert aufgenommen und sind mittlerweile eine feste Größe für die beteiligten Restaurants und Hotelküchen. Neben das ganze Jahr über angebotenen Standards wie Brat- oder Backhering werden in den Heringswochen auf speziellen Karten eher außergewöhnliche Kreationen vorgestellt. Das originellste Gericht wird jeweils mit dem *›Goldenen Hering‹* prämiert, zu Ehren kam bereits die Herings-Lachs-Roulade in Dillsauce, der Herings-Polenta-Strudel auf Currylinsen, die Heringspralinen und das Heringssoufflé.

Seit 1727 der preußische König Friedrich Wilhelm I. seinen Bauern im soeben von den Schweden abgekauften Pommern den Anbau von ›Tartoffeln‹ befahl, ist Pommern Kartoffelland. Die ›dolle Knolle‹, auf Usedom heißt sie *Tüften*, kommt traditionell als Püree, als Salat, in Form von Pellkartoffeln, am liebsten jedoch gebraten auf den Tisch. Ihr hoher Stellenwert in der pommerschen Küche zeigt sich auf Usedom neuerdings wieder anlässlich der **Usedomer Tüftentage**, die im Anschluss an das *Ückeritzer Kartoffelfest* Mitte September stattfinden. Zu dieser Zeit rücken viele Inselköche die Kartoffel in den Mittelpunkt der Speisekarte. Dabei wird Althergebrachtes mit neuen Kreationen ergänzt, auch hier sind der Fantasie der Köche keine Grenzen gesetzt.

Im Oktober 2005 fanden erstmals die **Usedomer Wildwochen** statt, eine willkommene kulinarsiche Ergänzung zu den beiden etablierten Genussveranstaltungen. 27 bekannt und beliebte Restaurants präsentierten Wildbret in köstlichen Variationen zwischen deftig und edel in zufünftigem Dekor.

sucht und dabei den Fischern ins Netz geht. Wegen seiner länglichen Form wird er auch Maiaal genannt. Das Fleisch schmeckt lecker, ist allerdings reichlich von Gräten durchsetzt, die sich bei der Zubereitung grün färben.

Labskaus: Das alte Seemannsgericht war ursprünglich ein Resteessen. Das deftige Püree aus durch den Wolf gedrehtem Pökelfleisch, Heringsfilet, Kartoffeln und Roter Beete wird mit Nelken, Lorbeer und Koriander verfeinert und meist mit einem oben aufgesetzten Spiegelei serviert.

Matjes: Der mild gesalzene Junghering trat von Holland aus seinen Siegeszug entlang der gesamten Nord- und Ostseeküste an. Klassischer Weise wird er mit Pellkartoffeln als Beilage gegessen.

Rollmops: Ein kopf- und schwanzloses Heringsfilet wird handgewickelt mit Holzstiften zusammengehalten und mit eingelegten Gurken und Zwiebeln einige Tage in Essiglake mariniert. Der Heringswickel machte sich schon bald nach seiner Erfindung im späten 19. Jh. als Hausmittel einen Namen, das Katerstimmung vertreiben soll.

Rote Grütze: Norddeutsches Dessert aus mit Stärke angedickten Johannisbeeren, Himbeeren oder Sauerkirschen, das mit Vanillesauce oder Sahne serviert wird.

Sanddorn: Die Vitamin-C-reiche Küstenfrucht wird in manchen Restaurants als Saft oder Likör angeboten.

Speckpflaumen: Gedörrte Pflaumen werden mit Speckstreifen umwickelt und kross gebraten.

Specksauce: Die süßsaure pommersche Spezialität erhält ihren besonderen Geschmack durch einen Schuss Essig und etwas Zucker. Man reicht sie zu Fisch, Wild, Gans oder Ente.

Tüften un Plum: Sämige Kartoffelsuppe mit Pflaumen und Speck als Einlage.

Getränke

Fisch will schwimmen. Das Hauptgetränk an der Ostsee ist *Bier*, vorzugsweise in Mecklenburg-Vorpommern gebraut und frisch gezapft. Dazu trinkt man nicht selten einen *Köm* (klarer Kümmelschnaps). An kalten Tagen hilft ein wärmender *Grog* über die Runden. Dagegen muss man eine gute Weinkarte lange suchen, lediglich die gehobenen Hotelrestaurants präsentieren eine befriedigende Auswahl edler Gewächse. Ein Tipp für Selbstversorger ist der Gastronomie- und Feinkostladen *Lutter & Wegner* [s. S. 29] in Heringsdorf, der rund 300 verschiedene Weine im Angebot hat.

Feste und Feiern

Feiertage

Neujahr (1. Januar), Karfreitag, Ostermontag, Tag der Arbeit (1. Mai), Christi Himmelfahrt, Pfingstmontag, Tag der Deutschen Einheit (3. Oktober), Reformationstag (31. Oktober), Weihnachten (25./26. Dezember).

Feste

Etliche der Feste und Events sind Produkte des Tourismus und etablierten sich vielfach erst nach der Wende. Im Vordergrund stehen Hafen- und Seebrückenfeste, zu denen immer Musik, pommersche Küche und ein abschließendes Feuerwerk gehören. Jeden Monat informiert das Magazin ›*Usedom aktuell*‹ (Neuendorf Verlag, Tel. 03 95/7 07 23 39, www.usedom-aktuell.de) über Veranstaltungen auf der Insel.

Januar

Zinnowitz (letztes Wochenende): Mitten im Winter werden die Strandkörbe herausgeholt, um am Ostseestrand mit Glühwein, Grog und Musik ein buntes Strandkorbfest zu feiern.

Februar

TOP TIPP **Ahlbeck** (1. Sa vor dem Valentinstag): **Usedomer Winterbadespektakel**. Das kühle Ereignis zieht alljährlich Tausende von Schaulustigen an, die dick eingepackt bei Temperaturen um den Gefrierpunkt eine bunte Gesellschaft von etwa 150 Eisbadern aus ganz Deutschland beim Wasservergnügen beobachten. Schauplatz ist der Strand von Ahlbeck vor dem Hotel Ostende, das seit 1996 das Event organisiert. Das Motto ist jedes Jahr ein anderes, immer gibt es schräge Musik und erlesene Gastronomie direkt am und im Wasser. Ausgezeichnet werden die originellste Eisbadetruppe sowie der jüngste und älteste Teilnehmer. Infos: www.hotel-ostende.de.

April

Zinnowitz (Ostern): Beim Vineta-Osterumzug gibt es einen Vorgeschmack auf das sommerliche Vineta-Festival.

TOP TIPP **Heringsdorf: Heringsdorf goes Fashion**. Seit 1998 stellen jeweils im April und Oktober deutsche und internationale Designer ihre neuesten Kollektionen vor. In der Herbstshow werden seit 2002 außerdem die besten Kreationen aus dem Ostseeraum mit dem ›Baltic Fashion Award‹ prämiert. Topmodells präsentieren namhafte Marken wie Cerutti, Otto Kern und Max Mara. Am Rande des Modespektakels gibt es ein kulturelles Rahmenprogramm und zum Abschluss eine Fashionparty. Infos: Tel. 03 83 54/318 49, Karten: Tel. 03 83 54/244 19, www. herings dorf-goes-fashion.de.

Mai/Juni

Kölpinsee (Sa vor Pfingsten): Lampionumzug mit anschließendem *Fackelschwimmen* im Kölpinsee.

Auf den Spuren eines stolzen Seefahrervolkes: Wikingerlager in Peenemünde

Heringsdorf (Pfingsten): Anlässlich des *Heringsdorfer Kleinkunstfestivals* verwandelt sich der Platz vor der Seebrücke in eine Bühne für Jongleure, Pantomimen, Akrobaten. Mit Kunsthandwerkermarkt.

Peenemünde (Pfingsten): In die Zeit der alten Seefahrer führt das *Wikingerlager* mit Kostproben aus Küche und Handwerk sowie fröhlichen Wettkämpfen ein.

Juni

Neppermin (3. Wochenende): Auf dem *Nepperminer Pferdemarkt* werden die stärksten Männer der Insel gekürt. An Wettkämpfen stehen so exotische Sportarten wie Pferdewagenziehen, Feldsteinheben und Gummistiefel-Weitwurf auf dem Programm. Daneben finden auch etliche Pferde einen neuen Besitzer.

Juni–September

Seebäder: Sehr großen Zulauf haben die sommerlichen *Beachvolleyball-Turniere* in Zinnowitz, Ückeritz, Karlshagen und Trassenheide. Die Termine erfährt man bei den Tourismusbüros.

Juli

Benz: In der Holländerwindmühle findet das *Mühlenfest* statt, den Rahmen bilden einige kleine Kunstausstellungen.

Heringsdorf (Monatsanfang): An den *Heringsdorfer Kaisertagen* wird rund um die Seebrücke ein historischer Kunsthandwerksmarkt abgehalten, dazu gehören der Einzug der ›Kaiserlichen Familie‹, viel Musik, ein ökumenischer Gottesdienst und ein abschließendes Feuerwerk.

Wolgast (1. Wochenende): Bei den *Wolgaster Hafentagen* sorgen ein Riesenrad, Kuttersegeln und ein Bootskorso für Volksfeststimmung. Zu diesem Anlass liegen auch etliche Großsegler an der Mole.

Karlshagen (Monatsende): Das große *Hafenfest* zieht jedes Jahr über 10 000 Besucher an. Im Rahmen einer Regatta wird das originellste Wasserfahrzeug prämiert. Mit Händlerstraße, Fisch aus dem Räucherofen und Bier vom Fass.

Stagnieß (3. Sa): *Hafenfest* mit Neptuntaufe und großem Kinderprogramm.

August

Ahlbeck (Ende des Monats): Großes *Drachenfest* am Strand.

Zinnowitz (letztes Wochenende): Beim *Mittelalterspektakel* auf dem Kurplatz sorgen historisch kostümierte Gaukler, Wahrsager und Narren für Stimmung. Dazu offerieren Kerzendreher, Weber, Spinnerinnen u. v. m. altes Kunsthandwerk.

September

Swinemünde, Wolgast (1. Sa): Der *Usedom Marathon*, das größte Sportereignis der Insel startet im polnischen Swinemünde und führt an der Außenküste Usedoms nach Zinnowitz und weiter zum Zieleinlauf nach Wolgast. Infos: www.usedom-marathon.de.

Loddin (1. Sa): Beim *Loddiner Erntefest* steht die Ankunft der Erntekrone im Mittelpunkt, am Lagerfeuer werden kulinarische Spezialitäten gereicht.

Ückeritz (2. Sa): Das *Ückeritzer Kartoffelfest* auf dem Kurplatz bildet den Auftakt der Usedomer Tüftentage.

Mölschow: Zum Sommerausklang lädt der Kulturhof zum *Schaudreschen* und *Drachenfest* ein.

Oktober

Heringsdorf: *Heringsdorf goes Fashion* (s. April)

Dezember

Heringsdorf: *Adventsmarkt* rund um den historischen Bahnhof.

Ahlbeck, Bansin, Heringsdorf (31. 12.): Morgens finden traditionelle *Silvesterwanderungen* ins Hinterland der Seebäder statt, um Mitternacht wird auf den Seebrücken das Neue Jahr mit einem großen Feuerwerk begrüßt.

Klima und Reisezeit

Usedom hat das *sonnigste* Wetter von ganz Deutschland. Nach Messungen des Deutschen Wetterdienstes scheint die

Sonne durchschnittlich 1906 Stunden im Jahr (Rügen 1824 Std., Allgäu 1791 Std.). Das ganze Jahr über herrscht ein gemäßigtes Meeresklima vor. Im Sommer wird es zwar weniger warm als im Landesinneren, dafür sind die Winter milder und kürzer. Wind weht fast immer, er sorgt für die reine Ostseeluft, die durch ihren Salz- und Jodgehalt das gesunde Reizklima an der Küste ausmacht. *Hauptsaison* ist von Mitte Juni bis Mitte September. Vor allem, wenn die Bundesländer Berlin, Brandenburg und Sachsen Sommerferien haben, ist ohne Reservierung kaum ein freies Zimmer zu ergattern. Hochbetrieb herrscht auch *Ostern, Pfingsten und Weihnachten.* Radfahrer und Wanderer schätzen vor allem das Frühjahr und den in der Regel milden Herbst. Sehr reizvoll kann der Januar sein, wenn Schnee und Eis die Ostseeküste und das Achterwasser in ein Wintermärchen verwandeln. Zur Ruhe kommt die Insel von November bis Mitte Dezember und im Februar. Einige Hotels und Restaurants machen in dieser Periode Winterpause. Das aktuelle Wetter:

Wetterdienst Mecklenburg-Vorpommern, Tel. 01 90/11 64 15, www.mvwetter.de

Klimatabelle Usedom

Monat	Luft (°C) min./max.	Wasser (°C)	Sonnen-std./Tag	Regen-tage
Januar	-3/ 2	3	1	9
Februar	-3/ 2	2	2	8
März	-1/ 6	3	4	8
April	3/10	5	6	8
Mai	7/16	9	8	9
Juni	11/20	13	9	9
Juli	13/21	17	8	10
August	13/21	17	7	9
September	10/18	15	6	9
Oktober	6/13	12	4	9
November	2/ 7	8	2	9
Dezember	-1/ 3	5	1	10

Kultur live

Theater

Vorpommersche Landesbühne, Anklam. Mit dem Stammhaus in der Leipziger Allee sowie den Spielstätten in He-ringsdorf und Zinnowitz gehört das Anklamer Theater zu den bedeutendsten Kultureinrichtungen in Mecklenburg-Vorpommern. Infos & Karten: Tel. 0 39 71/20 89 25, www.theater-anklam.de.

Theater Blechbüchse, Zinnowitz. Ganzjähriger Spielbetrieb mit abwechslungsreichem Programm aus den Sparten Theater, Musik und Literatur. Infos: Tel. 03 83 77/4 09 36, www.blechbuechse.de.

Theaterzelt Chapeau Rouge, Heringsdorf. Sommerprogramm von Mai bis Sept. im Zelt direkt am Strand. Infos: www.chapeau-rouge.de.

Festivals

Juni

Jazz auf dem Bahnhof: Auf dem Bahnhof Heringsdorf wird an einem Wochenende Anfang Juni Jazz aus Deutschland und Polen kredenzt. Infos: Jazz auf Usedom, Tel. 03 83 78/228 41, www.usedom-jazz.de)

Juni–August

Vineta Festspiele: Auf der Ostseebühne in Zinnowitz wird von Ende Juni bis Ende August der Untergang der sagenumwobenen mittelalterlichen Stadt Vineta nachgespielt. Das Licht-, Laser- und Bühnenspektakel mit rund 50 Mitwirkenden beleuchtet jedes Jahr einen anderen Aspekt des Themas. Infos & Karten: Tel. 0 39 71/20 89 25, www.vineta-festspiele.de.

Wolgaster Orgelsommer: Von Ende Juni bis August findet in der St.-Petri-Kirche in der Regel am Donnerstagabend ein Orgelkonzert statt. Infos: Ev. Kirchengemeinde, Tel. 0 38 36/20 22 69.

Juli–September

Benzer Kirchensommer: Die Benzer Dorfkirche St. Petri bildet den festlichen Rahmen für Liederabende, Klavierkonzerte, Chormusik und Theater. Infos: Tel. 03 83 79/2 03 65, www.kirche-benz.de.

September

Jazz- und Bluestage: Im Musikpavillon von Zinnowitz findet das kleine Jazzfestival statt. Infos: www.zinnowitz.de.

September/Oktober

TOP TIPP **Usedomer Musikfestival:** Seit das Festival (Ende Sept.–Mitte Okt.) 1994 unter der Schirmherrschaft von Kurt Masur erstmals über die Bühne ging, hat sich die Konzertreihe zum absoluten Höhepunkt im Usedomer Kulturkalender entwickelt und sich weit über die Grenzen der Insel hinaus einen Namen gemacht. Vorgestellt wird die Musik des Ostseeraums, jedes Jahr unter einem anderen Länderschwerpunkt, vornehmlich

TOP TIPP

Naturlehrpfad Ostseeküste

Egal ob man per pedes oder mit dem Rad unterwegs ist – für den 126 km langen **Hauptwanderweg** auf Usedom braucht es ein bisschen Zeit. Doch dank der guten Anbindung an die Usedomer Bäderbahn und das Busnetz sind auch bequeme **Tagestouren** möglich. Der kombinierte Rad- und Wanderweg wurde 1998 mit Mitteln der EU und des Landes Mecklenburg-Vorpommern angelegt und erstreckt sich nahezu über die ganze Insel. Startpunkt ist der Hafen in *Peenemünde*, von dem aus es an der Außenküste entlang über das Naturschutzzentrum Karlshagen bis zum Mümmelkensee geht. Dort biegt der Weg ins Landesinnere ab, man kommt durch Korswandt, Zirchow und Dargen, bis der Pfad schließlich in *Usedom* Stadt endet. Die Route ist durchgehend mit einem *grünen Eichenblatt* auf weißem Grund markiert. Entlang der Strecke informieren 75 Lehrtafeln über Wissenswertes am Wegesrand und auch für Sitzbänke zum Rasten hat man gesorgt. Unterwegs bieten sich etliche reizvolle Abstecher an, etwa Spaziergänge um den Wolgastsee [s. S. 37] und den Mümmelkensee [s. S. 22].

Klassik, aber auch Jazz und andere Genres. Feste Programmpunkte sind jeweils das Preisträgerkonzert der New Yorker Stiftung ›Young Concert Artists‹ sowie das Familienkonzert mit Preisträgern von ›Jugend musiziert‹, wobei mit jeweils hochkarätigen jungen Solisten und Ensembles die zukünftige Elite vorgestellt wird. Veranstaltungsorte sind neben dem Kursaal in Heringsdorf verschiedene Usedomer Dorfkirchen und sogar die Turbinenhalle des früheren Kraftwerks in Peenemünde. Infos: Tel. 03 83 78/346 47, www.usedomer-musikfestival.de.

Kuren und Kurtaxe

Das milde Reizklima an der Ostsee wirkt vor allem bei Allergien, Hautleiden, chronischen Erkrankungen der Atemwege und des Bewegungsapparates lindernd und heilend. Auf Usedom gibt es zehn *Fachkliniken*, die auf stationäre und ambulante Kuren mit den unterschiedlichsten Indikationen und Reha-Angeboten eingestellt sind (Infos bei den Kurverwaltungen, www.usedom.de). Zur Anwendung kommen etwa Thalassotherapie, Moorpackungen und die aus 400 m Tiefe geförderte Heringsdorfer Jodsole. Außerdem hat praktisch jedes große Hotel einen *Wellnessbereich* mit Saunalandschaft, Massage- und Beauty-Abteilung (siehe ›*Praktische Hinweise*‹).

Kurtaxe

In den Seebädern wird eine Kurtaxe von max. 2,30 € pro Person und Tag erhoben. Sie wird in der Regel im Hotel entrichtet, Tagesgäste können die Kurkarte am Automaten am Strand oder in der Kurverwaltung lösen. Die damit erzielten Einnahmen kommen den Gästen wieder in Form von Kurkonzerten, Strandreinigung und Verschönerungsmaßnahmen im Seebad zugute.

Nachtleben

Ausgesprochene Nachtschwärmer haben es auf Usedom schwer. Das Nachtleben beschränkt sich im Wesentlichen auf die Bars der großen Hotels. Eine Diskothek mit überregionaler Anziehungskraft ist der *Hühnerstall* [s. S. 94] in Zinnowitz.

Naturparks

Der **Naturpark Insel Usedom** hat eine Ausdehnung von 630 km², wovon mit 350 km² so gut wie der ganze deutsche Inselteil eingeschlossen ist. 70 km² entfallen auf die Festlandsküste entlang des Peenestroms, den Rest nehmen die Wasserflächen von Achterwasser, Peenestrom und Stettiner Haff ein. Innerhalb des Naturparks sind 14 **Naturschutzgebiete** mit einer Gesamtfläche von 4000 ha ausgewiesen, die wichtigsten davon, etwa die Südspitze der Halbinsel Gnitz, der Thurbruch, der Streckelsberg und das NSG Mümmelkensee sind im Haupttext bei den jeweiligen Orten erwähnt. Mit Salzwiesen, Mooren, verlandeten Strandseen und bewaldeten Steilküsten verfügt der Naturpark über ein außerordentlich vielfältiges Landschaftsbild, in dem zugleich eine artenreiche Flora und Fauna zuhause ist. Zusammen mit den vorgelagerten *Inseln Ruden* und *Greifswalder Oie* [s. S. 103] ist das Schutzgebiet eines der vogelreichsten Regionen Norddeutschlands. Von den elf im Naturpark brütenden Greifvogelarten ist der *Seeadler* der Star, gern gesehene Sommergäste sind Weißstorch, Kranich und Graureiher sowie Abertausende von Gänsen, Enten und Schnepfenvögeln. Infos:

Naturpark Insel Usedom, Bäderstr. 5, 17406 Usedom, Tel. 03 83 72/76 30, www.naturpark-usedom.de

Naturschutzzentrum Insel Usedom, 17449 Seebad Karlshagen, Tel. 03 83 71/2 17 49

Forstamt Neu Pudagla, 17459 Seebad Ückeritz, Tel. 03 83 75/291 10

Sport

Für Aktivitäten in freier Natur ist Usedom bestens geeignet. Im Vordergrund steht naturgemäß der Wassersport. Was man dazu braucht, kann vor Ort ausgeliehen werden, angefangen vom Neoprenanzug und Surfbrett bis zum Kanu und Katamaran. Doch vom Meer mal abgesehen hat die Insel das ganze Jahre über viel zu bieten, sehr beliebt sind Radfahren, Wandern und Reiten.

Angeln

Für den passionierten Angler gibt es nichts schöneres, als sich ein Boot zu mieten, auf den Bodden hinauszurudern und die Leine auszuwerfen. Außenküste, Achterwasser, Peenestrom und etliche Binnenseen wie der Kölpin-, Krebs-, Wolgast- und Schmollensee machen Usedom zu einem Angelparadies. Gefangen wird alles von Aal bis Zander, anbeißen können vor allem Barsch, Hecht, Hering und Scholle sowie mit etwas Glück auch Steinbutt und Wildlachs. Sehr beliebt sind auch die Angelteiche am Dorfrand von *Ückeritz* (An den Kreischen 6, Tel. 03 83 75/204 47). Sie haben einen Besatz an Aal, Karpfen, Stör sowie Regenbogen- und Lachsforellen. Ein *Angelschein* ist in den meisten Kurverwaltungen und Touristenbüros erhältlich. Dort gibt es auch die Angelkarte Usedom, die über die verschiedenen Reviere informiert.

Baden

Die 40 km lange Außenküste Usedoms besitzt den *längsten Strand* an der deutschen Ostseeküste und zugleich einen der besten. Der feinsandige Ufersaum fällt flach ins Meer ab und ist von daher für Kinder ideal zum Plantschen und Burgen bauen. Schwimmer müssen allerdings ein Stück weit ins Meer hinauswaten, bis der Boden unter den Füßen weg ist. Die *Wassertemperatur* in der Ostsee ist etwas gewöhnungsbedürftig, selbst im Hochsommer liegt sie selten über 18° C. Strandkörbe gibt es in Hülle und Fülle, wer sich die nicht ganz billige Miete sparen will, ist mit einem mitgebrachten Windschutz gut beraten.

Die **Wasserqualität** auf Usedom ist gut bis sehr gut, am Ostseestrand der Kaiserbäder flattert die Blaue Flagge, die jedes Jahr verschiedene europäische Strände auszeichnet. Während der Badesaison von Mitte Mai bis Mitte September werden alle 14 Tage nach EU-Richtlinien Proben genommen. Auch vom ADAC und der Stiftung Warentest wird den Usedomer Ostseestränden eine gute Qualität bescheinigt. Geringfügig belastet können lediglich die Boddengewässer sein. Über aktuelle *Messergebnisse* informieren die Kurverwaltungen, eine Badewasserkarte mit allen Messstellen der Insel gibt es im Internet (www.sozial-mv.de).

Die **Sicherheit** am Strand wird in den Seebädern im Sommer von der DLRG überwacht. Vorsicht geboten ist im Bereich von Seebrücken, wo sich nicht ungefährliche Strudel bilden können. Wird die *rote Fahne* gehisst, herrscht Badeverbot.

Zu DDR-Zeiten war **Nacktbaden** an den Stränden Usedoms und anderenorts an

Beschauliches Landschaftserlebnis: Wanderspaß auf der Halbinsel Lieper Winkel

der Ostsee ein Volkssport. Auch heute haben FKK-Anhänger noch genug Freiraum, allerdings hat mittlerweile jedes Seebad getrennt voneinander ausgewiesene FKK- und Textilstrände. Doch andernorts sind die Grenzen fließend, und man trägt so viel Stoff wie man will.

Außerhalb der Saison machen zwei **Thermen,** namentlich die Ostseetherme [s. S. 35] in Ahlbeck und die Bernsteintherme [s. S. 92] in Zinnowitz, einen ganzjährigen Badebetrieb möglich. Etliche der großen Hotels verfügen zudem über ein *Hallenbad*.

Beachvolleyball

Die Seebäder Karlshagen, Trassenheide, Ückeritz und Zinnowitz laden alljährlich zu Beachvolleyball-Turnieren ein. Das größte von ihnen ist das in Zinnowitz mit internationaler Besetzung und einem guten Dutzend Courts sowie einer abschließenden Beach Party. Termine erfährt man bei Kurverwaltungen oder Tourismus-Büros.

Fallschirmspringen

Apropos Traum vom Fliegen: Mecklenburg-Vorpommern hat einen eigenen Fallschirm Sportclub, der auf Usedom sein Sommerlager abhält. Die Möglichkeit diesen faszinierenden Sport bei einem Tandemsprung kennen zu lernen oder gar einer Ausbildung zum Fallschirmspringer zu machen gib es bei:

Fallschirmsport Heringsdorf,
Am Flughafen 1, Zirchow,
Tel. 03 83 76 /296 26, Fax 03 83 76 /297 05,
www.fallschirmsport-heringsdorf.de

Fahrradfahren

Aufgrund der relativ flachen Inseltopografie ist Usedom ein hervorragendes Radlerrevier. Zu schaffen macht mitunter lediglich der Wind. Das Hinterland der Seebäder hält ein *Radwegenetz* von 150 km bereit. Räder für Groß und Klein können in allen Seebädern gemietet werden. Bei Streckentouren entlang der Außenküste kann für den Radtransport auf die *Usedomer Bäderbahn* zurückgegriffen werden. Eine kostenpflichtige Broschüre mit ausgearbeiteten Rundtouren gibt es bei Kurverwaltungen und Tourismusbüros. Fernradler sei der 614 km lange *Mecklenburgische Seen Radweg* von Lüneburg nach Wolgast empfohlen. Die letzten beiden Etappen (Anklam–Ahlbeck 53

Stilvoll eingelocht: Der Golfpark Balmer See bietet einen malerisch gelegenen Parcour

km, Ahlbeck–Wolgast 39 km) führen fast durch ganz Usedom. Eine kostenlose Broschüre über den gesamten Streckenverlauf verschickt:

Tourismusverband Mecklenburg-Vorpommern, Tel. 03 81/403 05 00,
www.auf-nach-mv.de

Ahlbeck: Fahrradverleih Oberländer, Am Bahnhof 1, Tel. 03 83 78/316 84

Bansin: Inselsport 2000, Einkaufszentrum Seepark, Seestr. 18, Tel. 03 83 78/323 54

Heringsdorf: Fahrradverleih Pilgrim, Brunnenstr. 7, Tel. 03 83 78/223 24

Koserow: Fahrrad Ortmann, Bahnhofstr. 4, Tel. 03 83 75/213 60

Trassenheide: Fahrradverleih Hertel, Försterstr. 2, Tel. 03 83 71/209 23

Zinnowitz: Fahrradverleih Kruggel, Dr. Wachsmann-Str. 5, Tel. 03 83 77/428 69

Golf

Der einzige Golfplatz der Insel liegt sehr reizvoll direkt am *Balmer See.* Der 27-Loch-Turnierplatz mit 6-Loch-Kurzplatz, Driving Range und Golfschule ist Teil eines Vier-Sterne-Golfhotel:

Golfclub Balmer See – Insel Usedom,
Drewinscher Weg 1, Neppermin-Balm,
Tel. 03 83 79/281 90, Fax 03 83 79/282 00,
www.golfhotel-usedom.de

Inlineskaten

Auf einer 6 km langen Rundstrecke des Flughafenrings von Peenemünde bietet die Inline-Skateschule drei Kurse mit verschiedenen Schwierigkeitsstufen. Der Einführungskurs für Anfänger dauert 2 Std., danach kann man sich schon allein auf die Piste wagen. Weitere Kurse finden in Wolgast (Skaterplatz, Baustr.) und im Sportpark Barge [s. S. 93] von Zinnowitz statt.

Inline-Skateschule Usedom, Am Flugplatz 1, Peenemünde, Tel. 03 83 71/558 66, www.p1skatecollege.de

Reiten

Mecklenburg-Vorpommern und die Insel Usedom als Teil davon sind ausgesprochenes Pferdeland. Ferien auf dem Reiterhof sind entsprechend populär. Rund 15 *Reiterhöfe* bieten auf der Insel Ausritte und Kurse an, wer will kann sich auch im Dressur- und Springreiten schulen lassen. Für die Kleinen gibt es Ponyreiten, bei Jung und Alt sind Kutsch- und Kremserfahrten beliebt. Eine Auswahl von Reiterhöfen mit Unterbringung und teils mit Gastboxen für das eigene Pferd findet sich im Haupttext unter *›Praktische Hinweise‹*.

Segeln

Die Ostseeküste Usedoms ist ein optimales Segelrevier für Könner. Für Anfänger und Freizeitsegler bieten sich vor allem die stilleren Boddengewässer an. Mit etwa 25 Marinas und Anlegestellen rund um die Insel ist die Infrastruktur bestens ausgebaut. Tankstellen für Motorboote und Jachten gibt es in den Häfen Wolgast, Freest und Netzelkow. Adressen von Bootsverleihern und Segelschulen finden sich im Haupttext unter *›Praktische Hinweise‹*.

Wandern

Entlang der 40 km langen Außenküste Usedoms lassen sich herrliche Strandwanderungen unternehmen, daneben gibt es im Hinterland ein gut ausgebautes Wegenetz. Beliebte *Wanderziele* sind vor allem die malerischen Binnenseen, von denen sich etliche auf markierten Wegen umrunden lassen. Vom Büro des *Naturparks Insel Usedom* [s. S. 134] und den Kurverwaltungen der Seebäder werden sachkundig geführte Wanderungen zu den schönsten Plätzen der Insel angeboten.

Windsurfen

Surfer wissen das Starkwindrevier vor Karlshagen zu schätzen, gute Bedingungen für Anfänger bietet das Achterwasser. Etliche Surfschulen (im Haupttext unter *›Praktische Hinweise‹*) verleihen das notwendige Equipment und führen mit Kursen fachkundig in die Materie ein.

Wintersport

Der weiße Sport ist auf Usedom kein großes Thema, zumal nicht viel Schnee fällt. Eine Ausnahme ist Eislaufen. Die Ostsee friert zwar ebenfalls recht selten zu, dafür aber schon eher eines der zahlreichen Binnengewässer. In Heringsdorf gibt es außerdem ab Dezember eine 30 x 60 m große Kunsteisbahn direkt neben der Seebrücke am Strand. Schlittschuhe können vor Ort ausgeliehen werden.

Statistik

Lage: Usedom ist eine der Oder-Mündung vorgelagerte Insel an der deutsch-polnischen Ostseeküste, die durch die Wolgaster Brücke und die Zechiner Brücke mit dem Festland verbunden ist. Der größere westliche Teil reicht von Ahlbeck bis zum Peenemünder Haken, der kleinere Ostteil mit der Stadt Świnoujście/Swinemünde gehört seit 1945 zu Polen.

Fläche: Die Inselfläche beläuft sich auf 445 km^2, damit ist Usedom etwa halb so groß wie Rügen und nach dieser die zweitgrößte Insel Deutschlands. 355 km^2 gehören zu Deutschland, 91 km^2 liegen auf polnischem Territorium. Höchste Erhebung ist der Golm (69 m).

Seen und Gewässer: Usedom hat eine 200 km lange Küstenlinie, davon 40 km Ostseestrand. Während die Außenküste fast eine gerade Linie bildet, ist die Binnenküste stark ausgefranst und durch Winkel, Haken und Haffs gegliedert. Die westliche Inselgrenze markiert der Peenestrom, ein breiter Mündungsarm der Oder, der gegen Osten in einer weiten Ausbuchtung das Achterwasser bildet. Zwei große Halbinseln, der Gnitz und der Lieper Winkel, rahmen das Boddengewässer wie Zangen ein. Von den neun Binnenseen ist der Gothensee mit einer Fläche von 600 ha der größte. Es handelt sich um einen einstigen Meeresarm der

Ostsee, zu dem einstmals auch das Thurbruch gehörte. Die Wassertiefe beträgt lediglich 1,5 bis 2 m.

Bevölkerung: Mit 31 400 Einwohnern ist der deutsche Teil Usedoms eine der am dünnsten besiedelten Regionen der Republik. Trotz des boomenden Tourismus nimmt die Zahl der Bewohner eher ab als zu, besonders im Hinterland herrscht Landflucht. Die größten Orte sind Zinnowitz (3700 Einw.), Heringsdorf (3500 Einw.) und Ahlbeck (3300 Einw.).

Verwaltung: Usedom ist Teil des Landkreises Ostvorpommern im Bundesland Mecklenburg-Vorpommern. Kreisstadt ist Anklam (16 500 Einw.) auf dem Festland, das Verwaltungszentrum Usedoms ist Ahlbeck (3300 Einw.).

Wirtschaft: Mit etwa 1 Million Feriengästen ist der Tourismus das mit Abstand wichtigste wirtschaftliche Standbein. Fast zwei Drittel der Erwerbstätigen sind im Dienstleistungssektor beschäftigt. Die Landwirtschaft und die Fischerei spielen lediglich eine untergeordnete Rolle, Industrie gibt es keine. Die Arbeitslosenquote ist mit über 20 % eine der höchsten in Deutschland.

Touren

Hinweise zu Schiffs- und Segelausflügen [s. a S. 139] und Tipps für Wanderungen finden sich im Haupttext und bei den ›*Praktischen Hinweisen*‹. Hier noch einige Besonderheiten:

Fachwerkromantik: Die Jugendherberge im Seebad Heringsdorf zählt zu den schönsten des Landes

Noblesse und kaiserlicher Glanz: Die Hotels der Usedomer Seebäder zeigen großen Stil

Insel-Safari

Spannende Touren für Naturfreunde bieten die Outdoor Veranstalter Insel-Safari. Organisiert werden individuelle Tages- oder Mehrtagesstouren per Landrover, Schlauchboot, Rad oder zu Fuß durch die schönsten Landschaften der Insel, darunter auch Moorwanderungen, Dinner am Lagerfeuer aber auch Segeltörns. Interessant sind auch die Exkursionen in die ursprünglichen Naturräume von Masuren und Podlassien (Polen).

Insel-Safari, Schloss Mellenthin,
Am Hünengrab 26, Wolgast,
Tel. 0 38 63/20 32 90, Fax 0 38 63/20 32 99,
www.insel-safari.de

Rundflüge

Vom *Flughafen Heringsdorf* (Tel. 03 83 76/ 200 30, www.flughafen-heringsdorf.de) und *Flughafen Peenemünde* (nur für Privat-Flugzeuge, Tel. 03 83 71/285 23) werden Rundflüge über Usedom angeboten. Besonders spannend sind die Touren mit einem nachgebauten *Doppeldecker* vom Flughafen Heringsdorf (www.doppel decker-fliegen.de).

Unterkunft

Camping

Campingferien sind auf Usedom äußerst beliebt, für die Hauptsaison empfiehlt es sich zeitig zu reservieren. Von den elf Usedomer Campingplätzen mit insgesamt etwa 3800 Stellplätzen liegt die

Hälfte direkt am Ostseestrand, der Rest verteilt sich auf das Achterwasser und das Hinterland. Die meisten Plätze sind von April bis Ende September, manche bis Ende Oktober geöffnet. Ganzjährig steht der *Campingplatz Pommernland* in Zinnowitz offen. Einige Plätze vermieten auch Ferienhäuschen und Caravans. Auf Wohnmobile ist man in Zinnowitz (Tel. 03 83 77/403 48, www.camping-pommernland.m-vp.de) und in Lütow (www.natur-camping-usedom.de, Tel. 03 83 77/405 81) eingestellt. Eine Auswahl geprüfter Plätze bieten die jährlich neu erscheinenden **ADAC Camping Caravaning Führer**, auch als CD-Rom (Band Deutschland – Nordeuropa), und **ADAC Stellplatz-Führer Deutschland**, die im Buchhandel und bei den ADAC-Geschäftsstellen erhältlich sind. Ausgewählte Plätze werden zudem in den *›Praktischen Hinweisen‹* vorgestellt.

Hotels und Pensionen

Auf Usedom stehen Hotels, Apartments und Pensionen aller Kategorien mit insgesamt 52 000 Gästebetten zur Verfügung. Der überwiegende Teil der Häuser wurde nach der Wiedervereinigung von Grund auf saniert bzw. neu erbaut. Die Insel verfügt damit über moderne Beherbergungsbetriebe mit einem teils höheren Standard als in den alten Bundesländern. Besonders stilvoll wohnt es sich in einer der schmuck herausgeputzten Gründerzeitvillen. Anders als in den Hauptferienzeiten bekommt man in der *Nebensaison* viel Komfort für relativ wenig Geld. Außerdem spiegelt sich auch die *Lage* des Hauses nicht unwesentlich im Preis wider. Direkt an der Promenade logiert man erheblich teurer als in der zweiten oder dritten Strandreihe, noch günstiger sind die Unterkünfte im Hinterland. Ein umfassendes Gastgeberverzeichnis verschickt Usedom Tourismus in Ückeritz, dort ist auch die Zimmervermittlung für die ganze Insel untergebracht:

Usedom Tourismus, s. S. 127

Zentrale Zimmervermittlung der Kaiserbäder, Am Bahnhof 1, Seebad Heringsdorf, Tel. 0 18 05/58 37 83, Fax 03 83 78/47 71 18, zimmervermittlung@drei-kaiserbaeder.de

Jugendherbergen

Die einzige Jugendherberge Usedoms befindet sich in Heringsdorf in bester Strandlage. Die Übernachtung ist nicht altersgebunden, erforderlich ist ein gültiger *Jugendherbergsausweis*, der bei Bedarf auch direkt vor Ort ausgestellt wird.

Jugendherberge Heringsdorf, Puschkinstr. 7, Heringsdorf, Tel. 03 83 78/223 25, Fax 03 83 78/323 01, www.jh-heringsdorf.de

Privatunterkünfte

Nach der Wiedervereinigung hat die Vermietung von Privatzimmern und Ferienwohnungen wieder stark zugenommen. Diese sind wie auch die Hotels und Pensionen im *Gastgeberverzeichnis* der Insel aufgelistet. Bei neu erbauten Ferienhäusern ist die Ausstattung ähnlich gut wie in Hotels. Bei älteren Wohnungen müssen teils Abstriche in punkto Komfort gemacht werden, dafür sind diese ausgesprochen günstig.

Urlaub auf dem Lande

Mitten in der Natur und fern vom Trubel der Seebäder kann man im Hinterland auf etlichen Bauernhöfen Urlaub machen. Hervorzuheben sind der Stolperhof in Stolpe [s. S. 71], der Gutshof Usedom in Mellenthin [s. S. 63] sowie die Reiterhöfe (im Haupttext unter *›Praktische Hinweise‹*). Eine Broschüre *›Urlaub auf dem Lande‹* mit Höfen in ganz Mecklenburg-Vorpommern ist erhältlich bei:

Landurlaub Meckelnburg-Vorpommern, Griebnitzer Weg 2, 18196 Dummerstorf, Tel. 03 82 08/606 72, 03 82 08/606 73, www.landurlaub.m-vp.de

Verkehrsmittel

Bahn

Die Hauptstrecke der *Usedomer Bäderbahn* (UBB) verbindet die Kaiserbäder Ahlbeck, Heringsdorf und Bansin mit Ückeritz, Kölpinsee, Koserow, Zempin und Zinnowitz. Eine zweite Trasse verläuft von Zinnowitz über Trassenheide und Karlshagen nach Peenemünde. Mit der UBB können auch Tagesausflüge aufs Festland nach Wolgast, Greifswald, Stralsund und Barth unternommen werden. Der Ausbau des Netzes bis ins polnische Swinemünde soll 2007 abgeschlossen sein. Für Vielfahrer bieten sich günstige *Tages- und Wochenkarten* an, mit denen für den Gültigkeitszeitraum das Streckennetz der UBB beliebig befahrbar ist. Zum reduzierten Tarif fahren Familien, Senioren und Gruppen ab sechs Personen. Die BahnCard wird nur ab einer Entfernung von 50 km anerkannt. Fahrräder werden befördert, sind jedoch kostenpflichtig. Fahrplanauskünfte erteilen die Tourimusbüros und:

Usedomer Bäderbahn (UBB), Am Bahnhof 1, 17424 Heringsdorf, Tel. 03 83 78/271 32, www.ubb-online.com

Gute Anbindung: Die Usedomer Bäderbahn fährt seit 2000 auch aufs Festland

Bahntochter auf Erfolgskurs

Die blau-weißen Triebwagen der **Usedomer Bäderbahn (UBB)** sind wahrlich nicht das schnellste Fortbewegungsmittel auf der Insel. Dennoch schreibt die hundertprozentige Tochter der Bahn AG schwarze Zahlen. 1994 übernahm sie das von der *Stilllegung* bedrohte 54 km lange Streckennetz auf Usedom und investierte kräftig in moderne Triebwagen, neue Weichen und Bahnübergänge und richtete zudem etliche neue Haltepunkte ein. Die neue Struktur wird jährlich von über **3 Mio. Fahrgästen** honoriert. Die UBB trägt damit wesentlich zur Entlastung des im Sommer hoffnungslos überlasteten Straßennetzes bei. Zwischen Wolgast und Ahlbeck verbindet sie alle wichtigen Seebäder miteinander, vom Umsteigebahnhof Zinnowitz wird Peenemünde angefahren. Und seit 2000 ist über die Wolgaster Brücke auch die Wiederanbindung ans *Festland* geschafft. Mit dem EU-Beitritt Polens ist der grenzübergreifende Ausbau des Netzes bis Swinemünde geplant.

Bus

In den drei Kaiserbädern pendelt die **Kaiserbäder-Linie** im Sommerhalbjahr im 30-Min.-Takt (im Winter alle 60 Min.) zwischen den Bahnhöfen Bansin, Heringsdorf, Ahlbeck und Ahlbeck-Grenze. Fahrpläne gibt es in den Tourismusbüros. Das Busnetz im *Hinterland* beschränkt sich auf einige wenige Strecken. Von den Kaiserbädern aus verkehren Linienbusse über die Dörfer nach Usedom Stadt und Kamminke. Von Usedom aus werden die Orte Rankwitz und Warthe im Lieper Winkel angefahren. Eine Direktverbindung besteht ferner vom Bahnhof Heringsdorf nach Anklam aufs Festland. Infos:

Ostseebus, An der Feuerwehr 3–4, Seebad Ahlbeck, Tel. 03 83 78/336 30, www.ostseebus.de

Mietwagen

ADAC-Mitglieder können über ihre Geschäftsstelle oder unter Tel. 0 18 05/31 81 81 (0,12 €/Min.) bei der **ADAC-Autovermietung GmbH** günstig einen Wagen buchen.

Schiff

Von den Usedomer Seebrücken aus können im Sommerhalbjahr Ausflugsfahrten unternommen werden. Sehr beliebt ist das *Seebrücken-Hopping* zwischen Ahlbeck, Heringsdorf, Bansin, Koserow und Zinnowitz. Fahrgastschiffe verkehren auch regelmäßig ins polnische *Swinemünde*, geplant ist ferner ein Seebrückenshuttle ins Seebad *Misdroy* auf der polnischen Nachbarinsel Wollin. Swinemünde wird zudem von Kamminke angelaufen, hier starten auch kombinierte Schiff-Bus-Ausflüge nach *Stettin*. Ab Peenemünde werden lohnende Tagesausflüge nach *Rügen*, in die Seebäder Göhren, Sellin und Binz, angeboten. Die Überfahrt nach Göhren dauert 2 Std. Infos und Tickets:

Adler-Schiffe, Seebrücke, Laden 4, Heringsdorf, Tel. 03 83 78/477 90, www.adler-schiffe.de

Ebenfalls ab Peenemünde verkehren von Mai bis Oktober Schiffe zu den *Inseln Ruden* und *Greifswalder Oie*, die auf einem ein- bis zweistündigen Landgang erkundet werden können. Infos:

Apollo Fahrgastreederei, Zum Hafen 1, Peenemünde, Tel. 03 83 71/208 29, www.peenemuende-info.de

Register

Bildnachweis

Umschlag-Vorderseite: Ferien wie im Bilderbuch – Strand und Seebrücke von Ahlbeck. Foto: *Volkmar E. Janicke, München*
Umschlag-Vorderseite Reiseführer Plus: Sommertag am Strand von Heringsdorf. Foto: *Huber, Garmisch-Partenkirchen (Mehlig)*

Titelseite:
Oben: Heringsdorfer Seebrückenzauber. Foto: *Otmar Heinze, Hamburg*
Mitte: Unendliches Strandvergnügen an Usedoms Ostseeküste. Foto: *laif, Köln* (Kirchner)
Unten: Romantisches Naturerlebnis zwischen Achterwasser und Stettiner Haff. Foto: *Gunda Amberg, Gröbenzell*

AKG, Berlin: 9 unten, 13, 58, 82 – *SV-Bilderdienst, München:* 14 oben, 15, 121 – *Gunda Amberg, Gröbenzell:* 70, 124 oben links – *FAN, Lüneburg:* 32/33, 57 oben, 124 oben rechts (Jens Rufenach), 32, 74 (Ingo Wandmacher), 36 (Michael Schindel), 106 (Manfred Kunst), 21, 39, 81, 88 oben – *Ralf Freyer, Freiburg:* 7 unten, 12, 26 (2), 34, 35, 40 oben, 42, 43, 46, 48, 107, 113, 115 unten, 116, 117, 124 unten rechts – *Hartmuth Friedrichsmeier, Hamburg:* 2 (2), 4 (2), 5 (4), 7 oben, 20, 52 oben, 54, 56, 64, 65, 95, 137 (2) (Fotostudio Böttcher), 9 oben, 11 oben, 72/73 (transit-Archiv, René Legrand), 40 unten, 50/51 (transit-Archiv, Joachim Kürtz), 134 (transit-Archiv, Sylvia Pollex), 46/47 (transit/Peter Hirth), 110 unten (Stanciewicz) – *Rolf Goetz, Berlin:* 69 oben, 101 – *Ottmar Heinze, Hamburg:* 31, 37, 38, 45, 52 unten, 63 unten, 77, 78/79, 98 (2), 110 oben – *Volkmar E. Janicke, München:* 5(3), 14 unten, 63 oben, 69 unten, 139 – *Gerold Jung, Ottobrunn:* 85, 119 – laif, Köln: 3 (1), 5 (1), 6, 8 (2), 10 (2), 11 Mitte, 16/17, 19, 22, 23, 24, 25, 27, 28, 29, 30, 55, 57 unten, 59, 60, 61, 62, 66 (2), 67, 72, 76, 78, 83, 86, 88 unten, 91, 92, 93, 96 oben, 99, 105, 108, 114, 115 oben, 122, 123, 124 unten links, 124 Mitte, 127, 131, 135 (Kirchner) – *Mauritius, Mittenwald:* 49, 50 (Be&W), 128, 129 (Rathmann) – *Wolfgang Nehls, Zinnowitz:* 96 unten, 103 (3) – *Strandhotel Ostseebad, Karlshagen:* 104 – *Siegfried Trieglaff, Zinnowitz:* 97

Leserforum

Die Meinung unserer Leserinnen und Leser ist wichtig, daher freuen wir uns von Ihnen zu hören. Wenn Ihnen dieser Reiseführer gefallen hat, wenn Sie wichtige Hinweise zu den Inhalten haben – Ergänzungs- und Verbesserungsvorschläge, Tipps und Korrekturen – dann schreiben Sie uns:

Redaktion ADAC Reiseführer
ADAC Verlag GmbH
81365 München
verlag@adac.de

Impressum

Lektorat und Aktualisierung: Dagmar Walden
Bildredaktion: Astrid Rohmfeld
Karten: Computerkartographie Carrle, München
Herstellung: Martina Baur
Printed in Germany

Ansprechpartner für den Anzeigenverkauf:
Kommunalverlag GmbH & Co KG,
MediaCenterMünchen, Tel. 089/92 80 96-44

ISBN 3-89905-174-2
ISBN 3-89905-294-3 Reiseführer Plus

Gedruckt auf chlorfrei gebleichtem Papier

Neu bearbeitete Auflage 2006

Ägypten
Algarve
Allgäu
Amsterdam
Andalusien
Australien
Bali und Lombok
Barcelona*
Berlin*
Bodensee
Brandenburg
Brasilien
Bretagne
Budapest
Bulgarische Schwarzmeerküste
Burgund
Costa Brava und Costa Daurada
Côte d'Azur
Dalmatien
Dänemark*
Deutschland, City Guide
Dominikanische Republik
Dresden*
Dubai, Vereinigte Arabische Emirate, Oman
Elsass
Emilia Romagna
Florenz
Florida
Französische Atlantikküste
Fuerteventura
Gardasee*
Germany, City Guide
Golf von Neapel
Gran Canaria
Hamburg*
Hongkong und Macau
Ibiza und Formentera
Irland
Israel
Istrien und Kvarner Golf*
Italienische Adria
Italienische Riviera
Jamaika
Kalifornien
Kanada – Der Osten
Kanada – Der Westen
Karibik
Kenia
Korfu und Ionische Inseln
Kreta*
Kuba
Kykladen
Lanzarote
Leipzig
London*
Madeira
Mallorca*
Malta
Marokko
Mauritius und Rodrigues
Mecklenburg-Vorpommern*
Mexiko
München*
Neuengland
Neuseeland
New York*
Niederlande
Norwegen
Oberbayern*
Österreich*
Paris*
Peloponnes
Piemont, Lombardei, Valle d'Aosta
Polen*
Portugal
Prag*
Provence
Rhodos
Rom*
Rügen, Hiddensee, Stralsund*
Salzburg
Sardinien
Schleswig-Holstein*
Schottland
Schwarzwald*
Schweden*
Schweiz*
Sizilien
Spanien
St. Petersburg
Südafrika
Südengland
Südtirol*
Sylt
Teneriffa*
Tessin
Thailand
Toskana
Tunesien
Türkei-Südküste
Türkei-Westküste
Umbrien
Ungarn
USA-Südstaaten
USA-Südwest
Usedom
Venedig*
Venetien und Friaul
Wien*
Zypern

* auch als ADAC Reiseführer Plus mit CityPlan bzw. UrlaubsKarte